高等学校“十四五”生命科学规划新形态教材

植物生理学实验指导（第6版）

李小方 孙越 张伟 主编

中国教育出版传媒集团
高等教育出版社·北京

内容提要

本书是高等院校植物生理学课程实验教学最为经典、建设历程最长的教材之一。第6版在延续专业性、科学性、普及性的基础上，继续采用纸质内容和数字资源相结合的新形态教材出版模式，为相关研究和教学人员提供支撑。

第6版特别增加了在探究型、研究性课程中，通过有效使用实验教材，促进以学生学习为中心的一流课程的建设范例。书中围绕植物生理学实验教学的典型任务，在专业情境中如何重视学生观察与模仿、知识迁移能力的培养以及提高学生利用已有知识和经验解决新问题的能力等方面，为教师提供了一套课程教学经验。

本书可作为师范、农林、综合等各类高等院校相关专业本科生的实验课教材，也可作为相关领域科技工作者的参考书。

图书在版编目（CIP）数据

植物生理学实验指导 / 李小方，孙越，张伟主编 . 6版 . -- 北京 : 高等教育出版社，2025. 8. -- ISBN 978-7-04-063905-6

Ⅰ. Q945-33

中国国家版本馆 CIP 数据核字第 2025DG6907 号

ZHIWU SHENGLIXUE SHIYAN ZHIDAO

策划编辑 李 融　　责任编辑 李 融　　封面设计 张 楠　　责任印制 高 峰

出版发行	高等教育出版社	网　　址	http://www.hep.edu.cn
社　　址	北京市西城区德外大街4号		http://www.hep.com.cn
邮政编码	100120	网上订购	http://www.hepmall.com.cn
印　　刷	北京汇林印务有限公司		http://www.hepmall.com
开　　本	787mm×1092mm 1/16		http://www.hepmall.cn
印　　张	19.75	版　　次	1980年11月第1版
字　　数	510千字		2025年8月第6版
购书热线	010-58581118	印　　次	2025年8月第1次印刷
咨询电话	400-810-0598	定　　价	46.00元

物 料 号　63905-00

新形态教材网 Abooks

数字课程（基础版）

植物生理学实验指导

（第 6 版）

主编　李小方　孙越　张伟

abooks.hep.com.cn/63905

使用方法：

1. 电脑或移动设备访问课程网站。
2. 注册并登录后，进入“个人中心”。
3. 刮开图书封底防伪码涂层，通过扫描二维码或
   手动输入 20 位密码，完成防伪码绑定。
4. 绑定成功后，即可开始本数字课程的学习。

如有使用问题，请点击页面下方的“疑问”按钮。

第6版前言

《植物生理学实验指导》(第5版)完成以来，编写团队就一直在思考，一门独立的实验课程，其教材的编写应该如何更好地在课程建设、人才培养中发挥育人作用。时至今日，科技的发展和变革将会给生命科学领域的研究方式带来巨大转变，这种转变同样会对知识生产方式带来冲击。这对广大高校同仁在实验课程教学和教材建设方面来说，既是机遇，也是挑战。非常遗憾在面对挑战、努力前进的过程中，张志良老师于2020年仙逝，无法看到这版教材的出版。

本版教材在内容上增加了若干当前植物生理学领域的新方法和新技术，进一步提升了教材为相关领域科研工作者的服务能力，在形式上依旧采用纸质内容与数字资源配套的方式，满足不同条件学校的实验教学需求，给予使用本教材的教师和学生更多的资源。在前期与各兄弟单位交流的过程中得知，如何在课堂教学中更高效地将实验教材落实到课程是同行最关心的问题之一；我们也得到兄弟院校的帮助，收获到宝贵的建议。因此，此次修订基于植物生理学的特点，增加了实验设计、分析与教学的内容，将我们融合学习科学和认知科学所形成并经过多年实践检验的案例提供给大家，期望这种以学生学习为中心的课程建设实践经验能够对兄弟院校的实验教学有所启示。

本版教材仍按两部分排列，第一部分各章由下列人员分工负责：第一章水分生理(李小方)、第二章矿物营养(张雯)、第三章光合作用(李小方)、第四章呼吸作用(孙越)、第五章物质代谢(张雯)、第六章植物激素(赵琼)、第七章生长发育(朱品宽)、第八章植物与环境(张伟)、第九章植物分子生物学(孙越)、第十章果蔬采后生理(许玲)。第二部分分工为：综合性实验及其设计、分析与教学(李小方)，附录(朱品宽)。全书由李小方、张伟和孙越负责修改校正，数字资源内容由李小方和张伟负责。

在信息科技、人工智能不断发展的当下，植物生理学的研究、教学也必将会有更大的发展，这也将为今后的编写提供更广阔的空间。恳请采用本书作为教材的兄弟院校的师生们能够及时提出批评，共同提升教材质量，并期望你们能够与我们共同交流，一起为植物生理学实验课程的建设同频共振，共同进步。

编　者

2024年11月于华东师范大学

历版信息

目　录

第一部分　基础性实验

第一章　水分生理 ………………………… 3
实验 1–1　植物组织中自由水和束缚水含量的测定 ……………………… 3
Ⅰ　折射仪法 ………………………………… 3
Ⅱ　称重法 …………………………………… 4
实验 1–2　植物组织渗透势的测定（质壁分离法）…………………… 5
实验 1–3　植物组织水势的测定（液体交换法）……………………………… 7
Ⅰ　小液流法 ………………………………… 8
Ⅱ　折射仪法 ………………………………… 9
实验 1–4　蒸腾强度的测定 ………… 10
实验 1–5　环境因子对植物吐水的影响… 11
实验 1–6　植物叶片气孔密度和面积的测定 ……………………………… 12
实验 1–7　钾离子和 ATP 对气孔开度的影响 ……………………………… 14
实验 1–8　气孔运动与 K^+ 迁移 ……… 15
实验 1–9　植物伤流液中糖、氨基酸及矿物元素的点滴分析 ……… 17
实验 1–1　蒸腾强度的测定（钴纸法）
实验 1–2　小孔的扩散

第二章　矿物营养 ………………………… 19
实验 2–1　植物的元素缺乏症（溶液培养）…………………………… 19
Ⅰ　老叶受影响 …………………………… 21
Ⅱ　幼叶受影响 …………………………… 21
实验 2–2　单盐毒害及离子间的拮抗作用 ………………………………… 22
实验 2–3　植物对离子的选择性吸收 … 23
实验 2–4　根系体积的测定 ………… 24
实验 2–5　根系活力的测定 ………… 25
Ⅰ　α– 萘胺氧化法 ………………………… 26
Ⅱ　氯化三苯基四氮唑（TTC）法…… 27
实验 2–6　硝酸还原酶活性的测定 …… 29
Ⅰ　活体法 ………………………………… 29
Ⅱ　离体法 ………………………………… 30
实验 2–7　植物灰分元素的分析鉴定 ……………………………… 31
实验 2–8　植物组织可挥发性元素的鉴别 ……………………………… 33
实验 2–9　植株中硝态氮的测定 ……… 34
实验 2–10　植株中磷素的测定（钼蓝法）…………………… 36
实验 2–11　植株中总铁量的测定 …… 38
Ⅰ　硫氰化物法 …………………………… 38
Ⅱ　邻二氮杂菲（菲绕啉）法 ……… 39
实验 2–12　微量元素铜的测定 ……… 40
实验 2–13　细胞内游离 Ca^{2+} 的测量（流式细胞法）…………… 41
实验 2–1　磷酸盐的测定（间隔流动分析仪法）
实验 2–2　离体根对铵离子的交换吸收
实验 2–3　氧对小麦离体根吸收钾离子的影响

第三章 光合作用 …………………………… 44
实验 3-1 叶绿体色素的提取、分离及理化性质的鉴定 …………… 44
实验 3-2 叶绿体色素的分离和吸收光谱曲线 ……………………… 46
实验 3-3 叶绿素 a、b 含量测定 …… 48
实验 3-4 植物光合强度的测定 ……… 51
Ⅰ 改良半叶法 ……………………… 51
Ⅱ 便携式光合测定仪法 ………… 53
实验 3-5 环境因素对光合作用的影响 … 54
Ⅰ 叶圆片上浮法 ………………… 55
Ⅱ 光合测定仪实时测定法 ……… 56
实验 3-6 离体叶绿体光还原反应（希尔反应）…………………… 57
实验 3-7 叶绿体偶联因子提取及 ATPase 活性测定 ………… 58
实验 3-8 乙醇酸氧化酶活性测定 …… 60
实验 3-9 二磷酸核酮糖羧化酶 - 加氧酶羧化活性的测定 ………… 62
实验 3-10 二磷酸核酮糖羧化酶 - 加氧酶的加氧活性的测定 …… 64
Ⅰ 氧电极法 ………………………… 65
Ⅱ 发光光度计法 ………………… 65
实验 3-11 光合电子传递的测定 …… 66
Ⅰ 测定叶片光合非循环电子传递活性的荧光参数 ………………… 66
Ⅱ 围绕光系统 I 的循环电子传递活性测定 ………………………………… 67
实验 3-12 光合磷酸化活性测定 …… 70
实验 3-13 光合蛋白复合体的分析…… 71

实验 3-1 藻类植物光合强度测定
实验 3-2 环境因素对光合作用的影响
实验 3-3 离体叶绿体光合电子传递活性测定
实验 3-4 测定光合磷酸化或 ATP 合成活性的 32_{P_i} 标记法

第四章 呼吸作用 …………………………… 76
实验 4-1 植物呼吸强度的测定 ……… 76
Ⅰ 简易测定法 ……………………… 76
Ⅱ 氧电极法 ………………………… 77
实验 4-2 呼吸抑制剂对呼吸作用的影响 …………………………… 79
实验 4-3 离体线粒体的氧化作用和磷酸化作用 ………………… 81
实验 4-4 丙酮酸激酶活性的测定 …… 84
实验 4-5 磷酸烯醇式丙酮酸羧化酶活性的测定 ………………… 85
实验 4-6 植物组织中几种酶的组化定位鉴定 ………………………… 86
实验 4-7 多酚氧化酶活性的测定（氧电极法）………………… 90
实验 4-8 过氧化氢酶活性的测定（氧电极法）………………… 91
实验 4-9 过氧化物酶活性的测定 …… 92
Ⅰ 比色法 …………………………… 92
Ⅱ 化学发光法 ……………………… 93

实验 4-1 NADP 磷酸酶活性测定
实验 4-2 小篮子法测定植物呼吸作用
实验 4-3 呼吸比重瓶法测定植物呼吸作用

第五章 物质代谢 …………………………… 95
实验 5-1 糖类含量的测定 …………… 95
Ⅰ 可溶性总糖的测定 …………… 95
Ⅱ 还原糖的测定 ………………… 98
Ⅲ 蔗糖、葡萄糖和果糖的测定 …… 99
Ⅳ 淀粉的测定 ……………………… 103
Ⅴ 粗纤维含量的测定 …………… 104
实验 5-2 糖类代谢酶的测定 ………… 105
Ⅰ α- 淀粉酶与 β- 淀粉酶活力的测定 ………………………………… 105
Ⅱ 蔗糖合成酶和蔗糖磷酸合成酶活性的测定 ……………………… 107
实验 5-3 脂肪水解酶活性的测定 …… 109
实验 5-4 蛋白质的提取和测定 ……… 110
Ⅰ 蛋白质的提取 ………………… 111
Ⅱ 微量凯氏定氮法 ……………… 112
Ⅲ Folin- 酚试剂法 ………………… 114

Ⅳ BCA测定蛋白质 …………………… 116
Ⅴ 考马斯蓝染料结合法 …………… 118
Ⅵ 紫外吸收法 ………………………… 119
实验 5-5 转氨酶（GOT、GPT）的提取和测定 …………………… 120
实验 5-6 次生物质含量的测定 ……… 122
Ⅰ 总黄酮含量的测定 ……………… 122
Ⅱ HPLC法测定黄酮苷元含量 …… 123
Ⅲ 茶多酚含量的测定 ……………… 125
Ⅳ 花青素含量测定 ………………… 126
Ⅴ 咖啡碱的提取 …………………… 127
Ⅵ 咖啡碱含量测定（质量法）……… 130
Ⅶ 总皂苷的粗提及HPLC法测定其中甾体皂苷元含量 ………… 131
Ⅷ 挥发油含量及成分分析 ………… 133

实验 5-1 化学发光法测量脂质过氧化及抗氧化剂
实验 5-2 化学发光法测定葡萄含量
实验 5-3 蛋白质特性分析
实验 5-4 穿心莲总内酯的含量测定
实验 5-5 酰脲含量的测定

第六章 植物激素 ……………………… 137
实验 6-1 吲哚乙酸（IAA）的提取、纯化和测定 …………………… 137
实验 6-2 生长素促进拟南芥侧根发生 ……………………………… 139
实验 6-3 吲哚乙酸氧化酶活性的测定 ……………………………… 140
实验 6-4 赤霉酸（GA_3）的生物鉴定 ……………………………… 142
实验 6-5 GA_3对小麦种子α-淀粉酶的诱导形成 …………………… 144
实验 6-6 酶联免疫法测定脱落酸（ABA）含量 ………………… 146
实验 6-7 乙烯促进黄化幼苗的三重反应 ……………………………… 148
实验 6-8 细胞分裂素对花色素苷积累的影响 ……………………………… 149
实验 6-9 生长调节剂对黄瓜性别表达的作用 ………………………… 150
实验 6-10 生长调节剂对果实发育的影响 ………………………… 152
实验 6-11 香石竹的切花保鲜 ……… 153
实验 6-12 水仙的矮化 …………… 154

实验 6-1 生长素含量测定（小麦芽鞘切段伸长法）
实验 6-2 细胞分裂素含量测定（萝卜子叶测定法）
实验 6-3 脱落酸对拟南芥的抑制作用
实验 6-4 拟南芥幼苗愈伤组织的诱导
实验 6-5 茉莉酸对植物根伸长的影响
实验 6-6 油菜素甾醇对拟南芥细胞周质微管列阵的影响
实验 6-7 拟南芥主根细胞核质比的观察与测定

第七章 生长发育 ……………………… 156
实验 7-1 种子生活力的快速测定 …… 156
Ⅰ 氯化三苯四氮唑法（TTC法）…… 156
Ⅱ 溴麝香草酚蓝法（BTB法）……… 157
Ⅲ 纸上荧光法 ……………………… 158
实验 7-2 种子活力的测定 ………… 159
Ⅰ 抗冷法 …………………………… 159
Ⅱ 砂压法 …………………………… 160
Ⅲ 低温法 …………………………… 161
Ⅳ 电导法 …………………………… 162
Ⅴ 加速衰老法 ……………………… 162
实验 7-3 细胞生长周期测定（流式细胞法）…………………………… 163
实验 7-4 花粉活力的测定 ………… 166
Ⅰ 碘－碘化钾染色测定法 ………… 166
Ⅱ 过氧化物酶测定法 ……………… 167
Ⅲ 氯化三苯四氮唑法（TTC法）…… 168
实验 7-5 花粉管生长的测定 ……… 168
实验 7-6 谷物种子萌发时淀粉酶的形成（示范）……………………… 171

实验 7-7 油类种子萌发时脂肪酸含量的变化 …… 172
实验 7-8 大豆萌发时氨基酸含量的变化 …… 173
实验 7-9 光对植物叶绿体运动的调控作用 …… 174
实验 7-10 H^+ 流向与植物生长模式 …… 176
实验 7-11 植物开花的光周期诱导 …… 177
Ⅰ 苍耳的光周期诱导 …… 177
Ⅱ 日本青萍 6746 的光周期诱导 …… 179
实验 7-12 球根花卉的花期调节 …… 181
实验 7-13 胚珠的离体受精 …… 182
实验 7-14 植物的组织培养 …… 184
Ⅰ 愈伤组织的培养和分化 …… 184
Ⅱ 原生质体的分离和培养 …… 186
Ⅲ 离体培养下的花芽分化 …… 187
实验 7-15 拟南芥的水培和生长发育观察 …… 188

实验 7-1 谷物种子萌发时淀粉酶活性的测定
实验 7-2 人工种子的制备方法

第八章 植物与环境 …… 192
实验 8-1 高温和低温对植物的伤害 …… 192
实验 8-2 渗透胁迫与脯氨酸的积累 …… 193
实验 8-3 高效液相色谱法测定海藻糖 …… 195
实验 8-4 冷胁迫对质膜 H^+-ATPase 活性的影响 …… 196
实验 8-5 干旱处理对叶片脂氧合酶活性的影响 …… 198
Ⅰ 分光光度法 …… 198
Ⅱ 氧电极法 …… 199
实验 8-6 超氧化物歧化酶活性的测定 …… 200
Ⅰ 比色法 …… 201
Ⅱ 邻苯三酚自氧化法 …… 202
实验 8-7 植物组织中活性氧含量的测定与定位分析 …… 203
Ⅰ H_2O_2 的组织原位定位分析（DAB 染色法） …… 204
Ⅱ 过氧化氢含量的测定 …… 205
Ⅲ 氧自由基产生速率的测定（羟胺法） …… 207
Ⅳ NBT 染色测定超氧阴离子含量 …… 208
实验 8-8 植物膜脂脂肪酸的分析 …… 210
实验 8-9 丙二醛的测定 …… 213
实验 8-10 苯丙氨酸解氨酶（PAL）活性的测定 …… 215
实验 8-11 植物根系分泌物的观察 …… 216
Ⅰ 植物根系分泌物的观察 …… 216
Ⅱ 植物根系分泌的酶 …… 217
实验 8-12 土壤中的酶 …… 219
实验 8-13 植物组织细胞死亡的分析鉴定 …… 220
Ⅰ 台盼蓝染色法 …… 220
Ⅱ FDA 荧光染色法 …… 221

实验 8-1 花粉管生长的趋性
实验 8-2 植物幼苗的超微弱发光
实验 8-3 β-1，3- 葡聚糖酶活性的测定
实验 8-4 几丁酶活性的测定
实验 8-5 微微型浮游植物的识别和细胞亚群丰度测定（流式细胞法）
实验 8-6 浮游植物丰度测定（流式细胞法）
实验 8-7 氧自由基吸收能力（ORAC）的测定
实验 8-8 植物的向性运动
实验 8-9 盐胁迫蛋白的检测

第九章 植物分子生物学 …… 223
实验 9-1 根癌农杆菌介导的拟南芥稳定转化 …… 223

实验 9-2 根癌农杆菌介导的烟草叶片瞬时转化 …… 225
实验 9-3 植物基因组 DNA 的制备 …… 226
Ⅰ 尿素法制备植物基因组 DNA …… 226
Ⅱ CTAB 法制备植物基因组 DNA …… 227
实验 9-4 叶绿体 DNA 的制备 …… 229
实验 9-5 植物总 RNA 的提取 …… 230
Ⅰ LiCl 法提取植物总 RNA …… 230
Ⅱ 异硫氰酸胍法提取植物总 RNA …… 232
实验 9-6 电泳法鉴定植物基因组 DNA 和总 RNA …… 234
实验 9-7 分光光度计法分析植物基因组 DNA 和 RNA …… 235
实验 9-8 PCR 鉴定植物基因及其表达 …… 236
实验 9-9 用 GUS 与启动子融合表达法检测基因表达 …… 239
实验 9-10 植物细胞相对 pH 的检测 …… 241
Ⅰ 植物细胞质外体相对 pH 的检测 …… 241
Ⅱ 植物细胞胞内近膜区相对 pH 的检测 …… 242

实验 9-1 非洲菊花瓣 *CHS* 基因的表达检测
实验 9-2 原位杂交
实验 9-3 TAIL-PCR 分析 T-DNA 的插入旁邻序列

第十章 果蔬采后生理 …… 244
实验 10-1 果实硬度的测定 …… 244
实验 10-2 果蔬可溶性固形物的测定 …… 245
实验 10-3 果蔬含酸量的测定 …… 247
实验 10-4 果蔬维生素 C 含量的测定 …… 249
实验 10-5 果蔬乙烯释放量的测定（气相色谱法） …… 251
实验 10-6 果蔬 ACC 含量的测定 …… 253
实验 10-7 气相色谱法测定果蔬中的乙醇含量 …… 255
实验 10-8 果蔬二氧化碳释放速率的测定（气相色谱法） …… 256

第二部分 综合性实验及其设计、分析与教学

实验 1 植物在渗透胁迫条件下形态、生理和基因表达方面的适应性变化 …… 261
实验 2 热激诱导的玉米幼苗耐热性观察及其可能的生理生化机制 …… 263
实验 3 钙信使系统和活性氧对 ABA 诱导气孔关闭的影响 …… 265
实验 4 槐米中芸香苷的提取、纯化与鉴定 …… 267
实验 5 植物生长调节剂对植物插条不定根发生的影响 …… 269
实验 6 盐胁迫对小麦种子萌发过程的生理影响 …… 271
实验 7 盐胁迫对蚕豆种子萌发后第一对真叶的生理影响 …… 273
实验 8 蛋白质印迹检测特异性蛋白质 …… 275
实验 9 免疫共沉淀检测植物体内蛋白质互作 …… 280
实验 10 试验设计的基本原理 …… 283
实验 11 实验结果的数据处理与分析 …… 287
实验 12 《植物生理学实验指导》的教学应用 …… 290

实验 11-1 植物生理学实验课程教学设计（案例）
实验 11-2 植物生理学基本方法训练（教学设计案例）

附录 …………………………………………… 294
附录 1 常用酸碱的浓度 ………………… 294
附录 2 常用缓冲溶液的配制 ………… 294
附录 3 几种常用缓冲剂的 pK_a ……… 297
附录 4 常用酸碱指示剂 ………………… 298
附录 5 泛用酸碱指示剂 ………………… 299
附录 6 离心机转速与相对离心力的换算 …………………………… 299
附录 7 提高溶液饱和度时应加入硫酸铵质量的对应关系 ……… 300
附录 8 不同温度下以空气饱和的水中的氧含量 …………………… 300
附录 9 常用植物激素的一些化学特性 ……………………………… 301
附录 10 植物组织和细胞培养常用培养基成分 …………………… 302
附录 11 常用培养基附加成分 ……… 303

第一部分 基础性实验

第一章

水分生理

实验 1-1 植物组织中自由水和束缚水含量的测定

【实验目的】

了解植物组织中水分存在的状态与植物生命活动的关系，熟悉折射仪和分析天平的使用。

【实验原理】

植物组织中的水分是由被胶粒所固着的束缚水及不被胶粒所固着的自由水两部分所组成。束缚水不易蒸发和结冰，不能作为溶剂，也不易被溶质夺取，所以当植物组织被浸入较浓的糖溶液中脱水，一定时间后仍未被夺取的水分作为束缚水，而被夺取的水分作为自由水。自由水的量可根据所加糖液浓度的降低量或加糖液后组织质量的降低量来计算。再由植物组织的总含水量减去自由水量，即可求得束缚水量。

植物体内自由水和束缚水含量及其比值常与植物的生长及抗性有密切关系。自由水较多时，代谢活动常较强，生长速度也较快，但抗性往往降低；而束缚水含量多时，则情况相反。所以自由水与束缚水含量是植物抗性生理的一个指标。

【器材与试剂】

1. 实验仪器　阿贝折射仪，分析天平，烘箱，超级恒温水浴，直径 5 mm 钻孔器，干燥器，滤纸，称量瓶，吸滤管，移液管
2. 实验试剂　650 ~ 750 g/L 蔗糖溶液
3. 实验材料　新鲜植物叶片

【实验步骤】

Ⅰ　折 射 仪 法

1. 取称量瓶 2 个，洗净、烘干、称重后备用。
2. 在田间选定待测作物，摘取在生长、部位、叶龄等较一致的叶片 5 ~ 10 片。

3. 用直径 5 mm 钻孔器，在叶子的半边钻下小圆片，每叶 5 片，放入 1 号称量瓶中，盖紧。然后在叶子的另半边的对称位置上同样钻下 5 个小圆片，放入 2 号称量瓶中，盖紧。

4. 1 号称量瓶于 105℃烘箱中烘干至恒重，以计算含水量。

5. 2 号称量瓶在分析天平上称重，求得样品鲜重 m_f。

6. 用移液管吸取 5 mL 650 ~ 750 g/L 蔗糖溶液，加到 2 号称量瓶中，加盖后再在分析天平上称重，求得所加蔗糖溶液的质量 m_B。小心摇动瓶中溶液，使与样品混合均匀，放在阴凉处 4 ~ 5 h，期间经常摇动。

7. 将折射仪与超级恒温水浴相连，水浴温度调节到 20℃。

8. 用吸滤管（在玻管的一端塞上少许脱脂棉，另一端配上橡皮吸头）吸取 2 号瓶中上层透明的溶液少许，滴一滴在折射仪棱镜的毛玻璃上，旋紧棱镜，测定浸出液的含糖百分数（质量浓度）B_2。棱镜用蒸馏水清洗后，再用同样方法测得原来蔗糖溶液的含糖百分数（质量浓度）B_1。

9. 计算：按下式计算植物样品中自由水含量。

$$\beta = \frac{m_B(B_1 - B_2)}{B_2 \times m_f} \times 100\% \tag{1}$$

式中：β 为自由水含量；

m_B 为加入样品中蔗糖溶液的质量；

B_1 为原蔗糖溶液的质量浓度百分数；

B_2 为加样后糖溶液的质量浓度百分数；

m_f 为植物样品鲜重。

公式（1）根据如下关系导出：

如 m_A 为样品中自由水质量

加样后糖溶液中自由水量为 $(m_B + m_A) \times (1 - B_2)$

原来糖溶液中自由水量为 $m_B(1 - B_1)$

则样品中自由水量 $m_A = (m_B + m_A)(1 - B_2) - m_B(1 - B_1)$

简化得

$$m_A = \frac{m_B(B_1 - B_2)}{B_2}$$

$$\beta = \frac{m_A}{m_f} = \frac{m_B(B_1 - B_2)}{B_2 \times m_f} \times 100\% \tag{2}$$

式（2）和式（1）完全相等。

求得自由水含量后，即可根据下式求出束缚水含量：

束缚水含量 = 组织含水量 − 组织中自由水

Ⅱ 称 重 法

1. 取称量瓶 2 只，洗净、烘干，编号后称重备用。

2. 取完整叶片去其主脉，剪成几片面积相当的叶片，尽量保持叶片完整性，不破坏叶片的结构。立即装入 1 号称量瓶中在分析天平上称重，求得样品鲜重 m_f。

3. 1 号称量瓶加入植物组织质量 6 倍的 650～750 g/L 蔗糖溶液，小心摇动瓶中溶液，使与样品混合均匀，置于暗处 6 h，其间不时轻轻摇动。

4. 将叶片取出，用湿纱布和滤纸吸去表面糖液，立即装入 2 号称量瓶中在分析天平上称重，求得浸泡后叶片质量 m_2。

5. 将 2 号称量瓶于 105℃烘箱中烘干至恒重 m_d，按下式计算含水量。

$$\text{总含水量（\%）} = [(m_f - m_d) / m_f] \times 100$$

$$\text{植物组织中自由水含量（\%）} = [(m_f - m_2) / m_f] \times 100$$

$$\text{植物组织中束缚水含量} = \text{总含水量} - \text{自由水含量}$$

【注意事项】

1. 用于计算含水量的叶子圆片和用于测定的叶子圆片，必须在同一叶片的对称位置上取下。

2. 用折射仪测定蔗糖浓度时恒温水的温度必须控制在 20℃。

【实验作业】

1. 植物组织中的自由水与束缚水的生理作用有何不同？

2. 束缚水含量何以与植物的抗逆性有关？

参考文献

[1] 耶尔马科夫 A H，等 . 植物生物化学研究法 . 吴相钰，译 . 北京：科学出版社，1956：36–37.

[2] 刘向莉，高丽红，刘明池 . 植物组织中自由水和束缚水含量测定方法的改进 . 中国蔬菜，2005（4）：9～11.

（华东师范大学 沈宗英 李小方）

实验 1-2 植物组织渗透势的测定（质壁分离法）

【实验目的】

观察植物组织在不同浓度溶液中细胞质壁分离的产生过程，了解用于测定植物组织渗透势的方法。

【实验原理】

当植物组织细胞内的汁液与其周围的某种溶液处于渗透平衡状态，植物细胞内的压力势为零时，细胞汁液的渗透势就等于该溶液的渗透势。该溶液的浓度称为等渗浓度。

当用一系列梯度浓度溶液观察细胞质壁分离现象时，细胞的等渗浓度将介于刚刚引起初始质壁分离的浓度和尚不能引起质壁分离的浓度之间的溶液浓度。代入公式即可计算出其渗透势。

【器材与试剂】

1. 实验仪器 显微镜，载玻片及盖玻片，镊子，刀片

2. 实验试剂 100 mL 浓度为 1 mol/L 蔗糖溶液，用蒸馏水配成 0.1、0.15、0.20、0.25、0.30、0.35、0.40、0.45、0.50 mol/L 的蔗糖溶液各 50 mL

3. 实验材料 洋葱鳞茎或紫鸭跖草叶片

【实验步骤】

1. 取带有色素的洋葱鳞茎或紫鸭跖草叶片下表皮，迅速分别投入各种浓度的蔗糖溶液中，使其完全浸入，5 ~ 10 min。

2. 从 0.50 mol/L 开始依次取出表皮薄片放在滴有同样溶液的载玻片上，盖上盖玻片，于低倍显微镜下观察，如果所有细胞都产生质壁分离的现象，则取低浓度溶液中的制片做同样观察，并记录质壁分离的相对程度。

3. 在实验中确定一个引起半数以上细胞原生质刚刚从细胞壁的角隅上分离的浓度，和不引起质壁分离的最高浓度。

4. 在找到上述浓度极限时，用新的溶液和新鲜的叶片重复进行几次，直到有把握确定为止。在此条件下，细胞的渗透势与两个极限溶液浓度之平均值的渗透势相等。

将结果记录于表中。

测出引起质壁分离刚开始的蔗糖溶液最低浓度和不能引起质壁分离的最高浓度平均值之后，可按下列各式计算在常压下该组织细胞质液的渗透势。

$$\varphi_s = -RTiC_1$$

式中：φ_s 为细胞渗透势；

气体常数 $R = 0.083 \times 10^5$ L · Pa/mol · K；

T 为热力学温度，单位 K，即 273+t，t 为实验温度，单位 ℃；

i 为解离系数，蔗糖为 1；

C_1 为等渗溶液的质量摩尔浓度，单位是 mol/L；

则

$$\varphi_s = -0.083 \times 10^5 \times (273 + t) \times 1 \times C_1$$

【注意事项】

撕下的表皮组织必须完全浸没于溶液中。

【实验作业】

1. 复习细胞渗透作用的原理。

2. 测定并计算不同植物组织的渗透势。

参考文献

[1] 魏海姆 F H，等 . 植物生理学实验 . 中国科学院植物研究所生理生化研究室，译 . 北京：科学出版社，1974：108-111.

[2] 刘国栋 . 几本植物生理学教科书及实验教材评析二题 . 植物生理学通讯，1988（6）：74.

［3］黄郡声．用梯度浓度溶液测定植物组织渗透势之我见．植物生理学通讯，1996，32（3）：211–212.
［4］Boyer J S. Measurement of the water status of plants. Ann Rev Plant Physiol，1969，20：351–364.
［5］Noggle G R，et al. Introductory plant physiology. New York：Prentice–Hall Inc.，1976：403–406.

【编者说明】在第 3 版中编者根据文献 2、3，曾把蔗糖浓度单位 mol/L 换算成质量摩尔浓度（mol/kg）后来计算渗透势，但是这样的计算结果导致渗透势单位不是 Pa，而是 L・Pa/kg。其实 R 分气体常数 R_g 和摩尔气体常数 R（也称通用气体常数、普适气体常数），后者与气体的性质及状态均无关，所有气体摩尔常数 R 都等于 0.083×10^5 L・Pa/mol・K。在此情况下，蔗糖的浓度是不需要单位换算的，如果用的是气体常数 R_g，则才需要换算，但是 R_g 的值随气体性质的不同而不同，使用不方便。为此我们在新版中重新采用了原来的计算方法。

（华东师范大学 沈宗英）

实验 1-3 植物组织水势的测定（液体交换法）

【实验目的】

了解几种表示及用于测定植物组织中水分状况的方法及其优缺点。

【实验原理】

植物组织的水分状况可用水势（Ψ）来表示。植物体细胞之间，组织之间以及植物体与环境之间的水分移动方向都由水势差决定。将植物组织放在已知水势的一系列溶液中，如果植物组织的水势（Ψ_{cell}）小于某一溶液的水势（Ψ_{out}），则组织吸水，反之组织失水。若两者相等，水分交换保持动态平衡。组织的吸水或失水会使溶液的浓度、比重、电导以及组织本身的体积与质量发生变化。根据这些参数的变化情况可确定与植物组织等水势的溶液。

液体交换法测定水势的方法有多种，这里选择其中三种方法，各种方法的原理列于表 1–1。可让学生比较这三种测定方法所得结果，总结各种方法各自的优劣性，也可根据条件择其中一种方法。

表 1–1 液体交换法测定水势的种类与原理

判据 $\Delta\Psi = \Psi_{out} - \Psi_{cell}$	组织的 水分得失	外液的 比重变化	外液的 浓度变化	外液的 电导变化
$\Delta\Psi > 0$	吸水	升高	增加	增高
$\Delta\Psi < 0$	失水	降低	降低	降低
$\Delta\Psi = 0$	平衡	不变	不变	不变
测定方法		小液流法	折射仪法	电导仪法

续表

判据 $\Delta\Psi=\Psi_{out}-\Psi_{cell}$	组织的 水分得失	外液的 比重变化	外液的 浓度变化	外液的 电导变化
使用器材		用毛细移液管测定外液的密度变化	用折射仪测定外液的浓度变化	用电导仪测定外液的电导率变化
适用的材料		叶片或碎的组织	叶片或碎的组织	叶片或碎的组织

Ⅰ 小液流法

【器材与试剂】

1. 实验仪器 试管，移液管，直角弯头毛细滴管（自制），直径 0.5 cm 打孔器，镊子
2. 实验试剂 1.0 mol/L 蔗糖溶液（342.3 g/L），100 g/L 甲烯蓝（用水配制）
3. 实验材料 玉米或菠菜叶片

【实验操作】

1. 用 1.0 mol/L 蔗糖母液配制一系列不同浓度的蔗糖溶液（0.1、0.2、0.3、0.4、0.5、0.6、0.7、0.8 mol/L）各 10 mL，注入 8 支编好号的试管中，各管都加上塞子，按编号顺序在试管架上排成一列，作为对照组。

2. 另取 8 支试管或青霉素小瓶，对应于对照组各管编号，作为试验组。然后从对照组的各管中分别取 4 mL 溶液移入相同编号的试验组试管或青霉素小瓶中，并都加上塞子。

3. 用打孔器在玉米或菠菜叶片中部靠近主脉附近打取叶圆片，随机取样，向试验组的每一试管或青霉素小瓶中放入相等数目（15 ~ 30 片）的叶圆片，加塞，放置 30 min，其间并摇动数次。到时间后，用大头针蘸一下 100 g/L 甲烯蓝溶液（如果有条件的话，用微量移液器吸取 1 μL）加入每一试管或青霉素小瓶中，并振荡，此时溶液呈蓝色。

4. 用 8 支自制带弯头的毛细滴管，从试验组的各管中依次吸取着色的液体少许，然后伸入对照组同样浓度溶液的中部，缓慢从毛细滴管尖端横向放出一滴蓝色溶液，轻轻取出滴管，观察蓝色液滴的移动方向，如果蓝色液滴向上移动，说明溶液从叶片细胞中吸出水分而被冲淡，密度比原来小了；如果液滴向下移动，则说明叶片细胞从溶液中吸了水，溶液密度变大；如果液滴不动，则说明叶片与溶液的水分交换平衡，即叶片的水势与此种浓度的溶液的渗透势相等。

5. 根据公式计算叶片细胞的水势。

$$\Psi_{cell}=\Psi_{out}=-iCRT$$

式中：Ψ_{cell} 为植物细胞水势；

Ψ_{out} 为外界溶液渗透势；

i 为解离系数，蔗糖为 1；

C 为小液滴在其中基本不动的溶液的浓度，单位为 mol/L；
气体常数 $R = 0.083 \times 10^5$ L·Pa/（mol·K）；
T 为热力学温度，单位 K，即 $273 + t$，t 为实验温度，单位为 ℃。

Ⅱ　折射仪法

【器材与试剂】

1. 实验仪器　阿贝折射仪，温度计，试管，移液管，直径 0.5 cm 打孔器，镊子
2. 实验试剂　1.00 mol/L 蔗糖溶液
3. 实验材料　玉米或菠菜叶片

【实验步骤】

1. 用 1.00 mol/L 蔗糖母液配制一系列不同浓度的蔗糖溶液（0.1、0.2、0.3、0.4、0.5、0.6、0.7、0.8 mol/L）各 5 mL，注入 8 支编好号的试管中，各管都加上塞子，按编号顺序在试管架上排成一列。

2. 用折射仪分别测定 1 ~ 8 管的折光系数，折射仪接上自来水加以恒温。

3. 用打孔器在叶片中部靠近主脉附近打取叶圆片，随机取样，浸入 1 ~ 8 号试管中，每管放入相等数目（15 ~ 30 片）的叶圆片，加塞，放置 2 h，其间并摇动数次。然后用折射仪再次测定蔗糖溶液的折光系数。

4. 从前后两次测定其折光系数不变或变化很小的试管中的糖浓度即为等渗浓度或近似等渗浓度。叶片的水势与此种浓度的溶液的渗透势相等。

5. 根据公式（同小液流法）计算叶片细胞的水势。

$$\Psi_{\text{cell}} = \Psi_{\text{out}} = -iCRT$$

【注意事项】

1. 小液流法用的滴管尖端弯成直角，以保证从滴管出来的液滴不受外力的影响。
2. 折射仪法前后两次测定溶液的折光系数时，温度必须一致。

【实验作业】

1. 比较这两种水势测定方法各自的优越性。测定材料为叶片时，用其小圆片与外液进行水分交换，有何缺点？

2. 用小液流法测定植物组织的水势与质壁分离法测定植物细胞的渗透势，都是以外界溶液的浓度计算其溶质势，它们之间的区别何在？

参考文献

［1］薛应龙 . 植物生理学实验 . 北京：高等教育出版社，1985：34–37.
［2］刘国栋 . 几本植物生理学教科书及实验教材评析二题 . 植物生理学通讯，1988，(6)：74–75.
［3］黄郡声 . 用梯度浓度溶液测定植物组织渗透势之我见 . 植物生理学通讯，1996，32（3）：211–212.
［4］陈彦，朱奇 . 植物组织水势测定实验的改进 . 植物生理学通讯，2007，43（1）：153–154.

[5] 斯卡兹金 Φ Д，等. 植物生理学实验指导. 北京农业大学植物生理教研组，译. 北京：高等教育出版社，1954：136-140.

（辽宁师范大学 李建之 华东师范大学 李小方）

实验 1-4 蒸腾强度的测定

【实验目的】

了解测定蒸腾强度的两种不同方法，钴纸法是测定蒸腾时失去的水分量（见实验 1-1），而容量法是测定由于蒸腾作用植物从外界新吸收的水量。

【实验原理】

带叶的枝条插在一定体积的水中，由于叶子的蒸腾作用，使容器中水的体积不断减少，通过水体积的减少，即可计算蒸腾强度。即在单位时间内，单位叶面积散失的水量，常以 g（水）/（m^2·h）表示。外界环境条件，如光、温度、风速等都会影响蒸腾强度。

【器材与试剂】

1. 实验仪器 标本筒，1 mL 移液管，小分液漏斗，100 W 台灯，吹风机，软木塞
2. 实验试剂 凡士林
3. 实验材料 一枝生长健壮的带叶枝条

【实验步骤】

1. 选取一个与标本筒相匹配的软木塞，按图 1-1 所示安装好所需的测定装置。标本筒中装满水。

2. 选取一枝生长健壮的枝条，在水中将枝条基部剪去一段，插入软木塞的一个孔中，在孔的周围涂上凡士林，以防漏气。盖紧软木塞，打开分液漏斗活塞，加入水，使标本筒和水平放置的移液管中都充满水，不能留有气泡。检查整个系统是否漏气、漏水，发现漏气、漏水处可用凡士林封好，最后关闭分液漏斗活塞。

3. 在距离枝条约 20 cm 处，置一个 100 W 台灯，照光期间保持叶面温度在 25 ~ 28℃。当移液管内水柱的凹液面移动到刻度时，开始计时。每 0.5 h 记录一次移液管中液面的位置，共计两次；在距离枝条 15 cm 处用吹风机吹风，记录叶表面温度，每 0.5 h 记录一次移液管中液面的位置，共计两次；在室内自然光和无吹风的情况下按上述方法记两次读数，作为对照。如果蒸腾作用强，已超出移液管读数，则需从分液漏斗向容器补水，重新开始记录读数。

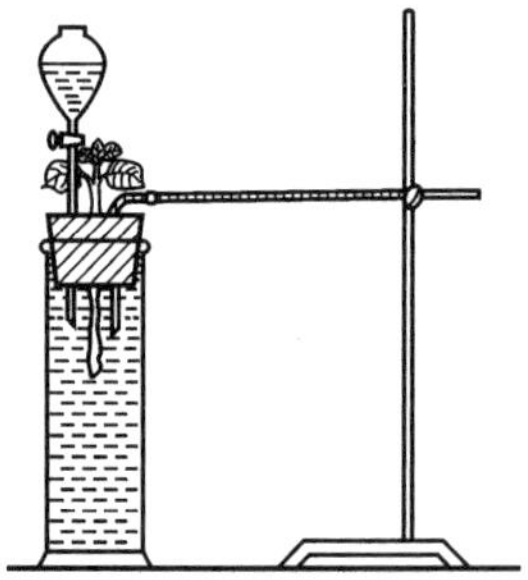

图 1-1 测定蒸腾强度的装置（自朱广廉等，1990）

4. 实验结束后，将叶片剪下，计算叶面积。方法是：剪取 100 cm^2 的硫酸纸，在扭力天平上称重 m_0。在此硫酸纸上画出叶

片的实际形状并剪下，称重 m_1，叶面总面积 S 即为：

$$S = (m_1 / m_0) \times 100$$

5. 计算蒸腾强度

$$Q = m / (S \times t)$$

式中：Q 为蒸腾强度，单位 g/（$m^2 \cdot h$）；

m 为由于蒸腾作用失去水的质量（根据失水的体积换算成质量量），单位 g；

S 为叶面积，单位 m^2；

t 为照光或吹风时间，单位 h。

根据上述公式，分别计算在照光、吹风和对照条件下植物的蒸腾强度。

【注意事项】

枝条剪下后需迅速插入水中，并在水中将基部剪去一段，以防空气进入导管。整个装置必须不漏气。

【实验作业】

1. 实验用的枝条为什么要在水中剪下，不这样做会出现什么问题？
2. 比较不同条件下植物的蒸腾强度，说明蒸腾强度不同的原因。

参考文献

[1] 张东向，郝延龄，郑蔚虹．测定植物蒸腾速率方法的一点改进．植物生理学通讯，1996，32（6）：446-447.

[2] 朱广廉，钟诲文，张爱琴．植物生理学实验．北京：北京大学出版社，1990：85-87.

（华东师范大学　沈宗英　李小方）

实验 1-5　环境因子对植物吐水的影响

【实验目的】

展示植物另一种排出水分的方式，以及与环境条件的关系。

【实验原理】

植物在正常生长状况下，从叶的尖端或叶的边缘叶脉终止部位的水孔排出水滴，这种现象称为吐水，这是一种由根压产生的正常的生理现象。外界的环境条件，如温度、湿度、土壤溶液的水势，以及根系的损伤等都会影响到幼苗的吐水活动。

【器材与试剂】

1. 实验仪器　玻璃钟罩，玻璃缸，冰块
2. 实验试剂　100 g/L NaCl 溶液，三氯甲烷，食盐

3. 实验材料 盆栽的小麦、玉米或旱金莲幼苗，或在铺有滤纸或沙子的培养皿上培育的幼苗

【实验步骤】

1. 实验前一周在塑料花盆中种上小麦、玉米或旱金莲幼苗，或在铺有滤纸或沙子的培养皿上培育幼苗。

2. 将钟罩罩住有幼苗的盆，由于植物蒸腾水分而使罩内空气湿度增加，蒸腾作用因而减弱，经一定时间后植物即开始以吐水来排除多余的水分。观察幼苗吐水时，用脱脂棉或滤纸吸去植株幼苗上的水滴，注意水滴重新出现，并记下水滴形成的速度。重复 2～3 次，算出平均速度。

3. 低温对植物吐水的影响：在一个较大玻璃缸（或脸盆）中放入冰水或冰块，并加适量的食盐使溶液的温度降得更低，将具有吐水现象的植物的盆钵置于其中，用滤纸吸去幼苗上的水滴，罩上钟罩观察对吐水有什么影响，也可用冰水直接浇灌进行观察。

4. 降低土壤水势对吐水的影响：在栽有幼苗的盆中加入 100 g/L NaCl 溶液或 $(NH_4)_2SO_4$ 使土壤潮湿为止，用滤纸吸去幼苗上的水滴，罩上钟罩进行观察。

5. 抑制根系活动的影响：用滤纸吸去正常植株的吐水后，取少量脱脂棉蘸上三氯甲烷后放入幼苗丛中，罩上钟罩进行观察。

【注意事项】

必须使植物生长环境中的湿度达饱和。

【实验作业】

思考出现实验结果的原因。

参考文献

斯卡兹金 Φ Д，等. 植物生理学实验指导. 北京农业大学植物生理教研组，译. 北京：高等教育出版社，1954：50-52.

（华东师范大学　沈宗英）

实验 1-6 植物叶片气孔密度和面积的测定

【实验目的】

了解叶片正背面气孔的数量，气孔面积占叶面积的百分数。

【实验原理】

植物的蒸腾作用，气孔蒸腾占着极重要的地位，而气孔在叶面上的数目及孔度的大小与气孔蒸腾的强度有密切的关系，因此了解气孔在叶面上的分布和面积，对于理解植物的

蒸腾作用有着重要的意义。

单位面积上气孔的数目，可先用显微镜数得每一视野中气孔的数目，而后用物镜测微尺量得视野的直径，求得视野面积，由此而计算单位叶面上气孔的数目。气孔面积的测量借助于显微镜描绘器，在毫米方格纸上绘图后求得。

【器材与试剂】

1. 实验仪器 显微镜，物镜测微尺，绘图仪（或显微镜描绘器），载玻片，盖玻片，毫米方格纸

2. 实验试剂 火棉胶（如有需要）

3. 实验材料 新鲜叶片

【实验步骤】

1. 测定气孔数目及密度 将新鲜叶片上（或下）表皮制片，置于显微镜下计算视野中气孔的数目（用低倍镜还是用高倍镜，决定于表皮上气孔的数目），移动制片，在表皮的不同部位进行 5 ~ 6 次计数，求其平均值。随后用物镜测微尺量得视野的直径，则半径 r 为已知，按公式 $S=\pi r^2$（S 为视野面积）计算视野面积，用视野中气孔的平均数 / 视野面积，即可求出气孔的密度，以“1 mm^2 气孔数”表示。

2. 测量气孔的面积 要测量单位叶面积上气孔的总面积，只要测得一个气孔的平均面积就可以了，因为已求得气孔的密度。

用图钉将毫米方格纸固定在显微镜右面的桌面上，调节描绘器上的反光镜，使成 45° 倾斜，然后调节光线亮度，使气孔与毫米方格纸的形象在显微镜视野中重合，用铅笔在方格纸上绘若干个气孔图，这样放大后的气孔面积即可从方格纸上计算得知。例如绘在方格纸上气孔的面积等于 30 mm^2，要求出气孔的实际面积，还必须知道显微镜的放大倍数。为此，取物镜测微尺置于显微镜下，如前法绘若干测微尺的刻度于方格纸上，以确定放大后的测微尺每一刻度相当于若干 mm，由于物镜测微尺每一小格刻度的实际长度为 10 μm 是已知的，所以显微镜的放大倍数即可求得。例如测微尺的每一刻度等于毫米方格纸上的 5 mm，那么显微镜的放大倍数即为 500。

确定了长度的放大倍数后，还需要算出面积的放大倍数，由上面可知实际面积为 100 μm^2，经放大后则得 25 mm^2。用比例法即可求得气孔的实际面积。

$$\text{气孔的实际面积}=\frac{10\ \mu m^2\times 30\ mm^2}{25\ mm^2}=120\ \mu m^2$$

【注意事项】

表皮不易撕开的叶子，可用火棉胶制取叶子表面模型然后进行测定。

【实验作业】

计算所测植物叶子上、下表皮的气孔密度及气孔面积占叶面积的百分数。

参考文献

斯卡兹金 Φ Д，等 . 植物生理学实验指导 . 北京农业大学植物生理教研组，译 . 北京：高等教育出

版社，1954：69–71.

（华东师范大学 沈宗英）

实验 1-7 钾离子和 ATP 对气孔开度的影响

【实验目的】

观察钾离子在气孔开张中的作用，加深对“气孔运动－钾离子积累学说”的理解。

【实验原理】

“气孔运动－钾离子积累学说”认为钾离子可以调节植物保卫细胞的渗透系统，在光下植物保卫细胞叶绿体，通过光合磷酸化合成 ATP，活化了质膜 H^+–ATP 酶，保卫细胞主动吸收钾离子，引起保卫细胞渗透势下降，水势下降，保卫细胞吸水膨胀，气孔张开。

本实验采用叶片法观察钾离子在气孔开张中的作用，同时通过加入外源 ATP 的实验进一步证明保卫细胞吸收钾离子是主动吸收，要消耗能量。

【器材与试剂】

1. 实验仪器 人工气候箱，显微镜，目镜测微尺，烧杯，镊子，载玻片，盖玻片

2. 实验试剂

（1）0.05 mol/L 硝酸钾（称取 5.06 g 硝酸钾，加蒸馏水溶解，稀释成 1 000 mL）

（2）0.05 mol/L 硝酸钠（称取 4.25 g 硝酸钠，加蒸馏水溶解，稀释成 1 000 mL）

（3）1×10^{-3} mol/L ATP 二钠盐母液（称取 27.6 mg ATP，加蒸馏水溶解，稀释成 50 mL，用上述母液再配制 1×10^{-10} mol · L^{-1} ATP 二钠盐溶液）

（4）1×10^{-13} mol/L ATP + 0.05 mol/L 硝酸钾（称取 5.06 g 硝酸钾加水溶解后，加入 1 mL 1×10^{-10} mol/L ATP 二钠盐溶液，再稀释成 1 000 mL）

（5）1×10^{-13} mol/L ATP + 0.05 mol/L 硝酸钠（称取 4.25 g 硝酸钠加水溶解后，加入 1×10^{-10} mol/L ATP 1 mL 二钠盐溶液，再稀释成 1 000 mL）

3. 实验材料 盆栽紫鸭跖草于室温暗培养 48 h 后镜检，如绝大多数气孔处于关闭状态时，即可用于实验

【实验步骤】

1. 取 5 个烧杯分别加入蒸馏水、0.05 mol/L 硝酸钾、0.05 mol/L 硝酸钠、1×10^{-13} mol/L ATP+0.05 mol/L 硝酸钾、1×10^{-13} mol/L ATP + 0.05 mol/L 硝酸钠，加入量以能淹没叶片为宜。

2. 取紫鸭跖草成熟叶片 1 片，剪成大小差不多的 5 片，分别放入上述 5 个烧杯中。

3. 将烧杯放入人工气候箱中培养，培养温度为 25℃，光照强度为 120 μmol/（m^2 · s）（6 000 lx），持续培养 4 h。

4. 将培养的叶片取出后，用尖头镊子撕取下表皮镜检（制作临时封片时所用封片溶

液分别是浸泡叶片所用溶液)。随机测量 10 个气孔的内径,用气孔内径平均值。

5. 比较各处理间气孔的开度。

【注意事项】

1. 实验前盆栽紫鸭跖草需暗培养 48 h 以上,以使绝大多数气孔关闭。

2. 实验过程中,气孔会随处理时间的延长呈有节律的张开、收缩,可能会影响实验效果。

3. 浸泡时间要求一致。

【实验作业】

试比较何种溶液处理气孔的开度最大,何种溶液处理的气孔开度最小?为什么?

参考文献

[1] 陈彦,朱奇,周坚. 钾离子影响气孔开度实验条件的优化选择. 植物生理学通讯,2006,42(1):101-102.

[2] 李敏. 钾离子对气孔开度的影响实验的改进. 植物生理学通讯,2008,44(2):317-318.

(长江师范学院 李敏)

实验 1-8 气孔运动与 K^+ 迁移

【实验目的】

观察钾离子移动方向与气孔开张的关系。

【实验原理】

在光下,保卫细胞或副卫细胞内钾离子累积,细胞内的渗透势降低,从而吸水膨胀,使气孔张开;反之,在暗中,保卫细胞或副卫细胞内的钾离子外流,气孔关闭。

用亚硝酸钴钠的组织化学染色法,钾离子与亚硝酸钴钠形成黄色的亚硝酸钴钠钾沉淀,如再与硫化铵作用则形成 CoS 的黄黑色结晶。在显微镜下可用于检查双子叶和单子叶植物保卫细胞中的钾离子。

【器材与试剂】

1. 实验仪器 显微镜,镊子,剪刀,100 W 白炽灯,载玻片和盖玻片

2. 实验试剂 50 g/L 硫化铵 -50 g/L 甘油,100 g/L 的亚硝酸钴钠溶液(称取 10 g 亚硝酸钴钠配成 100 g/L 的溶液,以 10 mL 加一滴冰乙酸的量进行酸化,用时现配)

3. 实验材料 实验前先将玉米和蚕豆种子播于花盆中,当苗长 30 cm 左右时,即可用作实验材料

【实验步骤】

1. 材料准备与处理　实验前先将玉米和蚕豆种子播于花盆中，当苗长 30 cm 左右时，即可用作实验材料。在培养观察中，最好施少量钾肥，特别是冬季在温室内培养时，要防止缺钾使实验结果不明显。实验前取两盆培养的植物放进暗室，将其中一盆在实验前用 100 W 灯距离花盆 30 ~ 40 cm，照光 1 ~ 2 h。

2. 撕取表皮及染色　从光、暗处理的植株上分别摘取成熟叶片，用刀片在叶片的下表皮上划出 5 mm × 5 mm 的小方块，再用尖头镊子撕下表皮。把表皮放在冷冻的蒸馏水中冲洗 2 min，以洗去外部的 K^+，然后放入冷冻的亚硝酸钴钠溶液中，染色 15 min 后取出，用冷冻的蒸馏水漂洗一下，迅速转移至 50% 乙醇（体积比，后同）溶液中漂洗 15 min，漂洗时搅动几次，最好换一次乙醇溶液。此时形成亚硝酸钴钠钾的黄色沉淀物。

以上操作要在 3℃以下的条件中或在冰浴中进行。

3. 固定样品　将制备好的样品，放在载玻片上，加一滴含有 50 g/L 硫化铵 –50 g/L 甘油的固定液固定，盖上盖玻片，在显微镜下观察，黄黑色的结晶即为亚硝酸钴钠钾的黄色沉淀在硫化铵作用下形成的 CoS。

【注意事项】

照光结束后检查一下气孔是否已经张开，如已张开则可进行以下实验，否则继续照光或增加光强，直至气孔张开。

【实验作业】

1. 绘图说明在光暗处理中植物保卫细胞中钾离子是否有积累？解释其原因。
2. 总结决定实验成败的经验教训。

参考文献

[1] 何笃修，等. 用亚硝酸钴钠观察气孔保卫细胞内钾离子的变化. 植物生理学通讯，1979（2）：40–42.
[2] 朱广廉，等. 植物生理学实验. 北京：北京大学出版社，1990.
[3] Dayandan P，Kaufman P B. Trichomes of cannabis sativa（Cannabaceae）. Am J Bot，1975，62（3）：221.
[4] Kaufman P B，et al. Laboratory experiments in plant physiology. New York：Macmillan，1975：167.
[5] Raschke K，Fellows M P. Stomatal movement in *Zea mays*：shuttle of potassium and chloride between guard cells and subsidiary cells. Planta，1971，101：296–316.
[6] Raschke K. Stomatal action. Ann Rev Plant Physiol，1975，26：309–340.
[7] Willmer C M，Pullar Jr J E. Nitrate reductase activity of dark–grown and light–exposed etiolated field peas（*Pisum arvense*）. Can J Bot，1973，51：37–42.

（北京大学　何笃修　韩俊杰）

实验 1-9 植物伤流液中糖、氨基酸及矿物元素的点滴分析

【实验目的】

通过实验证明根不仅是吸收物质的器官，同时也是合成物质的器官。

【实验原理】

植物根不仅是吸收水分和矿物元素的重要器官，同时也是许多重要物质的合成器官。当植物地上部分被切去时，不久即有液滴从切口流出，这种现象称为伤流，流出的汁液叫伤流液。伤流是由根压引起的。伤流液的数量和其中的成分可代表根生理活动的强弱。用蒽酮试剂和茚三酮试剂可以鉴别可溶性糖和氨基酸，通过显色反应可以鉴定根从土壤中吸收的一些无机盐成分。

【器材与试剂】

1. 实验仪器 烘箱，水浴锅，三角烧瓶，橡胶管，剪刀，白瓷板，试管，软木塞，45° 弯曲玻璃管（内径为 3 ~ 4 mm），烧杯，移液管

2. 实验试剂 5 g/L 联苯胺溶液（有毒，注意安全），固体亚硝酸钴钠，0.5 g/L 硝酸银溶液，二苯胺试剂（0.05 ~ 1.00 g 二苯胺溶于 6 mL 浓硫酸中），蒽酮试剂（称取 1 g 蒽酮溶于 1 000 mL 稀硫酸溶液中，稀硫酸溶液由 760 mL 相对密度为 1.84 的硫酸用蒸馏水稀释成 1 000 mL），茚三酮试剂（0.1 g 茚三酮溶于 100 mL 95% 的乙醇溶液中），萘氏试剂（称取 11.5 g HgI_2，8 g KI，溶于 50 mL 蒸馏水中，再加入 50 mL 6 mol/L NaOH 溶液，如产生沉淀可以过滤，装于棕色瓶中暗处保存），饱和醋酸钠溶液（12 g 醋酸钠在 10 mL 水中加热溶解后，冷却，过滤取清液），钼酸铵硝酸溶液（5 g 钼酸铵溶于 65 mL 冷水中，注入 35 mL 相对密度为 1.2 的硝酸）

3. 实验材料 茎的基部直径约 4 mm 的植株

【实验步骤】

1. 伤流液的收集（装置如图 1-2）

（1）将橡胶管紧套在弯曲玻璃管的短头端，并用线扎紧，以防漏水。

（2）取与三角烧瓶口相当的软木塞一个，塞上打两个孔，其中一孔插入玻璃管的长端，孔的大小必需与玻璃管紧密接触。另一小孔内插入约 4 cm 长的细玻璃管，将软木塞紧紧塞于三角瓶上。

（3）挑选茎的基部直径约 4 mm 的植株，在离地面 3 cm 处用锋利的小刀切去地上部分，将乳胶管另一端紧套在植株的基部茎上，并用线扎紧不使其漏水。将三角烧瓶位置放得稍低于地表（可事先挖一小坑）。在植株根部浇上足够的水，第二天就可获取伤流液。

2. 可溶性糖的鉴定 取伤流液 1 mL 于干洁的试管中，加入蒽酮试剂 5 mL 混合，于沸水浴中煮沸 5 ~ 10 min，绿颜色表示糖的存在，其绿色深浅与糖的含量成比例。

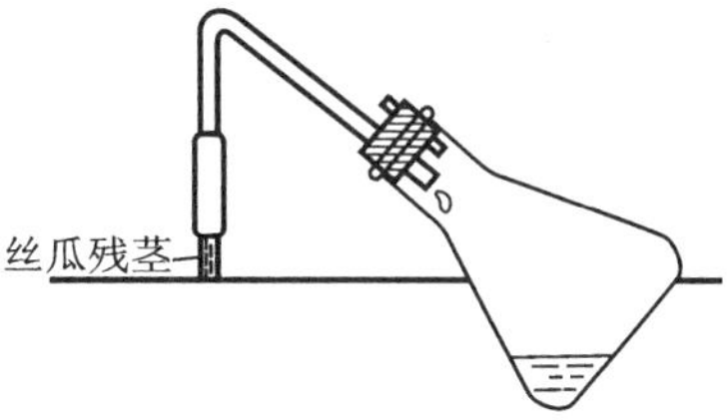

图 1-2 伤流液的收集

3. 氨基酸的鉴定 取伤流液 1 mL 于干洁的试管中，加入茚三酮试剂 3 ~ 4 滴混合，于沸水浴中煮沸 5 ~ 10 min，颜色变为蓝色表示有氨基酸存在。

4. 硝态氮的鉴定 硝态氮（NO_3^-）在浓硫酸中能将无色的二苯胺氧化生成蓝色化合物。取一滴伤流液在白瓷板上，加一滴二苯胺试剂，如有蓝色出现，说明伤流液中有 NO_3^- 存在。

5. 铵态氮的鉴定 萘氏试剂与铵态氮（NH_4^+）反应生成红色沉淀，在 NH_4^+ 很少时呈黄色。取一滴伤流液在白瓷板上，加一滴萘氏试剂，如有黄色出现，说明伤流液中有 NH_4^+ 存在。

6. 无机磷的鉴定 钼酸铵遇磷酸盐生成磷钼酸铵，它的氧化能力极强，可以将难以被钼酸或钼酸盐氧化的联苯胺氧化，生成钼蓝和联苯胺蓝两种蓝色物质。取一滴伤流液在白瓷板上，加一滴钼酸铵溶液，干燥后加一滴联苯胺溶液和一滴饱和乙酸钠溶液，如有蓝色出现，说明伤流液中有磷存在。

7. 钾离子的鉴定 中性或微酸性的钾盐溶液加入亚硝酸钴钠生成黄色晶状的亚硝酸钴钠钾，如有硝酸银存在，则形成亚硝酸钴银钾沉淀。铵盐能干扰该反应。取一滴伤流液在白瓷板上，放在 70℃烘箱中片刻，使 NH_3 逸出，再加一滴硝酸银和少许固体亚硝酸钴钠，荧光黄色的混浊出现指示钾的存在。

【注意事项】

利用伤流液可鉴定这些大量物质的存在，也可通过点滴显色反应，检测一些特殊物质的存在，伤流液一般无色，这是它的一大优点。

【实验作业】

1. 试比较不同植物的伤流量及糖和氨基酸的相对含量。
2. 伤流量的多少和伤流液的成分受哪些环境因子的影响？

参考文献

朱广廉，钟海文，张爱琴 . 植物生理学实验 . 北京：北京大学出版社，1990.

（华东师范大学 沈宗英 李小方 上海师范大学 姚永其）

第二章

矿物营养

实验 2-1　植物的元素缺乏症（溶液培养）

【实验目的】

熟悉植物的各种营养缺乏症的典型症状。

【实验原理】

植物的生长发育，除需要充足的阳光和水分外，还需要矿物元素，否则植物就不能很好地生长发育甚至死亡。应用溶液培养技术，可以观察矿物元素对植物生长的必需性；用溶液培养做植物的营养实验，可以避免土壤里的各种复杂因素。近年来也已应用溶液培养进行无污染蔬菜的栽培生产。

【器材与试剂】

1. 实验仪器　分析天平，培养缸（瓷质或塑料），鱼缸打气泵，量筒，烧杯，移液管
2. 实验试剂　按表 2-1 分别配制贮备液，所用药品纯度均需达到分析纯

表 2-1　药品名称及用量

药品名称	每升贮备液用量 /g
$Ca(NO_3)_2$	82.07
KNO_3	50.56
$MgSO_4 \cdot 7\ HO_2$	61.62
KH_2PO_4	27.22
NaH_2PO_4	24.00
$NaNO_3$	42.45
$MgCl_2$	23.81
Na_2SO_4	35.51

续表

药品名称	每升贮备液用量 /g
$CaCl_2$	55.50
KCl	37.28
Fe-EDTA	Na_2-EDTA 7.45，$FeSO_4 \cdot 7H_2O$ 5.57
微量元素	H_3BO_3 2.860，$MnSO_4$ 1.015，$CuSO_4 \cdot 5H_2O$ 0.079，$ZnSO_4 \cdot 7H_2O$ 0.220，H_2MoO_4 0.090

3. 实验材料　玉米种子（或番茄、蓖麻、小麦）

【实验步骤】

1. 材料准备　番茄、蓖麻、小麦、玉米等都可作为材料。粒小的种子，从种子带来的营养元素少，缺乏症容易出现，粒大的种子可以在幼苗未做缺元素培养之前，先将胚乳（或子叶）除去，这样可以加速缺乏症的出现。种子用漂白粉溶液灭菌 30 min，用无菌水冲洗数次，然后放在洗净的石英砂中发芽，加蒸馏水，等幼苗长出第一真叶时待用。

2. 配制缺元素培养液　按表 2-2 用量配制缺元素培养液。

表 2-2　缺元素培养液配制表

贮备液	贮备液用量 /mL								
	完全	-N	-P	-K	-Ca	-Mg	-S	-Fe	缺微量元素
$Ca(NO_3)_2$	10	-	10	10	-	10	10	10	10
KNO_3	10	-	10	-	10	10	10	10	10
$MgSO_4$	10	10	10	10	10	-	-	10	10
KH_2PO_4	10	10	-	-	10	10	10	10	10
NaH_2PO_4	-	-	-	10	-	-	-	-	-
Fe-EDTA	1	1	1	1	1	1	1	-	1
微量元素	1	1	1	1	1	1	1	1	-
$NaNO_3$	-	-	-	10	10	-	-	-	-
$MgCl_2$	-	-	-	-	-	-	10	-	-
Na_2SO_4	-	-	-	-	-	10	-	-	-
$CaCl_2$	-	10	-	-	-	-	-	-	-
KCl	-	10	4	-	-	-	-	-	-

配制时先取蒸馏水 900 mL，然后加入贮备液，最后配成 1 000 mL，以避免产生沉淀。培养液配好后，用稀酸、碱调节 pH 至 5～6。

3. 培养观察　选取大小一致的植株，用泡沫塑料包裹茎部，插入培养缸盖的孔中，每孔一株。将培养缸移到温室中，经常注意管理并观察，用蒸馏水补充缸中失去的水分。每隔一定时间（一周左右，随植株大小而定）更换培养液，并测定换出溶液的pH。植株长大后要通气，通气可用鱼缸打气泵，注意记录植株的生长情况，各种元素缺乏症的症状及出现的部位。

4. 元素缺乏症检索

Ⅰ　老叶受影响

（1）影响遍及全株，下部叶子干枯并死亡

a. 植株淡绿色，下部叶子发黄，叶柄短而纤弱 ………………………………… 缺 N

b. 植株深绿色，并出现红或紫色，下部叶子发黄，叶柄短而纤弱 ………… 缺 P

（2）影响限于局部，有缺绿斑，下部叶子不干枯，叶子边缘卷曲呈凹凸不平

a. 叶子缺绿斑有时变红，有坏死斑，叶柄纤弱 ……………………………… 缺 Mg

b. 叶子缺绿斑，在叶边缘和近叶尖或叶脉间出现小坏死斑，叶柄纤弱 …… 缺 K

c. 叶子缺绿斑，叶子包括叶脉产生大的坏死斑，叶子变厚，叶柄变短 …… 缺 Zn

Ⅱ　幼叶受影响

（1）顶芽死亡，叶子变形和坏死

a. 幼叶变钩状，从叶尖和边缘开始死亡 ………………………………… 缺 Ca

b. 叶基部淡绿，从基部开始死亡，叶子扭曲 ……………………………… 缺 B

（2）顶芽仍活着，缺绿或萎蔫而无坏死斑

a. 幼叶萎蔫，不缺绿，茎尖弱……………………………………………… 缺 Cu

b. 幼叶不发生萎蔫，缺绿

（a）有小坏死斑，叶脉仍绿色……………………………………… 缺 Mn

（b）无坏死斑，叶脉仍绿色………………………………………… 缺 Fe

（c）无坏死斑，叶脉坏死…………………………………………… 缺 S

5. 待植株症状表现明显后，将缺元素培养液换成完全培养液，留下一株继续培养，观察植株症状是否减轻以至消失，其余植株测量根、茎的长度、质量、叶子数目、大小和质量、节数和节间长度，然后在烘箱中烘干，用作测定植株中的氮、磷、铁、铜含量材料。

【注意事项】

1. 所用药品必须为分析纯级别（AR），注意用具洁净。

2. 培养期间需注意补充水分，定期更换培养液，并有良好的通气。

【实验作业】

1. 你培养的植株缺元素症是否明显？为什么？

2. 复习各种元素的生理功能。

参考文献

Meider H. Class experiments in plant physiology. London：George Allen and Unwin Ltd.，1984：72–74.

（华东师范大学 张志良）

实验 2-2 单盐毒害及离子间的拮抗作用

【实验目的】

通过简单实验说明培养时，培养液中各种离子平衡（各种离子及其浓度）的重要性。

【实验原理】

离子间的拮抗现象的本质是复杂的，它可能反映不同离子对原生质亲水胶粒的稳定性、原生质膜的透性，以及对各类酶活性调节等方面的相互制约作用，从而维持机体的正常生理状态。

【器材与试剂】

1. 实验仪器 烧杯，纱布，石蜡
2. 实验试剂 0.12 mol/L KCl（8.95 g/L），0.06 mol/L $CaCl_2$（6.66 g/L），0.12 mol/L NaCl（7.01 g/L），所用药品均需用分析纯
3. 实验材料 小麦种子

【实验步骤】

1. 选择饱满的小麦种子 100 粒，实验前 3 ~ 4 d 浸种，在室温下萌发，待根长 1 cm 时可用作材料。
2. 取 4 个小烧杯，依次分别倒入下列盐溶液：

（1）0.12 mol/L KCl；
（2）0.06 mol/L $CaCl_2$；
（3）0.12 mol/L NaCl；
（4）0.12 mol/L NaCl 100 mL+0.06 mol/L $CaCl_2$ 1 mL+0.12 mol/L KCl 2.2 mL。

小烧杯用涂石蜡的纱布盖上。挑选大小相等及根系发育一致的小麦幼苗 10 株或 20 株，小心种植在纱布盖的孔眼里，使根系接触到溶液，在室温下培育 2 ~ 3 星期后，即可看出在单盐溶液中，小麦幼苗生长（特别是它们的根部）出现畸形。

【注意事项】

1. 培养期间注意补充水分，可更换一次培养液。
2. 所用溶液的浓度为什么不一样？

【实验作业】

比较小麦在不同盐溶液中的生长情况并解释之。

参考文献

斯卡兹金 Φ Д，等植物生理学实验指导 . 北京农业大学植物生理教研组，译 . 北京：高等教育出版社，1954：123–124.

（华东师范大学　沈曾佑）

实验 2-3　植物对离子的选择性吸收

【实验目的】

通过实验说明植物对环境的阴离子和阳离子的吸收速度不同，而改变了环境的酸碱度，以示生产实践中施用化肥时，应注意它的性质以及它带来的问题。

【实验原理】

植物根系对不同离子吸收量是不同的，即使是同一种盐类，对阳离子与阴离子的吸收量也不相同。本实验是利用植物对不同盐类的阴、阳离子吸收量不同，使溶液的 pH 发生改变以说明这一吸收特性。此实验也使我们了解什么是生理酸性盐与生理碱性盐。

【器材与试剂】

1. 实验仪器　pH 计或精密 pH 试纸，量筒，移液管，100 mL 三角烧瓶
2. 实验试剂　0.5 g/L $(NH_4)_2SO_4$ 溶液，0.5 g/L $NaNO_3$ 溶液
3. 实验材料　玉米苗

【实验步骤】

1. 实验前 2 ~ 3 周培养根系完好的玉米（*Zea mays* L.）苗（或其他植株）。

2. 取三个三角烧瓶，分别加入 100 mL 浓度为 0.5 g/L $(NH_4)_2SO_4$ 溶液，100 mL 浓度 0.5 g/L $NaNO_3$ 溶液和 100 mL 蒸馏水。用 pH 计或精密 pH 试纸测定以上两种溶液和蒸馏水的原始 pH。

3. 取根系发育完善、大小相似的玉米苗 3 份，每份数株，数目相同，分别放于上述 3 个三角瓶中，室温下培养 2 ~ 3 h（植物根系对离子吸收的时间长短与选用植株根系发育和温度有关）。取出植株，并测定溶液的 pH。将实验结果记入下表 2–3 中。

表 2-3 植物从盐溶液中吸收离子后溶液 pH 的变化

处理	pH	
	放植株前	放植株后
0.5 g/L $(NH_4)_2SO_4$ 溶液		
0.5 g/L $NaNO_3$ 溶液		
蒸馏水		

【注意事项】

增加玉米幼苗的株数，可缩短实验时间并增加结果的显著性。

【实验作业】

1. NH_4NO_3 是生理酸性盐还是生理碱性盐？
2. 本实验中用蒸馏水作对照，它主要起什么作用？
3. 供给氮源类型不同，对根系的吸收有无影响？

参考文献

朱广廉，钟诲文，张爱琴．植物生理学实验．北京：北京大学出版社，1990：113-114.

（华东师范大学 沈曾佑）

实验 2-4 根系体积的测定

【实验目的】

利用简单的装置测定根系的体积。

【实验原理】

根据阿基米德原理，根系浸没在水中，排出的水的体积即为根系本身的体积。利用简单的体积计，用水位取代法，即可测知根系的体积。

【仪器与试剂】

1. 实验仪器 长足漏斗，移液管，橡胶管，铁架
2. 实验试剂 不需要
3. 实验材料 植物根系

【实验步骤】

1. 仪器装置 用橡胶管连接作为体积计的长足漏斗和移液管，然后将其固定在铁架

上，使移液管成一倾斜角，角度越小，仪器灵敏度越高，整个装置如图 2-1 所示。

2. 测定方法

（1）将欲测作物的根系小心挖出，用水小心漂洗去根系上的沙土，应保持根系完整无损，切勿弄断幼根，用吸水纸小心吸干水分。

（2）加水入体积计，水量以能浸没根系为度，调节刻度移液管位置，以使水面靠近橡胶管的一端，记下读数 A_1。

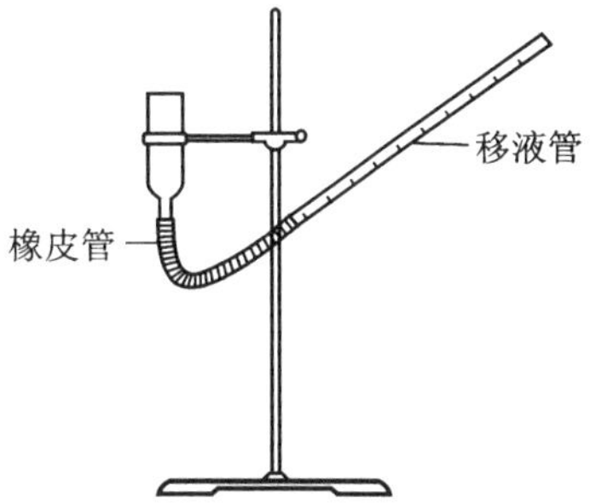

图 2-1　简单体积计

（3）将吸干水分的根系浸入体积计中，此时移液管中的液面上升，记下读数 A_2。

（4）取出根系，此时移液管中水面将降至 A_1 以下，加水入体积计，使水面回至 A_1 处。

（5）用移液管加水入体积计，使水面自 A_1 升至 A_2，此时加入的水量即代表被测根系的体积。

【注意事项】

根系洗净并吸干水分，才能使测量准确。

【实验作业】

1. 比较不同氮素营养植物的根系体积。
2. 测定不同年龄水稻幼苗根系体积的变化。

参考文献

上海师范大学生物系和上海农业学校．水稻栽培生理．上海：上海科学技术出版社，1978：397–398.

（华东师范大学　沈曾佑）

实验 2–5　根系活力的测定

植物根系的作用主要有：①对地上部分支持和固定；②物质的贮藏；③对水分和无机盐类的吸收；④合成氨基酸、激素等物质。因此根系活力是植物生长的重要生理指标之一，其测定方法主要有 α- 萘胺氧化法和氯化三苯基四氮唑法，在这里逐一介绍。

【实验目的】

熟悉测定根系活力的各种方法及测定原理。

I α- 萘胺氧化法

【实验原理】

植物的根系能氧化吸附在根表面的 α– 萘胺，生成红色的 2– 羟基 –1– 萘胺，沉淀于有强氧化力的根表面，使这部分根染成红色，该反应如下：

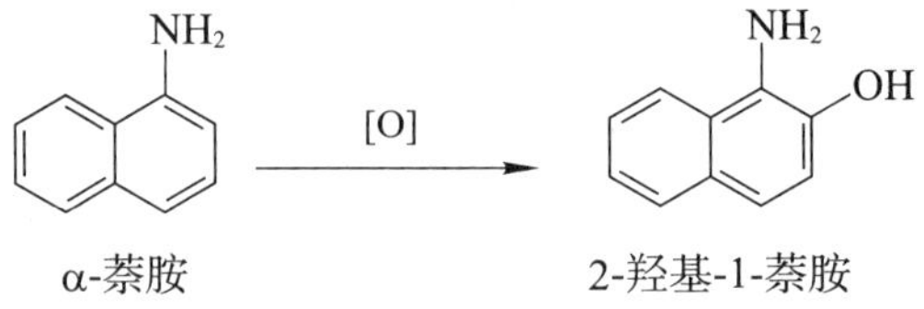

根对 α– 萘胺的氧化能力与其呼吸强度有密切关系。日本学者相见、松中等认为 α– 萘胺的氧化本质就是过氧化物酶的催化作用。该酶的活力越强，对 α– 萘胺的氧化能力就越强，染色也就越深。所以可根据染色深浅半定量地判断根系活力大小，还可测定溶液中未被氧化的 α– 萘胺量，定量地确定根系活力大小。

α– 萘胺在酸性环境下与对氨基苯磺酸和亚硝酸盐作用产生红色的偶氮染料，可供比色测定 α– 萘胺含量，该反应式见实验 2–11。

【器材与试剂】

1. 实验仪器　分光光度计，分析天平，烘箱，三角烧瓶，量筒，移液管，容量瓶

2. 实验试剂　α– 萘胺溶液［称取 10 mg α– 萘胺，先用 2 mL 左右的 95% 乙醇（体积百分数，后同）溶解，然后加水到 200 mL，成为 50 μg/mL 的溶液。取 150 mL 该溶液再加水 150 mL 稀释成 25 μg/mL 的 α– 萘胺溶液］，0.1 mol/L pH 7.0 磷酸缓冲液（见附录 2），10 g/L 对氨基苯磺酸［将 1 g 对氨基苯磺酸溶解于 100 mL 30%（体积百分数，后同）醋酸溶液中］，亚硝酸钠溶液（称 10 mg 亚硝酸钠溶于 100 mL 水中）

3. 实验材料　水稻植株

【实验步骤】

1. 定性观察　从田间挖取水稻植株，用水冲洗根部所附着的泥土，洗净后再用滤纸吸去附在水稻根上的水分。然后将植株根系浸入盛有 25 μg/mL 的 α– 萘胺溶液的容器中，容器外用黑纸包裹，静置 24 ~ 36 h 后观察水稻根系着色状况。着色深者，其根系活力较着色浅者为大。

2. 定量测定

（1）α– 萘胺的氧化

挖出水稻植株，并用水洗净根系上的泥土，剪下根系，再用水洗，待洗净后用滤纸吸去根表面的水分，称取 1 ~ 2 g 放在 100 mL 三角烧瓶中。然后加 50 μg/mL 的 α– 萘胺溶液与磷酸缓冲液 pH 7.0 等量混合液 50 mL，轻轻振荡，并用玻璃棒将根全部浸入溶液中，静置 10 min，吸取 2 mL 溶液测定 α– 萘胺含量［测定方法见下文（2）］，作为实验开始时的数值。再将三角烧瓶加塞，放在 25℃恒温箱中，经一定时间后，再进行测定。另外，还

要用另一只三角烧瓶盛同样数量的溶液，但不放根，作为α-萘胺自动氧化的空白，也同样测定，求得自动氧化量的数值。

（2）α-萘胺含量的测定

吸取 2 mL 待测液，加入 10 mL 蒸馏水，再在其中加入 10 g/L 对氨基苯磺酸 1 mL 和亚硝酸钠溶液 1 mL，室温放置 5 min 待混合液变成红色，再用蒸馏水定容到 25 mL。在 20 ~ 60 min 内 510 nm 处比色，读取吸光值，在标准曲线上查得相应的α-萘胺浓度。从实验开始 10 min 时的数值减去自动氧化的数值，即为溶液中所有的α-萘胺量。被氧化的α-萘胺量以 μg/（g・h）表示。因此，还应将根系烘干称其干重。

（3）绘制α-萘胺标准曲线

取浓度为 50 μg/mL 的α-萘胺溶液。配制成浓度为 50、45、40、35、30、25、20、15、10、5 μg/mL 的系列溶液，各取 2 mL 放入试管中，加蒸馏水 10 mL，10 g/L 对氨基苯磺酸溶液 1 mL 和亚硝酸钠溶液 1 mL，室温放置 5 min 待混合液变成红色，再用去离子水定容到 25 mL。在 20 ~ 60 min 内 510 nm 处比色，读取吸光值。然后以 OD_{510} 作为纵坐标，α-萘胺浓度为横坐标，绘制标准曲线。

Ⅱ 氯化三苯基四氮唑（TTC）法

【实验原理】

氯化三苯基四氮唑（TTC）是一种氧化还原色素，溶于水中成无色溶液，但可被根系细胞内的琥珀酸脱氢酶等还原，生成红色的不溶于水的三苯基甲腊（TTF），因此，TTC 还原强度可在一定程度上反映根系活力。

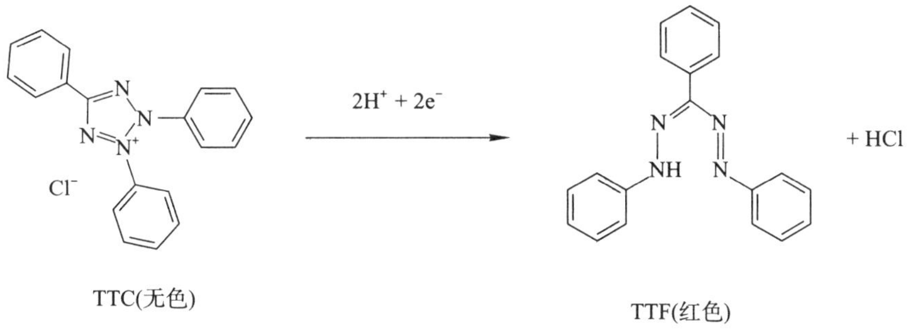

【器材与试剂】

1. 实验仪器　分光光度计，恒温箱，容量瓶，烧杯，研钵，量筒，三角烧瓶，刻度试管

2. 实验试剂　乙酸乙酯，连二亚硫酸钠，10 g/L TTC（准确称取 TTC 1.000 g，溶于少量水中，定容至 100 mL），1 mol/L 硫酸（用量筒取 980 g/L 浓硫酸 55 mL，边搅拌边加入到盛有 500 mL 蒸馏水的烧杯中，冷却后稀释至 1 000 mL），0.4 mol/L 琥珀酸（称取琥珀酸 4.72 g，溶于水中，定容至 100 mL），66 mmol/L 磷酸缓冲液 pH 7.0（A 液：称取 $Na_2HPO_4 \cdot 2H_2O$ 11.876 g 溶于蒸馏水中，定容至 1 000 mL；B 液：称取 KH_2PO_4 9.078 g 溶于蒸馏水中，定容至 1 000 mL。用时取 A 液 60 mL，B 液 40 mL 混合即可），石英砂。

3. 实验材料 植物根系

【实验步骤】

1. 定性观察

（1）反应液的配制：将 10 g/L TTC 溶液、0.4 mol/L 琥珀酸和 66 mmol/L 磷酸缓冲液 pH 7.0 按 1∶5∶4 混合。

（2）将待测根系仔细洗净后小心吸干，浸入盛有反应液的三角烧瓶中，置于 37℃暗处 2～3 h，观察着色情况，根尖端几毫米及细侧根都明显变红。

2. 定量测定

（1）TTC 标准曲线的制作：配制浓度 0、0.4、0.3、0.2、0.1、0.05 g/L 的 TTC 溶液，各取 5 mL 放入刻度试管中，各取 5 mL 乙酸乙酯和少量 $Na_2S_2O_4$（约 2 mg，各管中量要一致），充分振荡后产生红色的甲臜，转移到乙酸乙酯层，待有色液层分离后，补充 5 mL 乙酸乙酯，振荡后静置分层，取上层乙酸乙酯液，以空白作为参比，在分光光度计上于 485 nm 测定各溶液的吸光值，然后以 TTC 浓度作为横坐标，吸光值作为纵坐标绘制标准曲线。

（2）TTC 还原量的测定：称取根样品 1～2 g，浸没于盛有 4 g/L TTC 和 66 mmol/L 磷酸缓冲液 pH 7.0 的等量混合液 10 mL 的烧杯中，37℃保温 3 h，然后加入 1 mol/L 硫酸 2 mL 终止反应。取出根，小心擦干水分后与乙酸乙酯 3～5 mL 和少量石英砂一起在研钵中充分研磨，以提取出三苯基甲腈，过滤后将红色的提取液移入 10 mL 容量瓶，再用少量乙酸乙酯把残渣洗涤 2～3 次，皆移入容量瓶，最后补充乙酸乙酯至刻度，用分光光度计于 485 nm 处比色，以空白实验（先加硫酸，再加根样品）作为参比读出吸光值，查标准曲线，即可求出 TTC 的还原量。

（3）计算

$$\text{TTC 还原强度} = \frac{\text{TTC 还原量（g）}}{\text{根重（g）} \times \text{时间（h）}}$$

【注意事项】

根系应吸干水分但不能用力挤压伤及细胞，才能测定准确。

参考文献

[1] 达拉诺夫斯卡娅 M T. 根系研究法 . 李继云等，译 . 北京：科学出版社，1962：158–162.

[2] 上海师范大学生物学系和上海农业学校 . 水稻栽培生理 . 上海：上海科学技术出版社，1978：393–398.

[3] 山东农学院 . 植物生理学实验指导 . 济南：山东科学技术出版社，1980：187–190.

（华东师范大学 沈曾佑 孙斌）

实验 2-6 硝酸还原酶活性的测定

Ⅰ 活 体 法

【实验目的】

熟悉硝酸还原酶活性测定的不同方法。

【实验原理】

硝酸还原酶是植物氮素代谢作用中关键性酶，与作物吸收和利用氮肥有关。它作用于 NO_3^- 使之还原为 NO_2^-：

$$NO_3^- + NADH + H^+ \longrightarrow NO_2^- + NAD^+ + H_2O$$

产生的 NO_2^- 可以从组织内渗透到外界溶液中，并积累在溶液中，测定反应液中 NO_2^- 含量的增加，即表现该酶活性的大小。这种方法简单易行，在一般条件下都能做到。

NO_2^- 含量的测定用磺胺［对氨基苯磺酸胺（sulfanil-amide）］比色法。在酸性溶液中磺胺与 NO_2^- 形成重氮盐，再与 α- 萘胺偶联形成紫红色的偶氮染料。反应液的酸度大则增加重氮化作用的速度，但降低偶联作用的速度，颜色比较稳定。增加温度可以增加反应速度，但降低重氮盐的稳定度，所以反应需要在相同条件下进行。这种方法非常灵敏，能测定 0.5 μg/mL 的 $NaNO_2$。

【器材与试剂】

1. 实验仪器 分光光度计，真空泵（或注射器），温箱，天平，真空干燥器，钻孔器，三角烧瓶，移液管，烧杯，试管

2. 实验试剂

（1）0.1 mol/L pH 7.5 磷酸缓冲液（见附录 2）

（2）0.2 mol/L KNO_3（溶解 20.22 g KNO_3 于 1 000 mL 蒸馏水中）

（3）磺胺试剂（1 g 磺胺加 25 mL 浓盐酸，用蒸馏水稀释至 100 mL）

（4）α- 萘胺试剂（0.2 g α- 萘胺溶于含 1 mL 浓盐酸的蒸馏水中，稀释至 100 mL）

（5）$NaNO_2$ 标准溶液（1 g $NaNO_2$ 用蒸馏水溶解成 1 000 mL。然后吸取 5 mL，再加蒸馏水稀释成 1 000 mL，此溶液每 mL 含 $NaNO_2$ 5 μg，用时稀释）

3. 实验材料 蓖麻、向日葵、油菜、小麦或棉花的叶片

【实验步骤】

1. 新鲜取回的叶片（蓖麻、向日葵、油菜、小麦、棉花等均可）水洗，用吸水纸吸干，然后用钻孔器钻成直径约 1 cm 的圆片，用蒸馏水洗涤 2～3 次，吸干水分，然后于天平上称取等重的叶子圆片两份，每份 0.3～0.4 g（或每份取 50 个圆片），分别置于含有下列溶液的 50 mL 三角烧瓶中：① 0.1 mol/L pH 7.5 磷酸缓冲液 5 mL+ 蒸馏水 5 mL；② 0.1 mol/L pH 7.5 磷酸缓冲液 5 mL+0.2 mol/L KNO_3 5 mL。然后将三角烧瓶置于真空干燥器中，接上真空泵抽气，放气后圆片即沉于溶液中（如果没有真空泵，也可以用 20 mL

注射器代替，将反应液及叶圆片一起倒入注射器内，用手指堵住注射器出口，然后用力拉注射器使之真空，如此抽放气反复多次，即可使叶圆片中空气抽去而沉入溶液中）。将三角烧瓶置于 30℃温箱中，避光保温作用 30 min，然后分别吸取反应液 1 mL，以测定 NO_2^- 含量。

注意取样前叶子要进行一段时间的光合作用，以积累糖类，如果组织中糖类含量低，会使酶活力降低，此时则可在反应溶液中加入 30 μg 3- 磷酸甘油醛或 1,6- 二磷酸果糖，能显著增加 NO_2^- 的产生。

2. NO_2^- 含量的测定　保温 30 min 结束后，吸取反应液 1 mL 于一试管中，加入磺胺试剂 2 mL，混合摇匀后再加入 α- 萘胺试剂 2 mL，再次混合摇匀，静置 30 min，用分光光度计（520 nm）进行测定，记下吸光值，从标准曲线上读出 NO_2^- 含量，再计算酶活力，以每小时每克鲜重产生的 NO_2^-（μg 或 μmol）表示。

3. 标准曲线的制作　测定 NO_2^- 的磺胺比色法很灵敏，可检出低于 1 μg/mL 的 $NaNO_2$ 含量，可于 0 ~ 5 μg/mL 浓度范围内绘制标准曲线。由于显色反应的速度与重氮反应及偶联作用有关，温度、pH 都影响显色速度，同时也影响灵敏度，但如果标准与样品的测定都在相同条件下进行，则显色速度相同，彼此可以比较。

吸取不同浓度 $NaNO_2$ 的溶液（0.5、1、2、3、4、5 μg/mL）1 mL 于试管中，加入磺胺试剂 2 mL 及 α- 萘胺试剂 2 mL，混合摇匀，静置 30 min（或于一定温度水浴保温 30 min），立即于分光光度计（520 nm）比色。以吸光值为纵坐标，$NaNO_2$ 浓度为横坐标，绘制吸光值 – 浓度曲线。

Ⅱ　离　体　法

【器材与试剂】

1. 实验仪器　分光光度计，冷冻离心机，石英砂，纱布，研钵

2. 实验试剂　提取液：25 mmol/L 磷酸缓冲液（见附录 2），1 mmol/L EDTA（0.292 g/L），10 mmol/L 半胱氨酸（1.21 g/L pH 8.8），0.1 mol/L KNO_3（10.11 g KNO_3 溶于上述 1 000 mL 磷酸缓冲液中），2 g/L NADH（2 mg NADH 溶于 1 mL 水中）

3. 实验材料　蓖麻、向日葵、油菜、小麦或棉花的叶片

【实验步骤】

1. 酶的提取　把材料剪下，洗净，用吸水纸吸干，切成小块。称取 0.5 g 放于研钵中，冰冻 30 min。然后加入适量石英砂和提取液 2 mL，磨成匀浆。匀浆用两层纱布过滤，在 0 ~ 4℃，4 000 r/min 冷冻离心 20 min，得到的上清液即为酶的粗提液。

2. NO_2^- 含量的测定　吸取酶粗提液 0.2 mL 于一试管中，加入 0.5 mL KNO_3 溶液，0.3 mL NADH，混合后在 25℃保温 30 min。保温结束后立即加入磺胺试剂 2 mL 及 α- 萘胺试剂 2 mL，混合摇匀，静置 15 min，用分光光度计（520 nm）进行比色测定，记下吸光值，以不加 NADH 的（加入 0.2 mL 水）作为空白对照。从标准曲线上读出 NO_2^- 含量，再计算酶活力，以每小时每克鲜重产生的 NO_2^-（μg 或 μmol）表示。

3. 标准曲线的制作（见活体法）

【注意事项】

由于该酶为诱导酶，因而可于实验前一天，用硝酸盐进行叶面喷洒，以增强其活性。取回材料后注意冲洗叶片上残留的硝酸盐。

【实验作业】

1. 试比较不同植物的酶活性。
2. 试比较取样前植物处于光照或黑暗条件下酶活性的不同。
3. 试比较活体法与离体法的优缺点。

参考文献

[1] 陈薇，张德颐 . 植物组织中硝酸还原酶的提取、测定和纯化 . 植物生理学通讯，1980（4）：45-49.
[2] 周树，郑相穆 . 硝酸还原酶体内分析方法的探讨 . 植物生理学通讯，1985（1）：47-49.
[3] Hageman R H，Hucklesby D P. Nitrate reductase from higher plants. Methods Enzymol，1971，23A：491-503.
[4] Radin J W. In vivo assay of nitrate reductase in cotton leaf discs：effect of oxygen and ammonium. Plant Physiol，1973，51：332-336.

（华东师范大学 张志良 张晓玲）

实验 2-7 植物灰分元素的分析鉴定

【实验目的】

通过实验了解植物体中存在的一些常量元素。

【实验原理】

植物体中含有多种元素，在高温和氧存在下，碳和氢及部分磷、氮、硫等元素被氧化逸出，而绝大部分的金属及硅等非金属元素则以其氧化物的形式残留下来，统称为灰分。通常可以利用元素与特殊的试剂进行专一性反应，产生一定形状的结晶或颜色，可在显微镜下作定性鉴定。

【器材与试剂】

1. 实验仪器 高温电炉，干燥器，显微镜，台天平，白瓷比色板，载玻片，盖玻片

2. 实验试剂 50 g/L HCl，50 g/L 硫氰化钾，50 g/L NaH_2PO_4，50 g/L KH_2PO_4，150 g/L HClO，50 g/L $CaCl_2$，100 g/L $BaCl_2$，10 g/L $FeCl_3$，10 g/L $MgSO_4$，100 g/L H_2SO_4，钼酸铵试剂［7 g 钼酸铵溶于 50 mL 蒸馏水中，加入 50 mL 6 mol/L HNO_3（浓硝酸 384 mL/L），放

置过夜，取上清液备用]

3. 实验材料 玉米叶子或其他植物

【实验步骤】

1. 植物材料的灰化 取 10 g 玉米叶子或其他的植物材料，洗净，用滤纸吸干，剪碎，放入洗净干燥的坩埚内，坩埚盖斜立在坩埚上。

将坩埚放在高温电炉中，炉温升至 150～200℃，炭化；然后将炉温升至 550℃，灰化 1～2 h，至样品呈灰白色。

关闭电炉，待温度下降至 80℃左右，打开电炉，盖好坩埚盖，把坩埚转至干燥器内。

2. 灰分溶液制备 将上述灰分溶于 15 mL 的 50 g/L HCl 中，充分震荡摇匀。若有沉淀，可过滤后使用。

3. 灰分元素鉴定

磷：取 1 滴灰分提取液滴于载玻片一端，取 1 滴 50 g/L KH_2PO_4 溶液滴于载玻片的另一端，作为磷元素的标准，各加入 1 滴钼酸铵试剂，在煤气灯上略加热浓缩，盖上盖玻片，在显微镜下观察比较结晶的颜色及形状，判断元素的存在与否。

硫：取 1 滴灰分提取液滴于载玻片的一端，以 1 滴 10 g/L $MgSO_4$ 作为硫元素的标准，各加入 1 滴 100 g/L $BaCl_2$，盖上盖玻片，在显微镜下观察比较结晶的颜色及形状，判断元素的存在与否。

钾：取 1 滴灰分提取液滴于载玻片的一端，以 1 滴 50 g/L KH_2PO_4 作为钾元素的标准，各加入 1 滴 150 g/L HClO，在煤气灯上略加热浓缩，盖上盖玻片，在显微镜下观察比较结晶的颜色及形状，判断元素的存在与否。

钙：取 1 滴灰分提取液滴于载玻片的一端，以 1 滴 50 g/L $CaCl_2$ 作为钙元素的标准，各加入 1 滴 100 g/L H_2SO_4，在煤气灯上略加热浓缩，盖上盖玻片，在显微镜下观察比较结晶的颜色及形状，判断元素的存在与否。

镁：取 1 滴灰分提取液滴于载玻片的一端，以 1 滴 10 g/L $MgSO_4$ 作为镁元素的标准，各加入 1 滴 50 g/L NaH_2PO_4，在煤气灯上略加热浓缩，盖上盖玻片，在显微镜下观察比较结晶的颜色及形状，判断元素的存在与否。

铁：取 1 滴灰分提取液滴于瓷盘上，以 1 滴 10 g/L $FeCl_3$ 作为铁元素的标准，各加入 1 滴 50 g/L 硫氰化钾，观察是否有红色产物出现。

【注意事项】

实验中使用试剂具有强烈腐蚀性，不能碰到镜头上。如果沾到镜头上，应及时报告老师进行妥善处理。

【实验作业】

1. 列表记录观察结果。
2. 植物体中所含元素是否都可以通过灰分提取液鉴定？为什么？
3. 这些元素在植物生命活动中各有何作用？

参考文献

[1] 斯卡兹金 Φ Д，等．植物生理学实验指导．北京农业大学植物生理教研组，译．北京：高等教育出版社，1954：77–80.

[2] 杨继．植物生理学实验．北京：高等教育出版社，2000：131–133.

（华东师范大学　沈曾佑　邓云霞）

实验 2–8　植物组织可挥发性元素的鉴别

【实验目的】

在实验 2–7 将植物材料灰化时 C、H、O、N、S 等在高温下气化挥发了。本实验用干馏法说明它们存在于植物中。

【实验原理】

植物组织中含有大量的 C、H、O、N 和一定量的 S。在高温下，这些元素常以气体状态散发出来，当遇到一定的试剂时，即发生特定的反应，由此可鉴别它们的存在。本实验用干馏法使植物叶片干馏产生的气体，通过醋酸铅、氢氧化钡溶液和萘氏试剂而发生下列反应：

① $Pb(Ac)_2 + H_2S \longrightarrow PbS\downarrow + 2HAc$

② $Ba(OH)_2 + CO_2 \longrightarrow BaCO_3\downarrow + H_2O$

③ $2K_2(HgI_4) + 3NaOH + NH_3 \longrightarrow NH_2IHg_2O + 4KI + 3NaI + 2H_2O$

从这些反应可以鉴定出 H_2S、CO_2 和 NH_3 的存在，以证明植物组织所含的可挥发性元素。

【器材与试剂】

1. 实验仪器　三角烧瓶，圆底烧瓶，玻璃管，橡皮塞，铁架，电炉或煤气灯

2. 实验试剂　饱和 $Ba(OH)_2$ 溶液，铅纸（将滤纸浸于饱和醋酸铅溶液中，取出晾干），萘氏试剂［取 17 g $HgCl_2$ 溶于 200 mL 蒸馏水中，将其慢慢倒入 KI 溶液中（35 g KI 溶于 200 mL 蒸馏水中），直至形成 HgI_2 的红色沉淀不再溶解为止，再加 200 g/L 的 NaOH 溶液至 1 000 mL，然后再加入 $HgCl_2$ 溶液，直到刚出现不消失的沉淀为止。溶液应保持淡黄色，如无色则再加 $HgCl_2$ 溶液。配好的试剂倒入棕色瓶中，置暗处保存。但长期放置，对铵离子的敏感度降低］

3. 实验材料　烘干的叶片

【实验步骤】

1. 按图 2–2 装配好测定装置

向圆底烧瓶中放入 2 ~ 3 g 干燥叶片，在 A、B、C 三个三角烧瓶中依次放入铅纸萘氏

试剂和适量的饱和 $Ba(OH)_2$ 溶液，注意每个三角烧瓶中的长玻璃管务必浸入试剂中。

2. 将各瓶连接好，在圆底烧瓶下用电炉加热，由叶片干馏产生的可挥发性物质，使铅纸变成黑褐色，遇萘氏试剂生成红棕色沉淀，遇 $Ba(OH)_2$ 产生白色沉淀。而在烧瓶颈内壁可见水汽凝结。

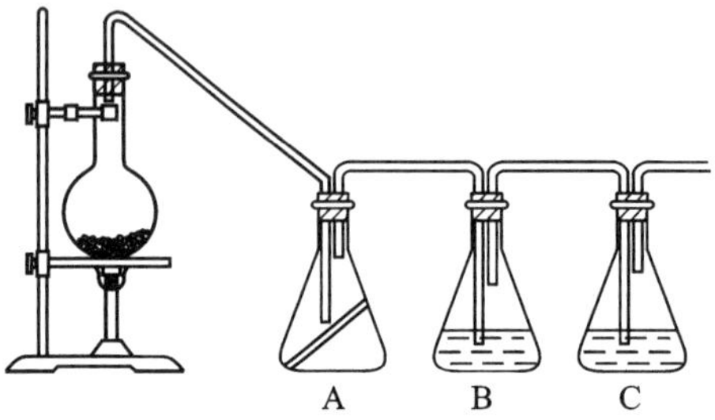

图 2-2 干馏简单装置

A. 铅纸 B. 萘氏试剂 C. 饱和 $Ba(OH)_2$ 溶液

3. 分析观察结果，判断植物组织所含挥发性元素。

【注意事项】

应用中火使温度上升，不可用急火高温，以防烧瓶爆裂。

【实验作业】

植物的灰分中能检出这些元素吗？为什么？

参考文献

北京师范大学生物系植物生理教研组 . 植物生理学实验指导（油印本），1954.

（北京师范大学 袁玉信）

实验 2-9 植株中硝态氮的测定

【实验目的】

熟悉掌握比色测定硝态氮的方法。

【实验原理】

硝酸盐是植物吸收的主要含氮物质之一。它必须还原成 NH_3 后才能参加有机氮化合物的合成。硝酸盐在植物体内的还原部位不同，可以在根内，也可以在枝叶内进行，且因植物类别和环境条件而异。因此，测定植物体内硝酸氮含量变化对了解氮代谢机制也是重要的。

硝酸根经还原成亚硝酸根后，与对氨基苯磺酸，α- 萘胺结合，生成玫瑰红色的偶氮染料。主要化学反应如下：

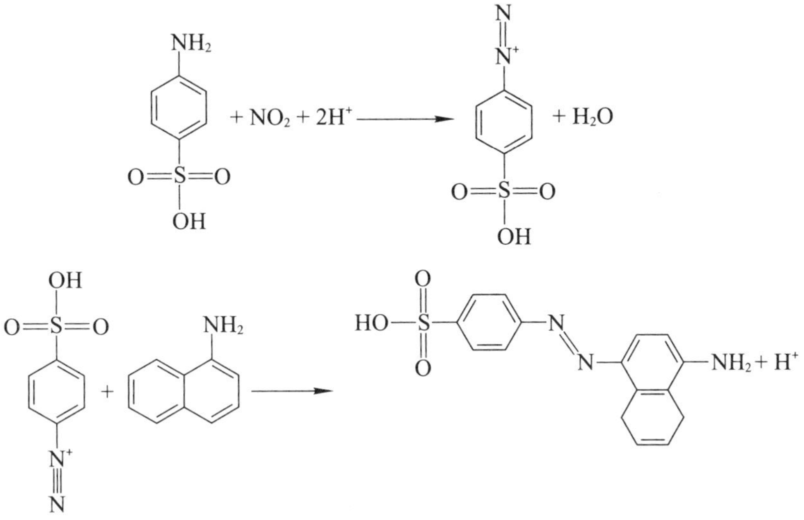

【器材与试剂】

1. 实验仪器　分光光度计，离心机，研钵，容量瓶，移液管，离心管

2. 实验试剂　20% 乙酸溶液（取 20 mL 分析纯无水乙酸加 80 mL 水），KNO_3 标准液（称 0.180 6 g KNO_3 放入 1 000 mL 量瓶中，加水至刻度，混匀。配成含氮量为 25 μg/mL 的 KNO_3 溶液），混合粉剂［（所有药品均用分析纯级）：硫酸钡 100 g，α– 萘胺 2 g，锌粉 2 g，对氨基苯磺酸 4 g，硫酸锰 10 g，柠檬酸 75 g］

3. 实验材料　新鲜植物材料

【实验步骤】

1. 绘制标准曲线　取 50 mL 容量瓶 6 个，洗净，编号。KNO_3 标准液 0.0、2.0、4.0、6.0、8.0、10.0 μg/mL 各 2 mL，分别置于 1 ~ 6 号容量瓶中，各加入无水乙酸溶液 18 mL，再加 0.4 g 混合粉剂，剧烈摇动 1 min，静置 10 min，将容量瓶中悬浊液过量地倾入离心管中，使部分流出管外，白色粉膜即可去除。离心 5 min（4 000 r/min），取上清液以分光光度计于 520 nm 处（比色杯厚度 10 mm）测定吸光值。

以硝态氮的浓度为横坐标，吸光值为纵坐标，在坐标纸上绘制标准曲线。

2. 组织液中硝态氮含量的测定　取 1 g 新鲜植物材料，剪碎，于研钵中加少量蒸馏水研磨，移于干燥的三角烧瓶中，加入蒸馏水定容 20 mL，振荡 1 ~ 3 min，放置澄清后（或离心之），取上清液 2 mL，再按标准曲线制作方法测定硝态氮。按下面公式计算含氮量：

$$植物组织中硝态氮含量（μg/g）= C \cdot V$$

式中：C 为标准曲线上查得的组织提取液所含硝态氮浓度（μg/mL）；

V 为 1 g 植物组织所制备的提取液总体积（mL）。

【注意事项】

硫酸钡用去离子水洗去杂质，烘干。上述各药品分别研细，再分别用等份的硫酸钡和其他各药品混合，使混合粉剂成为无颗粒状灰白色的均匀体。配制粉剂应在干燥洁净环境中进行。若空气湿度偏高，则混合粉剂成淡玫瑰红色；若药品不纯也会造成此现象，降低测定灵敏度。配好的粉剂应保存在黑暗干燥条件中，7 d 以后即能应用。存放条件良好，可存放数年，其测定稳定性比新配的更佳。

【实验作业】

1. 比较不同年龄的植物组织中硝态氮的含量，找出诊断氮素营养的敏感部位。
2. 比较植物敏感部位硝态氮在 24 h 内的变化。

参考文献

[1] 叶叙丰，等. 硝态氮比色测定. 植物生理学通讯，1979（3）：31–33.
[2] 中国科学院上海植物生理研究所，上海植物生理学会. 现代植物生理学实验指南. 北京：科学出版社，1999：139–140.

（华东师范大学 沈曾佑 邓云霞）

实验 2–10 植株中磷素的测定（钼蓝法）

【实验目的】

掌握常用的钼蓝测磷法

【实验原理】

在酸性条件下，无机磷可与钼酸铵作用生成磷钼酸铵，并为氯化亚锡还原成蓝色的磷钼蓝，由蓝色的深浅即可测定磷的含量。

$$H_3PO_4 + 12(NH_4)_2MoO_4 + 21HCl \longrightarrow \underset{\text{磷钼酸铵}}{(NH_4)_3PO_4 \cdot 12MoO_3} + 21NH_4Cl + 12H_2O$$

$$(NH_4)_3PO_4 \cdot 12MoO_3 \xrightarrow{SnCl_2} \underset{\text{磷钼蓝}}{(MoO_2 \cdot 4MoO_3)_2 \cdot H_3PO_4 \cdot 4H_2O}$$

磷钼蓝的最大吸收波长为 660 nm。

【器材与试剂】

1. 实验仪器 分光光度计，离心机，刻度移液管，研钵，容量瓶

2. 实验试剂 0.05 g/L 标准磷溶液（准确称取 0.219 5 g 分析纯 KH_2PO_4 溶于 400 mL 去离子水中，加入 5 mL 浓硫酸，然后转入 1 L 容量瓶中定容，摇匀），钼酸铵 – 硫酸混合溶液（用台秤称 25 g 钼酸铵于大烧杯中，加入 200 mL 去离子水溶解。将 280 mL 浓硫酸慢慢倒入 400 mL 去离子水中，冷却。然后把上述配好的钼酸铵溶液加入此硫酸溶液中并用去离子水稀释至 1 L），氯化亚锡溶液（用台秤称 5.7 g $SnCl_2$ 于大烧杯中，加入 60 mL 浓 HCl 并加热，溶解后用去离子水稀释至 300 mL。溶液中加入少量锡粒，以防 Sn^{2+} 氧化。

该溶液为 0.1 mol/L 的 $SnCl_2$ 盐酸溶液，可存放数周）

3. 实验材料 小麦、玉米或水稻等作物功能叶鞘

【实验步骤】

1. 绘制标准曲线 取上述标准磷溶液配成浓度为 0、5、10、20、25、30、35、40、45、50 μg/mL，分别取 1 mL 于试管中，加入钼酸铵硫酸试剂 3 mL，摇匀，再加 $SnCl_2$ 0.1 mL，混匀，静置 10 ~ 15 min。

选择 660 nm 波长，用光径 1 cm 比色杯，以浓度 0 为校零溶液，测得各标准溶液的吸光值。

以磷的浓度为横坐标，吸光值为纵坐标，在坐标纸上绘制标准曲线。

2. 组织液中磷含量的测定 取小麦、玉米或水稻等作物功能叶鞘，洗净吸干表面水分后，称取 2 g 置于研钵中，加少许石英砂及 5 mL 蒸馏水研磨。将匀浆移至 25 mL 容量瓶中，研钵中残渣一并洗入，然后加水至刻度。3 000 g 离心 15 min，取上清液备用，若着色严重，可用活性炭脱色。

吸取组织提取液 1 mL 两份于洁净的试管中，在上述同样条件下测其吸光值。

依据试液的吸光值，从标准曲线上即可查出试液的浓度。根据下式计算出叶鞘中磷含量。

$$P(\mu g/g\ \text{叶鞘鲜重}) = C \times (V/W)$$

式中：C 为提取液的磷含量（μg/mL）；

V 为提取液的体积（mL）；

W 为样品鲜重（g）。

【注意事项】

显色时间不可过长，否则蓝色褪去，导致实验失败。此外，实验中吸收池易着蓝色，实验完毕，应及时用盐酸 – 乙醇（1∶2）洗涤剂浸泡，再用水清洗。

【实验作业】

试讨论实验过程中哪些因素会影响测定，并如何在实验过程中予以注意？

参考文献

[1] 吕苏琴，等 . 基础化学实验 I . 北京：科学出版社，2000：182–183.

[2] 中国科学院南京土壤研究所营养诊断组 . 科学种田 . 上海：上海人民出版社，1975（8）：31–33；（9）：26–28；（10）：26–29.

[3] 中国科学院南京土壤研究所 . 土壤知识 . 上海：上海人民出版社，1976：378–382.

[4] 全国土壤普查土壤诊断研究协作组 . 土壤和作物营养诊断速测方法 . 土壤肥料，1976,（2）：7–36.

（华东师范大学 邓云霞）

实验 2-11 植株中总铁量的测定

【实验目的】

熟悉测定铁含量的不同方法。

Ⅰ 硫氰化物法

【实验原理】

高铁与硫氰化物反应生成红色硫氰化铁：

$$Fe^{3+}+3SCN^- \rightarrow Fe(SCN)_3$$

其颜色深度与铁含量成正相关，可用比色法进行测定。加适量丙酮可使反应产物都以分子形式存在，从而增强颜色深度，提高测定灵敏度。若在高锰酸钾作用下，使亚铁氧化为高铁，则可以测定样品中总铁含量。

【器材与试剂】

1. 实验仪器　分光光度计，过滤漏斗与过滤瓶，容量瓶，移液管，试管，烧杯

2. 实验试剂　浓盐酸，6 mol/L 盐酸（浓盐酸 513 mL/L），0.1 mol/L 盐酸，200 g/L 硫氰化钾（AR），丙酮（AR），0.1 mol/L $KMnO_4$（称取 $KMnO_4$ 15.8 g 加蒸馏水溶解后稀释成 1 000 mL），标准铁溶液（任备其一）：

（1）精确称取电解铁 0.1 g 溶于 10 mL 无铁浓盐酸中，等完全溶解后，加入饱和氯酸钾 5 mL 定容到 1 000 mL。铁的浓度为 0.1 mg/mL。

（2）精确称取硫酸高铁铵［$NH_4Fe(SO_4)_2 \cdot 12H_2O$］0.863 4 g，溶于 20 mL 1 mol/L H_2SO_4 中，用蒸馏水定容至 1 000 mL。铁的浓度为 0.1 g/mL。

3. 实验材料　植物组织

【实验步骤】

1. 灰分溶液的制备　将植物组织烘干灰化，取干灰 0.5 g 于小烧杯中，加入 6 mol/L 盐酸 5 mL 使灰分溶解，再加入 0.1 mol/L 盐酸 20 mL 搅匀，用漏斗抽滤，再用适量 0.1 mol/L 盐酸洗涤烧杯和滤纸，一并滤入，最后用水定容到 250 mL。

2. 测定　吸取灰分液 1 mL 置于试管中，依次加入蒸馏水 1.5 mL，高锰酸钾液 1 滴，使产生持续粉红色，加 6 mol/L 盐酸 1 mL，充分摇匀，加 KSCN 液 1.5 mL，摇匀，加 5 mL 丙酮，边加边摇匀，置于暗处待测。以 1 mL 蒸馏水代替样品做同样处理作为空白。用分光光度计于波长 500 nm 下测定，并读吸光值。从标准曲线上查出每毫升含铁量，按下面公式计算样品中总含铁量：

$$m_{Fe}(\mu g/g\ 干灰) = C \cdot V$$

式中：C 为灰分溶液含铁量（μg/mL）；

V 为 1 g 灰分制备的溶液总体积（mL）。

3. 标准曲线的绘制　将标准铁溶液稀释成浓度为 1、4、8、12、16、20 μg/mL 系列

的标准溶液，按上述方法进行处理和测定。以浓度为横坐标，OD_{500} 为纵坐标绘制标准曲线。

【注意事项】

反应液在光亮处迅速褪色，因而必须及时测定或置于暗处待测。

Ⅱ　邻二氮杂菲（菲绕啉）法

【实验原理】

邻二氮杂菲（o-phenanthroline，$C_{12}H_8N_2$）与亚铁反应形成橙红色化合物，其颜色深度与酸度有关，以 pH 3.5 ~ 5.0 范围内最好（pH 3.5 左右可排除干扰），可借助柠檬酸缓冲液调节。此法优点是颜色稳定，反应灵敏，比硫氰化物法更合适于植物材料内铁的测定。若以对苯二酚使样品中的高铁预先还原为亚铁，本法即可测定样品中的总铁量。

【器材与试剂】

1. 实验仪器　同Ⅰ硫氰化物法

2. 实验试剂　邻二氮杂菲（称取 0.5 g 邻二氮杂菲于烧杯中，加 30 mL 蒸馏水，加热使其溶解，定容到 100 mL，贮于棕色瓶中，放在黑暗处保存。如果颜色变化，需重新配制），10 g/L 对苯二酚溶液（称取 1 g 对苯二酚溶于 100 mL 50℃蒸馏水中），柠檬酸钠溶液（称 25 g 柠檬酸钠溶于 100 mL 蒸馏水中），其他试剂同硫氰化物法。

3. 实验材料　同硫氰化物法

【实验步骤】

1. 灰分溶液的制备同硫氰化物法。

2. 测定　取灰分液 1 mL 加蒸馏水 4 mL，加对苯二酚溶液 1 mL 和邻二氮杂菲 1 mL，摇匀，然后用柠檬酸钠溶液和 6 mol/L 盐酸调节 pH 为 3.5，在 20℃（室温）放置 30 min，使高铁全部还原并显色。以 1 mL 蒸馏水代替样品作同样处理作为空白。用分光光度计在 510 nm 波长下测定，读取吸光值。从标准曲线上查出每毫升含铁量，按下面公式计算：

$$m_{Fe}(\mu g/g\ 干灰) = C \cdot V$$

式中：C 为灰分溶液含铁量（μg/mL）；

　　V 为 1 g 灰分制备的溶液总体积（mL）。

3. 标准曲线的绘制　将标准铁溶液稀释成浓度为 1、4、8、12、16、20 μg/mL 系列的标准溶液，按上述方法进行处理和测定。以浓度为横坐标，OD_{510} 为纵坐标绘制标准曲线。

【注意事项】

如果没有纯度较高的电解铁做标准，还可用 AR 级铁化合物代替，但必须 105℃烘干至恒重。

【实验作业】

1. 试比较缺铁培养和完全溶液培养的植物叶子中的铁含量。
2. 试比较生长在中性或碱性土壤的植物叶子的铁含量。

参考文献

[1] 丘星初 . 化学分析手册 . 北京：化学工业出版社，1960：325.
[2] Chapman H D，Partt P E. Methods of Analysis for Soils. Berkeley：University of Cal：fornia，1961：123-127.

（华东师范大学 赵继芬）

实验 2-12 微量元素铜的测定

【实验目的】

熟悉比色测定铜含量的一种方法。

【实验原理】

在 pH 8 ~ 10 条件下 Cu^{2+} 与双环己酮草酰二肼（BCO）形成蓝色配合物 Cu(Ⅱ)-BCO，加入过量乙醛，则双环己酮草酰二肼中的环己酮被乙醛取代，形成双环乙醛草酰二肼（BAO），蓝色 Cu（Ⅱ）-BCO 即转化为紫红色 Cu（Ⅱ）-BAO，该配合物于 540 nm 处有一最大吸收峰，在 0 ~ 12 μg/50 mL 范围内符合朗伯 - 比尔定律。

【器材与试剂】

1. 实验仪器 分光光度计，容量瓶，三角烧瓶，移液管
2. 实验试剂 浓硝酸，浓氨水，400 g/L 的柠檬酸铵，400 g/L 的乙醛，700 g/L 的高氯酸，95 g/L 的乙醇，200 μg/mL 双环己酮草酰二肼（称取 BCO 0.2 g，置于 250 mL 烧杯中，加 95% 乙醇 80 mL，在 60℃下溶解，冷却至室温，移入 1 000 mL 容量瓶，稀释至刻度，摇匀），氨性缓冲液（pH 9.2，称取氯化铵 54 g 置于 500 mL 烧杯中，加水 200 mL 溶解，加浓氨水 63 mL，用水稀释至 1 000 mL，摇匀即得），0.1 g/L 铜标准储备液（称取质量分数 99.99% 的金属铜 0.100 g 于 250 mL 高型烧杯中，加硝酸 10 mL，煮沸驱除氮的氧化物，冷却至室温，移入 1 000 mL 容量瓶中，用水稀释至刻度，摇匀），2.0 μg/mL 铜标准溶液（准确吸取铜标准储备溶液 2.0 mL 于 100 mL 容量瓶中，加水至刻度，摇匀）
3. 实验材料 植物组织。

【实验步骤】

1. 标准曲线的绘制 吸取铜标准溶液 0、1、2、3、4、5、6 mL（相当于含铜 0、2、4、6、8、10、12 μg）置于一组 50 mL 的容量瓶中，加柠檬酸铵溶液 5 mL，用氨水调 pH

至 9.0，加氨性缓冲液 5 mL、BCO 试剂 10 mL、乙醛 1 mL，加水定容、摇匀。显色 5 min（25℃以上 5 min，25℃以下 30 min）后于 540 nm 处用光径 3 cm 的比色皿比色，用试剂空白调零，测定吸光值。以浓度为横坐标，吸光值为纵坐标，作标准曲线。

2. 实验材料的准备　植物材料用自来水洗净后，再用蒸馏水洗两次，放入玻璃器皿中，置于烘箱中 105℃烘至恒重。

3. 样品消化　称样品 5 g 于 200 mL 硬质三角瓶中，加浓 HNO_3 25 mL，放置过夜，让其充分浸泡成糊状，后用低温加热分解，逐步升温，保持微沸状态（140 ~ 160℃）到剧烈反应停止，放置冷却，沿瓶壁加高氯酸 5 mL，继续加热至白烟冒尽，溶液呈无色及残渣呈白色为止。冷却，用少量水溶解，过滤于 100 mL 量瓶中，加水定容、摇匀，备用。

4. 含量测定　移适量滤液（含铜 0 ~ 12 μg）于 50 mL 容量瓶中，加柠檬酸铵溶液 5 mL，用氨水调 pH 至 9.0，加氨性缓冲液 5 mL、BCO 试剂 10 mL、乙醛 1 mL，加水定容、摇匀。呈色 5 min（25℃以上 5 min，25℃以下 30 min）后于 540 nm 处用光径 3 cm 的比色皿比色，用试剂空白调零，测定吸光值，在标准曲线上查得含铜量，按下式计算样品的含铜量：

$$m_{Cu}(\mu g/g) = C \cdot V$$

式中：C 为从标准曲线上查得的含铜量（μg/mL）；

V 为 1 g 干植物材料制备得到的滤液总体积（mL）。

【注意事项】

1. 如无纯铜做标准，可用 AR 级铜盐代替，但必须于 105℃烘干至恒重。
2. 除特别说明外，所用试剂均为 AR，水为蒸馏水。

参考文献

司文会，印天寿 . 双乙醛草酰二肼直接快速分光光度法测定粮食及饲料中的铜 . 粮食与饲料工业，1998，4：43–44.

（华东师范大学　褚书地）

实验 2-13　细胞内游离 Ca^{2+} 的测量（流式细胞法）

【实验目的】

学习利用流式细胞分析技术测定细胞内游离钙离子的方法。

【实验原理】

作为植物生长的第二信使 Ca^{2+} 可以把外界刺激（光、激素、重力及环境胁迫等）转变成植物细胞内信号，导致一系列生理生化反应。流式细胞术测量细胞内 Ca^{2+} 常用钙离子的螯合剂荧光染色后进行。用于 Ca^{2+} 的荧光染料有 5 种（表 2-4），它们都是 EGTA 的衍生物，有较高的量子产额并对钙有较高的特异性亲和力。这些染料本身不能透过细胞膜进入细胞内，将它接上醋酸甲酯（acetoxymethylester，AM）后，可将染料导入细胞中，经细胞内非特异酯酶水解该酯键，释放出染料分子，使之与细胞内钙离子结合，经激光激发后，产生荧光。荧光强度与细胞内钙离子浓度成正比，图 2-3 为经电场刺激 5 min 后人体皮肤表皮细胞内钙离子的变化。

表 2-4 常用于钙离子测量的荧光探针

荧光染料	低钙		高钙		测量方式
	Ex	Em	Ex	Em	
Quin-2	352	492	332	492	荧光强度
Indo-1	360	485	351	405	发射比例
Fura-2	380	520	340	502	激发比例
Fluo-3	506	526	506	526	荧光强度
Rhod-2	556	576	553	576	荧光强度

Ex：激发光波长（nm）；Em：发射光波长（nm）

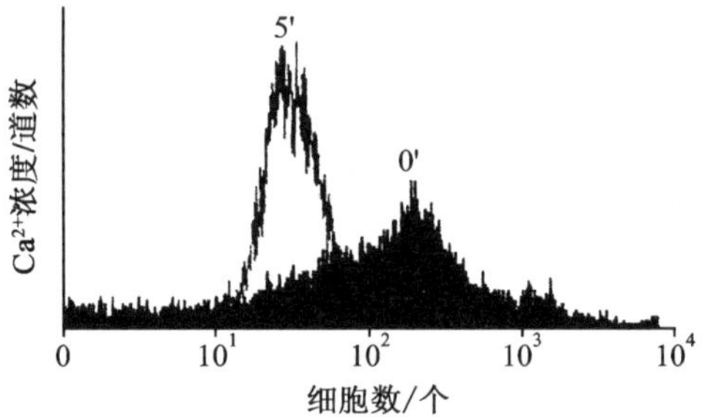

图 2-3 电场刺激表皮细胞后细胞内 Ca^{2+} 的变化

0′ 曲线为停止电场刺激时不同 Ca^{2+} 浓度的细胞数分布，5′ 曲线为停止电场刺激 5 min 时不同 Ca^{2+} 浓度的细胞数分布

【器材与试剂】

1. 实验仪器 FACScan 流式细胞仪，台式离心机，恒温水浴，可调式定量取液器，50 μm 孔径的尼龙网

2. 实验试剂 PBS 缓冲液（每 1 000 mL 内含 8 g NaCl，0.2 g KCl，0.2 g KH_2PO_4，1.15 g Na_2HPO_4，pH 7.4），5 μmol/L Fluo-3-AM 荧光染料（$C_{51}H_{45}Cl_2N_2O_{23}$，5.6 mg/L，用乙醇溶解，PBS 缓冲液配制）

3. 实验材料 黄化绿豆下胚轴

【实验步骤】

1. 待测样品准备

（1）黄化绿豆下胚轴经酶解、分离、纯化，获得大量具有生理活性的原生质体。

（2）调节原生质体悬液密度约为 5×10^6 个 /mL。

（3）取悬液 200 μL，加入 200 μL 5 μmol/L Fluo-3-AM 荧光染料，摇匀后置于 37℃恒温水浴，保温 60 min，间歇振荡。

（4）离心，用 PBS 缓冲液洗 2 次，沉淀用 1 mL PBS 摇匀。

（5）用 50 μm 孔径的尼龙网过滤到流式细胞仪的专用试管内，上机测量。

2. 测量

（1）仪器参数的设定：选取 FL1 为阈值；FL1 PMT 的增益选用对数放大。

（2）测量数据的采集：用 Cell-Quest 软件采集测量数据，并以 List Mode 方式贮存于样品的文件中。待测样品分别上机进行 FL1- 绿荧光的测量。每个样品 3 个重复，每次测量 5 min。

3. 结果分析 以 FL1- 脉冲高度（FL1-H）单参数直方图显示实验结果和数据资料分析。

【注意事项】

流式细胞测定时选用 FL2 为阈值；FL2 PMT 的增益选用对数放大。

附：FACScan 流式细胞仪的工作原理

（华东师范大学 张利华）

第三章
光合作用

实验 3-1 叶绿体色素的提取、分离及理化性质的鉴定

【实验目的】

了解叶绿素提取分离的原理，以及它们的光学特性在光合作用中的意义。

【实验原理】

叶绿体色素是植物吸收太阳光能进行光合作用的重要物质，主要由叶绿素 a、叶绿素 b、胡萝卜素和叶黄素组成。根据它们在有机溶剂中的溶解特性，可用丙酮将它们从叶片中提取。并可根据它们在不同有机溶剂中的溶解度不同以及在吸附剂上的吸附能力不同，又可将它们彼此分离。

叶绿素是一种双羧酸的酯，可与碱发生皂化作用，产生的盐能溶于水，可用此法将叶绿素与类胡萝卜素分开；叶绿素与类胡萝卜素都有光学活性，表现出一定的吸收光谱，可用分光镜检查或用分光光度计精确测定；叶绿素在光照下可产生暗红色的荧光；叶绿素的化学性质很不稳定，容易受强光的破坏，特别是叶绿素与蛋白质分离后，破坏更快；叶绿素中的镁可被 H^+ 取代而成褐色的去镁叶绿素；再加入铜盐，则褐色的去镁叶绿素成为绿色的铜代叶绿素，铜代叶绿素很稳定，在光下不易破坏，故常用此法制作绿色植物的浸渍标本。

【器材与试剂】

1. 实验仪器　大试管或展层缸，托盘天平，分光镜，研钵，量筒，烧杯，漏斗，软木塞，滤纸，毛细滴管，剪刀，分液漏斗，移液管

2. 实验试剂　丙酮，甲醇，乙酸铜，盐酸，氢氧化钾，石英砂，碳酸钙，无水硫酸钠，四氯化碳，乙醚

3. 实验材料　新鲜植物叶片

【实验步骤】

1. 叶绿体色素的提取与分离

（1）称取新鲜叶片 4 g，放入研钵中加丙酮 5 mL，少许碳酸钙和石英砂，研磨成匀

浆，再加丙酮 8 mL，以漏斗过滤之，取出 3 mL 这种最初过滤的较浓色素提取液用于做色素的纸层析和荧光分析。再用 20 mL 丙酮分 2 ~ 3 次冲洗研钵并过滤，得到的色素提取液放于暗处备用。

（2）把展层用的滤纸剪成 2 cm × 20 cm 的纸条，将其一端剪去两侧，中间留一长约 1.5 cm，宽约 0.5 cm 的窄条。

（3）用毛细滴管或牙签取叶绿素溶液划线于窄条的上方，注意一次划线溶液不可过多导致线条过粗，可等风干后重复划线几次，使展层后效果好一些。

（4）在大试管或展层缸中加入四氯化碳 3 ~ 5 mL 及少许无水硫酸钠。然后将滤纸条固定于软木塞上，插入试管内，使窄条浸入溶剂中（色素带要略高于液面，滤纸条边缘不可碰到试管壁），盖紧软木塞，直立于阴暗处进行层析（图 3-1）。待溶剂前沿达滤纸条上沿 1.5 ~ 2.0 cm 时，取出滤纸条，立即用铅笔在溶剂前沿划线作记号。并观察分离后色素带的分布。最上端橙黄色为胡萝卜素，其次黄色为叶黄素，再下面蓝绿色为叶绿素 a，最后的黄绿色为叶绿素 b。

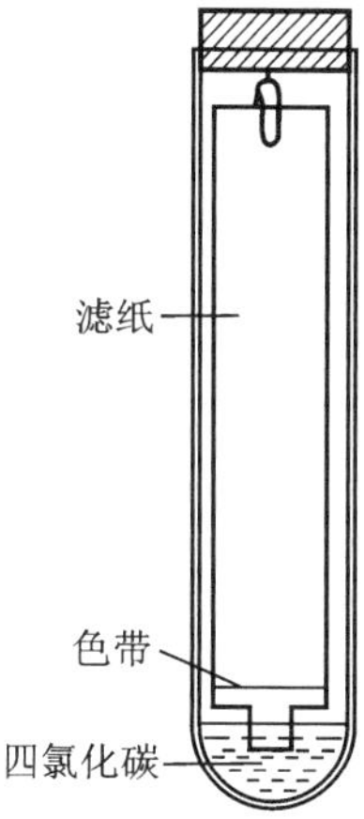

图 3-1 纸层析示意图

2. 叶绿体色素的理化性质

（1）叶绿素的荧光现象：取上述较浓色素丙酮提取液少许于试管中，分别观察在反射光和透射光一侧，提取液的颜色有无不同。反射光侧观察到的血红色，即为叶绿素产生的荧光颜色。

（2）光对叶绿素的破坏作用：取上述色素丙酮提取液少许分装于 2 支试管中，一支试管放在黑暗处（或用黑纸包裹），另一支试管放在强光下，经 2 ~ 3 h 后，观察两支试管中溶液的颜色有何不同。

（3）铜代反应：取上述色素丙酮提取液 3 mL 左右于试管中，一滴一滴加入浓盐酸，直至溶液出现褐绿色，此时叶绿素分子已遭破坏，形成去镁叶绿素。然后加醋酸铜晶体少许，慢慢加热溶液，则又产生鲜亮的绿色。此即形成了铜代叶绿素。

（4）黄色素与绿色素的分离：取上述色素丙酮提取液 10 mL，加到盛有 20 mL 乙醚的分液漏斗中，摇动分液漏斗，并沿漏斗边缘加入 30 mL 蒸馏水，轻轻摇动分液漏斗，静止片刻，溶液即分为两层。色素已全部转入上层乙醚中，弃去下层丙酮和水，再用蒸馏水冲洗乙醚溶液 1 ~ 2 次。然后于色素乙醚溶液中加入 5 mL 300 g/L 氢氧化钾甲醇溶液，用力摇动分液漏斗，静置约 10 min，再加蒸馏水约 10 mL，摇动后静置分离，则得到黄色素层和绿色素层，分别保存于试管中。

（5）观察色素溶液的吸收光谱：①调节分光计，观察电灯光的光谱；②观察色素丙酮提取液，用丙酮将溶液稀释 1 倍比较之；③观察黄色素乙醚溶液，用乙醚将溶液稀释 1 倍比较之；④观察皂化叶绿素甲醇溶液，用甲醇将溶液稀释 1 倍比较之；⑤观察被光破坏的色素丙酮溶液，试与②作比较；⑥观察铜代叶绿素溶液。

【注意事项】

提取得到的叶绿体色素先观察是否有血红色的荧光，如无荧光或荧光很弱，则表明提取不够完全，残渣加少许丙酮再研磨提取。

【实验作业】

1. 通过实验你对叶绿体的色素获得哪些认识?
2. 提取叶绿素时为什么要加入少量碳酸钙? 加多了会出现什么问题?
3. 铜在叶绿素中取代镁的作用，有何实用意义?

参考文献

[1] 裴驱 K，等. 植物代谢生理学实验指导. 朱健人，译. 北京：科学出版社，1952：178-194.
[2] 叶乃器. 介绍实验中的点滴经验. 植物生理学通讯，1956 (3)：36.
[3] Moore R H. Laboratory guide for elementary plant physiology. Minneapolis：Burgess Publishing，Co. 1960：73-74.

（华东师范大学 张志良）

实验 3-2 叶绿体色素的分离和吸收光谱曲线

【实验目的】

利用柱层析分离有色物质，了解层析的分离原理及吸收光谱的绘制方法。

【实验原理】

柱层析是一种高效的分离物质的方法。它是基于吸附剂如蔗糖、Al_2O_3、MgO、$CaCO_3$等对各种物质有不同的吸附力，吸附力的大小随吸附剂的种类和被吸附物质的结构而异；同一吸附剂在不同的溶剂中吸附力的大小也不同。因而可用不同的溶剂混合后进行洗脱，能使吸附在吸附剂上的不同的物质依次分离流出。本实验以蔗糖为吸附剂对叶绿体色素进行柱层析分离，并分别测定它们的吸收光谱。

【器材与试剂】

1. 实验仪器 分光光度计，铜筛，真空泵，过滤瓶，分液漏斗，研钵，量筒，具塞三角瓶，小漏斗，螺旋夹，乳胶管，层析柱（直径 1 ~ 1.5 cm，长 15 ~ 20 cm），天平，剪刀，移液管

2. 实验试剂 石油醚，丙酮，无色汽油，苯，乙醚，丙醇，碳酸钙，氯化钠

3. 实验材料 新鲜叶片，蔗糖（磨细，过筛，筛孔 0.10 mm，为增加吸附力，使用前需在 70 ~ 75℃下烘 2 h）

【实验步骤】

1. 色素的提取 称取新鲜叶片 2 g，剪去粗大的叶脉并剪成碎块，放入研钵中加丙酮 5 mL，少许碳酸钙和石英砂，研磨成匀浆，再加丙酮 15 mL 减压过滤，滤液收集于量筒中，残渣再用丙酮洗涤数次，直至无色，定容 20 mL。丙酮提取液中不仅有叶绿体色素，

而且也有能溶于丙酮的化合物，为了更好地分离色素，必须用石油醚纯化色素。即将丙酮提取液转入分液漏斗中，加等量石油醚，轻轻摇动，再加等量饱和氯化钠溶液振荡，再加等量蒸馏水振荡，放置分层。待明显分为两层，上层为深绿色石油醚层，有显著的荧光现象。小心地把下层的丙酮水液层放掉，用洗瓶沿漏斗壁以水洗涤石油醚层 6 ~ 7 次，以彻底洗去丙酮。定容为 20 mL，所得石油醚色素提取液置于棕色瓶中备用。

2. 吸附柱的制备（装置如图 3-2）

（1）干法装柱：把层析柱的玻管部分固定在抽滤瓶上，在玻管的基部用清洁的脱脂棉填上，使松紧合适，于其上放一大小合适的圆形滤纸片，柱的上端放一小漏斗，取烘过的蔗糖粉由小漏斗装入柱中，边装边轻敲柱的外壁，随后进行抽气，使蔗糖柱紧实，约为 15 cm 长。装好吸附剂后于其上轻轻盖上一片大小合适的圆形滤纸，小心地注入石油醚，抽滤，当蔗糖柱全部被石油醚浸湿，且在柱上面留有少量石油醚时，停止抽吸。

（2）湿法装柱：层析柱用夹子垂直固定于铁架上，下端套上一段乳胶管，在乳胶管的另一端套上一玻璃管，在乳胶管上夹一螺旋夹，以控制流速。柱的下端同样填上脱脂棉，放上小滤纸片，柱上放一小漏斗。先关闭螺旋夹，注入一定体积的石油醚于柱中，打开螺旋夹，让石油醚以每秒 1 滴的流速流下，当注入的石油醚流至柱的 3/4 处，从小漏斗缓缓装入蔗糖粉，抽吸，并在蔗糖柱上盖一滤纸片，待石油醚快流完时，停止抽吸。

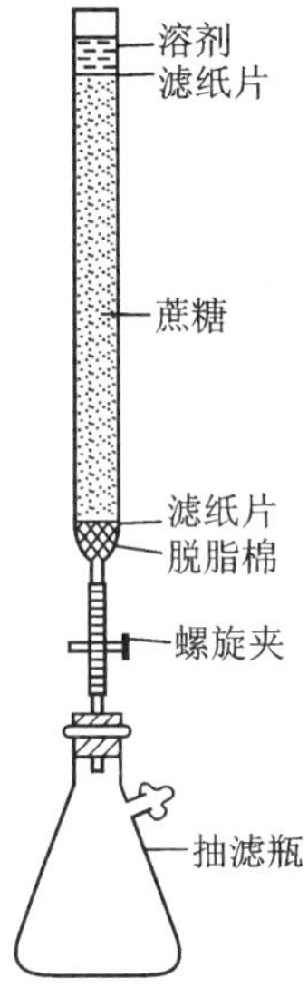

图 3-2　柱层析装置图

3. 色素的分离　将色素提取液 2 mL 倾入吸附柱上，当色素提取液将要全部进入蔗糖柱中时，加入一定体积的石油醚冲洗，抽吸，至柱上的颜色快要扩展到吸附柱的下端时，就在柱上出现不同颜色的色带，上面是黄绿色的叶绿素 b，其次是蓝绿色的叶绿素 a，再下面是黄色的叶黄素，胡萝卜素没有被蔗糖吸附，出现在柱的最下端或随洗脱剂石油醚进入抽滤瓶中。

4. 色素的洗脱　分布在柱上的各色带的位置彼此很靠近，为了更好地分离，需将各色带分开有较大的距离。可加入 10 ~ 15 mL 汽油 – 苯的混合液（10∶1），抽滤，混合液渗入后，胡萝卜素从柱上全部排出，叶黄素与叶绿素 a 分开，并逐渐被洗脱下来。这时再加入汽油 – 苯的混合液（1∶2），抽滤，叶绿素 a 与叶绿素 b 更清楚地分开，叶绿素 a 被洗脱，叶绿素 b 可用乙醚或乙醇洗脱。

5. 叶绿素 a 和叶绿素 b 的吸光值的测定：将柱层析分离的叶绿素 a 溶液，注入 1 cm 的比色杯中，另以汽油 – 苯的混合液（1∶2）作校零对照，于波长 400 ~ 700 nm 之间，每间隔 5 nm，读得叶绿素 a 的吸光值。以同样的方法测定叶绿素 b 在波长 400 ~ 700 nm 之间，每间隔 5 nm 的吸光值，注意校零对照用乙醚或乙醇（即洗脱剂）。

6. 根据测定结果，以波长（nm）为横坐标，以吸光值为纵坐标，在毫米方格纸上分别绘制叶绿素 a 和叶绿素 b 的吸收光谱曲线。

【注意事项】

1. 加入汽油 – 苯的混合液速度要慢，以使各物质的分离完全。
2. 每间隔 5 nm 读数前都要校零。

【实验作业】

1. 绘出叶绿体色素的柱层析图谱。

2. 为什么色素在吸附柱上会分离成不同的色带？试从柱层析的原理，以及色素的化学结构加以分析。

3. 叶绿素 a 和 b 在可见光中有几个吸收峰，你的结果中在红光区的最大吸收峰波长位置与文献上的结果有无差别，为什么？

4. 试比较光合作用的作用光谱与叶绿素 a 的吸收光谱，你如何理解它们之间的关系？

参考文献

[1] 魏海姆 F H，等 . 植物生理学实验 . 中国科学院植物研究所生理生化研究室，译 . 北京：科学出版社，1974：67–71.

[2] 裴驱 K，等 . 植物代谢生理学实验指导 . 朱健人，译 . 北京：科学出版社，1952：185–188.

[3] 郝斯 D. 植物生理学 . 吴相钰等，译 . 北京：科学出版社，1976：45.

（云南大学 胡琼华 李启任 黎继岚 陈善娜 杨树华 华东师范大学 张志良）

实验 3-3 叶绿素 a、b 含量测定

【实验目的】

熟悉在未经分离的叶绿体色素溶液中测定叶绿素 a 和 b 的方法及其计算。

【实验原理】

如果混合液中的两个组分，它们的光谱吸收峰虽然有明显的差异，但吸收曲线彼此有些重叠，在这种情况下要分别测定两个组分，可根据朗伯 – 比尔定律，通过代数方法，计算一种组分由于另一种组分存在时对吸光值的影响，最后分别得到两种组分的含量。

如图 3–3 叶绿素 a 和 b 的吸收光谱曲线，叶绿素 a 的最大吸收峰在 663 nm，叶绿素 b 在 645 nm，吸收曲线彼此又有重叠。

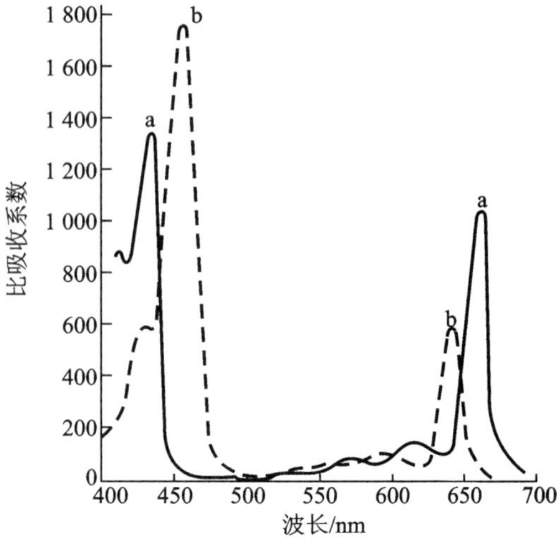

图 3–3 叶绿素 a 和 b 的吸收光谱曲线

根据朗伯 – 比尔定律，当以常规比色皿即 1 cm 光路长度进行测定，最大吸收光谱峰不同的两个组分的混合液，它们的浓度 C 与吸光值之间有如下的关系：

$$OD_1=C_a \cdot k_{a1} + C_b \cdot k_{b1} \quad (1)$$

$$OD_2=C_a \cdot k_{a2} + C_b \cdot k_{b2} \quad (2)$$

式中：C_a 为组分 a 的浓度，g/L；

C_b 为组分 b 的浓度，g/L；

OD_1 为在波长 λ_1（即组分 a 的最大吸收峰波长）时，混合液的吸光值；

OD_2 为在波长 λ_2（即组分 b 的最大吸收峰波长）时，混合液的吸光值；

k_{a1} 为组分 a 的比吸收系数，即组分 a 当浓度为 1 g/L 时，于波长 λ_1 时的吸光值；

k_{b2} 为组分 b 的比吸收系数，即组分 b 当浓度为 1 g/L 时，于波长 λ_2 时的吸光值；

k_{a2} 为组分 a（浓度为 1 g/L），于波长 λ_2 时的吸光值；

k_{b1} 为组分 b（浓度为 1 g/L），于波长 λ_1 时的吸光值；

从文献中可以查到叶绿素 a 和 b 的 80%（体积百分数，后同）丙酮溶液，当浓度为 1 g/L 时，比吸收系数 k 值如下：

波长 /nm	比吸收系数 k	
	叶绿素 a	叶绿素 b
663	82.04	9.27
645	16.75	45.60

将表中数值代入上式（1）、（2），则得：

$$OD_{663} = 82.04 \times C_a + 9.27 \times C_b$$

$$OD_{645} = 16.75 \times C_a + 45.60 \times C_b$$

经过整理之后，即得到下式：

$$C_a = 0.012\,72\ OD_{663} - 0.002\,585\ OD_{645}$$

$$C_b = 0.022\,88\ OD_{645} - 0.004\,671\ OD_{663}$$

如果把 C_a，C_b 的浓度单位从原来的 g/L 改为 mg/L，则上式可改写为下列形式：

$$C_a = 12.72\ OD_{663} - 2.59\ OD_{645} \quad (3)$$

$$C_b = 22.88\ OD_{645} - 4.67\ OD_{663} \quad (4)$$

$$C_T = C_a + C_b = 8.05\ OD_{663} + 20.29\ OD_{645} \quad (5)$$

（5）式中 C_T 为总叶绿素浓度，单位为 mg/L。

利用上面（3）、（4）、（5）式，即可计算出叶绿素 a 和 b 及总叶绿素的浓度（mg/L）。

由于叶绿素在不同溶剂中的吸收光谱有差异，因此在使用其它溶剂提取的色素时，计算公式也有所不同。叶绿素 a、b 在 95% 乙醇中的最大吸收波长分别为 665 nm 和 649 nm，类胡萝卜素为 470 nm，从文献中可以查到叶绿素 a 和 b 的 95% 乙醇溶液，当浓度为 1 g/L 时，比吸收系数 k 值如下：

波长 /nm	比吸收系数 k	
	叶绿素 a	叶绿素 b
665	83.31	18.60
649	24.54	44.24

将表中数值代入上式（1）、（2），则得：

$$OD_{665} = 83.31 \times C_a + 18.60 \times C_b \quad (6)$$

$$OD_{649} = 24.54 \times C_a + 44.24 \times C_b \quad (7)$$

当叶绿素浓度改为 mg/L，据此可列出下列关系式：

$$C_a = 13.70\ OD_{665} - 5.76\ OD_{649} \tag{8}$$

$$C_b = 25.80\ OD_{649} - 7.60\ OD_{665} \tag{9}$$

$$C_T = C_a + C_b = 6.10\ OD_{665} + 20.04\ OD_{649} \tag{10}$$

［附注］ 由于叶绿素 a 和 b 吸收峰的波长相差仅 18 nm（663 mm 与 645 nm），对仪器的波长精确度要求较高，一般低级类型的分光光度计难以满足要求，至少要中级或高级类型的。而有时还由于仪器受振等原因，会使仪器的标称波长与实际波长不符，测定的正确性就差了。如果对测定结果产生疑问时，不妨用已知波长的滤光片验证一下，仪器的波长是否正确，如无滤光片，可用商品叶绿素 a 或 b（厂家会标明 λ_{max} 数据），对仪器的波长进行验证。由于所需的叶绿素 a 或 b 的量很少，又无正确浓度要求，因此不妨自行制备，用纸层析法很快就能分离得到。取植物叶子约 1 g，用乙醚提取叶绿体色素，再用毛细管将色素溶液画在 3 mm 厚滤纸上使成一直线，为使分离效果好，一般重复点样一次即可。然后于密闭容器中进行上行层析，溶剂为含有 5%（体积比）丙酮的石油醚。层析结束，用剪刀小心地剪下蓝绿色的叶绿素 a 和黄绿色的叶绿素 b，注意剪时尽量避开分层不清晰的色区。最后分别浸于 800 g/L 丙酮中，洗下叶绿素 a 和 b。

【器材与试剂】

1. 实验仪器 分光光度计，离心机，天平，剪刀，研钵，漏斗，移液管
2. 实验试剂 丙酮，碳酸钙
3. 实验材料 植物叶片

【实验步骤】

1. 色素的提取 取新鲜叶片，剪去粗大的叶脉并剪成碎块，称取 0.5 g 放入研钵中加纯丙酮 3 mL，少许碳酸钙和石英砂，研磨成匀浆，再加 80% 丙酮 5 mL，将匀浆转入离心管，并用适量 80% 丙酮洗涤研钵，一并转入 10 mL 离心管，以 4 000 r/min 转速离心 10 min 后弃沉淀，上清液用 80% 丙酮定容至 10 mL。

2. 测定吸光值 取上述色素提取液 0.5 mL，加 80% 丙酮 4 mL 稀释后转入比色杯中，以 80% 丙酮为对照，分别测定 663 nm、645 nm 处的吸光值。

3. 按公式（3）、（4）、（5）分别计算色素提取液中叶绿素 a、叶绿素 b 及叶绿素 a+b 的浓度。再根据稀释倍数分别计算每克鲜重叶片中色素的含量。

【注意事项】

1. 由于植物叶子中含有水分，故先用纯丙酮进行提取，以使色素提取液中丙酮的最终体积百分数近似 80%。

2. 由于叶绿素 a、b 的吸收峰很陡，仪器波长稍有偏差，就会使结果产生很大的误差，因此最好能用波长较正确的高级型分光光度计。

【实验作业】

1. 试比较阴生植物和阳生植物的叶绿素 a、b 的比值有无不同。
2. 分光光度法和比色法有何异同?

3. 叶绿素 a、b 在红光区和蓝光区都有最大吸收峰，能否用蓝光区的最大吸收峰波长进行叶绿素 a、b 的定量分析，为什么？

参考文献

[1] 杨善元 . 关于测定叶绿素含量及 a : b 值等若干问题 . 植物生理学通讯，1983（4）：61–62.

[2] 叶济宇 . 关于叶绿素含量测定中的 Arnon 计算公式 . 植物生理学通讯，1985（6）：69.

[3] Arnon D I. Copper enzymes in isolated chloroplasts polyphenoloxidase in beta vulgaris. Plant Physiol，1949，24：1–15.

[4] Bruinsma J. The quantitative analysis of chlorophylls a and b in plant extracts. Photochem Photobiol，1963，2：241–249.

（华东师范大学　张志良）

实验 3-4　植物光合强度的测定

植物光合强度是以光合速率作为衡量指标的。光合速率通常是指单位时间、单位叶面积的 CO_2 吸收量或 O_2 的释放量或干物质的积累量。利用气体分析方法测定光合强度比较迅速、准确，而且不损伤植株，在光合作用的研究中测定 CO_2 吸收量可用 pH 比色法，也可用红外线气体分析仪更精确地测定；O_2 的释放量用氧电极测氧装置测定；干物质的积累可用改良半叶法测定，该方法的优点是简单，可以直接测出有机物的实际积累量，但费时较多，且损伤植株，不能对指定的叶片或植株进行动态研究。这里分别介绍这几种方法，可以择其一、两个做，有条件的也可以让学生分组实验，各组之间采取的方法不同，然后让学生比较和讨论各方法的利弊和实验结果的差异原因。

【实验目的】

熟悉测定植物光合作用强度的不同方法。

Ⅰ　改良半叶法

【实验原理】

改良半叶法系将植物对称叶片的一部分遮光或取下置于暗处，另一部分则留在光下进行光合作用，过一定时间后，在这两部分叶片的对应部位取同等面积，分别烘干称重。因为对称叶片的两对应部位的等面积的干重，开始时被视为相等，照光后叶片质量超过暗中的叶重，超过部分即为光合作用产物的产量，并通过一定的计算可得到光合作用强度。

【器材与试剂】

1. 实验仪器 分析天平，烘箱，剪刀，称量皿，刀片，金属模板，纱布，锡纸
2. 实验试剂 三氯乙酸
3. 实验材料 田间有代表性的植物叶片

【实验步骤】

1. 选择测定样品 在田间选定有代表性植株叶片（如叶片在植株上的部位、叶龄、受光条件等）20 张，用小纸牌编号。

2. 叶子基部处理 为了不使选定叶片中光合作用产物往外运输，而影响测定结果的准确性，可采用下列方法进行处理：

（1）可将叶子输导系统的韧皮部破坏。如棉花等双子叶植物的叶片，可用刀片将叶柄的外皮环割约 0.5 cm 宽。

（2）如小麦、水稻等单子叶植物，由于韧皮部和木质部难以分开处理，可用刚在开水中浸过的纱布或棉花做成的夹子，将叶子基部烫伤一小段即可（一般用 90℃以上的开水烫 20 s）。

（3）由于棉花叶柄木质化程度低，叶柄易被折断。用开水烫，又难以掌握烫伤的程度，往往不是烫得不够便是烫得过重而使叶片下垂，改变了叶片的角度。因此可改用化学方法来环割，选用适当浓度的三氯乙酸，点涂叶柄以阻止光合产物的输出。三氯乙酸是一种强烈的蛋白质沉淀剂，渗入叶柄后可将筛管生活细胞杀死，而起到阻止有机养料运输的作用。三氯乙酸的浓度，视叶柄的幼嫩程度而异。以能明显灼伤叶柄，而又不影响水分供应，不改变叶片角度为宜。一般使用 50 g/L 三氯乙酸。

为了使烫后或环割等处理后的叶片不致下垂，影响叶片的自然生长角度，可用锡纸或塑料管包围，使叶片保持原来着生角度。

3. 剪取样品 叶基部处理完毕后，即可剪取样品，记录时间，开始光合作用测定。一般按编号次序分别剪下对称叶片的一半（主脉不剪下），按编号顺序夹于湿润的纱布中，贮于暗处。过 4 ~ 5 h 后，再依次剪下另外半叶，同样按编号夹于湿润纱布中，两次剪叶的速度应尽量保持一致，使各叶片经历相等的照光时数。

4. 称重比较 将各同号叶片之两半对应部位叠在一起，在无粗叶脉处放上已知面积（如棉花可用 1.5 cm × 2 cm）的金属模板，用刀片沿边切下两个叶块，分别置于照光及暗中的两个称量皿中，80 ~ 90℃下烘至恒重（约 5 h），在分析天平上称重比较。

5. 计算结果 叶片干重差之总和（mg）除以叶面积（换算成 dm^2，$1\ dm^2=100\ cm^2$）及照光时数，即得光合作用强度，以干物质计，$mg/(dm^2 \cdot h)$ 表示之。

计算公式如下：

$$\text{光合作用强度} = \frac{\text{干重增加总数（mg）}}{\text{切取叶面总和（}dm^2\text{）} \times \text{照光时数（h）}}$$

由于叶内贮存的光合产物一般为蔗糖和淀粉等，可将干物质质量乘系数 1.5，得二氧化碳同化量，单位为 $mg/(dm^2 \cdot h)$。

【注意事项】

实验成功的关键在于对叶柄的环割或伤害处理。

【实验作业】

与其他测定光合强度方法相比，本方法有何优缺点？

参考文献

[1] 沈允钢，等.改进干重法测定光合作用的应用研究.植物生理学通讯，1980（2）：37-41.
[2] 骆炳山，等.大田作物光合作用干重法测定的改进——叶柄化学环割.植物生理学通讯，1980（3）：60-62.

Ⅱ　便携式光合测定仪法

【工作原理】

ECA型光合测定仪是利用先进的单片机技术对相应的CO_2浓度、湿度、温度和光合有效辐射（PAR）等传感器，进行信号采集，经模数（A/D）转换处理获得数据。可显示光合速率（Pn）、蒸腾速率（Tr）、水分利用效率（WUE）和气孔阻抗（SR）等，其最大优点是可以进行活体测定，多数据测定，还便于携带，进行野外测量。

ECA型光合测定仪的测量方式有两种，即闭路测量和开路测量。闭路测量叶室出气口接主机进气口，叶室进气口接主机出气口；开路测量叶室出气口接主机进气口，其他不连接。

【器材与试剂】

1. 实验仪器　ECA-PB04025光合测定仪：仪器主要由主机和叶室两个部分组成，主机是一数据采集及模数转换处理的微型机。当待测叶片被夹住后，则形成一固定的空间（即叶室），室内装有叶片温度传感器（LT）、叶室温度传感器（CT），CO_2传感器，湿度传感器（RH），光辐射传感器（PAR）。它们能测量的幅度为，CO_2浓度（0～1 000 μg/L），相对湿度（0～100%），有效辐射（0～2 742 μ Er・m^{-2}・s^{-1}），叶片温度（0～50℃）。叶室通过信号电缆和气路与主机相连，进行相应的开路或闭路处理。所有数值可显示于屏幕上，并存储或打印。

2. 实验材料　田间有代表性的植物叶片或叶片发育完全的活体植物

【操作步骤】

1. 打开主机前后面板上的电源、气泵开关，打开前面板的开关“ON”。

2. 按照屏幕提示，按数字键选择中英文菜单、数据保存、用户设置、测量方式（默认单叶闭路）等内容。

3. 核对测量参数　系统容积为测量系统的空气容积，包括叶室、气管及内部测量系统的容积，本系统标称为0.25 L；间隔时间为系统内部自动采集的间隔时间，如C_3作物，设为 3 s；C_4 作物，设为 2 s；作物叶子在叶室夹紧后见光部分的面积为测定面积，本机标准叶室的透光窗口面积为 11 cm^2，为叶子夹满透光口的默认值，未夹满时应输入实际值。

4. 测定状态界面操作　调零：把仪器后面板上的旋钮切换到“调零”状态，当屏幕显示的 CO_2 浓度值大于 0 时，将调零旋钮逆时针方向调到 001，为 0 时，顺时针调到 001，然后把旋钮切换到“测量”状态。每次重新开机都需调零。

5. 测量

打开叶室，手柄轻轻摆动，待 CO_2 浓度稳定后开始操作。

夹紧叶片，把透光口对准阳光（获得 PAR 最大值），CO_2 值平稳下降时按“ENT”进行数据采集，屏幕上第一行中间的采集时间显示 0 s，然后按设置开始自动数据采集，直到采集完毕，自动进入下一级菜单。

确认与修改：本次测量的叶面积数和样品名称，如需重输，按前面方法输入，否则直接按“ENT 键”进入下一级菜单；显示结果——如不需要存储数据，则按“ESC”，否则按“ENT 键”进入测量界面，进行多个样品的测量；结果输出——根据提示进入界面操作，记录数据。

6. 关机　测量结束后，短时间关机按前面板上的“OFF”键，长时间关机要关掉后面板上的电源开关。

【注意事项】

1. 由于叶室为密闭系统，在闭路测定过程中 CO_2 浓度下降，光合作用也下降，气孔导度受到 CO_2 浓度下降影响，气孔导度上升，若 CO_2 变化过快，则气孔导度出现滞后效应。因此，在不断变小的 CO_2 浓度下得到的瞬时光合速率不代表平衡值，克服方法是增大系统容积，使 CO_2 下降不致过快。另外在某一 CO_2 下重复测量，也可求出平衡值。

2. 由于光合测定仪的型号不同，仪器使用方法各异，可根据条件灵活掌握。

【实验作业】

试比较同种植物不同部位的叶片或不同植物相似部位的叶片或同种植物在不同生境下，各项测量结果有无不同。

参考文献

ECA-PB0402 光合测定仪使用手册 . 2003

（华东师范大学　张志良　张伟）

实验 3-5 环境因素对光合作用的影响

【实验目的】

了解光、CO_2 对光合作用的影响和测定光合强度的量气法。

【实验原理】

植物的光合强度的大小受光强、CO_2 浓度、温度等环境条件的影响。以水生植物为材料，可以用量气管检测放氧量的变化来观察环境因子对光合作用的影响（详见 实验3-2）。以其他植物为材料时，可利用真空渗入法排除细胞间隙的空气，充以水分，使叶片沉于水中。由于光合作用放出的 O_2 在水中溶解度很小，而在细胞间积累，结果使原来下沉的叶片上浮，根据上浮所需时间长短，即能定性地比较光合作用的强弱。也可用光合测定仪进行活体实时定量测定。

Ⅰ 叶圆片上浮法

【器材与试剂】

1. 实验仪器　照度计，打孔器，温度计，注射器，恒温水浴，40 W 日光灯，小烧杯
2. 实验材料　健壮、叶龄相似的成熟叶片

【实验步骤】

1. 选取健壮、叶龄相似的成熟叶片，用直径 1 cm 左右的打孔器，避开主脉，打下小圆片 60 片，置于注射器中，注入水，排除空气后，用手指堵住注射器前端小孔，把活塞用力向后拉，即可造成减压而逐出叶肉组织中的空气，放开手指，水即进入组织中，如此重复多次，待整个叶圆片全部充满水而下沉后，连同水倒入小烧杯中，放在黑暗处备用。

2. 取小烧杯 6 只，其中两只各倒入 20 mL 冷开水，另外 4 只各加 20 mL 为 CO_2 饱和的冷开水。为方便起见，可用一玻璃管向冷开水中吹气数分钟，使水中 CO_2 达到饱和。然后于 6 只小烧杯中各放入叶圆片 10 片，分别置于不同光强和不同温度条件下，如表 3-1 的处理：

表 3-1　对光合作用影响的不同处理

杯号	光照	温度	CO_2
1	强	高	$-CO_2$
2	强	高	$+CO_2$
3	强	低	$+CO_2$
4	弱	高	$-CO_2$
5	弱	高	$+CO_2$
6	弱	低	$+CO_2$

3. 记录各烧杯中每一叶圆片上浮所需的时间（以秒计），计算各处理中叶圆片上浮所需的平均时间，或在一定时间内上浮的叶圆片数。比较不同条件下光合作用的强弱。根据结果，比较光强、温度、CO_2 浓度对光合作用的影响。

【注意事项】

该法是根据组织中积累的氧气而使得小圆片上浮，是一种半定量的方法。

【实验作业】

1. 以光强为横坐标（或台灯与方缸之间的距离），10 min 内金鱼藻的放氧量为纵坐标绘图说明光强与植物放氧之间的关系。

2. 以 CO_2 的浓度为横坐标，10 min 内金鱼藻的放氧量为纵坐标，绘图说明 CO_2 浓度与植物放氧之间的关系。

3. 试分析比较量气法与叶圆片上浮法的优缺点。

Ⅱ 光合测定仪实时测定法

【器材与试剂】

1. 实验仪器 ECA–PB04025 光合测定仪
2. 实验材料 在一定环境条件下培养的健康植物，如烟草等

【实验步骤】

1. 针对不同光强对光合速率的影响，植物材料的培养条件：把事先在一定条件下培养有发育完整的真叶的植物材料，分成 2 组，分别置于温度恒定（一般 22 ~ 25℃）、光照强度不同的光架下（如一组是 4 根灯管，一组是 2 根灯管）培养。

2. 针对不同光谱对光合速率的影响，植物材料的培养条件：用红、白、蓝、绿玻璃纸包裹光架上的灯管，作为 4 种光谱培养条件，把事先在一定条件下培养、有发育完整的真叶的植物材料，分成 4 组，分别置于温度恒定（一般 22 ~ 25℃）、光照强度相同、而不同颜色的光架下培养。

3. 分别选取每组条件下 3 ~ 4 株植物，对所选植株上发育完全的真叶以便携式光合测定仪法，实时测定其光合速率，并记录仪器上的光照强度，测定方法与步骤参考实验 3–4，也可参考仪器说明书。

【实验作业】

试比较不同培养条件下植物的光合速率，试分析之。

参考文献

[1] 汤佩松，等 . 植物生理学实验 . 北京：商务印书馆，1951：50.
[2] 斯卡兹金 Φ Д，等 . 植物生理学实验指导 . 北京农业大学植物生理教研组，译 . 北京：高等教育出版社，1954：157–160.
[3] 朱广廉，钟诲文，张爱琴 . 植物生理学实验 . 北京：北京大学出版社，1990：61–64.

（华东师范大学 张志良 李小方）

实验 3-6　离体叶绿体光还原反应（希尔反应）

【实验目的】

了解光合作用在叶绿体中进行的光还原作用。

【实验原理】

叶绿体是植物进行光合作用的细胞器。在低温下以等渗溶液制备的完整叶绿体，当悬浮于适当的反应介质中，并有氧化剂如 2,6- 二氯靛酚（简称 DCIP）存在时，在光照下会放出氧气，同时将染料还原（如下反应式所示），这就是叶绿体中进行的光还原反应。染料被还原后，颜色从蓝色变为无色，因此可根据溶液吸光值的变化进行测定，该变化在 4 ~ 5 min 内呈线性关系。

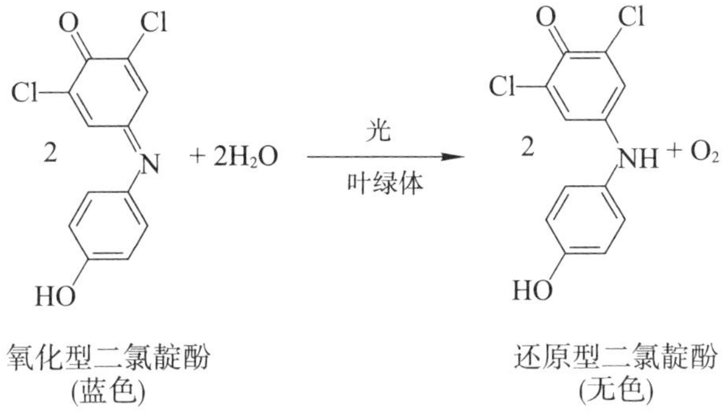

【器材与试剂】

1. 实验仪器　分光光度计，离心机，天平，研钵，纱布，试管，100 W 灯泡

2. 实验试剂　提取介质：50 mmol/L pH 7.5 Tris-HCl 缓冲液［6.05 g/L 内含 0.4 mol/L 蔗糖（136.92 g/L）10 mmol/L NaCl（0.584 g/L）］，1 mmol/L 2,6-DCIP（2,6- 二氯靛酚钠盐 0.29 g/L，用上述提取介质配制）溶液，石英砂

3. 实验材料　新鲜菠菜叶片

【实验步骤】

1. 离体叶绿体的提取　取新鲜菠菜叶片，剪去粗大的叶脉并剪成碎块，称取 10 g 放入研钵中，加 10 mL 预冷的提取介质（可分两次加入）和少许石英砂，冰浴中迅速研磨成匀浆，再加 10 mL 提取介质，用 4 层纱布将匀浆过滤于一离心管中，4℃下 700 g 离心 3 min，离心后弃沉淀，将上清液于 4℃下 1 500 g 离心 8 min，弃上清，沉淀即为完整叶绿体。用提取介质悬浮叶绿体，适当稀释使其在 660 nm 处的吸光值达 1.0 左右，置冰浴中备用。

2. 叶绿体光还原反应的测定　取干净试管 3 支，分别编号 1、2、3，然后按下表加入试剂：

表 3-2 光还原反应测定的不同处理

管号	提取介质 /mL	叶绿体悬液 /mL	煮沸 /min	染料 /mL
1	4.5	0.5	–	5
2	4.5	0.5	15	5
3	9.5	0.5	–	–

注：① 2 号管加叶绿体悬液后于沸水浴上煮 15 min 然后用提取介质补足丧失的水分。

② 3 号管为比色时调零用的空白对照。

③各试管都在最后加入 2，6- 二氯靛酚以开始反应，并立即摇匀进行比色，以代表作用时间为 0。各管在加染料之前保存在冰浴中。

3. 当加入 2,6- 二氯靛酚后立即摇匀倒入相应的比色杯中，迅速测定 620 nm 处的吸光值，此即代表作用时间为 0 时的吸光值。然后将比色杯置于离 100 W 灯光 60 cm 处照光，每隔 1 min 快速读下吸光值的变化，连续进行 5 ~ 6 次读数，严格控制照光时间。

4. 将结果以每分钟吸光值的变化量为纵坐标，以时间（min）为横坐标作图。

【注意事项】

每次照光后读数应快速，控制在 15 s 内完成。

【实验作业】

1. 设计一实验比较完整叶绿体与叶绿体碎片的光还原反应的结果有无不同？煮沸对结果有无影响？

2. 对结果曲线图作出解释。

参考文献

[1] 周佩珍，等 . 叶绿体中不同 a/b 比例对还原 2,6- 二氯靛酚能力的影响 . 植物生理学通讯，1964，1：154–159.

[2] 张志良，吴光耀 . 植物生物化学技术和方法 . 北京：中国农业出版社，1986：212–215.

[3] Hall D，et al. Laboratory manual of cell biology. London：English Universities Press，1975：148–150，176–178.

（华东师范大学 赵继芬 张志良 李小方）

实验 3-7 叶绿体偶联因子提取及 ATPase 活性测定

【实验目的】

了解经激活的叶绿体偶联因子（CF_1）水解 ATP 的活性。

【实验原理】

CF_1 是 ATP 合成酶突出于类囊体膜的部分，可用 EDTA、NaBr 等化学物质将其从类囊体膜上洗脱下来，成为可溶性的 CF_1。它经激活处理可表现需镁（Mg^{2+}-ATPase）和需钙（Ca^{2+}-ATPase）ATP 酶活性，在暗处可水解 ATP 为 ADP、Pi 和 ATP 与 Pi 的交换反应。其活力大小可用反应中止后反应液中无机磷含量多少来衡量，而无机磷可与硫酸钼酸铵反应生成有色化合物，故无机磷含量可用比色法测定。

【器材与试剂】

1. 实验仪器　冰箱，高速冷冻离心机，分光光度计，恒温水浴，研钵，试管，移液管等

2. 实验试剂　10 mmol/L NaCl（0.584 g/L），10 mmol/L 焦磷酸钠（NaP_2O_7 2.66 g/L），1 mmol/L EDTA（二钠盐 2 分子结晶水，0.372 g/L，用 NaOH 调至 pH 8.0），20% 三氯酸（TCA），2 mmol/L pH 8.0 Tris-HCl（见附录 2），STN 溶液：[含 400 mmol/L 蔗糖（136.92 g/L），20 mmol/L pH 7.4 Tris-HCl（见附录 2），10 mmol/L NaCl（0.584 g/L）]；100 g/L 硫酸钼酸铵溶液（10 g 钼酸铵溶解溶于 100 mL 10 N 的硫酸中），硫酸钼酸铵 - 硫酸亚铁溶液（5 g 硫酸亚铁，10 mL 硫酸钼酸铵溶液，加重蒸馏水至 87.5 mL，摇匀备用，现配现用），反应介质 [50 mmol/L pH 8.8 Tris-HCl（见附录 2），内含 2.5 mmol/L $MgCl_2$（238 mg/L）或 5 mmol/L $CaCl_2$（5.55 g/L），5 mmol/L ATP（二钠盐，27.558 g/L），25%（体积比）CH_3OH，20 mmol/L NaCl]，60 mmol/L Na_2HPO_4（8.518 g/L，再分别稀释成浓度为 10、20、30、40、50 mmol/L）

3. 实验材料　新鲜菠菜叶片

【实验步骤】

1. 叶绿体偶联因子的提取

（1）叶绿体的准备：取 10 g 新鲜菠菜叶片，去中脉后洗净（最好 4℃冰箱过夜），剪碎放入研钵中，加一定量 STN 溶液，冰浴研磨成匀浆，8 层纱布过滤后，滤液用 600 g 离心 2 min，去粗沉淀，上清液（含叶绿体）经 2 000 g 离心 15 min，弃去上清液，沉淀为叶绿体。

（2）洗脱杂蛋白：沉淀的叶绿体用 10 mmol/L NaCl 15 mL 悬浮，置冰浴搅动 15 min。完全胀破叶绿体后在 2 500 g 离心 20 min，沉淀用 10 mmol/L 焦磷酸钠 15 mL 悬浮，经匀浆器研匀后再加焦磷酸钠溶液稀释至 1 000 mL，置冰浴搅动 15 min。溶液在 17 000 g 离心 20 min，沉淀用上一步骤重复洗涤 2 次。

（3）洗脱 CF_1：经焦磷酸钠溶液洗涤 3 次后的叶绿体沉淀用少量 2 mmol/L Tris-HCl（pH 8.0）悬浮，随后加适量的 1 mmol/L EDTA（pH 8.0）稀释，测定叶绿素含量（方法同实验 3-3）。最后以 1 mmol/L EDTA（pH 8.0）调整使溶液中叶绿素含量为 0.1 mg/mL。室温搅动 30 min 后溶液在 38 000 g（10 ~ 15℃）离心 30 min，取淡绿色的上清液即为 CF_1 的粗提液。

2. ATPase 活性测定

（1）甲醇激活：含 20 μg 叶绿素的 CF_1 的粗提液加反应介质至 1 mL，在 37℃保温 2 min，加 0.2 mL 200 g/L TCA 中止反应，同时以保温前加 TCA 的作为对照。

（2）酶活力测定：吸 0.5 mL 上述反应液，加 2.5 mL 硫酸钼酸铵溶液，摇匀后在波长 660 nm 处测定吸光值，以保温前加 TCA 的作为空白对照。

（3）无机磷标准曲线：在 7 支编号的试管中各加入 0.1 mL 200 g/L TCA、0.3 mL H_2O 和 0.1 mL 浓度分别为 0、10、20、30、40、50、60 mmol/L 的 Na_2HPO_4。然后每管再加 2.5 mL 硫酸钼酸铵 – 硫酸亚铁溶液，摇匀后在波长 660 nm 处测定吸光值。以测定的吸光值为纵坐标和相应的无机磷浓度为横坐标作图。

（4）酶活性计算：从标准曲线上查出酶液所测得的吸光值所代表的无机磷含量，计算出酶活力，以 μmol Pi/（mg chl・h）表示。

【注意事项】

CF_1 易冷失活，从类囊体膜上洗脱时开始的操作过程均在 10 ~ 20℃环境中进行。

【实验作业】

CF_1 的粗提液进一步纯化可选用什么方法?

参考文献

[1] 薛应龙 . 植物生理学实验手册 . 上海：上海科学技术出版社，1985：111.

[2] 中国科学院上海植物生理研究所，上海市植物生理学会 . 现代植物生理学实验指南 . 北京：科学出版社，1999：104–106.

[3] Edelman M，Hallick R B，Chua N-H. Methods in chloroplast molecular biology. New York：Elsevier Biomedical Press，1982：881.

（华东师范大学　李小方）

实验 3-8　乙醇酸氧化酶活性测定

【实验目的】

了解测定乙醇酸氧化酶活性的一种方法。

【实验原理】

乙醇酸氧化酶在光呼吸作用中起重要的作用，在它的作用下将乙醇酸氧化生成乙醛酸和过氧化氢，反应如下式所示。

乙醇酸　　　　　　　　　　　　乙醛酸

如果以二氯靛酚作为氢受体，接受乙醇酸氧化时脱下的 H^+，使二氯靛酚还原，此时原来为蓝色的染料则褪至无色，反应式如下图所示。

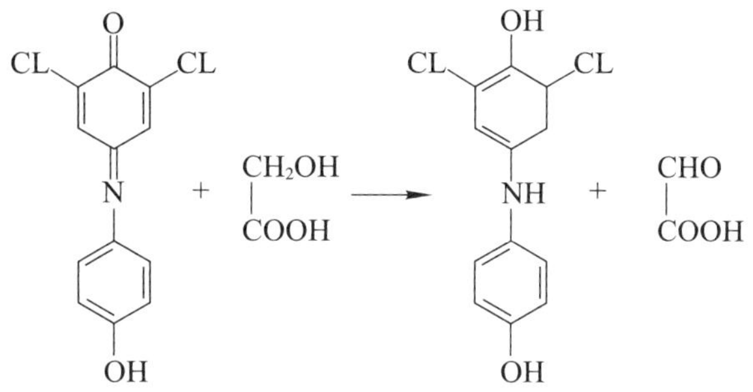

利用染料颜色的变化，即可对酶的活性进行比色测定。由于在酶的粗制品中还含有靛酚氧化酶，它能使二氯靛酚氧化，影响比色测定。KCN 能抑制靛酚氧化酶而对乙醇酸氧化酶没有作用，KCN 用量需预先试验确定之。

【器材与试剂】

1. 实验仪器　分光光度计，离心机，磁力搅拌器，天平，研钵，试管架，移液管，漏斗，烧杯，试管，纱布

2. 实验试剂　10%（体积百分数，后同）乙酸，硫酸铵，1 g/L 2,6- 二氯靛酚，0.1 mol/L pH 8.0 磷酸钾缓冲液（见附录 2），0.02 mol/L pH 8.0 磷酸钾缓冲液（称取 3.27 g K_2HPO_4，用适量蒸馏水溶解后，再称取 0.163 g KH_2PO_4，放入其中溶解，用蒸馏水定容至 1 L），0.04 mol/L 乙醇酸钾（称取 304 mg 乙醇酸用氢氧化钾中和，然后用蒸馏水定容至 100 mL），0.01 mol/L KCN（称取 65 mg KCN 溶于 100 mL 0.01 mol/L NH_4OH 中，注意 KCN 有剧毒）

3. 实验材料　新鲜菠菜叶

【实验步骤】

1. 酶粗制品的准备　新鲜菠菜叶片，自来水洗净，用吸水纸吸干，称取 30 g，加 30 ~ 60 mL 蒸馏水，在 0 ~ 5℃下研磨，经 4 层纱布过滤，滤液用 1 000 r/min 离心 15 min，弃去沉淀。然后用 100 g/L 乙酸调节 pH 至 5.4，用 3 500 ~ 4 000 r/min 离心 15 min，除去蛋白质沉淀。于上清液中加硫酸铵，使之达到 20% 饱和度（见附录 7），在磁力搅拌器上边加边不停地搅动 30 min，离心除去沉淀，于上清液中再加入硫酸铵，使达到 30% 饱和度，离心 20 min，沉淀即为酶的粗制品。用少量 0.02 mol/L 磷酸钾缓冲液（pH 8.0）溶解，使其体积为开始时提取液体积的 1/10，保存于冰箱中，待测。

2. 酶活性测定　取一试管加入 0.6 ~ 0.8 mL 0.01 mol/L KCN、0.5 mL 0.04 mol/L 乙醇酸钾、0.5 mL 稀释 5 ~ 10 倍的酶液，加 0.1 mol/L 磷酸钾缓冲液使体积达 3.7 mL，最后加入 0.3 mL 二氯靛酚染料，使其总体积为 4 mL，迅速混匀倒入光径为 1 cm 的比色杯中，于 620 nm 读取吸光值。另取比色杯不加染料以缓冲液代之，作为空白调零用。加入染料 1 min 后开始读数，每隔 30 s 读数一次，在 3 ~ 4 min 内吸光值呈直线下降。

3. 计算　以每分钟使 OD_{620} 下降 0.01 所需的酶量定为 1 个酶活性单位，也可以用每

分钟使 OD_{620} 下降 0.01 所需的材料鲜重表示酶的活性。此方法可以分析酶活力为 1 ~ 15 单位。

【注意事项】

在不加底物乙醇酸钾，试验确定二氯靛酚不被粗酶还原时的 KCN 用量。

【实验作业】

1. C_3 植物与 C_4 植物乙醇酸氧化酶活性有无差异？
2. 乙醇酸氧化酶在光呼吸中有何生理意义？

参考文献

[1] Jorns M S. Glycolic acid oxidase from pig liver. Methods Enzymol，1975，41，Part B：337-343.

[2] Zelitch I，Ochoa S. Oxidation and reduction of glycolic and glyoxylic acids in plants. J Biol Chem，1953，201：707-718.

（华东师范大学　赵继芬　张利华）

实验 3-9　二磷酸核酮糖羧化酶 - 加氧酶羧化活性的测定

【实验目的】

了解 RuBP 羧化酶加氧酶的双功能特性中的羧化活性。

【实验原理】

1,5- 二磷酸核酮糖羧化酶（Rubisco），是植物光合作用碳代谢中的一个关键酶，其含量占叶肉细胞可溶性蛋白的 50%，它催化 CO_2 的固定：

$$CO_2 + RuBP \xrightarrow[\text{Rubisco}]{Mg^{2+}} 2\,PGA$$

本实验从叶片中提取 Rubisco，以 1,5- 二磷酸核酮糖（RuBP）和 $NaHCO_3$ 为底物，在 3- 磷酸甘油酸激酶和 3- 磷酸甘油醛脱氢酶的作用下，PGA 转变成 3- 磷酸甘油醛（GAP），并使还原型辅酶 I（NADH）氧化，反应如下：

$$PGA + ATP \xrightleftharpoons{\text{3- 磷酸甘油酸激酶}} DPGA + ADP$$

$$DPGA + NADH + H^+ \xrightleftharpoons{\text{3- 磷酸甘油醛脱氢酶}} GAP + NAD^+ + Pi$$

由上述反应可以看出，固定一分子 CO_2 就有 2 分子还原型辅酶 I 被氧化。由 340 nm 处吸光值的变化可计算还原型辅酶 I 氧化的量，进而计算出 Rubisco 的活性。

为使 NADH 的氧化与 CO_2 的固定同步，需加入磷酸肌酸（creatine phosphate，CrP）和磷酸肌酸激酶的 ATP 再生系统。

$$ADP + Cr \sim P \xrightleftharpoons{\text{磷酸肌酸激酶}} ATP + Cr$$

【器材与试剂】

1. 实验仪器　紫外分光光度计，冷冻高速离心机，匀浆器，秒表，移液管

2. 实验试剂　50 mmol/L ATP 溶液（27.575 g/L），50 mmol/L 磷酸肌酸溶液（10.607 g/L），0.2 mol/L $NaHCO_3$ 溶液（16.8 g/L），160 U/mL 磷酸肌酸激酶溶液，160 U/mL 磷酸甘油酸激酶溶液，160 U/mL 磷酸甘油醛脱氢酶溶液（U 为酶活单位），25 mmol/L RuBP 溶液（$C_5H_{12}P_2O_2$，分子量 310，7.75 g/L），5 mmol/L NADH（3.328 g/L），Rubisco 提取介质：40 mmol/L pH 7.6 Tris-HCl 缓冲液（见附录 2）[内含 10 mmol/L $MgCl_2$（0.952 g/L），0.25 mmol/L EDTA（73 mg/L），5 mmol/L 谷胱甘肽（1.537 g/L）]，反应介质：0.1 mol/L pH 7.8 Tris-HCl 缓冲液 [内含 12 mmol/L $MgCl_2$(1.143 g/L)、0.4 mmol/L EDTA(0.117 g/L)]

3. 实验材料　新鲜植物叶片

【实验步骤】

1. 酶粗提液的准备　取新鲜叶片 10 g，洗净擦干，放匀浆器中，加入 10 mL 预冷的提取介质，高速匀浆 30 s，停 30 s，交替进行 3 次；匀浆经 4 层纱布过滤，滤液于 2 ~ 4℃下，以 2 000 g 离心 15 min，弃沉淀；上清液即酶粗提液，置 0℃保存备用。

2. Rubisco 活力测定　按表 3-3 配制酶反应体系。

表 3-3　酶反应体系配制表

试剂	加入量 /mL
5 mmol/L NADH	0.2
50 mmol/L ATP	0.2
酶提取液	0.1
50 mmol/L 磷酸肌酸	0.2
0.2 mol/L $NaHCO_3$	0.2
反应介质	1.4
160 U/mL 磷酸肌酸激酶	0.1
160 U/mL 磷酸甘油酸激酶	0.1
160 U/mL 磷酸甘油醛脱氢酶	0.1
蒸馏水	0.3

将配制好的反应体系摇匀，倒入比色杯内，以蒸馏水为空白，在紫外分光光度计上测 340 nm 处反应体系的吸光值，作为零点值。将 0.1 mL RuBP 加于比色杯内，立即计时，每隔 30 s 测一次吸光值，共测 3 min。以零点到第 1 min 内吸光值下降的绝对值计算酶活力。

由于酶提取液中可能存在 PGA，会使酶活力的测定产生误差，因此除上述测定外还需做一个不加 RuBP 的对照。对照的反应体系与上述酶反应体系完全相同，所不同的仅仅

是把酶提取液放在最后加，加入后马上测定此反应体系在 340 nm 处的吸光值，并记录前 1 min 内吸光值的变化量。计算酶活力时应减去这一变化量。

3. Rubisco 活力的计算

$$酶活力 = \frac{\Delta OD \times N \times 10}{6.22 \times 2\ d\Delta t}$$

式中：ΔOD 为反应最初 1 min 内 340 nm 处吸光值变化的绝对值（减去对照液最初 1 min 的变化量）；

6.22 为每 μmol NADH 在 340 nm 处的吸光系数；

N 为稀释倍数；

2 表示每固定 1 mol CO_2 有 2 mol NADH 被氧化；

d 为比色杯光程（cm）；

Δt 为测定时间为 1 min；

酶活力单位为 μmol CO_2/mL（酶液）· min。

【注意事项】

RuBP 不稳定，最好现配现用。

【实验作业】

1. Rubisco 在光合作用中起什么作用？
2. 为什么加入 ATP 再生系统可使 NADH 的氧化与 CO_2 的还原同步？

参考文献

朱广廉，钟海文，张爱琴 . 植物生理学实验 . 北京：北京大学出版社，1990：73–76.

（华东师范大学　李小方）

实验 3–10 二磷酸核酮糖羧化酶 – 加氧酶的加氧活性的测定

【实验目的】

了解 RuBP 羧化酶加氧酶的双功能特性中的加氧活性及其不同的测定方法。

【实验原理】

Rubisco（EC4.1.1.39）是光合作用中的一个关键酶，它是一个双功能酶，不仅在 Calvin 循环中催化 CO_2 的固定，而且能催化将 O_2 加在核酮糖 –1,5– 二磷酸（RuBP）的 C–2 位置上生成 1 分子的磷酸乙醇酸和 1 分子 3– 磷酸甘油酸。Rubisco 加氧反应是典型的单加氧反应，RuBP 的加氧反应中，将 O_2 的 2 个氧原子分别掺入到 H_2O 和磷酸乙醇酸中，因而加氧酶的活性可用氧电极法以氧的消耗来确定。而 RuBP 在有 Mn^{2+} 参与的酶的加氧反应中首先被烯醇化，这时 RuBP 的 C–2 位置被调整为一个负碳离子，当与分子氧反应后形成过氧化离子，然后该中间产物中的电子又从氧回到烯醇化的 RuBP，再生成负碳离子并产生单线态氧。而这单线态氧可用发光光度计来检测。发光光度计法测定加氧酶活性比氧电极法灵敏度高 70 倍，可在研究中作相对比较。但如果要测定酶加氧活性的绝对值，则要用氧电极法先行标定。

【器材与试剂】

1. 实验仪器　氧电极测氧装置参考试验 4-1-Ⅱ，FG-300 型发光光度计（中国科学院上海植物生理研究所研制），冷冻高速离心机，匀浆器，秒表，移液管

2. 实验试剂　Rubisco 提取介质：40 mmol/L pH 7.6 Tris- 缓冲液（见附录 2）[内含 10 mmol/L $MgCl_2$（0.952 g/L）、0.25 mmol/L EDTA（73 mg/L）、5 mmol/L 谷胱甘肽（1.537 g/L）]，反应介质 1：[0.1 mol/L（pH 8.2）Tris 缓冲液，内含 20 mmol/L $MgCl_2$（1.904 g/L）、0.4 mmol/L EDTA（117 mg/L）]，反应介质 2：[50 mmol/L（pH 8.0）Tris 缓冲液，内含 1.0 mmol/L $MnCl_2$（95 mg/L）、1.0 mmol/L $NaHCO_3$（84 mg/L）]，RuBP 贮存液：[10 mmol/L（3.1 g/L），pH 6.5]

3. 实验材料　新鲜植物叶片

【实验步骤】

Ⅰ　氧电极法

1. 溶氧量的标定　见实验 4-3。

2. 酶活力测定　将 2 mL 空气饱和的反应介质 1 加入反应室，加入 0.1 mL 酶液（制备方法见实验 3-9），在 25℃保温 10 min 后，装好电极，记录由反应介质中一些还原剂氧化所消耗氧的空白速度，最后加入 0.01 mL RuBP 贮存液（10 mmol/L，pH 6.5）开始反应，记录反应速度，反应速度为直线的斜率。加氧酶的活力以下列公式计算：

加氧酶活力（μmol O_2/mg protein · min）=（加氧酶的反应速度 − 空白速度）/ 酶的总量（mg）

Ⅱ　发光光度计法

1. 在比色杯中加入 25 μL RuBP 贮存液，放入发光光度计反应暗室中。

2. 在 1.4 mL 反应介质 2 中加入 10 μL 酶液，25℃保温 10 min 后，注入比色杯开始反应，自动记录发光曲线。发光强度为任意单位，以峰高（mm）来表示。

【注意事项】

RuBP 很不稳定，特别是在碱性环境下，因而 RuBP 储存液的使用不超过 2 ~ 4 周，且应在 pH 5.0 ~ 6.5 之间于 −20℃保存，最好现配现用。

【实验作业】

比较氧电极法与发光光度计法测定 Rubisco 加氧活性的结果。

参考文献

中国科学院上海植物生理研究所，上海市植物生理学会．现代植物生理学实验指南．北京：科学出版社，1999：115-116.

（华东师范大学 李小方 张雯）

实验 3-11 光合电子传递的测定

光合电子传递的测定主要是基于叶绿素荧光或者电子传递体的氧化还原特征。基于不同的电子传递途径有相应的测定方法。

【实验目的】

了解光合电子传递的测定原理和基本方法。

Ⅰ 测定叶片光合非循环电子传递活性的荧光参数

【实验原理】

在光合作用进行期间，叶绿素分子吸收的光能一部分（在弱光下是大部分，而在强光下是小部分）用于光合作用反应中心的原初光化学反应，同时一小部分以叶绿素荧光的形式发射出去，其余部分以热的形式无害地耗散。光能的这三个去向之间存在互相竞争的关系，此消彼长。因此，可以利用叶绿素荧光强度的变化，探讨光合作用与热耗散的变化。叶绿素荧光猝灭（荧光强度的下降）总是源于光合作用或/和热耗散过程。所以，反映荧光强度变化的多种荧光参数就成为指示光合机构结构与功能状况的指针，被广泛地应用于光合作用研究中。

如果在荧光测定中使用调制光（以高频率光-暗变化的光）作为激发光（即作用光），并且荧光仪的检测器只选择性地记录那些被调制光激发的荧光，就可以避免环境光（非调制光）对测定的荧光信号的影响。PAM 荧光仪（Walz）就是这样的荧光仪。它可以测定多种叶绿素荧光参数，包括光系统Ⅱ的光化学效率（或量子效率、量子产额）Φ_{PSII}，而 Φ_{PSII} 可以用于计算光合电子传递速率。

【器材和试剂】

1. 实验仪器 调制式叶绿素荧光仪
2. 实验材料 新鲜植物叶片

【实验步骤】

1. 在常温下，叶绿素发出的荧光基本上来自光系统Ⅱ，因此叶片经过充分暗适应后，光系统Ⅱ反应中心处于开放状态，打开检测光［光强小于 10 μmol · m^{-2} · s^{-1}］，得到最小荧光值 F_0；

2. 照射一个饱和脉冲光［> 3 000 μmol · m^{-2} · s^{-1}］，使光系统Ⅱ反应中心处于关闭状态，原初电子受体 Q_A 被全部还原，这时光系统Ⅱ天线叶绿素吸收的所有光能被以荧光和热的形式释放，此时测得的叶绿素荧光为最大荧光 F_M。用下式可以计算得到 PSⅡ的最大量子产额：

$$F_V/F_M = (F_M - F_O)/F_M$$

式中 F_V/F_M 反映的是充分暗适应的光合机构光系统Ⅱ最大光化学效率或是潜在的量子效率。

3. 打开可以推动光合作用进行的作用光［从几十到几百 μmol · m^{-2} · s^{-1}，依据植物生长的环境和实验目的而定］。当光诱导期（从几分钟到几十分钟）结束光合作用达到稳态时得到稳态荧光 F_S，这时再开启饱和脉冲光，使部分开放的反应中心关闭，此时得到的叶绿素荧光为 F_M'。根据 F_M' 和 Fs 可以计算出此前作用光下光系统Ⅱ的实际量子产额：$\Phi_{PSII} = (F_M' - F_S)/F_M'$。

4. 根据 $\Phi_{PS\,II}$和光合有效辐射（photosynthetically active radiation，PAR），可以计算出经过光系统Ⅱ的电子传递速率：

$$ETR = \Phi_{PS\,II} \times PAR \times 0.5 \times 0.84$$

式中 ETR 的单位为 μmol 电子 · m^{-2} · s^{-1}；PAR 为入射到被测定的叶片或叶绿体等光合机构的光合有效辐射强度，单位为 μmol 光子 · m^{-2} · s^{-1}；系数 0.5 为假设两个光系统共同参与光合电子传递，等量吸收入射的光能，也就是每传递一个电子需要吸收两个光子；系数 0.84 为假设入射光有 84% 被叶片吸收（其余部分被叶片透射和反射出去）。

其实，这样计算得到的光合电子传递速率只是一个近似值，因为计算时使用的两个假设未必完全符合实际情况，并且还受叶片叶绿素和非光合色素含量以及入射光波长等其他因素的复杂影响。

Ⅱ 围绕光系统Ⅰ的循环电子传递活性测定

除了利用双通道 Dual-PAM-100 同步测量 P700（PSⅠ）和叶绿素荧光（PS Ⅱ），利用全链及 PSⅡ的速率差值，推算出循环电子传递水平之外，还可以使用调制式叶绿素荧光仪来测量循环电子传递，主要通过检测作用光关闭后叶绿素荧光强度瞬时上升的现象和 $P700^+$ 的暗还原两种方法。

【实验原理】

作用光关闭后，最小或初始荧光（F_0）强度出现瞬时上升的现象，这个现象被用于估计围绕光系统Ⅰ的循环电子传递活性。因为光系统Ⅱ的原初醌电子受体 Q_A 是主要的荧光猝灭剂，而 PSⅡ的 D1 蛋白和 D2 蛋白分别紧密地与 Q_A、松弛地与 Q_B 结合，Q_A、Q_B 都与质醌库相邻。当作用光关闭后，作用光照光期间积累的还产物如还原型 Fd 或 NADPH 的电子可以向 PQ 传递，使 PQ 库还原，从而引起邻近的 Q_A 还原为 Q_A^-，由于 Q_A 与 PSⅡ的

D1 蛋白紧密结合，Q_A^- 使得光系统Ⅱ反应中心关闭，导致 F_0 荧光水平的上升。另一方面，氧分子可以从 PQ 库接受电子导致 Q_A^- 被氧化为 Q_A，致使上升的荧光随时间的延续而逐渐减小，这就是通常看到的 F 先上升后下降，即荧光强度瞬时上升的现象。

$P700^+$ 暗还原初速率（initial rate of dark-reduction of $P700^+$）测定，是一种评估循环电子传递活性的方法。它通过检测 810 nm 与 830 nm 处光吸收的差值来实现。这是基于该差值与光系统 I 反应中心 P700 的氧化还原密切相关。利用带有 EDP700DW 吸收附件的调制式叶绿素荧光仪 PAM-100（或 PAM-102 或 PAM-103，Walz，Effeltrich，德国）和配备的 P700 氧化还原示波器或外接记录仪，可以观测叶片中光系统 I 反应中心叶绿素 a 分子 P700 氧化还原引起的光吸收变化动力学。

【器材和试剂】

1. 实验仪器 调制式叶绿素荧光仪，带有 EDP700DW 吸收附件的调制式叶绿素荧光仪
2. 实验材料 新鲜植物叶片

【实验步骤】

1. 作用光关闭后荧光变化测定法（如图 3-4）

（1）首先将刚刚停止扩展的叶片平展在测定平台上，然后将连接荧光仪（PAM）的光纤探头轻轻地压在叶片上，开启测量光，获得最小荧光 F_0；

（2）待荧光信号稳定后再开启作用光（actinic light，AL）；

（3）待荧光信号稳定后关闭作用光；

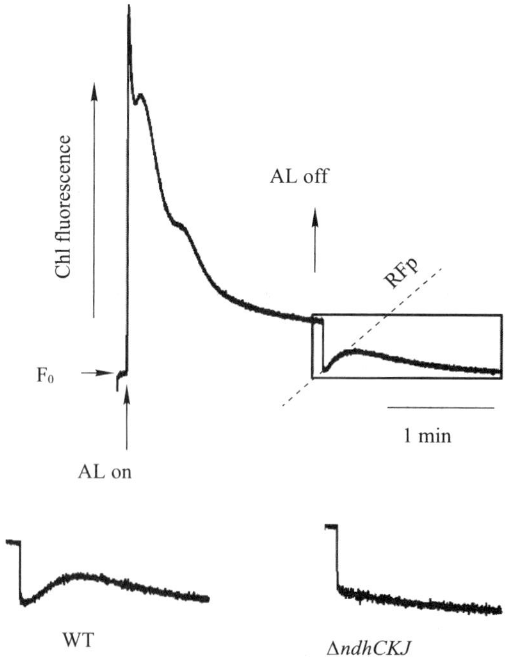

图 3-4 烟草野生型叶片作用光关闭后荧光强度上升的示意图（上）

方框内的截图显示在下面：左为野生型（wild type，WT），右为 NDH 失活突变体 Δ*ndhCKJ*；AL 为 actinic light，作用光（白光，120 μmol · m^{-1} · s^{-1}）；RFp 为 the relative rate of post-illumination increase in Chl fluorescence，作用光关闭后叶绿素荧光上升的相对速率

（4）根据作用光关闭后荧光信号上升曲线的斜率来评定循环电子传递的快慢（RFP），斜率越大循环电子传递速率越快，反之越慢。

（5）由于在类囊体膜 NAD（P）H 脱氢酶（NDH）失活突变体观察不到作用光关闭后叶绿素荧光强度的瞬时上升，可以认为作用光关闭后的荧光强度上升主要反映 NDH 介导的循环电子传递活性。

2. $P700^+$ 暗还原测定法评估循环电子传递活性（如图 3-5）

（1）将叶片平放在 PAM 的光纤探头下面，开启 PAM 的测量光（measuring light，波长 >720 nm：830 nm 和 810 nm，100 赫兹，光强小于 1 μmol · m^{-1} · s^{-1}），获得光吸收信号的基线。

（2）待光吸收信号基线稳定后开启激发光系统 I 的远红光［far-red light，FR，波长 > 720 nm，光强即光子通量密度（*PPFD*）为 6 μmol · m^{-2} · s^{-1}］，示波器显示 810 nm 和 830 nm 处的光吸收增高，表明 P700 被氧化。

（3）待光吸收信号稳定后关闭远红光（FR off），$P700^+$ 迅速被还原，伴随光吸收信号的迅速降低至基线。

（4）计算或记录远红光关闭后 $P700^+$ 暗还原的初速率（即 0 ~ 1 s 之间的最大斜率）。它反映循环电子传递速率的快慢，斜率越大循环电子传递越快，反之越慢。

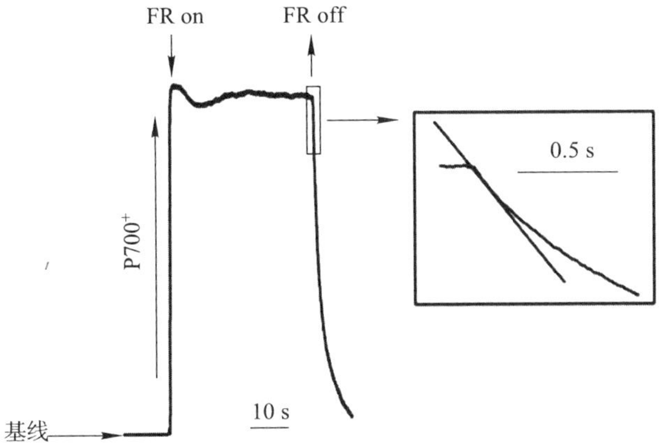

图 3-5 远红光诱导的烟草叶片

P700 氧化与后来 $P700^+$ 暗还原过程的示意图；FR 为 far-red light，远红光

参考文献

［1］Schreiber U，Bilger W，Schliwa U. Continuous recording of photochemical and non-photochemical chlorophyll fluorescence quenching with a new type of modulation fluorometer. Photosyn Res，1986，10：51-62.

［2］Papageorgiou G C，Govindjee. Chlorophyll *a* fluorescence-a signature of photosynthesis. Advances in photosynthesis and respiration（Vol 19），Dordrecht：Springer，2004：598-604.

［3］Genty B，Briantais J M，Baker N R. The relationship between quantum yield of photosynthetic electron transport and quenching of chlorophyll fluorescence. Biochim Biophys Acta，1989，990：87-92 .

［4］Klughammer C，Schreiber U. Measuring P700 absorbance changes in the near infrared spectral region with a dual wavelength pulse modulation system. In：Grab G Photosynthesis：mechanism and effects（Vol

5）.Dordrecht：Kluwer Academic Publishers，1998：4357–4360
[5] Deng Y，Ye J Y，Mi H L. Effects of low CO_2 on NAD（P）H dehydrogenase，a mediator of cyclic electron transport around photosystem I in the cyanobacterium *Synechocystis* PCC6803. Plant Cell Physiol，2003，44（5）：534–540.
[6] Wang P，Duan W，Takabayashi，et al. Chloroplastic NAD（P）H dehydrogenase in tobacco leaves functions in alleviation of oxidative damage caused by temperature stress. Plant Physiol，2006，141：465–474.
[7] He Z，Mi H L. Functional characterization of the subunits N，H，J and O of the NAD（P）H dehydrogenase complexes in *Synechocystis* sp Strain PCC 6803. Plant Physiol，2016，171：1320–1332.
[8] Xu M，et al. Oscillation kinetics of post–illumination increase in Chl fluorescence in cyanobacterium *Synechocystis* PCC 6803. Fron Plant Sci，2016.

（中国科学院分子植物科学卓越创新中心 米华玲）

实验 3-12 光合磷酸化活性测定

【实验目的】

了解光合磷酸化的测定原理和基本方法

【实验原理】

光合磷酸化的测定主要是基于 ATP 的化学发光原理。在有氧条件下，荧光素酶催化荧光素和 ATP 之间发生氧化反应，形成氧化荧光素并发出荧光，发光强度在一定范围内与 ATP 的浓度成正比。也可用 ^{32}Pi 标记法，见实验 3–4“测定光合磷酸化或 ATP 合成活性的 ^{32}Pi 标记法”。

【器材和试剂】

1. 实验仪器 液体闪烁仪、GLOMAX™ 20/20 荧光仪（Luminometer，Promega）

2. 实验试剂 STN 缓冲液［0.05 mol/L Tris–HCl（pH 7.6），0.01 mol/L NaCl，137 g/L 蔗糖］，TN 缓冲液［0.05 mol/L Tris–HCl pH 7.6，0.01 mol/L NaCl］，KOH，碳酸氢钾，高氯酸，ATP，荧光素－荧光素酶（Luciferin-luciferase）试剂盒（罗氏公司，Roche），反应液［内含 50 mmol/ L Tris（pH 7.6），10 mmol/ L NaCl，2 mmol/ L $MgCl_2$，0.1 mmol/ L ADP，2 mmol/ L Na_2HPO_4］。

3. 实验材料 高等植物（例如烟草、拟南芥、水稻）叶片

【实验步骤】

1. 类囊体膜的提取：10 g 植物（如拟南芥）的叶片放进研钵中，5 mL 预先在 4℃冷冻的 STN 缓冲液，快速研磨，用 4 层纱布过滤，去除残渣，将滤液置于离心管中，在 4℃，于 2 000×*g* 下离心 5 min，倒掉上清，向沉淀加入 1 mL TN 缓冲液，用毛笔轻轻地将沉淀的类囊体膜重悬，于 8 000×*g* 下离心 5 min，倒掉上清，用 1 ~ 0.5 mL STN 重悬沉淀。

2. 向直径为 0.5 cm，长为 10 cm 的玻璃试管中注入 1 mL 反应液，在暗中加入含 30 μg 叶绿素的类囊体膜。

3. 将含类囊体膜的反应液放在光强即光量子通量密度为 1 000 m^2 · s 的光下照射 1 min，并迅速加入预先冷却的 0.6 mol/L 高氯酸 100 μL 终止反应，接着用 100 μL 0.54 mol/L KOH 和 200 μL 0.17 mol/L $KHCO_3$ 中和反应液。并且，向放置在暗中含类囊体膜的反应液加入同样数量的高氯酸，并用相同量的 KOH 和 $KHCO_3$ 中和反应液，于 6 000 *g* 下离心 5 min，上清液用于 ATP 含量测定。

4. 采用荧光素－荧光素酶（Luciferin–luciferase）试剂盒测定 ATP 含量，向反应杯中按每 100 μL 反应体系中加入荧光素－荧光素酶试剂（luciferase regent）50 μL，再加入 5 μL 样品液。

5. 使用 GLOMAX™ 20/20 荧光仪检测反应液的荧光（562 nm）发射值。

6. 配制 10^{-10} ~ 10^{-5} mol 5 个不同数量级浓度的 ATP 标准溶液，加入与步骤 3 相同比例的荧光素－荧光素酶试剂，检测荧光发射值，用 ATP 溶液浓度为横坐标、检测的荧光值为纵坐标绘制标准曲线。

7. 从标准曲线上查出样品液荧光值对应的 ATP 浓度。

8. 用下式计算光合磷酸化或 ATP 合成活性：

$$A_{ATP}=\frac{(LC-DC)\times V}{Chl\times T}\times 60$$

式中，A_{ATP} 为 ATP 合成活性 μmol ATP /（mg · Chl · h），LC 和 DC 分别为照光样品和暗对照的 ATP 浓度（μmol/mL），*V* 为样品溶液体积（mL，需要考虑稀释倍数），Chl 为参与反应的叶绿素数量（mg），*T* 为反应时间（min）。

【注意事项】

光合磷酸化实验需要在绝对黑暗的环境下进行加样，以免曝光影响实验结果。为了方便加样，可以在远处放置一个开启的绿色小灯泡。

参考文献

Wang P，Duan W，Takabayashi，et al. Chloroplastic NAD（P）H dehydrogenase in tobacco leaves functions in alleviation of oxidative damage caused by temperature stress. Plant Physiol，2006，141：465-474.

（中国科学院分子植物科学卓越创新中心　米华玲）

实验 3-13　光合蛋白复合体的分析

【实验目的】

光合蛋白复合体的鉴定和分析

【实验原理】

蛋白质一般带负电荷，当被放在电场中时向阳极移动，带电荷越多，蛋白质分子向阳极迁移的力就越强。相反，带电荷越少，向阳极迁移的力就越小。如果在具有把不同大小分子分开（分子筛作用）的网状支撑体上进行电泳，蛋白质分子大小、所带电荷多少和通过网眼的难易程度，决定蛋白质移动的快慢，即蛋白质分子量越小、所带的电荷越多，越容易通过网眼，因此移动就越快。

【器材和试剂】

1. 实验仪器　蛋白电泳仪装置、细胞破碎仪（BEAD BEATER，BIOSPEC PRODUCTS INC）

2. 实验试剂　STN 缓冲液（pH 7.6，含浓度为 0.05 mol/L 的 Tris-HCl，0.01 mol/L 的 NaCl 和 137 g/L 的蔗糖），低渗缓冲液 TN（pH 7.6，含浓度为 0.05 mol/L 的 Tris-HCl 和 0.01 mol/L 的 NaCl），溶解缓冲液［pH 7.0，含浓度为 25 mmol/L 的 Bis-Tris 和 20%（体积百分数）甘油］，破碎缓冲液［含 10 mmol/L 的 HEPES/NaOH（pH 7.5），5 mmol/L 的磷酸钠，10 mmol/L 的 $MgCl_2$，10 mmol/L 的 NaCl 和 25%（体积百分数）甘油］，冲洗缓冲液［含 330 mmol/L 的山梨醇，50 mmol/L 的 Bis/Tris（pH 7.0），0.5 mmol/L 的苯甲基磺酰氟（phenylmethanesulfonyl fluoride，PMSF）］，染色液（将 0.5 g 考马斯亮蓝 R-250 溶解于甲醇 250 mL 和乙酸 50 mL 中，再用去离子水定容至 500 mL），脱色液（将甲醇 250 mL 与乙酸 50 mL 混合，用去离子水定容至 500 mL）。

蓝绿非变性（Blue-native）胶电泳中所用缓冲液配方如下。

（1）1 mol/L 的 Bis-Tris-HCl（pH 7.0），配制后于 4℃储存备用。

（2）200 g/L DDM，配制完成后于 -20℃储存备用。

（3）75% 甘油，储存于 4℃备用。

（4）495 g/L 聚丙烯酰胺混合液（AB）：480 g/L 丙烯酰胺（A）与 30 g/L 甲叉双丙烯酰胺（B）。配制办法是将 48 g 丙烯酰胺和 1.5 g 甲叉双丙烯酰胺溶于去离子水，并定容至 100 mL，遮光储存于 4℃备用。

（5）10 倍阴极缓冲液：含 Tricine 0.5 mol/L，Bis-Tris 0.15 mol/L，Serva G-250 1 g/L，调节 pH 至 7.0，用去离子水定容至 100 mL，于 4℃保存备用。

（6）5 倍阳极缓冲液：将 0.25 mol/L 的 Bis-Tris-HCl 调节至 pH 7.0，再用去离子水定容至 100 mL。

（7）3 倍凝胶缓冲液［GB：0.15 mol/L 的 Bis-tris-HCl 和 1.5 mol/L 的 6- 氨基己酸（6-amino-hexanoic acid）］，调节 pH 至 7.0，用去离子水定容至 100 mL。

表 3-4　非变性梯度聚丙烯酰胺胶配制

	上层胶（μL）	分离胶（厚 1 mm，2 400 μL）			
	4%	4%	5%	12%	13.5%
495 g/L AB	340	195	240	580	650
3 倍 GB	1 400	800	800	800	800
75% 甘油	0	160	160	640	640
去离子水	2 460	1245	1 200	380	310
100 g/L 过硫酸铵	16	10	10	10	10
TEMED	6	2	2	2	2

3. 实验材料 生长 2 周左右的拟南芥叶片；培养至对数生长中期（$OD_{730} \approx 0.5$）的蓝细菌细胞

【实验步骤】

1. 拟南芥类囊体膜蛋白提取

（1）取无菌培养基上生长 2 周左右的幼苗叶片放入研钵，加入 3 ~ 5 mL STN 缓冲液。

（2）在冰上将叶片轻轻研碎。

（3）将研磨所得匀浆液用滤膜过滤后转移至离心管内。

（4）于 200 × *g* 下离心 5 min。

（5）将上清液移至另外离心管，于 2 000 × *g* 下离心 5 min，弃上清液。

（6）用 1 mL STN 缓冲液轻轻重悬浮沉淀，于 8 000 × *g* 下离心 5 min，弃上清液。

（7）用 1 mL 低渗缓冲液 TN 轻轻重悬浮沉淀后，于 8 000 × *g* 离心 5 min，弃上清。

（8）用 1 mL溶解缓冲液轻轻重悬沉淀，于 8 000 × *g* 下离心 5 min，弃上清。

（9）用 50 ~ 120 μL 溶解缓冲液悬浮沉淀。

以上所有的离心操作都在 4℃下进行。

2. 蓝细菌 PCC6803 膜蛋白提取

（1）收集 1 L 在培养液（BG Ⅱ）中培养至对数生长中期（$OD_{730} \approx 0.5$）的蓝细菌细胞，于 5 000 × *g* 离心 5 min。

（2）用新鲜的 BG Ⅱ 培养液冲洗蓝细菌细胞两次（重悬、离心）。

（3）用 15 mL 破碎缓冲液悬浮沉淀的细胞。

（4）加入等体积直径为 150 ~ 212 μm 的玻璃珠，用细胞破碎仪破碎细胞，冰上破碎 10 次，每次 20 秒，每次间隔 3 min。

（5）将细胞破碎后的样品转移到大离心管中，于 5 000 × *g* 离心 5 min，去除玻璃珠和没有破碎的细胞。

（6）将上层溶液于 10 000 × *g* 离心 30 min，收集沉淀，用冲洗缓冲液悬浮冲洗一次，离心后再悬浮沉淀。

（7）将悬浮液于 10 000 × *g* 离心 30 min，弃上清液。

（8）沉淀用溶解缓冲液［含 25 mmol/L 的 Bis/Tris（pH 7.0），200 g/L 甘油，10 mmol/L 的 $MgCl_2$，0.1 单位无核酸酶的脱氧核糖核酸酶（RNase-free DNase RQ1］溶解。

（9）用溶解缓冲液调整其叶绿素浓度至 1 mg/mL，放置 −80℃保存备用。

以上的离心操作都在 4℃下进行。

3. 变性聚丙烯酰胺凝胶电泳（SDS-PAGE）

（1）将干净的电泳玻璃板装进电泳槽，按“综合性实验中的实验 8”的配方配制分离胶，灌进电泳槽中，然后在胶上小心地加一层水使胶与空气隔离，于温暖处静置半小时左右。当水和胶的交界处出现一条折射线时，说明胶已凝聚。倒掉胶体上面的水，并用吸水纸将残留的水吸干。

（2）按“综合性实验中的实验 8”的配方制浓缩胶，并将梳子插入。在灌胶时，用吸管将胶溶液沿玻璃板缓慢地加入，以免空气进入胶中产生气泡。待浓缩胶凝聚后，拔出梳子，用滴管把去离子水加入加样孔，轻轻地冲洗一下，然后把电泳胶板装入电泳槽中，加足够的电泳液后准备上样。

（3）向蛋白样品溶液中加入等体积的两倍浓度的 SDS，于沸水中煮 5 ~ 10 min 使蛋白变性。

（4）在变性蛋白溶液冷却后，按等总蛋白或等叶绿素量上样。

（5）开始电泳，时间一般 2 ~ 3 h，电压为 60 V，直到样品的溴酚蓝标记跑过分离胶，将电压升到 80 V，待溴酚蓝刚跑出电泳板即可终止电泳。

（6）取出电泳板，打开玻璃板，小心地取出胶块。如果进行蛋白免疫印迹（western blotting）分析，即可用于转膜，方法参考“综合性实验中的实验 8”。

（7）如果只是验证蛋白的质量，将胶取出放入五倍体积的考马斯亮蓝染色液中，染色 3 ~ 4 h 后取出胶块，放入五倍体积脱色液中过夜脱色，观察结果。

4. 蓝绿非变性（Blue-native）胶电泳

（1）将 0.1 ~ 1 mL 叶绿素浓度为 1 mg/mL 的蛋白样品放入离心管，然后加入 1.5 g/L 十二烷基 -D- 麦芽糖苷［Dodecyl-D-maltoside，DDM］，放置冰上冷却 40 min 后，于 15 000 × *g* 离心 20 min。

（2）移上清液到另一离心管，再加入 1/10 体积的上样缓冲液［含 50 g/L 塞瓦蓝 G（Serva Blue G），100 mmol/L 的 Bis-Tris（pH 7.0），300 g/L 蔗糖，500 mmol/L 的 E- 氨基 -N- 己酸（e-amino-n-caproic acid）和 10 mmol/L 的乙二胺四乙酸（ethylenediaminetetraacetic acid，EDTA）］，混合均匀后于 15 000 × *g* 离心 5 min。以上的离心操作都在 4℃下进行。

（3）以前一离心步骤所得上清液为样品，加样至厚度为 1 mm 的 50 ~ 120 g/L 的梯度非变性胶中，配方见表 3-4。按说明书装好电泳槽，加入阴极缓冲液和阳极缓冲液。

（4）采用梯度电压电泳，电压梯度分别为 50 V，40 min；75 V，40 min；100 V，40 min；125 V，40 min；150 V，2 h；175 V，30 min。整个过程在冰浴中进行。

【注意事项】

（1）电泳板要保持光亮清洁。

（2）灌 SDS 凝胶操作需要在高于 5℃的环境中进行，等待凝胶在室温下完全凝固后才可使用，不要在 4℃的冰箱中放置或进行电泳，以免导致 SDS 结晶，影响电泳的质量。在灌胶的时候，需要将滴管贴紧电泳板内壁缓缓地将凝胶混合液注入，避免胶中产生气泡。在室温较高时，凝胶凝聚较快，需要尽快地完成灌胶操作。

（3）上样量以不超过上样孔的高度为宜，以免样品之间相互污染。

（4）蓝绿胶电泳需要在比较低的温度下进行，有时候需要把电泳板放置在冰中进行电泳，以免高温导致蛋白复合体变性降解。

（5）电泳开始时，速度要尽量慢些，等样品进入浓缩胶（上层胶）之后，再适当加速。

【实验作业】

1. 比较变性电泳和活性电泳的不同。
2. 用双向电泳进行光合蛋白复合体的分离和鉴定。

参考文献

［1］郭尧君 . 蛋白质电泳实验技术 . 2 版 . 北京：科学出版社，2006.

[2] Allen J F. Protein-phosphorylation in regulation of photosynthesis. Biochimaca et Biophysica Acta, 1992, 1098: 275-335.

[3] Bellafiore S, Bameche F, Peltier G, et al. State transitions and light adaptation require chloroplast thylakoid protein kinase STN7. Nature, 2005, 433: 892-895.

[4] DalCorso G, Paolo P, Simona M, et al. A complex containing PGRL1 and PGR5 is involved in the switch between linear and cyclic electron flow in Arabidopsis. Cell, 2008, 132: 273-285.

[5] Ferreira K N, Iverson T M, Maghlaoui K, et al. Architecture of the photosynthetic oxygen-evolving center. Science, 2004, 303: 1831-1838.

[6] Fromme P, Jordan P, Krauss N. Structure of photosystem I. Biochimica et Biophysica Acta-Bioenergetics. 2001, 1507: 5-31.

[7] He Z, Mi H. Functional characterization of the subunits N, H, J and O of the NAD (P) H dehydrogenase complexes in *Synechocystis* sp. Strain PCC 6803. Plant Physiology, 2016, 171: 1320-1332.

[8] Herranen M, Battchikova N, Zhang P P, et al. Towards functional proteomics of membrane protein complexes in *Synechocystis* sp PCC 6803. Plant Physiology, 2004, 134: 470-481.

[9] Kurisu G, Zhang H M, Smith J L, et al. Structure of the cytochrome *b(6)f* complex of oxygenic photosynthesis: Tuning the cavity. Science, 2003, 302: 1009-1014.

[10] Ogawa T, Obata F, Shibata K. The pigment proteins in spinach chloroplasts. Biochimica Eet Biophysica Acta, 1988, 112: 223-234.

[11] Peng L, Cai W, Shikanai T. Chloroplast stromal proteins CRR6 and CRR7 are required for assembly of the NAD (P) H dehydrogenase subcomplex A in Arabidopsis. Plant Journal, 2010, 63: 203-211.

[12] Peng L, Fukao Y, Fujiwara M, et al. Efficient operation of NAD (P) H dehydrogenase requires supercomplex formation with Photosystem I via minor LHCI in *Arabidopsis*. Plant Cell, 2009, 21: 3623-3640.

[13] Umena Y, Kawakami K, Shen J R. Crystal structure of oxygen-evolving photosystem Ⅱ at a resolution of 1.9 angstrom. Nature, 2011, 473: 55-65.

(中国科学院上海植物生理生态研究所 米华玲)

第四章

呼吸作用

实验 4-1 植物呼吸强度的测定

呼吸作用是一切生活细胞所共有的生命活动，是新陈代谢的重要组成部分，是植物所有生理活动所需能量的来源，对植物有着十分重要的意义，植物局部呼吸作用的强弱与该处生命活动密切相关。

测定呼吸作用，一般测定呼吸过程消耗的 O_2 量，或放出的 CO_2 量。其中 O_2 的测定主要通过氧电极法，CO_2 的测定主要有化学法、气相色谱法（参考实验 10-8）和 NIDIR 红外吸收法等。

【实验目的】

熟悉测定呼吸强度的不同方法及其所根据的原理。

Ⅰ 简易测定法

【实验原理】

萌发的种子在一个密闭容器中，其呼吸作用消耗容器中的氧放出二氧化碳，而二氧化碳又被容器中的碱液所吸收，致使容器中气体压力减小，容器内外产生压力差，使得玻管内水柱上升。水柱上升的高度，即代表容器内外压力差的大小，亦即代表呼吸作用大小。如果用同一套装置，测定不同的材料样品，即可从水柱上升的高度或玻管内水的体积，相对地比较它们的呼吸强度。

【器材与试剂】

1. 实验仪器 游标卡尺，天平，广口瓶，橡皮塞，小烧杯，玻璃管，纱布，移液管
2. 实验试剂 100 g/L NaOH，石蜡
3. 实验材料 已经萌发的水稻（小麦或大豆）种子

【实验步骤】

1. 测定装置如图 4-1 所示，包括广口瓶（于瓶塞上钉一金属小弯钩）、曲管通过橡皮软管连接一移液管，烧杯。烧杯内装水（可加数滴红墨水），广口瓶内加入 20 mL 100 g/L NaOH。

2. 称取已经萌发的水稻（小麦或大豆）种子数克，用纱布包裹，并用棉线结扎悬挂于广口瓶塞弯钩上。然后盖紧瓶塞，并用熔化的石蜡或硅胶密封瓶口和插管处，记录开始的实验时间。

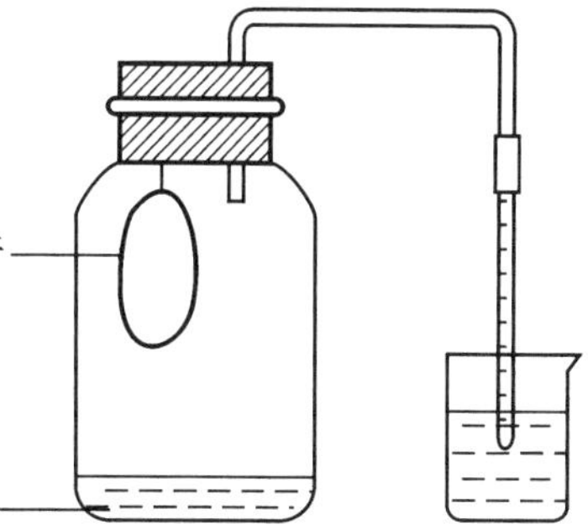

图 4-1　简易呼吸测定装置

3. 经一定时间后，测量水柱上升体积（cm^3），以水柱中上升的水量（cm^3）表示相对呼吸强度。

【注意事项】

装置不能漏气。

Ⅱ　氧 电 极 法

【实验原理】

氧电极是能够测定水中溶解氧含量一种仪器。它的核心组件是由镶嵌在绝缘材料上的银极（+）和铂极（-）构成的化学电池。电极表面覆盖能透过氧但不能透过电解质的半透薄，也被称为薄膜氧电极。当外加电压达到一定值，阴极表面 O_2 的浓度趋近于零。此时扩散电流的大小完全取决于被测溶液中的氧的浓度，就可以用电流的大小来反映含氧量。一般选择外加电压在电流 - 电压曲线的平顶中部（0.6 ~ 0.9 V）。电极间产生的扩散电流信号可通过电极控制器的电路转换成电压输出，并有自动记录仪进行记录。

【器材与试剂】

1. 实验仪器　手术剪，塑料圆头或平头镊子，一次性吸管，吸水纸，烧杯 50 mL 两个，250 mL 废液杯一个，去离子水洗瓶，配套磁力搅拌器转子，液相氧电极系统（HANSATECH 公司 Liquid-phase Oxygen Electrode Systems），专用盐桥纸。

2. 实验试剂　氯化钾，连二亚硫酸钠（$Na_2S_2O_4$），0.1 mol/L $NaHCO_2$

3. 实验材料　生长期为 1 个月的拟南芥，藻类或苔藓等较小植物。

【实验步骤】

1. 配制电解液（半饱和的氯化钾溶液）

用 50 mL 的小烧杯加入 20 mL 去离子水，加入过量氯化钾，搅拌至不再溶解，将上清倒入另外一个烧杯，再加入等量的水即为半饱和的氯化钾溶液。

2. 安装氧电极

① 清洗电极　用棉签蘸取专用清洁膏，沿一个方向擦拭电极，直至电极光亮为止。

大拇指握住铜制接头，用清水冲洗残留清洁膏，吸水纸吸去残留的水分。

② 放置盐桥与电极膜 用吸水纸蘸干电极，在环形银极凹槽和铂极处滴加电解液。修剪约宽为 0.5 cm 的盐桥纸（不可剪到盐桥纸上的亮条），用镊子轻轻将盐桥纸压入凹槽与两侧银极相接触并完全覆盖铂极。戴手套剪下正方形的电极膜。在铂极的盐桥纸上滴加电解液，用圆头镊子将电极膜覆盖到铂极 / 盐桥的上方。将装膜器套上小橡胶圈，在电极膜上快速下压，将橡胶圈套到电极上。一定要避免气泡的出现并保证电极膜表面的平整，以保障测量精度。小心剪去多余电极膜，用镊子将大橡胶圈放置在外圈（图 4–2、图 4–3）。

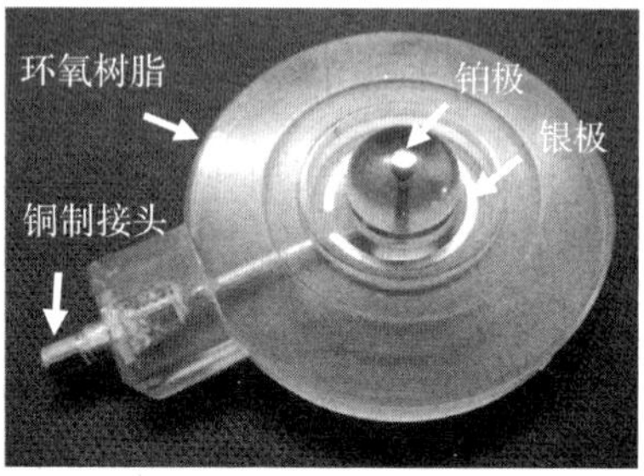

图 4–2 液相氧电极（HANSATECH，Chlorolab2）电极头

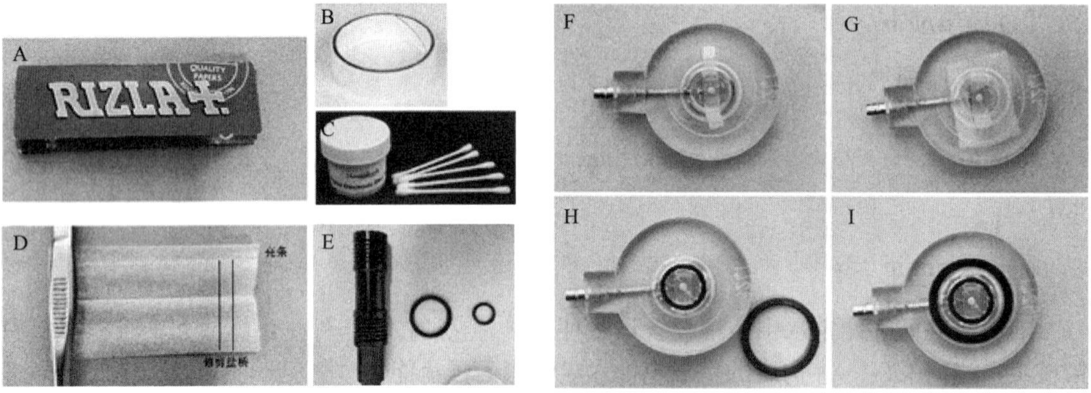

图 4–3 安装电极所用耗材及安装步骤

A、D：盐桥纸；B：电极膜；C：清洁膏；E：装膜器与大小橡胶圈；F ~ I：电极组装步骤

③ 电极与底部固定器连接 电极插入连接线，放置于反应室底部固定器中央，将铜制接头头部卡在反应室底部的凹槽位置，反应室盖上电极，顺时针旋紧底部固定器（刚刚旋紧即可，不可过紧）。

④ 组装仪器 组装好的反应室放置在控制盒的磁力搅拌器上，连接线插入到仪器 Electrode 接口。光照装置控制线接入 Light source connection 接口，光源插入反应室的端口中。

3. 打开 Oxy Trace 软件

连接反应室后，打开软件有 Instrument Information 对话框弹出，点击 OK 进入下一步。

4. 液相电极校准

向反应室中加入去离子水和转子，从最低速开始，等测定曲线稳定后，点击 Stirrer Speed 设定转速，当转子转速上升到较高速度，但不会使曲线上升时为最理想的转速。

向反应室中加入含有饱和空气的去离子水（加入前剧烈晃动去离子水），点击软件中 Liquid–Phase Calibration—Air Saturate Water，设置合适温度（室温 25 ℃，标准大气压），转速设置到最佳。此时电极将记录空气饱和水的信号。理想状态下曲线会稳定在 1 600 ± 200 nA。仪器检测到稳定后，软件中 Over ride 变为 OK，可以点击进行下一步零氧气校准。向反应室中加入少量连二亚硫酸钠（粉末，米粒大）。此时曲线应立即下降，待软件确定曲线达到稳定后，软件中 Over ride 变为 OK 可以点击。点击 OK 便完成了校准。校准后溶氧单位在数据栏中会以 nmol/mL 校准单位显示。吸去反应室中所有的连二亚硫酸钠溶液，加入去离子水，再吸去溶液，重复清洗 3 遍，加入 1.5 mL 去离子水。

5. 样品呼吸速率测定

（1）称 0.015 g 叶片，剪碎。碎片大小以不影响转子旋转为宜。

（2）将样品从反应室的顶部加入，放入转子，盖上反应室盖子。吸走溢出的水。从侧面观测窗确认所测样品不能干扰到转子的正常转动。调节反应室盖上的旋钮，使溶液刚好从反应室盖子底部的小孔进入，并从顶部漫出，这样保证反应室内没有空气，否则会造成信号不稳。点击启动转子的图标，点击“Go”开始测定。此时会弹出提示框，注意此时实验温度需与校准时温度一致。

（3）点击 Graph，选择 Zoom XY 选项调节视窗比例，每个样品测定 3 ~ 5 min，待曲线变化稳定后，点击结束实验。氧气示踪曲线下降，为耗氧反应，反应速率为直线的斜率。

6. 样品光合光合强度测定：提前将被测样品放在适合的光强下适应至少 30 分钟。将 1.5 mL 0.1 mol/L $NaHCO_3$ 溶液加入反应室中，再将待测材料剪碎放入反应室。重复上述步骤（2）—（3），氧气示踪曲线上升，表示反应为放氧，反应速率为直线的斜率。

7. 点击 File—Save 保存数据文件，格式为 CSV，可以由 Excel 打开，可在其中将数据进行作图。

呼吸 / 光合速率测定公式为：

$$Pn = Rate^{*} 反应体系（mL）/ 重量（g）$$

式中：Pn 的单位为 μmol · O_2/（g · min）；

Rate 为记录到的曲线斜率，单位为 μmol · O_2/（mL · min）。

参考文献

［1］Clark L C J. Monitor and control of blood and tissue oxygen tensions. American Society for Artificial Internal Organs，1956，2（1）：41–48.

［2］Chance B，Williams G R. A simple and rapid assay of oxidative phosphorylation. Nature，1955，175（4469）：1120–1121.

［3］范振英 . Clark 氧电极工作原理研究：天津市生物医学工程学会第 29 届学术年会暨首届生物医学工程前沿科学研讨会，天津，2009.

（华东师范大学　孙越　张莉敏）

实验 4–2　呼吸抑制剂对呼吸作用的影响

【实验目的】

了解抑制剂对呼吸的抑制作用，掌握测氧仪的应用技术。

【实验原理】

在呼吸过程中底物氧化脱下的氢，通过呼吸链的电子传递系统，在末端氧化酶的催化下与氧结合形成水，在此过程中偶联产生 ATP。

在植物中，末端氧化酶具有多样性。其中细胞色素系统是主要的，它的末端氧化酶可被 NaN_3 或 KCN 所抑制，而偶联产生 ATP 过程可被二硝基酚（DNP）所解除。除细胞色素系统外，植物体内还存在着分布在线粒体以外的末端氧化酶系统，也都可以被相应的抑制剂所抑制，如含铜的末端氧化酶（多酚氧化酶、抗坏血酸氧化酶），可被硫脲或二乙胺二硫代甲酸钠所抑制。利用抑制剂来研究呼吸的末端氧化酶系统，是一种简便而有效的方法。

【器材与试剂】

1. 实验仪器　氧电极测定系统（参考实验 4–1–Ⅱ）

2. 实验试剂　饱和亚硫酸钠溶液，0.5 mol/L KCl（37.28 g/L），10 mmol/L NaN_3（650 mg/L，有毒），5 mmol/L DNP（920 mg/L，有毒），10 mmol/L 硫脲（76 mg/L）

3. 实验材料　鲜酵母悬液：取市售鲜酵母，用 100 g/L 蔗糖按 1∶100 稀释成悬液，置 25℃温箱中过夜。

【实验步骤】

1. 安装、校准氧电极。

2. 向反应室注入酵母悬液，测定酵母的呼吸耗氧曲线。

3. 从反应室小孔向反应杯注入 NaN_3 观察耗氧曲线斜率的变化。

4. 比较施加 NaN_3 前后酵母的呼吸耗氧的变化情况。以 O_2 μmol/h 或 O_2 μL/h 表示。计算呼吸作用被抑制的百分数。

5. 清洗反应室和电极。分别用 DNP 和硫脲进行同样的测定，并计算呼吸作用被抑制的百分数。

【注意事项】

电极薄膜可用市售食品袋，电极与薄膜加满 0.5 mol/L KCl，套紧“O”形环，其间不能留有气泡。

【实验作业】

1. 实验中 3 种抑制剂对呼吸作用的抑制效应有何不同？试分析 3 种抑制剂的抑制类型？

2. 用什么方法能证明它们分别抑制的是什么末端氧化酶系统？

参考文献

薛应龙 . 植物生理学试验 . 北京：高等教育出版社，1985：97–98.

（华东师范大学　张志良）

实验 4-3　离体线粒体的氧化作用和磷酸化作用

【实验目的】

熟悉测定氧化磷酸化的一种方法。

【实验原理】

当供给植物充足的氧气时，植物细胞可使底物完全氧化。以葡萄糖作为呼吸底物完全氧化时，最后生成 CO_2，吸收的 O_2 被还原成水，并且每 1 mol 葡萄糖的氧化产生 38 mol ATP：

$$C_6H_{12}O_6 + 6\ O_2 + 38ADP + 38Pi \longrightarrow 6CO_2 + 6H_2O + 38ATP$$

其中大部分 ATP 是通过氧化磷酸化作用形成的，这也是细胞内形成可利用能量的主要过程。现在可以肯定三羧酸循环及与之相偶联的氧化磷酸化作用是在线粒体中进行的。这些在线粒体中进行的反应可用耗氧量来表示，也可用形成 ATP 的量来表示。

本实验用黑暗中萌发的绿豆子叶或黑暗催芽的马铃薯块茎制备离体的线粒体，以琥珀酸为底物定性测定 O_2 的消耗和产生的 ATP，并应用丙二酸抑制呼吸作用，观察耗 O_2 量的变化。

【器材与试剂】

1. 实验仪器　氧电极测定系统（参考实验 4-1-Ⅱ），紫外分析灯，冷冻高速离心机，血红蛋白吸管，玻璃板（6 cm × 20 cm），层吸用玻璃缸，移液管，反应瓶，研钵

2. 实验试剂

标准 ATP，DEAE- 纤维素（DE-22），0.5 mol/L HCl，0.5 mol/L NaOH 溶液，0.025 mol/L HCl（见附录 1）。

提取液：0.1 mol/L 磷酸缓冲液，pH 7.0，含 0.4 mol/L 蔗糖，5 mmol/L EDTA（2.15 g $Na_2HPO_4 \cdot 12\ H_2O$ + 0.544 g KH_2PO_4 + 0.186 g EDTA + 13.6 g 蔗糖，用蒸馏水定容至 100 mL）。

反应液：

（1）0.1 mol/L 磷酸缓冲液，pH 7.0。

（2）1.5 mol/L 蔗糖：25.67 g 蔗糖用蒸馏水定容为 50 mL。

（3）50 mg/mL ADP：50 mg ADP 溶于 1 mL 蒸馏水中。

（4）1 mg/mL 细胞色素 c（cyt c）：1 mg cyt c 溶于 1 mL 蒸馏水中。

（5）3.3 mg/mL 氧化辅酶Ⅰ（NAD）：3.3 mg NAD 溶于 0.5 mL 蒸馏水，用 NaOH 调至 pH 7.0，再定容为 1 mL。

（6）辅酶 A（CoA）每支 50 单位，250 单位相当于 1 mg。

（7）5 mg/mL 焦磷酸硫胺素（TPP）：5 mgTPP 溶于 1 mL 蒸馏水中。

（8）0.2 mol/L $MgCl_2$：2.03 g $MgCl_2 \cdot 6\ H_2O$ 溶于 50 mL 蒸馏水中。

（9）1.1 mol/L 葡萄糖：9.91 g 葡萄糖用蒸馏水定容为 50 mL。

（10）0.1 mol/L 琥珀酸：0.118 g 琥珀酸溶于 5 mL 蒸馏水中，用 NaOH 调至 pH 7.0，再定容为 10 mL。

（11）0.1 mol/L 丙二酸：0.021 g 丙二酸溶于 1 mL 蒸馏水中，用 NaOH 调至 pH 7.0，再定容为 2 mL。

3. 实验材料　25℃黑暗处萌发 3～4 d 的绿豆芽子叶

【实验步骤】

1. 线粒体悬浮液的制备

（1）25℃黑暗处萌发 3～4 d 的绿豆芽，摘取子叶，去掉下胚轴、根和芽。

（2）取 30 g 子叶，40 mL 提取液和少量石英砂在预冷的研钵中快速研磨成匀浆，双层纱布过滤。

（3）滤液于 4℃，3 000 r/ min 离心 10 min，弃去沉淀。

（4）上清液于 4℃下，12 000 r/min 离心 20 min，弃去上清液，沉淀悬浮于 18 mL 提取液中。

（5）上述悬浮液在 4℃，12 000 r/min 下离心 20 min，弃去上清液，沉淀悬浮于 2 mL 提取液中，即为线粒体悬浮液。保存在冰箱中。

2. 仪器安装及调试

3. 耗 O_2 量的测定　在反应瓶中按表 4–1 加入反应液。

表 4–1　在反应瓶中要加入的试剂量

试剂	加入量 /mL	
	正常	抑制
0.1 mol/L 磷酸缓冲液，pH 7.0	0.3	0.3
1.5 mol/L 蔗糖溶液	0.2	0.2
ADP	0.2	0.2
Cyt c	0.1	0.1
NAD	0.1	0.1
TPP	0.1	0.1
CoA	25 单位	25 单位
0.2 mol/L $MgCl_2$	0.1	0.1
1.1 mol/L 葡萄糖	0.1	0.1
0.1 mol/L 琥珀酸	0.3	0.3
0.1 mol/L 丙二酸	–	0.3
蒸馏水	0.3	–
总体积	2	2

安装、校准氧电极装置，在反应室中加入 1.2 mL 正常反应液，然后从反应室顶部小孔加入 0.5 mL 线粒体悬浮液，测定线粒体的呼吸耗氧曲线。冲洗反应室，加入抑制反应

液，重复上述步骤。比较两者的耗氧曲线的差别。

4. 测定 ATP 的形成

（1）DEAE- 纤维素的再生：使用以后的纤维素先用 0.5 mol/L NaOH 溶液浸泡 30 min 至 1 h，然后用过滤漏斗滤去 NaOH 溶液，再用 0.5 mol/L HCl 溶液浸泡 30 min 至 1 h，用蒸馏水冲洗至中性，备用。

已处理好备用的 DEAE- 纤维素，倾倒去过多的水，将纤维素搅匀后均匀地铺在干净的玻璃板上，然后轻轻振动玻璃板，使纤维素分布均匀，表面光滑。放在低于 60℃烘箱中烘干备用。

（2）点样：用血红蛋白吸管各吸取①标准 ATP 10 μL；②反应液 20 μL；③线粒体悬液 20 μL；④反应 10 min 后的样品 20 μL，分别在 DEAE- 纤维素薄层板上点样，用冷风吹干。

（3）展层：层析缸中倒入 0.025 mol/L HCl，将纤维素薄层板平放入内，使液面低于点样线，盖好盖子，待前沿走到离薄层上端 1 cm 时立即取出，用热风吹干。

（4）风干后的薄层板，在紫外分析灯下观察形成的 ATP。

5. 实验结果记录于表 4-2 中。

表 4-2　实验结果记录表

日期________材料________反应温度________反应时间________

处理	实验次数	反应液 /mL	线粒体悬液 /mL	抑制剂 /mL	结果	
					O_2 消耗	ATP 生成
不加抑制剂	1					
	2					
加抑制剂	1					
	2					

【注意事项】

观察结果时最好于暗室中进行。

【实验作业】

1. 试比较正常的线粒体和加抑制剂的线粒体的耗氧曲线及 ATP 层析谱有何不同？为什么？

2. 为什么加入丙二酸能起抑制作用？丙二酸是什么类型的抑制剂？

3. 线粒体中有哪些代谢的酶系统？葡萄糖是否能在线粒体中氧化成丙酮酸？

4. ATP 在酶促的什么部位生成？有氧化作用是否一定有磷酸化作用？

参考文献

［1］吴光耀 . 氧化磷酸化法制备 GMP-M.GDP 和 GTP. 北京大学学报（自然科学版），1978，4：71.

［2］何笃修，等 . 植物生理学基础课实验离体线粒体的氧化作用和磷酸化作用 . 植物生理学通讯，

1980（2）：31–33.
[3] Cherry J H. Molecular biology of plants. New York：Columbia Univ. Pr.，1973：37.
[4] Kanfman P B. Laboratory experiment in plant physlology. New York：Macmillan Pub.，1975：63.
[5] Romani R，Monadjem A. Mitochondrial longevity in vitro：the retention of respiratory control. PNAS，1970，66（3）：869–873.
[6] San Pietro A. Experimental plant physiology. Saint Louis：The C.V. Mosby Company，1974，125.
[7] Smith H. Molecular biology of plant cell. Oxford：Blackwell，1977：105.

（北京大学 吴光耀 邓岳芬）

实验 4-4 丙酮酸激酶活性的测定

【实验目的】

熟悉测定丙酮酸激酶活力的一种方法。

【实验原理】

丙酮酸激酶是糖酵解途径中的关键酶。催化如下反应：

$$磷酸烯醇式丙酮酸（PEP）+ ADP \xrightarrow{丙酮酸激酶} 丙酮酸 + ATP$$

可通过测定其催化反应的产物丙酮酸含量的变化来反映酶活力。

【器材与试剂】

1. 实验仪器 紫外分光光度计，冷冻离心机，研钵，SephadexG–25（1.8 × 20 cm）柱

2. 实验试剂 提取缓冲液：0.05 mol/L pH 7.5 Tris–HCl 缓冲液（见附录 2），0.012 5 g/L 2,4- 二硝基苯肼［溶解在 360 g/L HCl（171 mL/L）中］，2.4 μmol/L NaOH 溶液（96 g/L，含有 2.0×10^{-3} mol/L EDTA 584 mg/L），250 μmol/L Tris–HCl（Tris 30 mg/L，用盐酸调至 pH 7.4），7.5 μmol/L PEP 钡盐（3.5 mg/L），50 μmol/L $MgSO_4$（6 mg/L），250 μmol/L KCl（18.6 mg/L），12.5 μmol/L ADP（5.34 mg/L），50 μmol/L 丙酮酸标准溶液（5.5 mg/L 丙酮酸钠，用提取缓冲液溶解）

3. 实验材料 新鲜菠菜叶片

【实验步骤】

1. 酶的提取 菠菜叶片，用 3 倍体积的提取缓冲液研磨提取。提取液 10 000 × *g* 离心 10 min。上清液过 Sephadex G–25 柱（1.8 × 20 cm）脱盐，柱子预先用提取缓冲液平衡，用同样的缓冲液洗脱，收集含蛋白质部分的洗脱液，可用洗脱液的 OD_{280} 进行监控。上述过程均在低温下操作。

2. 酶活性的测定 按表 4–3 所列加入相应试剂：

表 4-3 测定丙酮酸激酶活性的试剂用量 单位：mL

试剂	250 μmol/L Tris–HCl	7.5 μmol/L PEP 钡盐	50 μmol/L $MgSO_4$	250 μmol/L KCl	12.5 μmol/L ADP	H_2O	酶液
对照组	0.1	0.1	0.1	0.1	—	0.1	0.5
反应组	0.1	0.1	0.1	0.1	0.1	—	0.5

反应液在 37℃反应 10 min 后加入 1 mL 2,4– 二硝基苯肼，再加入 1.2 mL NaOH 溶液，室温放置 10 min。510 nm 测定吸光值。如用粗酶液测定则需加入抑制剂如钼酸铵。

丙酮酸标准曲线的制作

取 6 只洁净试管依次加入 0.05 mL、0.1 mL、0.2 mL、0.3 mL、0.4 mL、0.5 mL 丙酮酸标准溶液，用提取缓冲液补足至 0.5 mL。每管再加入 0.1 mL Tris–HCl、0.1 mL PEP 钡盐、0.1 mL $MgSO_4$、0.1 mL KCl、0.1 mL ADP，然后加入 1 mL 2,4– 二硝基苯肼及 1.2 mL NaOH 溶液室温放置 10 min。于 510 nm 测定吸光值，并绘制成标准曲线。

【注意事项】

有条件可采用较灵敏的偶联法，即用乳酸脱氢酶将丙酮酸进一步转化成乳酸，同时将 NADH 氧化成 NAD^+，检测 340 nm 处吸光值的变化。

【实验作业】

为什么对照的反应混合液中加 PEP 而不加 ADP？

参考文献

中国科学院上海植物生理研究所，上海植物生理学会 . 植物生理学实验手册 . 上海：上海科学技术出版社，1985：173–174.

（华东师范大学 黄晓青）

实验 4-5 磷酸烯醇式丙酮酸羧化酶活性的测定

【实验目的】

熟悉测定丙酮酸羧化酶活力的方法。

【实验原理】

磷酸烯醇式丙酮酸羧化酶广泛存在于高等植物、细菌、藻类中，催化磷酸烯醇式丙酮酸和碳酸氢根的羧化形成草酰乙酸，该反应不可逆，是 C_4 植物光合途径中的关键酶，起着固定原初 CO_2 的作用。在细菌中对三羧酸的循环起着调节作用。

本试验用偶联法来测酶活性。PEP 羧化酶在 PEP、H_2CO_3、Mg^{2+} 中存在时，形成草酰乙酸，而草酰乙酸在 NADH 及苹果酸脱氢酶存在下可生成苹果酸及 NAD，NAD 形成的速度可在 340 nm 处进行测定，并以吸光值下降 0.01 作为一个酶活性单位。

【器材与试剂】

1. 实验仪器 紫外分光光度计，冷冻离心机，研钵，纱布

2. 实验试剂 提取缓冲液［0.1 mol/L，pH 8.2，Tris-H_2SO_4 缓冲液，含 7 mmol/L 巯基乙醇（547 mg/L），0.2 mmol/L 二硫苏糖醇（31 mg/L），1 mmol/L EDTA（292 mg/L），5%（体积百分数）甘油］，反应缓冲液［50 mmol/L Tris-HCl 缓冲液 pH 8.0（见附录 2）］，反应混合液［0.5 mL 70 mmol/L $MgSO_4$（8.4 g/L），0.5 mL 70 mmol/L $NaHCO_3$（5.9 g/L）和 1 mL 14 mmol/L 磷酸烯醇式丙酮酸（2.4 g/L）混合，以上溶液都用反应缓冲液配制。需用时再加入 1.5 mL 内含 0.35 mg NADH 及过量的（一般超过 20 单位）苹果酸脱氢酶的反应缓冲液］。

3. 实验材料 玉米叶片

【实验步骤】

1. 酶提取液的制备 5 g 叶片用 10 mL（或 4 倍量体积）的预冷至接近 0℃的提取缓冲液于研钵或匀浆机中匀浆，4 层纱布去除粗渣，滤液以 20 000 × *g* 冷冻离心 20 min，上清液即为磷酸烯醇式丙酮酸羧化酶粗酶。操作过程尽量低温。

2. 酶活性的测定 于石英比色杯中加入反应混合液及适量酶提取液总体积 3.5 mL 混匀启动反应，立即用分光光度计于 340 nm 处按一定时间间隔读取吸光值，以吸光值下降 0.01 作为一个酶活力单位。

【注意事项】

测定时的酶液用量需事先试好，苹果酸脱氢酶的用量视丙酮酸羧化酶活性大小而定，也可事先试好。

【实验作业】

该实验的测定结果可能受到什么因素的影响？

参考文献

中国科学院上海植物生理研究所，上海市植物生理学会 . 现代植物生理学实验指南 . 北京：科学出版社，1999：120–121.

（华东师范大学 李小方）

实验 4-6 植物组织中几种酶的组化定位鉴定

【实验目的】

熟悉酶在细胞中存在的定位方法。

【实验原理】

在植物生理学的研究中，可利用组织化学的方法，来说明植物体内的生理活动问题。例如，当需要鉴定某种物质性质和在植物体内分布时，用组织化学的方法，可以达到定位和定性的目的，而且有时比用剥离的器官或组织，作生化测定更能说明问题。植物组织中酶的组化鉴定的基本原理，是以某物质为底物在专一酶作用下，产生一种有颜色的化合物来表明有某种酶的存在。

细胞色素氧化酶：利用“Nadi”原理，以对氨基二甲基苯胺和 α- 萘酚为基质，经过细胞色素氧化酶的作用，产生吲哚酚蓝表示酶的存在，反应式如图 4-4。

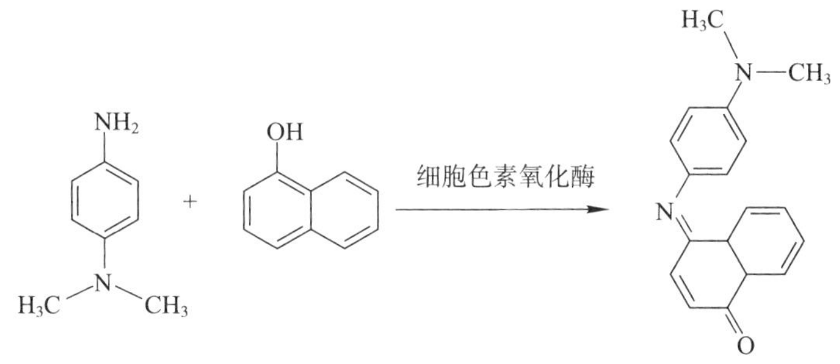

对氨基二甲基苯胺　　α-萘酚　　吲哚酚蓝

图 4-4 细胞色素氧化酶鉴定原理

过氧化物酶：在过氧化氢存在下，联苯胺经酶作用脱氢而生成蓝色的络合物，反应式如图 4-5。

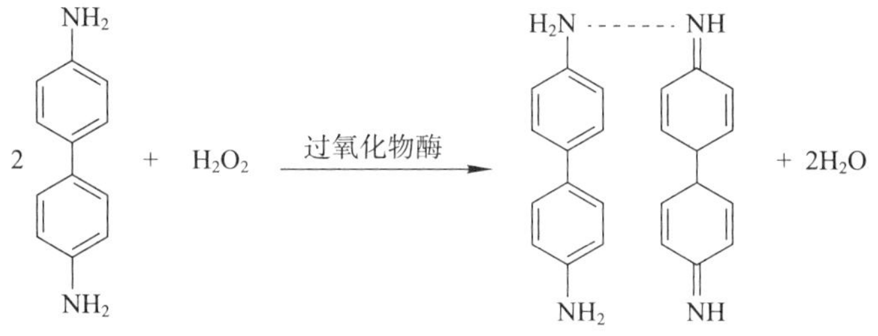

联苯胺　　蓝色络合物

图 4-5 过氧化物酶鉴定原理

多酚氧化酶：邻苯二酚或邻苯三酚在多酚氧化酶的作用下，产生茶褐色化合物或棕色络合物，反应式如图 4-6。

三磷酸腺苷酶：三磷酸腺苷（ATP）经酶作用分解为二磷酸腺苷（ADP），并释放出无机磷酸，与铅离子结合产生磷酸铅，遇硫则生成硫化铅黑色沉淀，可用下列简式表示：

$$ATP + H_2O \xrightarrow{ATPase} ADP + H_3PO_4 \xrightarrow{Pb(NO_3)_2} PbPO_4 \xrightarrow{(NH_4)_2S} PbS\downarrow$$

脱氢酶：在脱氢酶作用下，氯化三苯基四氮唑（TTC）被还原为三苯基甲臜（TTF），溶液从无色变成红色。

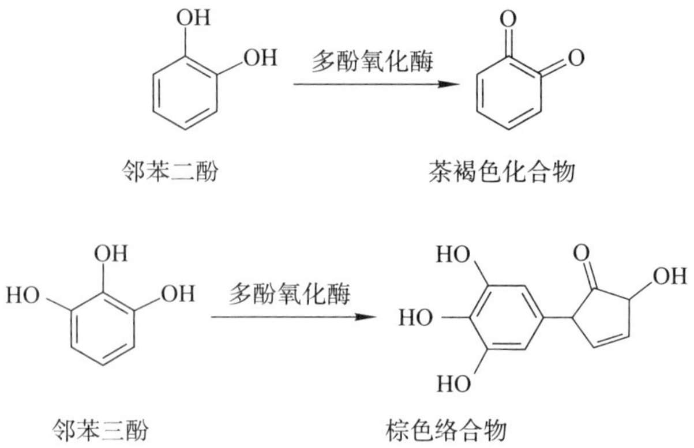

图 4-6 多酚氧化酶鉴定原理

本实验主要学习用于检测植物组织中的细胞色素氧化酶、过氧化物酶、多酚氧化酶、三磷酸腺苷酶以及脱氢酶的方法。

【器材与试剂】

1. 实验仪器 冰冻切片机，显微镜，天平，量筒，单面刀片，尖头镊，培养皿，指管

2. 实验试剂

（1）0.2 mol/L pH 7.2 Tris–HCl 缓冲液（见附录 2），20 g/L 硝酸铅溶液，10 g/L 硫化铵溶液，1 g/L 2,3,5– 氯化三苯基四氮唑溶液，10 g/L α– 萘酚溶液：称取 1 g α– 萘酚溶于 100 mL 蒸馏水中，加热煮沸，然后逐滴加入 250 g/L KOH，直至萘酚完全溶解为止，过滤后保存于冷暗处。

（2）10 g/L 对氨基二甲基苯胺溶液：称取 1 g 对氨基二甲基苯胺盐酸，放入 100 mL 蒸馏水中加热煮沸，然后保存在冰箱中，只能保存一星期。

（3）0.1 mol/L 磷酸缓冲液，pH 5.8（见附录 2）。

（4）1 g/L 钼酸铵溶液：称取 0.1 g 钼酸铵溶于 100 mL 蒸馏水中。

（5）1 g/L 联苯胺溶液：称取 0.1 g 联苯胺于 100 mL 蒸馏水中，加热煮沸溶解，冷却后加入 300 g/L 过氧化氢 1 滴，此溶液只能保存一星期。联苯胺对人有毒，应避免接触皮肤或从呼吸道吸入。

（6）0.1 mol/L 磷酸缓冲液，pH 7.2。

（7）10 g/L 邻苯二酚溶液：称取 1 g 邻苯二酚溶于 100 mL 蒸馏水中，低温暗处保存 1 ~ 2 星期。

（8）三磷酸腺苷溶液：称取 125 mg 三磷酸腺苷钠盐，溶于 100 mL 蒸馏水中，低温保存。

（9）0.1 mol/L 硫酸镁溶液：2.46 g $MgSO_4 \cdot 7H_2O$ 溶于 100 mL 蒸馏水中。

3. 实验材料 植物的幼根或幼茎

【实验步骤】

1. 样品处理 将培养的实验材料放入盛有冰块的容器内，然后放在冰冻切片机的冰冻头上，按横向（纵向）切成 10 ~ 15 μm 的薄片（如果没有冰冻切片机，可用废照相胶片夹持植物样品，并在盛有冰块的大瓷盆上进行徒手切片，保持样品的温度可以达到 5℃左右）。薄片切得后立即放入置于冰中的重蒸馏水内，待所需片子切制完毕后，分别按下面

操作程序加以处理。每一实验必须同时作对照。实验和对照片子应该是材料上紧相连的部分，也就是说切一片作实验处理时，挨着的下一片就作为对照，这样才能表明这两张切片的生理状况原来是一致的。

2. 几种酶的定位鉴定

（1）细胞色素氧化酶：将切得的新鲜切片放入 pH 5.8 的磷酸缓冲液内，在室温下（约 25℃）放置 5～10 min，然后用干净而又很细的玻棒，将切片移入 10 g/L α- 萘酚和 10 g/L 对氨基二甲苯胺的等量混合液中，约 5 min 后，取出放在玻片上加超纯水 1 滴，盖上盖玻片即可以在显微镜下观察。对照片子从磷酸缓冲液中取出后，即放入重蒸馏水中煮沸 5 min，然后放入底物混合液中进行反应，而后按上述步骤进行观察比较。

（2）过氧化物酶：①将切片放入 pH 7.2 磷酸缓冲液中，在 2～5℃下浸 5 min。②将切片移于 1 g/L 钼酸铵溶液中，在室温下处理 5 min。③将片子移入 1 g/L 联苯胺溶液中，处理 0.5～1 min，取出放在玻片上加蒸馏水 1 滴，盖上盖玻片，在显微镜下观察。对照片子煮沸 10～15 min，杀死组织后，按上述步骤作同样处理后观察。

（3）多酚氧化酶：①新鲜组织的切片立即投入 pH 7.2 磷酸缓冲液中，在 2～5℃下放置 5 min。②将切片移至 10 g/L 邻苯二酚溶液中，在 37℃保温 10 h 左右，取出观察。对照片子经煮沸杀死组织后，再按上述步骤同样处理，然后进行观察比较。

（4）三磷酸腺苷酶：①底物混合液的配制：取 20 mL ATP 溶液，20 mL Tris-HCl 缓冲液（pH 7.2），3 mL 硝酸铅溶液，5 mL 硫酸镁溶液，2 mL 蒸馏水，用时将上述溶液依次混合，取用上清液，用后废弃。②将切片投入上述底物混合液中，37℃保温 1～3 h。③用蒸馏水洗涤。④在 10 g/L 硫化铵中显色 1 min。⑤再用蒸馏水洗涤后观察。对照片子先行煮沸杀死组织，然后再做同样处理。

（5）脱氢酶：将切片浸在氯化三苯基四氮唑溶液中，15 min 左右，有红色反应的部位，表明有脱氢酶的存在。对照片子先行煮沸杀死组织，然后再做同样处理。

【注意事项】

切片要浸没于反应溶液中，其间不能留有气泡。

【实验作业】

1. 植物组织中酶的定位鉴定的关键是什么？
2. 说明所鉴定的酶在植物中的重要性。

参考文献

［1］郭季芳 . 介绍植物中几种酶的定位方法 . 植物生理学通讯，1964，2：53-55.

［2］魏海姆 F H，等 . 植物生理学实验 . 中国科学院植物研究所生理生化研究室，译 . 北京：科学出版社，1971：159-163.

［3］南京大学植物生理组 . 植物生理学实验 . 南京：南京大学出版社，1974：68-70.

［4］Devlin R M. Plant physiology. New York：Reinhold Pub Corp，1966：164-167.

［5］Glick D. Techniques of histo-and cyto-chemistry. New York：Interscience Publishers，1949.

（南京大学　傅庭治）

实验 4-7 多酚氧化酶活性的测定（氧电极法）

【实验目的】

熟悉测量多酚氧化酶活性的一种方便方法。

【实验原理】

多酚氧化酶是一种含铜的氧化酶，能使一元酚和二元酚氧化生成醌。多酚氧化酶活性可以用氧电极测量反应耗氧的速度，或用比色法测量产物的形成，常用的底物如儿茶酚（邻苯二酚）和多巴（3,4- 二羟苯丙氨酸）。

【器材与试剂】

1. 实验仪器 氧电极测定系统（参考实验 4-1-Ⅱ），匀浆机，纱布，50 mL 离心管，离心机，透析袋

2. 实验试剂 不溶性 PVP（聚乙稀吡咯烷酮），0.1 mol/L pH 6.5 磷酸缓冲液（见附录 2），1 mmol/L 儿茶酚（0.11 g 儿茶酚溶于 1 000 mL 0.1 mol/L pH 6.5 磷酸缓冲液中）

3. 实验材料 马铃薯

【实验步骤】

1. 粗酶的制备

（1）称取马铃薯块茎 20 g，加不溶性 PVP（事先用蒸馏水浸洗，然后过滤以除去杂质），磷酸缓冲液 100 mL，于匀浆机中打碎成匀浆，过滤得滤液。

（2）滤液中加入 30% 饱和度的硫酸铵，离心除去沉淀，上清液再加硫酸铵使达 60% 的饱和度，离心收集沉淀。

（3）将所得沉淀溶于少量 0.1 mol/L 磷酸缓冲液中（pH 6.5），即为粗酶液，于同样缓冲液中透析过夜，其间更换透析溶液 3 ~ 4 次。

2. 酶活性测定

（1）安装、标准氧电极装置。在反应室中加入 1.5 mL 儿茶酚，然后从反应室顶部小孔加入 10 μL 酶液，记录耗氧曲线。

（2）测定酶活性时，先于反应杯中倒入底物儿茶酚，待记录仪上画出一条直线，用微量注射器经小孔注入合适浓度的酶液 10 μL，记录氧消耗曲线。

（3）取氧消耗曲线的直线部分，计算酶活性大小，酶活性以耗 O_2 μL/（min · mL）酶液表示。

【注意事项】

为简化操作，一般不经分步沉淀的粗提液也能测定其活性。

【实验作业】

多酚氧化酶、过氧化物酶和过氧化氢酶的作用和生理功能有何不同？

参考文献

［1］Mayer A M，Harel E. Polyphenol oxidases in plants. Phytochemistry，1978，18（2）：193-215.

［2］Wissemann K W，Montgomery M W. Purification of d'anjou pear（*Pyrus communis* L.）polyphenol oxidase. Plant Physiol，1985，78：256-262.

（华东师范大学　张志良）

实验 4-8　过氧化氢酶活性的测定（氧电极法）

【实验目的】

熟悉测定过氧化氢酶活性的一种方便的方法。

【实验原理】

过氧化氢酶广泛存在于植物的所有组织中，能将过氧化氢分解为氧和水，可使生物机体免受过氧化氢的毒害作用。测定过氧化氢酶的方法有测压法、滴定法以及分光光度法等。用氧电极法测量放氧速度，方法灵敏快速，放氧速度与过氧化氢酶活性成正比。

【器材与试剂】

1. 实验仪器　氧电极测定系统（参考实验 4-1-Ⅱ），研钵，离心机，15 mL 离心管

2. 实验试剂　亚硫酸钠，过氧化氢酶，50 mmol/L pH 7.0 磷酸缓冲液（见附录 2），50 mmol/L 过氧化氢溶液（取 1.4 mL 300 g/L H_2O_2 用磷酸缓冲液定容至 250 mL），标准过氧化氢酶溶液［称取过氧化氢酶 1.0 mg（110 U/mg），溶于 50 mmol/L 磷酸缓冲液（pH 7.0）11 mL 中，使酶浓度为 10 U/mL］

3. 实验材料　任何植物材料

【实验步骤】

1. 提取粗酶液，方法见实验 4-9。

2. 安装、校准氧电极装置。

3. 酶活标注曲线的制作

（1）在反应室中加入 1.7 mL 过氧化氢磷酸缓冲液，然后从反应室顶部小孔加入 10 μL（10 U/mL）过氧化氢酶液，记录最初 90 秒的放氧曲线。

（2）重复上述步骤，注入不同浓度的过氧化氢酶液，记录最初 90 秒的放氧曲线。

（3）取放氧曲线的直线部分，根据其斜率及相应时间，计算每分钟氧的释放量。

（4）以过氧化氢酶活性单位为横坐标，每分钟氧的释放量为纵坐标，绘制标准曲线。

4. 样品的测定

（1）在反应室中加入 1.7 mL 过氧化氢磷酸缓冲液，然后从反应室顶部小孔加入 10 μL 待测酶液，记录最初 90 秒的放氧曲线。

（2）根据样品的放氧曲线，计算得到每分钟的放氧量，在标准曲线上查得酶活性大小。

（3）如果没有标准过氧化氢酶，不能计算酶活性单位时，也可以用每分钟的放氧量相对地表示酶的活性大小。

【注意事项】

植物样品可用 50 mmol/L 磷酸缓冲液（pH 7.0）提取，离心后即可用于测定。

【实验作业】

1. 生物体内的过氧化氢酶有何生理意义？
2. 过氧化氢酶与植物的其他代谢有何联系？
3. 在测定时为什么只记录最初 90 s 的放氧曲线来计算酶活性？

参考文献

[1] Goldstein D B. A method for assay of catalase with the oxygen cathode. Anal Biochem，1968，24：431–437.

[2] Del Rio L A，et al. A more sensitive modification of the catalase assay with the clark oxygen electrode：application to the kinetic study of the pea leaf enzyme. Anal Biochem，1977，80（2）：409–415.

[3] Rorth M，Jensen P K. Determination of catalase activity by means of the clark oxygen electrode. Acta-Enzymology，1967，139：171–173.

（华东师范大学 张志良）

实验 4-9 过氧化物酶活性的测定

【实验目的】

熟悉测定过氧化物酶活性的常用比色法及灵敏度较高的化学发光法及其测定原理。

Ⅰ 比 色 法

【实验原理】

过氧化物酶广泛分布于植物的各个组织器官中。在有过氧化氢存在下，过氧化物酶能使愈创木酚氧化，生成茶褐色物质，可用分光光度计测量生成物的含量。

【器材与试剂】

1. 实验仪器 分光光度计，离心机，秒表，天平，研钵，磁力搅拌器

2. 实验试剂 反应混合液：取 100 mmol/L pH 6.0 磷酸缓冲液（见附录 2）50 mL，加入愈创木酚 28 μL，于磁力搅拌器上加热搅拌，直至愈创木酚溶解，待溶液冷却后，加入 300 g/L 过氧化氢 19 μL，混合均匀，保存于冰箱中。

3. 实验材料 任何植物材料

【实验步骤】

1. 粗酶液的提取 称取植物材料 1 g，加 5 mL 20 mmol/L KH_2PO_4，于研钵中研磨成匀浆，以 4 000 r/min 离心 15 min，收集上清液保存在冷处，残渣再用 5 mL KH_2PO_4 溶液提取一次，合并两次取上清液。

2. 酶活性的测定 取光径 1 cm 比色杯 2 只，于 1 只中加入反应混合液 3 mL，KH_2PO_4 1 mL，作为校零对照，另 1 只中加入反应混合液 3 mL，上述酶液 1 mL（如酶活性过高可适当稀释），立即开启秒表计时，于分光光度计 470 nm 波长下测量吸光值，每隔 1 min 读数一次。以每分钟吸光值的变化表示酶活性大小，即以 ΔOD_{470}/min · mg 蛋白质（或鲜重 g）表示。蛋白质含量测定按 Folin 法进行（参照实验 5-5- Ⅲ）。

参考文献

［1］Kochba J，et al. Differences in peroxidase activity and isoenzymes in embryogenic ane non-embryogenic 'Shanzouti' orange ovular callus lines. Plant Cell Physiol，1977，18：463-467.

［2］Equeira L，Mineo L. Partial purification and kinetics of indoleacetic acid oxidase from tobacco roots. Plant Physiol，1966，41：1200-1208.

Ⅱ 化学发光法

【实验原理】

在氧化还原反应的化学过程中产生的化学能，激发了受激分子，使它发射光，称之为化学发光。利用化学发光可以进行氧化还原反应的测定。鲁米诺（Luminol，3- 胺基苯二甲酰肼）是常用的化学发光剂之一，它在过氧化物和催化剂的作用下，即迅速反应产生蓝光，最后生成不活泼的氨基邻苯二酸（aminophthalic acid），用鲁米诺测定过氧化物酶的方法，系根据过氧化氢在过氧化物酶的作用下，使鲁米诺氧化发射蓝光，发光的强度与酶浓度呈正比例关系。比一般的比色法快速简便，灵敏度能测出含量为 10^{-9} 的过氧化物酶。

【器材与试剂】

1. 实验仪器 全自动多功能酶标仪（BMG LABTECH FLUOstar Omega）

2. 实验试剂 2 mmol/L 鲁米诺（354 mg 鲁米诺加少许稀氢氧化钠溶液使溶解，用蒸馏水定容至 1 000 mL，pH 9 ~ 10），1 mol/L pH 9.0 甘氨酸 - 氢氧化钠缓冲液（见附录表 2），1 mmol/L EDTA-Na_2（336 mg EDTA-Na_2 溶于 1 000 mL 蒸馏水中），1.0 mmol/L H_2O_2（取 30% H_2O_2 110 μL 加蒸馏水 1 000 mL，现配现用），辣根过氧化物酶，浓度为 0.001 ~ 10 μg/mL。

【实验步骤】

1. 打开仪器和电脑，启动 Omega Control 软件（控制软件），Omega Control 软件可以自动识别电脑与 Omega 是否成功连接。进入 "Setup Connection"，点击 "Connection check" 进行。连接检查，连接成功会有 "Connection OK" 界面弹出。

2. 设定检测程序。点击“Test protocols”按钮：双击已有程序的名称，编辑现有的程序；或是点击“New”按键创建一个新的程序。在“Measurement Method”选择检测类型——luminenece（发光）和“Reading Mode”选择检测模式——“Plate mode”（读板模式）。然后对微孔板类型、检测速度和加样布局等进行必要的参数设置。点击进入“Concentrations/Volumes/Shaking”窗口，进行设置标品位置、标品酶浓度设定，并选择“shake before plate reading”（读数开始之前打开振荡功能），选择振荡模式、振荡频率和时间，完成检测程序设定。

3. 酶活测定液的混合。植物酶提取液方法步骤同 I 比色法。于 96 孔板的反应孔中加入 20 μL 1 mol/L 甘氨酸缓冲液（pH 9.0），20 μL 1 mmol/L EDTA-Na_2，15 μL 2 mmol/L 鲁米诺，15 μL 不同浓度（0.001 ~ 10 μg/mL）过氧化物酶或植物酶提取液，混合均匀。

4. 检测。在测定前迅速向所有反应孔中加入 100 μL 1.0 mmol/L H_2O_2，立即进行测定。点击‘Measure’按钮：点击“Start Measurement”，进入 Gain 值设定界面：选择具有最高读数的样品孔，required value（需求值）可以在 10% ~ 50% 调节（这依赖于信号预期的增长空间），点击“Gain Adjustment”按钮进行调节。点击“Start measurement”按钮，开始检测。

5. 分析检测结果。打开原始数据结果，可导出也可根据分析软件直接进行酶浓度与发光强度的标准曲线拟合，并计算出植物不同器官或部位提取液中酶的相对活性。

【注意事项】

1. 比色法，根据酶活性大小可测定 0 ~ 3 min 或 0 ~ 5 min 的吸光值，取平均值计算。

2. 发光法，由于发光光度计的型号不同，仪器的使用方法各异，但测定的原理是一致的，可根据条件灵活掌握。

【实验作业】

1. 测定过氧化物酶的活性除比色法和化学发光法外，你还知道有什么其他方法？

2. 除愈创木酚外，还有什么化合物可作为过氧化物酶的底物？

参考文献

[1] 张志良，等 . 应用化学发光法测定过氧化物酶的活性 . 植物生理学通讯，1986（1）：47–50.

[2] Sherman D H. Increasing sensitivity of luminescent enzyme immunoassays. Trends Biotechnology. 1984, 2（1）：1–2.

（华东师范大学　张志良　李小方）

第五章

物质代谢

实验 5-1 糖类含量的测定

糖类的种类繁多，其性质各不相同，因而测定的方法也各异。这里介绍的方法可用于各种不同类型的糖类，如大分子和小分子、可溶的和不溶的、单一的和混合的、通用的和专一的，等等。

【实验目的】

熟悉各种糖类的测定方法。

Ⅰ 可溶性总糖的测定

Ⅰ-1 蒽酮-硫酸法

【实验原理】

本实验采用蒽酮比色法测定可溶性糖的含量。糖在硫酸作用下生成糠醛，糠醛再与蒽酮作用形成绿色络合物，颜色的深浅与糖含量有关。在 625 nm 波长下的吸光值与糖含量成正比。由于蒽酮试剂与糖反应的呈色强度随时间变化，故必须在反应后立即在同一时间内比色。该实验方法简便，但没有专一性，绝大部分的糖类都能与蒽酮试剂反应，产生颜色。

【器材与试剂】

1. 实验仪器　分光光度计，恒温水浴，电子天平，烘箱，刻度试管，漏斗

2. 实验试剂　活性炭，乙醇

葡萄糖标准液：称取已在 80℃烘箱中烘至恒重的葡萄糖 100 mg，用 80%（体积百分数，后同）乙醇配制成 1 000 mL 溶液，即得每 mL 含糖为 100 μg 的标准液

蒽酮试剂：称取 1 g 蒽酮，溶解于 1 000 mL 稀硫酸（将 760 mL 相对密度为 1.84 的浓硫酸用蒸馏水稀释成 1 000 mL）溶液中，置于棕色瓶中，当日配置使用。

3. 实验材料　植物叶片或种子

【实验步骤】

1. 可溶性糖的提取　植物叶片或种子在 110℃烘箱烘 15 min，然后调至 70℃过夜。干叶片磨碎后称取 50 mg 样品倒入 10 mL 刻度离心管内加入 4 mL 80% 乙醇，置于 80℃水浴中不断搅拌 40 min，离心，收集上清液，其残渣加 2 mL 80% 乙醇重复提 2 次，合并上清液。在上清液中加 10 mg 活性炭，80℃脱色 30 min，80% 乙醇定容至 10 mL，过滤后取滤液测定。

2. 绘制标准曲线　取 20 mL 带塞试管，编号，按表 5-1 配置系列浓度的标准葡萄糖溶液。然后在每只试管中加入 5 mL 蒽酮试剂，混匀，盖上塞子，在沸水浴中煮沸 10 min（水浴重沸后计时），取出，立即用水冷却至室温，在 625 nm 波长下，分别测量各管的吸光值，用 0 号管调零。以吸光值为纵坐标，葡萄糖含量为横坐标，绘制标准曲线。

表 5-1　标准曲线绘制

管号	0	1	2	3	4	5	6
葡萄糖标准液 /mL	0	0.1	0.2	0.4	0.6	0.8	1.0
80% 乙醇 /mL	1.0	0.9	0.8	0.6	0.4	0.2	0
葡萄糖含量 /μg	0	10	20	40	60	80	100

3. 测定　吸取上述糖提取液 1 mL，加入 5 mL 蒽酮试剂混合，用上述同样的方法，在 625 nm 处测得吸光值，以 0 号管调零。由标准曲线查得提取液中的糖含量，然后根据每 mL 提取液含有 5 mg 干样品中的糖，再行计算样品中含糖百分数。

【实验作业】

1. 应用蒽酮法测得的糖包括哪些类型？
2. 你知道还有哪些方法可以测定糖类？

参考文献

[1] Fairbairn N J. A modified anthrone reagent. Chem Ind，1953，4：86.
[2] 李如亮 . 生物化学实验 . 武汉：武汉大学出版社，1998：8.
[3] 中国科学院上海植物生理研究所，上海市植物生理学会 . 现代植物生理学实验指南 . 北京：科学出版社，1999：127.

（华东师范大学　张志良）

Ⅰ-2　苯酚 - 硫酸法

【实验原理】

本实验采用硫酸苯酚法测定可溶性糖的含量。糖在浓硫酸作用下，脱水生成的糠醛或羟甲基糠醛能与苯酚缩合成一种橙红色化合物，其颜色深浅与糖的含量成正比，且在

490 nm 波长下有最大吸收峰，故可用比色法在此波长下测定。苯酚法可用于甲基化的糖、戊糖和多聚糖的测定，方法简单，灵敏度高，实验时基本不受蛋白质存在的影响，并且产生的颜色稳定 160 min 以上。

【器材与试剂】

1. 实验仪器　酶标仪，恒温水浴锅，电子天平，烘箱，刻度试管，烧杯

2. 实验试剂　重蒸苯酚，浓硫酸

1.0 g/L 葡萄糖标准液配制：将葡萄糖对照品在 60℃烘箱干燥至恒重，称取葡萄糖 100 mg，加蒸馏水 100 mL，充分搅拌混匀，配成 1.0 g/L 葡萄糖标准液，置于 4℃冰箱备用。

5%（体积百分数，后同）苯酚溶液配制：按所需 5% 苯酚溶液体积计算所需重蒸酚体积，以 1∶19 的体积比例加入蒸馏水，在通风橱下充分搅拌混匀，置于棕色瓶中备用（现配现用）。

【实验步骤】

1. 绘制标准曲线　精密量取 0、0.1、0.2、0.4、0.6、0.8、1.0 mL，1.0 g/L 的葡萄糖标准液，蒸馏水补足至 5.0 mL，用旋涡混合器混匀（表 5–2）。取以上葡萄糖溶液 0.5 mL 于 10 mL 标号的试管中，加入新配制的 5% 苯酚溶液 0.5 mL，充分混匀。垂直、快速加入 2.5 mL 浓硫酸并用旋涡混合仪混匀。放置 10 min 后沸水浴加热 20 min。流水迅速冷却至室温。室温下，于 490 nm 处读取吸光值，以 0 管调零，绘制标准曲线。

表 5–2　葡萄糖标准液的制备

管号	0	1	2	3	4	5	6
1 g/L 葡萄糖标准液 /mL	0	0.1	0.2	0.4	0.6	0.8	1.0
蒸馏水 /mL	5.0	4.9	4.8	4.6	4.4	4.2	4.0
葡萄糖含量 /（g/L）	0	0.02	0.04	0.08	0.12	0.16	0.20
混匀，各取 0.5 mL 进行测定							

2. 测定　精确量取待测液 0.5 mL，按照标曲测定方法测定待测样品，于 490 nm 处测得吸光值，以 0 号管调零。根据标准曲线计算待测液中糖含量，然后根据待测液浓度，再计算样品中含糖百分数。

参考文献

[1] 林肖惠，刘鹏，徐为人，等．牛膝不同炮制品中多糖的测定．中草药，2008，39（8）：1180–1182.

[2] 陈晓清，苏育才，李晓晶，等．抗菌肾蕨多糖的提取与分离．漳州师范学院学报（自然科学版），2006，54：112–115.

[3] 徐秀兰．生物化学实验与指导．北京：中国医药科技出版社，1994.

（华东师范大学　张志良）

Ⅱ　还原糖的测定

【实验原理】

还原糖是指含有自由醛基或酮基的糖类，单糖都是还原糖，双糖和多糖不一定是还原糖。植物体内的还原糖，主要是葡萄糖、果糖和麦芽糖。它们在植物体内的分布，不仅反映植物体内糖类的运转情况，而且也是呼吸作用的基质。

3,5- 二硝基水杨酸溶液与还原糖（各种单糖和麦芽糖）溶液共热后被还原成氨基化合物，在过量的 NaOH 碱性溶液中此化合物呈棕红色，在 540 nm 波长处有最大吸收，在一定的浓度范围内，还原糖的量与棕红色物质的吸光值呈线性关系。利用比色法，于 540 nm 波长下测定棕红色物质的吸光值，根据标准曲线，便可求出样品中还原糖的含量。

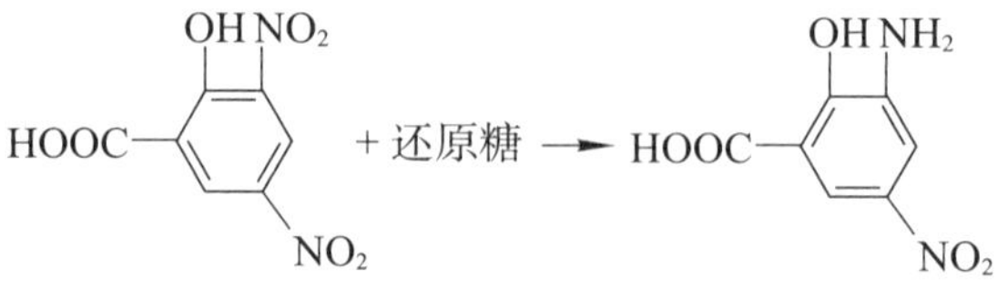

3,5-二硝基水杨酸（黄色）　　3-氨基-5-硝基水杨酸（棕红色）

【器材与试剂】

1. 实验仪器　分光光度计，恒温水浴，电子天平，烘箱，100 mL 容量瓶，刻度试管，烧杯，移液管，漏斗

2. 实验试剂　活性炭，乙醇

1 g/L 葡萄糖标准液：准确称取 100 mg 分析纯葡萄糖（预先在 80℃烘至恒重），置于小烧杯中，用少量蒸馏水溶解后，转移到 100 mL 的容量瓶中，以蒸馏水定容至刻度，摇匀，冰箱中保存备用。

3,5- 二硝基水杨酸试剂（DNS 试剂）：将 6.3 g 3,5- 硝基水杨酸和 262 mL 2 mol/L NaOH（80 g/L）溶液，加到 500 mL 含有 185 g 酒石酸钾钠的热水溶液中，再加 5 g 结晶酚和 5 g 亚硫酸钠，搅拌溶解。冷却后加蒸馏水定容至 1 000 mL，贮于棕色瓶中备用（该试剂最好提前一周配置，使其充分稳定）。

3. 实验材料　植物叶片或种子

【实验步骤】

1. 可溶性糖的提取　植物叶片或种子在 110℃烘箱烘 15 min，然后调至 70℃过夜。干叶片磨碎后称取 50 mg 样品倒入 10 mL 刻度离心管内加入 4 mL 80% 乙醇，置于 80℃水浴中不断搅拌 40 min，离心，收集上清液，其残渣加 2 mL 80% 乙醇重复提 2 次，合并上清液。在上清液中加 10 mg 活性炭，80℃脱色 30 min，定容至 10 mL，过滤后取滤液测定。

2. 标准曲线的制作　取 25 mL 刻度试管，编号，按下表配置一系列不同浓度的标准葡萄糖溶液。

表 5-3 标准曲线绘制

管号	0	1	2	3	4	5	6
葡萄糖含量 /mg	0	0.2	0.4	0.6	0.8	1.0	1.2
葡萄糖标准溶液 /mL	0	0.2	0.4	0.6	0.8	1.0	1.2
80% 乙醇 /mL	2.0	1.8	1.6	1.4	1.2	1.0	0.8
DNS 试剂 /mL	1.5	1.5	1.5	1.5	1.5	1.5	1.5

将各管摇匀，在沸水浴中加热 5 min，取出后立即冷却至室温，再以蒸馏水定容至 25 mL，混匀。在 540 nm 波长下，用 0 号管调零，分别读取 1 ~ 6 号管的吸光值。以吸光值为纵坐标，葡萄糖毫克数为横坐标，绘制标准曲线。

3. 样品测定　吸取 2 mL 植物乙醇提取液，按上述同样的步骤和方法测定吸光值，由标准曲线得到提取液中的糖含量（经直线回归公式计算），进一步计算出每克干叶（种子）中还原糖的含量。

【实验作业】

该方法能对乙醇提取液中的可溶性总糖进行测定吗?

参考文献

[1] 中国科学院上海植物生理研究所，上海市植物生理学会．现代植物生理学实验指南．北京：科学出版社，1999：127.

[2] 张惟杰．复合多糖生化技术．上海：上海科学技术出版社，1987：3-7.

（华东师范大学　张雯）

Ⅲ　蔗糖、葡萄糖和果糖的测定

Ⅲ-1　高效液相色谱蒸发光散射法同时测定葡萄糖、果糖和蔗糖

【实验目的】

熟悉植物样品中葡萄糖、果糖和蔗糖同时测定的方法；掌握高效液相色谱法对这三种糖同时测定的分析方法。

【实验原理】

葡萄糖（glucose）、果糖（fructose）和蔗糖（sucrose）是植物样品中水溶性糖类物质的主要成分；是烟叶内重要的糖类，尤其是还原糖与烟草品质密切相关。水溶性糖对调整卷烟化学成分，增加卷烟的香味、吃味及调整烟气焦油生成均起到重要作用。

目前，糖的测定方法主要有菲林试剂法、近红外分光光度法、连续流动分析法、毛细管电泳法、气相色谱法和高效液相色谱法等。其中高效液相色谱 - 示差分折光检测法（RID）是一种快速、直接的糖分析方法，但 RID 基于色谱流出物光折射率的变化来连续

检测样品浓度，要求恒温、恒流，对工作环境要求较苛刻，无法进行梯度洗脱，且检测灵敏度不高。蒸发光散射检测器（ELSD）是一种质量检测器，基于不挥发的样品颗粒对光的散射程度与其质量成正比而进行检测，对没有紫外吸收、荧光或电活性的物质以及产生末端紫外吸收的物质均能产生响应。ELSD稳定性好，灵敏度高，适宜于低含量糖类物质分析。

【器材与试剂】

1. 实验仪器　锥形瓶，离心机，电子天平，水浴锅，移液管，超声波清洗池；Waters 2695 Alliance 高效液相色谱系统，包括四元梯度泵，Empower 色谱工作站，ELSD 2000 蒸发光散射检测器（美国 Waters 公司）；Milli-Q 50 高纯水处理器（美国 Millipore 公司）；Waters SPE 真空提取装置，Waters Sep-pak-C18 固相萃取小柱（美国 Waters 公司）。

2. 实验试剂　D-果糖、D-葡萄糖、蔗糖、各种糖标准品纯度均大于99%，乙腈、甲醇为色谱纯试剂，实验用水为高纯水。

配制质量浓度均为5 g/L的葡萄糖、果糖和蔗糖等3种糖的标准储备水溶液，使用前用水稀释成所需浓度的标准工作溶液。

3. 实验材料　市售烟草

【实验步骤】

1. 取市售烟草样品0.2克，准确至0.000 1 g，加入25 mL的水溶解并超声10 min，取5 mL溶液以10 mL/min的流速通过预活化好的Sep-pak C18固相萃取小柱，弃去最初的2 mL，收集后面的3 mL，再用0.45 μm的滤膜过滤，滤液供分析用。

2. 色谱条件　分析柱为 Waters carbohydrate 高效糖柱（WAT 044355，250 mm × 4.6 mm i.d.，4 μm），配有预柱（WAT046895，12.5 mm × 4.6 mm i.d.，4 μm），Waters 公司产品。流动相为：乙腈：水 =70：30（体积比）；流速为1.0 mL/min；柱温为25℃；进样量10 μL；ELSD的漂移管温度80℃，氮气作载气，流速2.00 L/min。

3. 绘制标准曲线　将质量浓度为10、40、120、800、1600、4000 mg/L的系列标准糖溶液，在测定条件下进样10 μL，对应糖的绝对量为0.1、0.4、1.2、8.0、16.0、40.0 μg。根据ELSD测得的峰面积 A（单位：mV/S）对应糖的进样量m（单位：μg）进行线性回归，得到曲线方程。

4. 取样品提取液10 μL，按上述同样的方法测得峰面积，从回归方程中计算得到提取液中葡萄糖、果糖和蔗糖含量（mg/L），然后根据下式计算烟草样品中葡萄糖、果糖和蔗糖含量：

$$糖含量（mg/g）=C\times(V\div 0.2)$$

式中：C 为提取液中糖含量，mg/L；

　　V 为0.2 g烟草样品制得的提取液体积，本实验为25 mL。

［附注］：烟草样品中除了糖外，还含有其他成分（如醛、酮、酚、有机酸、无机盐、颗粒物等），醛、酮水溶性小，易附着在柱材料上不被流动相洗脱而降低柱效，有机酸和无机盐（特别是过渡金属元素）易腐蚀色谱柱，所以在进样之前要预分离这些成分。我们采用Sep-Pak-C18固相萃取小柱预分离醛、酮等难溶成分。用Waters SPE真空提取装置，每次可同时处理20个样，小柱活化和样品富集的流速均为10 mL/min，小柱用15 mL甲醇活化，再用30 mL水洗去甲醇，小柱经活化后即可用于样品预分离。通过小柱预分离

后的样品用 0.45 μm 过滤膜过滤，这样可除去颗粒成分。残余少量的有机酸和无机盐等用 SEP-PAK Alumin Cartridges 保护柱在线除去。

【注意事项】

糖提取液最好在当天测定，时间放长了可能会因多糖水解导致葡萄糖测定值偏高，影响测定结果。

【实验作业】

1. 陈述蒸发光散射检测器的特点。
2. 陈述高效液相色谱法的基本原理。

参考文献

[1] 周元清，吴兆录，史云东，等. 高效液相色谱法测定烟草料液中的糖. 分析实验室. 2006，25（9）：71-74.

[2] 陈良元. 卷烟生产工艺技术. 郑州：河南科学技术出版社，2002：192.

[3] 烟草及烟草制品水溶性糖的测定连续流动法 YC/T 159—2002. 中华人民共和国烟草行业标准. 北京：中国标准出版社，2002.

（玉溪师范学院　黄齐林　云南民族大学　胡秋芬）

Ⅲ-2 脉冲安培离子色谱法测定葡萄糖、果糖和蔗糖

【实验目的】

熟悉植物样品中葡萄糖、果糖和蔗糖同时测定的方法；掌握离子色谱法对这三种糖同时测定的分析方法。

【实验原理】

糖是植物中的重要成分，植物样品中含有多种糖，但含量最高的是葡萄糖、果糖和蔗糖。以烟草样品为例，3 种糖占烟草中糖总量的 90% 以上；烟草中糖的含量和烟草品质有密切的相关性，因此烟草中糖的测定已逐渐成为国内外烟草行业的质量控制内容。

目前，糖的测定方法主要有滴定法、近红外分光光度法、连续流动分析法、毛细管电泳法、气相色谱法、高效液相色谱法和离子色谱法等。滴定法是检测烟草中的水溶性总糖，不能检测单个成分的含量；近红外光谱法必需先建立模型，不能用于直接检测；气相色谱需衍生化，操作较麻烦；高效液相色谱法前处理也较麻烦，如需用固相萃取柱预分离等；毛细管电泳法也需要对糖衍生化或使糖带电，才能进行分离检测。离子色谱法利用糖在碱性条件下可阴离子化的特性实现分离，再通过氧化还原反应电流的变化进行定量检测；离子色谱法直接检测烟草中的水溶性糖，方法前处理简单，干扰较小，且灵敏度高。

样品前处理一般采用回流提取，振荡浸取、超声浸取等方法。匀浆提取是指组织通过加入萃取溶剂进行组织匀浆或磨浆，以提取组织中有效成分的一种提取方法，该方法具有

提取完全、效率高、能耗低等特点，目前已在样品前处理中得到广泛应用。

【器材与试剂】

1. 实验仪器　锥形瓶，离心机，电子天平，水浴锅，移液管，超声波清洗池，高速匀浆机；ICS–3000 多功能离子色谱仪（美国戴安公司），包括双泵模块、检测器 / 色谱模块、自动进样器模块。双泵模块中包含一个单元泵和一个四元梯度泵；检测器 / 色谱模块中放置进样阀、分析柱和安培检测器；安培检测器用金工作电极，pH/Ag/ AgCl 参比电极，钛对电极；Chromeleon 6.8 色谱工作站。

2. 实验试剂　D– 果糖、D– 葡萄糖、蔗糖、各种糖标准品的纯度均大于 99%；氢氧化钠为优级；实验用水为高纯水。

配制质量浓度均为 1 mg/L 的葡萄糖、果糖和蔗糖等 3 种糖的标准储备水溶液，使用前用水稀释成所需浓度的标准工作溶液。

3. 实验材料　市售烟草

【实验步骤】

1. 准确称取 0.500 0 g 烟样，置于 50 mL 锥形瓶中，准确加入 25 mL 的水，置于高速匀浆机中 20 000 r/min 匀浆提取 2.0 min. 提取液用 0.45 μm 的过滤器过滤，供离子色谱分析用。

2. 色谱条件　色谱柱为 CarboPac PAl（4 × 250 mm，5 μm）阴离子交换柱，流动相为 0.2 mol/L 的氢氧化钠溶液，流速 0.8 mL/min PAD 脉冲安培检测器（Au，工作电极），工作电位如下：0.00 ~ 0.40 s，0.1 V；0.41 ~ 0.42 s，–2.0 V；0.43 s，0.6 V；0.44 ~ 0.50 s，–0.1 V；积分区间为 0.2 ~ 0.4 s；进样 25.0 μL。

3. 绘制标准曲线　将质量浓度为 2、10、20、40、80、100、120 mg/L 的各系列标准糖溶液；在选定色谱条件下进样 25.0 μL，根据测得的峰面积 A 对糖的质量浓度进行线性回归，得到回归方程。

4. 取样品提取液 25.0 μL，按上述同样的方法测得峰面积，从回归方程中计算得到提取液中葡萄糖、果糖和蔗糖含量（mg/L），然后根据下式计算烟草样品中葡萄糖、果糖和蔗糖含量：

$$糖含量（mg/g）=C\times（V\div 0.5）$$

式中：C 为提取液中糖含量，mg/L;

V 为 0.5 g 烟草样品制得的提取液体积（mL），本实验为 25 mL。

［附注］本实验以 CarboPac PAl 阴离子交换柱作分离柱，0.2 mol/L NaOH 强碱性溶液为淋洗液，脉冲安培检测法测定烟草中糖，实现了烟草中葡萄糖、果糖、蔗糖的同时测定，灵敏度比示差检测法有了很大提高。

【注意事项】

糖提取液最好在当天测定，时间放长了可能会因多糖水解导致葡萄糖测定值偏高，影响测定结果。

【实验作业】

1. 陈述匀浆提取法的特点。
2. 陈述离子色谱法测定糖的原理。
3. 什么是脉冲安培法？有何特点？

参考文献

[1] 徐祎然，李海燕，李银科，等. 匀浆法提取离子色谱法测定烟草样品中的糖. 云南民族大学学报（自然科学版）. 2010，19（1）：43–45.

[2] 吴玉萍，陈萍，李应金，等. 超声波提取离子色谱法测定烟草中葡萄糖、果糖和蔗糖. 分析试验室，2008，27（增）：138–140.

[3] 秦宗会，谢朝怀. 组织匀浆法测定青蒿素初探. 中国卫生检验杂志，2007，17（7）：574–576.

（玉溪师范学院　黄齐林　云南民族大学　胡秋芬）

Ⅳ　淀粉的测定

【实验原理】

淀粉用酸水解转化成葡萄糖后，测定葡萄糖含量。根据葡萄糖含量换算成淀粉含量：

$$(C_6H_{10}O_5)_n + n\,H_2O \longrightarrow n(C_6H_{12}O_6)$$

【器材与试剂】

1. 实验仪器　三角瓶，水浴锅，容量瓶，过滤瓶
2. 实验试剂　20 g/L HCl 溶液，5 mol/L NaOH 溶液（200 g/L），50 g/L $ZnSO_4$，饱和 $Ba(OH)_2$，10 g/L 酚酞溶液

【实验步骤】

取经乙醇提取可溶性糖后的残渣 0.5 g，放入三角烧瓶中，加 20 g/L HCl 25 mL，加盖，在沸水浴锅中沸腾 3.5 h，用 5 mol/L NaOH 中和。加入 $Ba(OH)_2$ 至沉淀完全后，加入一滴酚酞指示剂。边搅边加入 $ZnSO_4$ 溶液。以沉淀钡盐，滴至红色褪去，再滴 $Ba(OH)_2$ 溶液，恢复淡红色为终止点。过滤，稀释至 250 mL。吸取 2 mL 测定其葡萄糖含量。

$$计算粗淀粉含量 = 葡萄糖含量 \times 0.9$$

式中：系数 0.9 是由于淀粉（$C_6H_{10}O_5$）$_n$ 水解时吸收了 n 个水分子；

葡萄糖含量用实验 5-1- Ⅲ中的方法测定。

【实验作业】

直链淀粉和支链淀粉怎么测定？

（东北师范大学　李春荣）

V 粗纤维含量的测定

【实验原理】

测定粗纤维是用硫酸、碱、乙醇、乙醚相继处理样品。硫酸水解某些不溶解的糖类，碱能使蛋白质转变成可溶态并除去脂肪及溶解不能被酸溶解的半纤维素及某些木素。乙醇和乙醚能抽出树脂、单宁、色素及剩余脂肪和蛋白质。

【器材与试剂】

1. 实验仪器 电子天平，烘箱，容量瓶，称量瓶，三角瓶

2. 实验试剂 70% ~ 80% 乙醇，12.5 g/L 氢氧化钠，稀硫酸溶液（取相对密度 1.84 的浓硫酸 13 mL 加水稀释至 1 L）

3. 实验材料 植物叶片或果实

【实验步骤】

1. 将磨碎的样品 1 ~ 3 g，装入已知质量的称量瓶中，在电子天平上准确称量，无损失地倒入三角烧瓶里。

2. 在烧瓶外壁上，相当 200 mL 容量处用记号笔做以记号。将 200 mL 稀硫酸倒入瓶中，加热至沸腾再继续 30 min，加热时为防止激烈沸腾，应经常搅拌。每 5 min 要向瓶内倒入沸水，使其内容物达到记号，以保持酸浓度不变。

3. 煮沸之后，用带有已知质量为 m_1 并烘干的滤纸的漏斗过滤，并用热蒸馏水冲洗烧杯及漏斗，直至滤液用石蕊试纸成中性反应为止。

4. 再用 12.5 g/L 氢氧化钠溶液将滤纸上的沉淀物完全洗入瓶内，将其加热至沸腾再继续 30 min，操作同上。

5. 煮沸后冷却，用原来所用已知质量的滤纸过滤，用蒸馏水冲洗 2 ~ 3 次，再用乙醇冲洗 2 ~ 3 次直至滤液无色。

6. 将滤纸和沉淀放入已知质量的称量瓶中，在 100 ~ 105℃的烘箱中烘至恒重并称重，得质量为 m_2。

7. 已知滤纸质量为 m_1，滤纸及纤维质量为 m_2，则粗纤维的质量 $m=m_2-m_1$ 再换算成百分含量。

【实验作业】

除质量法外还能用别的方法测定纤维素吗？

【注意事项】

用比色法测定糖类时，需使提取液中的色素不干扰测定，可用少量的活性炭进行脱色，但处理往往会影响本实验结果正确性，故活性炭用量应尽可能少。

参考文献

[1] 别洛杰尔斯基 A H，等. 植物生物化学实验指导. 曹宗巽等，译. 北京：高等教育出版社，1956：46-59.

[2] Somogyi M. Notes on sugar determination. J Biol Chem，1952，195：19.

（东北师范大学 李春荣）

实验 5-2 糖类代谢酶的测定

【实验目的】

熟悉 α- 淀粉酶与 β- 淀粉酶水解淀粉作用的原理及其不同的测定方法，和参与蔗糖合成代谢的两种酶的测定方法。

Ⅰ α- 淀粉酶与 β- 淀粉酶活力的测定

【实验原理】

淀粉酶（amylase）包括几种催化特点不同的成员，其中 α- 淀粉酶随机地作用于淀粉的 α-1,4 糖苷键，生成麦芽糖和糊精，β- 淀粉酶作用于淀粉非还原端的 α-1,4 糖苷键，每次从淀粉的非还原端切下一分子麦芽糖，又被称为糖化酶；葡萄糖淀粉酶则从淀粉的非还原端每次切下一个葡萄糖。淀粉酶产生的这些还原糖能使 3,5- 二硝基水杨酸还原，生成棕红色的 3- 氨基 -5- 硝基水杨酸。淀粉酶活力的大小与产生的还原糖的量成正比。可以用麦芽糖制作标准曲线，用比色法测定淀粉生成的还原糖的量，以单位质量样品在一定时间内生成的还原糖的量表示酶活力。几乎所有植物中都存在有淀粉酶，特别是萌发后的禾谷类种子淀粉酶活性最强，主要是 α- 淀粉酶和 β- 淀粉酶。α- 淀粉酶不耐酸，在 pH 3.6 以下迅速钝化；而 β- 淀粉酶不耐热，在 70℃ 15 min 则被钝化。根据它们的这种特性，在测定时可先测定淀粉酶的总活力（α+β），然后钝化其中之一，就可测出另一个的活力。本实验采用加热钝化 β- 淀粉酶测定 α- 淀粉酶的活力，再与非钝化条件下总的酶活力比较，求出 β- 淀粉酶的活力。

【器材与试剂】

1. 实验仪器 分光光度计，恒温水浴，离心机，具塞刻度试管，刻度吸管，容量瓶

2. 实验试剂 标准麦芽糖溶液（100 μg/mL）（精确称取 100 mg 麦芽糖，用蒸馏水溶解并定容至 100 mL，取其中 10 mL，用蒸馏水定容至 100 mL），3,5- 二硝基水杨酸试剂（精确称取 1 g 3,5- 二硝基水杨酸，溶于 20 mL 2 mol/L NaOH 溶液中，加入 50 mL 蒸馏水，再加入 30 g 酒石酸钾钠，待溶解后用蒸馏水定容至 100 mL。盖紧瓶塞，勿使 CO_2 进入。若溶液混浊可过滤后使用），0.1 mol/L pH 5.6 的柠檬酸缓冲液（见附录 2），10 g/L 淀粉

溶液（称取 1 g 淀粉溶于 100 mL 0.1 mol/L pH 5.6 的柠檬酸缓冲液中），0.4 mol/L NaOH 溶液。

3. 实验材料 萌发的小麦种子

【实验步骤】

1. 粗酶液制备 称取 1.0 g 萌发 2～3 天的小麦种子，置研钵中加 1 mL 蒸馏水和少量石英砂，研磨成匀浆后转入离心管中，用 5 mL 蒸馏水分次将残渣洗入离心管，提取液在室温下放置浸提 15～20 min，期间摇动使其充分提取。然后在 3 000 r/min 转速下离心 10 min，将上清液倒入 50 mL 容量瓶中，加蒸馏水定容至刻度，摇匀，即为淀粉酶原液。吸取淀粉酶原液 1 mL，放入 50 mL 容量瓶中，用蒸馏水定容至刻度摇匀，即为淀粉酶稀释液。

2. 绘制麦芽糖标准曲线 取 7 支干净的具塞刻度试管，编号 1～7，将标准麦芽糖溶液（100 μg/mL）按照下表稀释成 0～100 μg/mL 的标准液（0、10、20、40、60、80、100 μg/mL）（表 5-4），每管依次加入 3,5- 二硝基水杨酸 2 mL，摇匀，置沸水浴中煮沸 5 min，取出后流水冷却，以 1 号管作为空白调零点，在 540 nm 波长下比色测定。以麦芽糖浓度为横坐标，吸光值为纵坐标，绘制标准曲线或建立回归方程。

表 5-4 标准麦芽糖溶液配制

试管编号	1	2	3	4	5	6	7
麦芽糖标准液 /mL	0	0.2	0.4	0.8	1.2	1.6	2.0
蒸馏水 /mL	2.0	1.8	1.6	1.2	0.8	0.4	0
麦芽糖浓度 /（μg/mL）	0	10	20	40	60	80	100

3. α- 淀粉酶活力测定

（1）取 6 支干净的具塞刻度试管，编号 1～6，1～3 为对照，4～6 为测定管；

（2）每管中加入 1 mL 淀粉酶原液，在 70℃ ±0.5℃下准确加热 15 min，以钝化 β- 淀粉酶，立即冰浴；

（3）每个试管中加入 0.1 mol/L pH 5.6 的柠檬酸缓冲液 1 mL；

（4）在 1～3 为对照管中分别加入 4 mL 0.4 mol/L NaOH 溶液，以钝化酶活，再加入 10 g/L 淀粉溶液 2 mL，混匀；

（5）将 4～6 测定管置于 40℃恒温水浴中预热 15 min 后，向其中加入 40℃恒温水浴中预热的 10 g/L 淀粉溶液 2 mL，混匀并立即放回 40℃恒温水浴中保温 5 min，迅速向试管中加入 4 mL 0.4 mol/L NaOH 溶液，备下一步测糖含量。

（6）取以上各管中的溶液 2 mL 分别加入到 10 mL 具塞试管中，另取一管加 2 mL 柠檬酸缓冲液作为比色测定时候的空白调零管，再分别加入 3,5- 二硝基水杨酸 2 mL，摇匀，置沸水浴中煮沸 5 min，取出后流水冷却，在 540 nm 波长下比色测定，记录数据于表 5-5 中，根据标准曲线求出麦芽糖浓度，分别求出 3 个对照管与测定管中麦芽糖浓度的平均值，分别记作 A' 与 A；

4. α- 淀粉酶与 β- 淀粉酶总活力测定

（1）取 6 支干净的具塞刻度试管，编号 7～12，7～9 为对照，10～12 为测定管；

（2）每管中加入 1 mL 淀粉酶稀释液；

以下按照 α- 淀粉酶活力测定中的步骤（3）~（6）进行，记录数据于表 5-5 中，分别求出 3 个对照管与测定管中麦芽糖浓度的平均值，分别记作 B′ 与 B；

表 5-5 标准麦芽糖溶液配制表

试管编号及分组	α- 淀粉酶活力						（α+β）- 淀粉酶总活力					
	对照			测定			对照			测定		
	1	2	3	4	5	6	7	8	9	10	11	12
OD_{540}												
麦芽糖浓度 /（μg/mL）												
平均麦芽糖浓度 /（μg/mL）		A'			A			B'			B	

5. 计算淀粉酶活性，淀粉酶活性以每克鲜重每分钟生成的麦芽糖微克数（$\mu g/g\ FW \cdot min^{-1}$）表示。

$$\alpha\text{- 淀粉酶活性} = (A-A') \times \text{样品总体积} \div (\text{样品重} \times 5)$$

$$(\alpha+\beta)\text{- 淀粉酶总活性} = (B-B') \times \text{样品总体积} \div (\text{样品重} \times 5)$$

$$\beta\text{- 淀粉酶活性} = (\alpha+\beta)\text{- 淀粉酶活性} - \alpha\text{- 淀粉酶活性}$$

式中：A 为 α- 淀粉酶测定管中（管 4 ~ 6）麦芽糖浓度；

A' 为 α- 淀粉酶对照管中（管 1 ~ 3）麦芽糖浓度；

B 为淀粉酶总活性测定管中（管 10 ~ 12）麦芽糖浓度；

B' 为淀粉酶总活性对照管中（管 7 ~ 9）麦芽糖浓度。

【实验作业】

1. α，β- 淀粉酶对可溶性淀粉的作用有何不同？
2. α- 淀粉酶活性测定中 70℃为什么要保证严格的 15 min？保温后为什么要立即冰浴骤冷？

参考文献

［1］中国科学院上海植物生理研究所，上海市植物生理学会 . 现代植物生理学实验指南 . 北京：科学出版社，1999：123–124.

［2］高俊凤 . 植物生理学实验指导 . 北京：高等教育出版社，2005：188–190.

（华东师范大学 李小方）

Ⅱ 蔗糖合成酶和蔗糖磷酸合成酶活性的测定

【实验原理】

蔗糖是重要的光合产物，是植物体内运输的主要物质，是糖类的暂存形式之一。植物体内催化蔗糖合成的酶是蔗糖合成酶和蔗糖磷酸合成酶。蔗糖合成酶以游离果糖为受体，蔗糖磷酸合成酶以果糖 -6- 磷酸（F-6-P）为受体，形成的蔗糖磷酸在蔗糖磷酸酶的作用下形成蔗糖。一般把蔗糖磷酸合成酶 - 蔗糖磷酸酶系统看作是蔗糖合成的主要途径，而把蔗糖合成酶看作蔗糖分解或形成核苷酸葡萄糖的系统。蔗糖合成酶和蔗糖磷酸合成酶反应中的产物分别为蔗糖和蔗糖磷酸。他们与间苯二酚反应可呈现颜色变化，两者浓度的大小可通过溶液吸光值变化测出。

【器材与试剂】

1. 实验仪器 分光光度计，恒温水浴，冷冻离心机

2. 实验试剂 300 g/L HCl，2 mol/L NaOH（80 g/L），100 mmol/L UDPG（61 g/L），100 mmol/L 果糖（18.025 g/L），50 mmol/L $MgCl_2$（4.75 g/L），1 g/L 间苯二酚（95% 乙醇配制），100 mmol/L F-6-P（26.5 g/L）；

缓冲液 A：50 mmol/L HEPES-NaOH，pH 7.5（见附录 2），10 mmol/L $MgCl_2$（0.95 g/L），20 g/L 乙二醇，5 mmol/L 巯基乙醇（0.39 g/L），2 mmol/L EDTA（0.585 g/L）

缓冲液 B：50 mmol/L HEPES-NaOH，pH 7.5（见附录 2），10 mmol/L $MgCl_2$（0.95 g/L），100 g/L 乙二醇，5 mmol/L 巯基乙醇（0.39 g/L），2 mmol/L EDTA（0.585 g/L）

3. 实验材料 去掉主叶脉的植物叶片

【实验步骤】

1. 粗酶液制备：称取 0.5 g 去掉主叶脉的植物叶片，洗净剪碎，置于预冷的研钵中，加 3 mL（4～6 倍体积）缓冲液 A。在冰浴中提取，经 4 层纱布过滤后去残渣，1 000 g 冷冻离心 20 min，取上清液即粗酶液。所有操作都在 4℃下进行。

2. 酶活性测定

（1）蔗糖合成酶：在 110 μL 反应体系（含 50 μL HEPES-NaOH，pH 7.5；20 μL 50 mmol/L $MgCl_2$；20 μL 100 mmol/L 果糖；20 μL 100 mmol/L UDPG）中，加入 90 μL 粗酶液，混合均匀。于 30℃水浴中反应 30 min，加入 0.20 mL 2 mol/L NaOH，沸水煮 10 min，流水冷却，如果有絮状物出现，1 000 g 离心 10 min，去杂质，再加入 1.5 mL 300 g/L HCl 及 0.5 mL 1 g/L 间苯二酚，摇匀，80℃水浴保温 10 min。冷却，480 nm 比色，记录吸光值，根据标准曲线计算酶反应后蔗糖的数量。

同时取 90 μL 粗酶液在 100℃水中 10 min，加入 0.20 mL 2 mol/L NaOH 灭活酶，然后加入如上所述的 110 μL 反应体系，混合均匀。如果有絮状物出现，1 000 g 离心 10 min，去杂质，再加入 1.5 mL 300 g/L HCl 及 0.5 mL 1 g/L 间苯二酚，摇匀，80℃水浴保温 10 min。冷却，480 nm 比色，记录吸光值，根据标准曲线计算酶反应前提取液中蔗糖的数量。酶反应前后的差值即为由酶催化形成的蔗糖数量。

（2）蔗糖磷酸合成酶：在蔗糖合成酶反应体系中用 100 mmol/L F-6-P 取代 100 mmol/L 果糖，其余均按蔗糖合成酶的测定方法。

（3）绘制标准曲线：分别取 90 μL 不同浓度（0、20、40、60、80、100 μg/mL）蔗糖溶液，与上述方法相同，测定吸光值，绘制蔗糖标准曲线。

蔗糖合成酶和蔗糖磷酸合成酶的活力以形成的蔗糖（mg）/ 叶片鲜重（g）×h 表示。

【实验作业】

蔗糖合成酶、蔗糖磷酸合成酶在糖代谢中的作用是什么?

参考文献

[1] 上海植物生理学会 . 植物生理学实验手册 . 上海：上海科学技术出版社，1985：149.
[2] 中国科学院上海植物生理研究所，上海市植物生理学会 . 现代植物生理学实验指南 . 北京：科学出版社，1999：126.

（华东师范大学 李小方）

实验 5-3 脂肪水解酶活性的测定

【实验目的】

熟悉脂肪水解酶活性的测定方法。

【实验原理】

脂肪水解酶（EC，3.1.1.3），能将甘油三酯水解为甘油及游离脂肪酸。可用酸碱滴定法滴定生成的游离脂肪酸以测定脂肪水解酶的活性。

【器材与试剂】

1. 实验仪器 培养箱，离心机，振荡器，100 mL 锥形瓶，酒精灯

2. 实验试剂 聚乙烯醇（PVA），0.1 mol/L HCl（见附录 1），10 g/L 酚酞，0.05 mol/L（2g/L）和 0.1 mol/L NaOH 溶液（4g/L），0.2 mol/L Tris 缓冲液（见附录 2），95% 乙醇，0.15 mol/L Tricine 缓冲液（26.976 g/L）[含 1 mmol/L EDTA（292 mg/L），10 mmol/L KCl（746 mg/L），1 mmol/L $MgCl_2$（95 mg/L），2 mmol/L DTT（309 mg/L），用 1.0 mol/L KOH（56.11 g/L）调节 pH 至 7.5]

3. 实验材料 花生或油菜等油类种子

【实验步骤】

1. 粗提酶液的制备：取萌发 3 ~ 5 d 的花生或油菜等种子 3 ~ 5 g，加入 2 ~ 5 倍体积的 0.15 mol/L Tricine 缓冲液，在冰浴中研磨成匀浆，用 4 层纱布过滤后，1 000 × *g* 下离心 10 min，除去浮在上面的脂肪层，取上清液测酶活性。有的材料酶与脂肪体结合，此时可用乙醚抽提，离心，除去乙醚后，再用上清液测定酶活性。

2. 底物溶液配制：取 1 g PVA，加入 100 mL 蒸馏水，充分振荡，直到分散良好，再加入 0.1N HCl 50 μL，混合后加热到 75 ~ 85℃，至完全溶解。冷却后，用 0.1 N NaOH 将 pH 调至 5.0，最后加入 10 mL 的橄榄油或玉米油，在振荡器上充分摇动 5 min，以使底物彻底乳化。

3. 酶对脂肪水解：取3只100 mL锥形瓶编号为1～3，1号瓶作为空白对照瓶，2和3号瓶作为样品瓶，各瓶分别加入4 mL新配制的PVA乳化底物溶液和5 mL Tris缓冲液（pH 8.0），再向1号瓶中加入95%乙醇15 mL，将三个锥形瓶于37℃恒温水浴锅中预热5 min。然后分别加入待测酶液1 mL（由于空白瓶中预先加入了乙醇，待测酶液加入后脂肪酶立即失活），立即混匀置37℃培养箱中保温计时1～4 h，依酶活力而定。

4. 滴定游离脂肪酸：计时结束，立即向样品瓶中加入95%乙醇15 mL终止反应并破坏乳化剂。向三个锥形瓶中各加入酚酞几滴作为指示剂，用0.05 mol/L NaOH标准液滴定水解产生的脂肪酸。记录消耗的NaOH毫升数。

5. 酶活计算：按滴定时消耗1.0 mL 0.5 mol/L NaOH作为一个酶活力单位（U），计算单位时间（h）内单位组织（g）的脂肪酶活力。

$$\text{脂肪酶活力}\left[\mathrm{U/(h\cdot g)}\right]=\frac{(V_A-V_B)/10}{t\times m}$$

式中：V_A 为样品消耗的NaOH体积（mL）；

V_B 为对照消耗的NaOH体积（mL）；

t 为反应时间（h）；

m 为样品质量（g）。

【注意事项】

所用NaOH溶液需经标准酸校正浓度。

参考文献

[1] 朱俭，曹凯鸣，周润琦．生物化学实验．上海：上海科学技术出版社，1981：190–193.

[2] 江蕙芳，王雅琴，刘春国．三种脂肪酶活力测定方法的比较及改进．化学与生物工程，2007，24（8）：72–75.

（华东师范大学 李小方）

实验5-4 蛋白质的提取和测定

在研究植物的营养、代谢作用以及生长发育等生命活动时，往往要测定样品中的蛋白质含量。要测定蛋白质含量，首先要从植物组织中提取蛋白质，根据蛋白质的溶解特性，有碱溶、酸溶、醇溶、盐溶等，因此要根据需要选择提取溶剂。也应顾及溶剂对蛋白质有无影响，要用什么浓度。测定蛋白质的方法有许多，不同的测定方法，是根据蛋白质的不同理化特性，而不同的蛋白质由于结构不同、组成成分不同，它们的理化特性也就很不相同，对不同的测定方法反应也就很难一致。因此，可以说没有一种测定方法在各种条件下都能适用。所以当你选用某一测定方法时，应该注意到：①该方法所依据的原理是什么？②对不同蛋白质的反应有无差异？③检测的灵敏度如何？④有哪些因素会干扰测定等？

下面仅介绍几种在文献上常用的测定方法。

Ⅰ 蛋白质的提取

【实验目的】

熟悉提取蛋白质的一般方法。

【实验原理】

大部分蛋白质能溶于水、稀盐、稀酸或稀碱溶液中，因此可以用这些溶剂从样品中提取蛋白质。稀盐溶液和缓冲溶液对蛋白质稳定性好，溶解度大，通常都采用0.02 ~ 0.05 mol/L 的磷酸缓冲液和 Tris–HCl 缓冲液，以及 0.15 mol/L NaCl 溶液较多。采用的稀碱溶液则以 0.1 ~ 0.2 mol/L NaOH 为宜。本实验采用 Tris–HCl 缓冲液提取有活性的蛋白质方法。

【器材与试剂】

1. 实验仪器　离心机，研钵或组织捣碎机，–80℃冰箱，磁力搅拌仪

2. 实验试剂　100 mmol/L 苯甲基磺酰氟（即 PMSF，分子量 174.19，17.42 mg 溶于1 mL 异丙醇溶液，储存于 –20℃冰箱内；蛋白磷酸酶抑制剂混合液 Phosphatase Inhibitor Cocktail（Sigma 公司，货号 P2850）；裂解缓冲液 Lysis Buffer［2.5 mL 1 mol/L Tris–HCl pH=7.5（见附录 2），1.5 mL 5 mol/L NaCl（292.5 g/L），5 mL Glycerol，50 μL Tween–20，10 μL 500 mmol/L EDTA（146.12 mg/L），用蒸馏水定容至 50 mL，注意使用前加蛋白酶抑制剂 PMSF 和 cocktail，现用现加］

3. 实验材料　烟草叶片

【实验步骤】

1. 蛋白质的提取

（1）剪下生长约一个月的烟草叶片，去除主脉，在研钵中研磨成粉末，研磨前研钵要预冷。将研磨好的粉末用预冷的药匙刮下，分装到已经预冷的 2 mL 或 1.5 mL 的 EP 管中，可将粉末保存于 –80℃冰箱内，可长时间保存。

（2）从 –80℃冰箱中取出所需样品，每管（1 mL 粉末样品）加入 0.5 mL 刚加入蛋白酶抑制剂的 Lysis Buffer（Lysis Buffer 490 μL，5 μL cocktail，5 μL 100 mmol/L PMSF），样品开盖前要小心将盖子上和壁上的粉末轻振到管底。手指轻弹混匀，或者颠倒混匀使样品与 Lysis Buffer 完全混匀，并于冰上放置 5 ~ 10 min。

（3）将上述样品于 4℃离心机中以 13 200 r/min（一般不低于低于 13 000 r/min），离心 5 min 后取上清。将上清液再次于 4℃离心机中离心 10 min，最后取上清备用。若离心后沉淀过多需要再次重复离心，直到没有沉淀物。如果研究蛋白质互作，而互作蛋白质结合不紧密，多次离心会导致互作的蛋白质发生解离，最好先离心 10 min，再用 0.45 μm 滤膜过滤。得到的上清即为蛋白质提取液，可用于进一步的含量测定、酶活或分离纯化，常用的纯化方法可通过以下的盐析与透析来进行。

2. 蛋白质的沉淀（盐析法）　取 1 mL 离心上清液，逐渐加入浓度为 0.4 mol/L 硫酸铵

溶液，并用玻璃棒不断搅动，直到蛋白质不再析出为止。

3. 盐析后蛋白质的提纯（透析法） 把蛋白质溶液装入透析袋中，袋的两端用线扎紧，将玻棒搁在烧杯上把透析袋悬挂于盛有蒸馏水（低温，最好是冰浴）的大烧杯中，不使透析袋沉底，放在磁力搅拌仪上，打开开关，进行透析。盐离子经透析转移到袋外的水中，蛋白质留在袋内。每隔 6 h 更换一次蒸馏水，一般要过夜。

【注意事项】

1. 根据材料选用不同的提取试剂。

2. 在进行特殊蛋白质鉴定的时候要注意在提取缓冲液中增加蛋白酶抑制剂，PMSF 和蛋白磷酸酶抑制剂混合液 Phosphatase Inhibitor Cocktail 可选择其一加，也可都加。PMSF 严重损害呼吸道黏膜、眼睛及皮肤，吸入、吞进或通过皮肤吸收后有致命危险。一旦眼睛或皮肤接触了 PMSF，应立即用大量水冲洗之。PMSF 在水溶液中不稳定。应在使用前从贮存液中现用现加于裂解缓冲液中。

【实验作业】

1. 蛋白质提取过程中需要注意什么？

2. 蛋白质盐析、透析的原理是什么？

参考文献

[1] 中国科学院上海植物生理研究所，上海市植物生理学会 . 现代植物生理学实验指南 . 北京：科学出版社，1999：141–142.

[2] Liu J X，Srivastava R，Che P，et al. An endoplasmic reticulum stress response in Arabidopsis is mediated by proteolytic processing and nuclear relocation of a membrane–associated transcription factor，bZIP28. Plant Cell，2007，19：4111–4119.

（华东师范大学 郭坤 李小方）

Ⅱ 微量凯氏定氮法

【实验原理】

凯氏定氮法是测定蛋白质含量的经典方法。蛋白质是含氮有机物，自然界中的蛋白质含氮比较稳定，平均含量约为 16%，即 100 g 蛋白质平均含氮 16 g。因此在测定生物样品的蛋白质含量时，可先测定样品中的含氮量，再乘以系数 6.25，便可换算成蛋白质含量。6.25 为氮 – 蛋白质转换系数常用值，但 16% 的含氮量只是一个平均值，因为构成蛋白质的氨基酸，其含氮量却很不相同，含量高的精氨酸和组氨酸，分别为 32.15% 和 27.1%，而含量低的苯丙氨酸和酪氨酸，只有 8.5% 和 7.7%，差异悬殊。所以各种蛋白质的含氮量都不相同，转换系数也就不同。例如米粉为 5.95，玉米为 5.9，大麦为 5.8，黑麦为 5.8，小麦为 5.7，燕麦为 5.7。同时也由于该法测的是样品中的全氮，将非蛋白氮也计算在内，带来误差。该法费时也长。

样品经浓硫酸消化，其中的含氮有机物分解放出氨，氨与硫酸化合生成硫酸铵。消化时常加入硫酸铜和硫酸钾作催化剂，以加速分解速度并提高消化的温度。消化完毕，加入强碱使消化液中的硫酸铵分解，放出氨。经蒸汽蒸馏，用硼酸溶液吸收蒸馏的氨，氨与硼酸溶液中的氢离子结合生成铵离子，使吸收液中的氢离子浓度下降，然后用标准酸溶液滴定，使吸收液中的氢离子恢复到原先的浓度，即可从消耗的酸量，计算样品中的含氮量。

消化、蒸馏的化学反应可归纳如下：

$$\text{蛋白质}(C,H,O,N,P,S)\xrightarrow{H_2SO_4}(NH_4)_2SO_4+CO_2+SO_2+H_3PO_4+H_2O$$

$$(NH_4)_2SO_4+2NaOH\xrightarrow{\text{加热}}2NH_3\uparrow+Na_2SO_4+2H_2O$$

【器材与试剂】

1. 实验仪器　微量凯氏定氮仪，蒸馏装置，凯氏烧瓶（50 mL），消化架，天平，移液管（5 mL 和 2 mL），量筒，烧杯，容量瓶（50 mL），锥形瓶（50 mL），滴定管（5 mL）

2. 实验试剂　浓硫酸，20 g/L 硼酸，300 g/L NaOH 溶液，0.01 mol/L HCl 标准溶液（需用碳酸钠标定）

催化剂：K_2SO_4 ∶ $CuSO_4\cdot5H_2O$ 按 5∶1 混合

混合指示剂：1 g/L 甲基红乙醇溶液与 1 g/L 溴甲酚绿乙醇以 1∶5 混合而得，贮存于棕色瓶内

3. 实验材料　植物干粉

【实验步骤】

1. 样品的消化

（1）制备植物材料干粉：植物材料洗涤后，风干，置 100～150℃下烘干 30 min 先杀死细胞（幼嫩组织可酌情缩短），再放在 105℃下烘至恒重，磨细，过 1 mm 筛孔筛子，贮于广口瓶中，蜡封备用。

（2）以减重法准确称取 0.20 g 样品 2 份，分别放入 2 只凯氏烧瓶底部，第 3 只凯氏烧瓶不加样品，作为空白对照，以测定试剂中的微量含氮化合物。于各个烧瓶中加入 0.3 g 催化剂，5 mL 浓硫酸，然后将烧瓶置于通风橱消化架上，先用小火加热，待瓶内水分蒸完，硫酸开始放出 SO_2 白烟，可加大火焰，使液体保持微沸状，直至溶液呈透明蓝绿色为止。在消化过程中，要经常转动烧瓶，使得瓶壁上的碳化颗粒，为浓硫酸回流至瓶底，使消化完全。为了缩短消化时间，当溶液变为浅棕色时，可加 3～4 滴 300 g/L 过氧化氢。

消化完毕，冷却，待蒸馏。

2. 氨的蒸馏

（1）蒸馏装置的洗涤：先用自来水将凯氏定氮仪清洗干净，按图 5-1 所示装置好。在蒸汽发生瓶中（烧瓶 1）加入约 2/3 体积的蒸馏水，加入浓硫酸

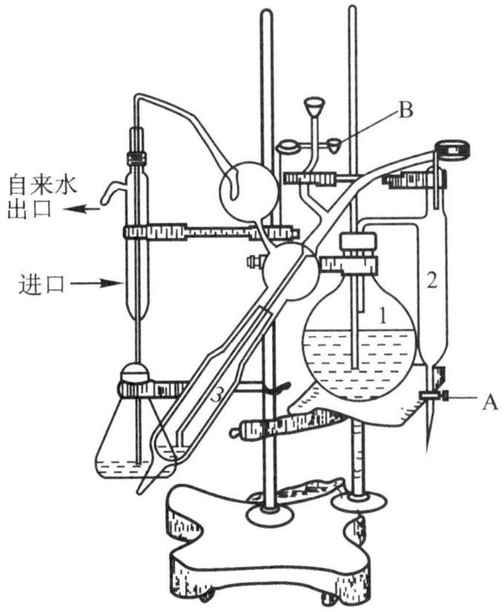

图 5-1　氨氮蒸馏装置

数滴（在酸性情况下，水中氨不会蒸馏出来）及沸石（或毛细管数根）使沸腾均匀，关闭活塞 A 和 B，将烧瓶 1 中的水煮沸，使蒸汽充分洗涤仪器，并检查装置的各个部分有无漏气现象，然后打开活塞 B，让蒸汽洗涤漏斗约 5 min，再将活塞 B 关闭，继续蒸馏约 5 min，使全部蒸馏器洗涤干净。先移去三角烧瓶，再移去煤气灯，略等数秒钟，此时烧瓶 1 内气压下降，积聚在蒸馏瓶 3 内的水被吸到管 2 内，开启活塞 A，废液即从管 2 底部放出。以后每个样品蒸馏完毕，都需进行上述的洗涤过程 2 ~ 3 次。

（2）消化液的蒸馏：先打开活塞 A 和 B，再将事先准备好的盛有 5 mL 20 g/L 硼酸及 2 滴混合指示剂的三角烧瓶，放在冷凝管下端，使管口浸入液面下。

取蒸馏水 1 mL 加到凯氏烧瓶中，使与消化液混合，小心地将此溶液从漏斗倒入蒸馏瓶 3 中，再用少量蒸馏水洗涤凯氏烧瓶，洗液也从漏斗倒入蒸馏瓶 3 中，如此洗涤 3 次。然后从漏斗加入 300 g/L NaOH 7 mL，用蒸馏水少许洗涤漏斗 2 次，每次放液时都应控制活塞 B，保留少许蒸馏水于漏斗内，密封之以防逸出氨气。关闭活塞 A 和 B，立即将烧瓶 1 加热沸腾，开始蒸馏。三角烧瓶中的液体由棕紫色变为蓝绿色，再继续蒸 3 min，将三角烧瓶下降，使冷凝管口离开液面约 1 cm，继续蒸馏 1 min。用少量蒸馏水冲洗冷凝管下端，洗涤液直接流入三角烧瓶中，然后移去煤气灯，使蒸馏瓶 3 中的废液吸到管 2 中，开启活塞 A 放出废液。然后按上述步骤洗涤蒸馏器备用。

3. 滴定

蒸馏完毕后，以 0.01 mol/L HCl 标准溶液滴定，使溶液从蓝绿色变为淡紫色，即为终点。

4. 计算

按下面公式计算样品中总氮量：

$$样品中蛋白质含量（\%）= [(V_A - V_B) \times c \times 14 \times 6.25/m] \times 100\%$$

式中：V_A 为滴定样品用去的盐酸的体积（mL）；

V_B 为滴定空白用去的盐酸的体积（mL）；

c 为标准盐酸浓度（mol/L）；

14 为氮的相对原子质量；

m 为样品质量（mg）。

参考文献

[1] Ewart J A D. Amino acid analyses of cereal flour proteins. J Sci Food Agric，1967，18：548-552.

[2] Kirk P L. Kjeldahl method for total nitrogen. Anal Chem，1950，22：354.

[3] Lang C A. Simple microdetermination of Kjeldahl nitrogen in biological materials. Anal Chem，1958，30：1692-1694.

（华东师范大学 张志良）

Ⅲ Folin- 酚试剂法

【实验原理】

这是测定蛋白质含量最灵敏的经典方法之一，由于方法简便，灵敏度高，常为实验室所采用，也是文献上用得最多的方法之一。这种方法产生的蓝颜色，一方面是由于蛋白质与碱性铜盐产生的双缩脲反应，同时也由于蛋白质中存在的酪氨酸和色氨酸与磷钼酸－磷钨酸试剂反应产生颜色，较单一的双缩脲反应产生的颜色要强得多，所以灵敏度也高。但该法操作需两步进行，前后保温要 40 min，显色较费时，颜色不够稳定。对不同蛋白质的显色强度不同，因而灵敏度也不同。也易受一些物质干扰，如 EDTA、SDS、Triton-X-100、糖类、高浓度硫酸铵和磷酸钠等。测定需时较长，测定范围 2～100 μg。

【器材与试剂】

1. 实验仪器　分光光度计，恒温水浴锅，天平，移液管，容量瓶，量筒，烧杯

2. 实验试剂　100 μg/mL 标准牛血清蛋白：称取 10 mg 牛血清蛋白用蒸馏水配成 100 mL。

Folin- 酚试剂：

试剂 A：1 g Na_2CO_3 溶于 50 mL 0.1 mol/L 的 NaOH（4 g/L）溶液；另将 0.5 g $CuSO_4 \cdot 5H_2O$ 溶于 100 mL 的 10 g/L 酒石酸钾（酒石酸钠）溶液。临用前，将前者和后者按 50∶1 的比例进行混合即可。用时当天配制，过期失效。

试剂 B：将 100 g 钨酸钠（$Na_2WO_4 \cdot 2H_2O$）和 25 g 钼酸钠（$Na_2MoO_4 \cdot 2H_2O$）、700 mL 蒸馏水、50 mL 85%（体积比）磷酸及 100 mL 浓盐酸置于 1 500 mL 磨口圆底烧瓶中，充分混匀后，接上磨口冷凝管，以小火回流 10 h。回流完毕，再加入 150 g 硫酸锂，50 mL 蒸馏水及数滴液体溴，开口继续沸腾 15 min，以便除去过量的溴（在通风橱内进行）。冷却后，用蒸馏水稀释至 1 000 mL，过滤，滤液呈微绿色，置于棕色试剂瓶中保存。使用时用试剂滴定标准氢氧化钠（1 mol/L），以标定试剂的酸度，以酚酞为指示剂，滴定至溶液颜色由红色变为紫红、紫灰、再突然变成墨绿时，即为终点。最后用蒸馏水将试剂稀释成 1 mol/L 酸度，即为试剂 B 的工作液。

3. 实验材料　待测样品

【实验步骤】

1. 标准曲线绘制

取不同浓度（100、90、80、70、60、50、40、30、20、10 μg/mL）的牛血清蛋白溶液 0.6 mL 于干净试管中，再分别加入 3 mL Folin- 酚试剂 A，摇匀，置 25℃水浴中保温 10 min，再加入 0.3 mL Folin- 酚试剂 B，立即混匀。25℃水浴保温 30 min 后，于 500 nm 波长处比色（若蛋白质浓度在 5～25 μg，则波长用 750 nm，浓度在 25 μg 以上，波长用 500 nm 为宜），以蒸馏水加 Folin- 酚试剂作为比色空白对照。根据结果绘制出吸光值－蛋白质浓度的标准曲线，最好配以直线方程式。

2. 样品测定

准确吸取样品液 0.6 mL 于试管内，加入 3 mL Folin- 酚试剂 A，摇匀，25℃水浴保温 10 min，加入 0.3 mL Folin- 酚试剂 B，立即混匀，25℃水浴保温 30 min 后，于 500 nm 波长处比色。最后对照标准曲线求出样品液的蛋白质浓度或根据直线方程式计算蛋白质的浓度。

【注意事项】

该方法测定多数植物组织测定的干扰因素很多，测定出来的数值偏大。

参考文献

[1] 潘家秀，任梅轩，徐俊杰，等. 蛋白质化学研究技术. 北京：科学出版社，1962：28-29.

[2] Lowry O H，Rosobrming H N J，Famr A L，et al. Protein measurement with the Folin phenol reagent. J Biol Chem，1951，193：265-275.

[3] Peterson G L. Review of the folin phenol quantitation method of lowry，rosebrough，farr and randall. Anal Biochem，1979，100：201-220.

（华东师范大学　张志良）

Ⅳ　BCA 测定蛋白质

【实验原理】

BCA（Bicinchoninic acid，二羧基二喹啉，图 5-2）测定蛋白质是一种较新的方法。测定蛋白质的原理与 Folin 试剂相似，在碱性条件下蛋白质中的半胱氨酸，胱氨酸，色氨酸，酪氨酸以及肽键，能将 Cu^{+2} 还原为 Cu^{+1}，然后二分子 BCA 与 Cu^{+1} 结合，生成有色络合物（如图 5-3，图 5-4），于 562 nm 波长下测定吸光值。该法将 Folin-酚法的二步改成一步，而且试剂较 Folin-酚试剂稳定，生成的颜色稳定，灵敏度高，测量的幅度也大（0.2～2 000 μg/mL）。在研究过的一些干扰物质，对 BCA 法的影响远没有对 Folin-酚法的影响大，适用于含有去垢剂的溶液，对不同蛋白质的显色强度与 Folin-酚法相似，有人认为它将取代应用广泛的 Folin-酚法。

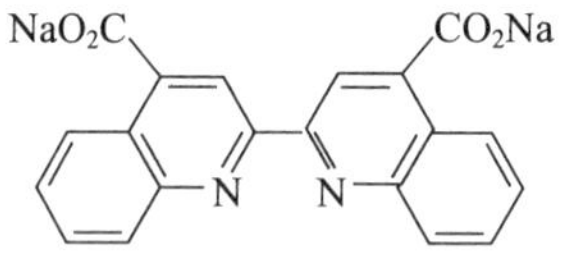

图 5-2　BCA-Na_2 分子式（分子量 388.27）

$$\text{蛋白质} + Cu^{2+} \xrightarrow{OH^-} Cu^+$$

图 5-3　蛋白质将 Cu^{2+} 还原为 Cu^+

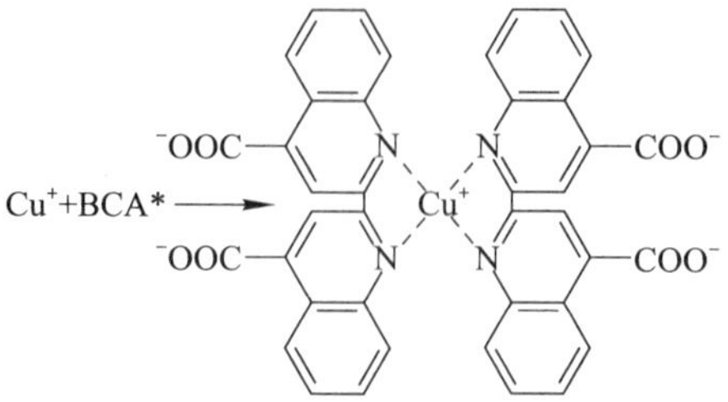

图 5-4　2 分子 BCA 与 Cu^{+1} 生成紫色络合物

【器材与试剂】

1. 实验仪器　分光光度计，电子天平，恒温水浴，容量瓶，微量移液管

2. 实验试剂

试剂 A：1 g BCA-Na_2，2 g 碳酸钠，0.16 g 酒石酸钠，0.4 g NaOH，0.95 g 碳酸氢钠，配制成 100 mL，用 10 mol/L NaOH（400 g/L）调节至 pH 11.25。

试剂 B：0.4 g $CuSO_4 \cdot 5H_2O$ 溶于 10 mL 蒸馏水。试剂 A 与试剂 B 稳定。

工作溶液甲：将 100 mL 试剂 A 与 2 mL 试剂 B 混合之即成。溶液苹果绿色，一周内稳定。

试剂 C：8 g $NaCO_3 \cdot H_2O$，16 g 酒石酸钠，配制成 100 mL，用 10 mol/L NaOH（400 g/L）调节至 pH 11.25。

试剂 D：4 g BCA 溶于 100 mL 蒸馏水中。

工作溶液乙：将 1 mL 试剂 B 与 25 mL 试剂 D 混合，再在混合液中加入 26 mL 试剂 C。

3. 实验材料　植物蛋白质提取液

【实验步骤】

Ⅳ-1　标　准　法

1. 绘制标准曲线

（1）配制浓度为 0、10、20、250、500、1 000、1 500、2 000、2 500 μg/mL 牛血清蛋白。

（2）按 1 mL 工作溶液甲与 20 μL 标准蛋白溶液比例混合（视比色杯大小决定用量），将混合液加于编好号的试管中，于 60℃恒温水浴中保温 30 min。

（3）保温结束后，取出冷至室温，于分光光度计 562 nm 处，以 0 浓度管调零，读取吸光值。绘制蛋白质浓度 - 吸光值曲线。

2. 测定　用植物蛋白质提取液，按上述绘制标准曲线同样的方法，进行测定，读取吸光值，从标准曲线查得蛋白质含量。

Ⅳ-2　微　量　法

1. 绘制标准曲线

（1）配制浓度为 0、0.4、4、10、20、30、40、50、100 μg/mL 牛血清蛋白。

（2）按 500 μL 工作溶液乙与 500 μL 标准蛋白溶液比例混合（视比色杯大小决定用量），将混合液加于编好号的试管中，于 60℃恒温水浴中保温 60 min。

（3）保温结束后，取出冷至室温，于分光光度计 562 nm 处，以 0 浓度管调零，读取吸光值。绘制蛋白质浓度 - 吸光值曲线。

2. 测定　用植物蛋白质提取液，按上述绘制标准曲线同样的方法，进行测定，读取吸光值，从标准曲线查得蛋白质含量。

【注意事项】

1. 显色后，至少在 1 h 内颜色稳定。
2. 有时为增加蛋白质溶解度，可于试剂工作液中加入 1 g/L SDS。

【实验作业】

该方法与 Folin- 酚法有些什么优点？

参考文献

［1］Smith P K, et al. Measurement of protein using bicinchoninic acid. Anal Biochem，1985，150：76-85.

[2] Olsen B J，Markwell J. Assays for the determination of protein concentration. Current Protocols in Protein Sciense，2007：14–17.

[3] Stoscheck C M. Quantitation of protein. Methods Enzymol，1990，182：50–69.

（华东师范大学 张志良）

V 考马斯蓝染料结合法

【实验原理】

植物材料中常含有能与 Folin– 酚试剂产生颜色反应的物质，如酚类、游离氨基酸等，往往使得测定值比实际含量来得高。利用有些染料能使蛋白质染色的特性，发展成一种简单快速的测定蛋白质的方法，操作简便，适合于大量样品的分析。且不受游离氨基酸和小肽的影响，也是常用的方法之一。灵敏度也高，测定范围 0.2 ~ 20 μg，TritonX–100、SDS 干扰测定。

【器材与试剂】

1. 实验仪器 分光光度计，电子天平，取样器，容量瓶，移液管

2. 实验试剂

标准牛血清蛋白溶液：称取牛血清蛋白 10 mg，溶于 100 mL 蒸馏水中，使浓度为 100 μg/mL。

染料试剂：称取考马斯蓝 G–250（Coomassie brilliant blue G–250）60 mg 溶于 100 mL 3%（体积百分数）过氯酸溶液中，滤去未溶解的染料，贮存于棕色瓶中。

3. 实验材料 待测样品

【实验步骤】

1. 以系列不同浓度（1 ~ 50 μg/mL）的标准牛血清蛋白溶液 2 mL，分别加入染料试剂 2 mL，立即混匀，于分光光度计波长 620 nm 处测定其吸光值，以蒸馏水 2 mL 加染料试剂 2 mL 作为比色空白对照。根据测定结果，绘制出吸光值 – 蛋白质浓度标准曲线，最好配以直线方程式。每次测定样品时，都重做一次标准曲线。

2. 用上述同样的方法，测定样品溶液在 620 nm 处的吸光值，然后从标准曲线查得蛋白质浓度，或者根据直线方程式计算之。

【注意事项】

如遇比色杯（特别是塑料比色杯）吸附染料，可用乙醇清洗。

参考文献

[1] 李林，焦心之 . 应用蛋白染色剂考马斯蓝 G–250 测定蛋白质的方法 . 植物生理学通讯，1980（6）：52–55.

[2] Bradford M M. A rapid and sensitive method for the quantitatino of microgram quantities of protein

utilizing the principle of protein-dye binding. Anal.Biochem，1976，72：248-254.

[3] Sedmak J J，Grossberg S E. A rapid，sensitive，and versatile assay for protein using Coomassie brilliant blue G250. Anal Biochem，1977，79：544-552.

（华东师范大学　张志良）

Ⅵ　紫外吸收法

【实验原理】

大多数蛋白质由于有酪氨酸和色氨酸的存在，在紫外光 280 nm 处有吸收高峰，可以进行蛋白质含量的测定。但是在分离提纯蛋白质时，往往混杂有核酸，核酸在 280 nm 处也有吸收，干扰测定，不过核酸的最大吸收峰在 260 nm。Warburg 等测定了酵母烯醇酶和酵母核酸 280 nm 和 260 nm 时吸光值的比值，然后通过计算消除核酸存在的影响，可以求得有核酸存在时蛋白质的浓度。样品不需要经过预先处理，即可直接进行测定。方法简单而快速，不需要制作标准曲线，测定范围大 20 ~ 3 000 μg，又不损害样品中的蛋白质，测定之后的样品仍可作他用。样品中有硫酸铵或其他盐类存在也不影响测定。在柱层析分离酶或蛋白质时，常为人们所采用。

该方法是以酵母烯醇酶蛋白和酵母核酸为标准建立计算公式，而不同蛋白质的氨基酸组成不同，因而吸光值也不尽相同，这就会带来误差。

【器材与试剂】

1. 实验仪器　分光光度计
2. 实验试剂　缓冲液或盐溶液（即样品提取液）
3. 实验材料　待测样品

【实验步骤】

1. 取待测样品溶液置于光径 1 cm 石英比色杯中，于分光光度计波长 280 nm 和 260 nm，分别读取 OD_{280} 和 OD_{260}。用蒸馏水（缓冲液或盐溶液，视样品溶液而定）为比色空白对照。

2. 根据下列公式计算样品中的蛋白质含量。

$$蛋白质含量（mg/mL）=1.55 \times OD_{280} - 0.76 \times OD_{260}$$

【注意事项】

可根据要求选择样品的制备方法和测定蛋白质的方法。

【实验作业】

1. 以上介绍的几种测定蛋白质含量的方法所根据的原理是什么?
2. 试比较这几种测定方法的优缺点。

参考文献

[1] Layne E. Spectrophotometric and turbidometric methods for measuring protein. methods in enzymol. Ⅲ, 1957：447–454.

[2] Pingoud A，et al. Biochemical Methods. Weinheim：Wiley–VCH，2002：155–161.

（华东师范大学 张志良）

实验 5-5 转氨酶（GOT、GPT）的提取和测定

【实验目的】

熟悉转氨酶的测定方法。

【实验原理】

氨基酸分子上的氨基转移到 α- 酮酸分子上的反应，称为转氨反应，由转氨酶催化。谷氨酸 - 草酰乙酸转氨酶（GOT）和谷氨酸 - 丙酮酸转氨酶（GPT）是两种最普遍的转氨酶。

GOT 能催化如下反应：

$$\text{L- 谷氨酸} + \text{草酰乙酸} \xrightleftharpoons{\text{GOT}} \text{L- 天冬氨酸} + \alpha\text{- 酮戊二酸}$$

此反应可与苹果酸脱氢酶相偶联，从而用来测定该酶的活性。

$$\text{草酰乙酸} + NADH + H^+ \xrightleftharpoons{\text{苹果酸脱氢酶}} \text{苹果酸} + NAD^+$$

测定 NADH 在 340 nm 或 366 nm 处的吸光值的变化，即可计算 GOT 的活性。

GPT 能催化如下反应：

$$\text{L- 谷氨酸} + \text{丙酮酸} \xrightleftharpoons{\text{GPT}} \text{L- 丙氨酸} + \alpha\text{- 酮戊二酸}$$

反应与乳酸脱氢酶相偶联，生成的丙酮酸转化为乳酸，NADH 变成 NAD^+。

$$\text{丙酮酸} + NADH + H^+ \xrightleftharpoons{\text{乳酸脱氢酶}} \text{乳酸} + NAD^+$$

测定 340 nm 处 NADH 的吸光值，即可计算 GPT 的活性。

【器材与试剂】

1. 实验仪器 搅拌器，紫外分光光度计，冷冻离心机，试管，烧杯

2. 实验试剂 苹果酸脱氢酶，乳酸脱氢酶，3 g/L NADH，0.05 mol/L α- 酮戊二酸（7.31 g/L），0.2 mol/L DL- 天门冬氨酸（26.62 g/L），0.2 mol/L DL- 丙氨酸（17.82 g/L）（以上试剂均用 pH 7.2 的 0.05 mol/L Tris–HCl 缓冲液配制，见附录 2）

3. 实验材料 植物器官

【实验步骤】

1. 酶粗提液的制备：植物材料放到0.25倍材料体积量的pH 7.2 0.05 mol/L Tris-HCl缓冲液中，用搅拌器进行搅拌使之混匀，得到的匀浆在0℃下用20 000 × *g* 离心20 min，上清液即为酶的粗提液。

2. 酶活性的测定（分光光度法）

（1）GOT活性的测定：按表5-6加入溶液体积数，配成GOT反应液。

表5-6　GOT反应液

	浓度	体积
NADH	3 mg/mL	0.2 mL
DL-天门冬氨酸盐	0.2 mol/L	0.5 mL
苹果酸脱氢酶	2 000单位	0.1 mL
α-酮戊二酸	0.05 mol/L	0.2 mL
蒸馏水		1.8 mL

在上述反应液中加入0.2 mL酶的粗提液，摇匀，在波长340 nm处和22℃温度下进行测定，以不加天门冬氨酸的反应液作为对照（不足部分用蒸馏水补足）。

（2）GPT活性的测定：按表5-7加入溶液体积数，配成GPT反应液。

表5-7　GPT反应液

	浓度	体积
NADH	3 mg/mL	0.2 mL
DL-丙氨酸	0.2 mol/L	0.5 mL
乳酸脱氢酶	2 000 U	0.1 mL
α-酮戊二酸	0.05 mol/L	0.2 mL
蒸馏水		1.8 mL

在上述反应液中加入0.2 mL酶的粗提液，摇匀，在波长340 nm处和22℃温度下进行测定，以不加丙氨酸的反应液作为对照（不足部分用蒸馏水补足）。

酶的比活以μmol NADH/（min · mg蛋白）表示（每分钟有1 μmol NADH被氧化的酶量为1活性单位）。蛋白质含量用Folin-酚试剂法测定。

【注意事项】

先计算得到每μmol NADH的OD_{340}值，则可计算酶的活性大小。为此先读取未加酶时反应液的OD_{340}，除以反应液中NADH的量（3 mg/mL相当于4.5 mmol），即OD_{340}/4 500 μmol，就可以得到1 μmol NADH被氧化时OD_{340}的变化值。

【实验作业】

转氨酶的主要类型及其各自的特点是什么？

参考文献

中国科学院上海植物生理研究所，上海市植物生理学会．现代植物生理学实验指南．北京：科学出版社，1999：154-156.

（华东师范大学 杜惠锋）

实验 5-6 次生物质含量的测定

Ⅰ 总黄酮含量的测定

【实验目的】

熟悉黄酮类化合物的一般制备及测定方法。

【实验原理】

通常我们把具有 C_6-C_3-C_6 碳骨架结构的一类物质称为类黄酮（flavonoid）化合物，包括黄酮类（flavones）、黄酮醇类（flavonols）、黄烷酮类（flavanones）、橙酮类（aurones）、喳耳酮类（chalcones）、花色素苷类（anthocyanins）等，这类化合物广泛分布于植物的各个器官中，与植物的生长和发育都有关系，近年人们还发现它也是对人们的健康非常有益的物质。在植物中大都以糖苷的形式存在，所以在提取过程中应防止植物自身的酸性引起糖苷水解，于提取时可加入少许碳酸钙以避免之。提取时可根据化合物的性质来选择溶剂，醇类适用于糖苷类及含有多个羟基的化合物，如果化合物的甲基化程度高或非糖苷型，则用乙醚较合适。

测定该类化合物含量的方法有比色法、光度法、层析法和色谱法等。

【器材与试剂】

1. 实验仪器 分光光度计，烘箱，电子天平，水浴锅，索氏抽提器，分液漏斗

2. 实验试剂 70% 乙醇，乙醚，50 g/L $NaNO_2$，100 g/L $Al(NO_3)_3$，40 g/L NaOH，碳酸钙 0.1 g/L 芦丁（10 mg 芦丁用 70% 乙醇定容至 100 mL）

3. 实验材料 银杏（或其他植物）叶子

【实验步骤】

1. 取银杏（或其他植物）叶子 1 g 置于索氏抽提器中，加入 70% 乙醇 100 mL 及少许 $CaCO_3$，抽提 6～8 h，倒出提取液减压浓缩蒸去乙醇。

2. 另称取叶子 10 g 于 105℃烘箱中烘至恒重，以测定水分含量。

3. 浓缩液于分液漏斗中用相同体积的乙醚洗 2～3 次，以除叶绿素及蜡质等，然后用 70% 乙醇定容至 100 mL，待测。

4. 绘制标准曲线：将芦丁溶液用 70% 乙醇稀释成 0、5、10、15、20、25、30、35、40、45、50 μg/mL，各吸取 1 mL 于试管中，加 70% 乙醇 1 mL，加入 0.3 mL 50 g/L $NaNO_2$，6 min 后加入 0.3 mL 100 g/L $Al(NO_3)_3$ 溶液，6 min 后再加入 40 g/L NaOH，10 min 后于分光光度计波长 510 nm 测定吸光值。绘制浓度－吸光值标准曲线。

5. 吸取样品溶液 1 mL，按上述同样的步骤和方法测定得吸光值，从标准曲线查得样品中总黄酮（以芦丁表示）的含量（μg/mL），然后根据下式计算每克干叶子中总黄酮的含量（μg）：

$$干叶中总黄酮含量（\mu g/g）= V \cdot C$$

式中：V 为 1 g 干叶制得的提取液体积 mL 即（1/ 干重百分含量）×100；

C 为提取液中测得的总黄酮含量，μg/mL。

【注意事项】

1. 黄酮类化合物种类繁多，方法仅选芦丁为标准作比较。
2. 随着显色时间的延长，吸光值将略有下降，因此显色反应后应尽快进行比色分析。

【实验作业】

类黄酮化合物在植物的生命活动中起什么作用?

参考文献

[1] 庄向平，虞杏英，杨更生，等 . 银杏叶中黄酮含量的测定和提取方法 . 中草药，1992，23（3）：122-124.

[2] 乔俊缠，陈理，刘涛，等 . 线叶菊总黄酮含量测定 . 中草药，1988，29：453-454.

[3] Geissman T A. Anthocyanins，chalcones，aurones，flavones and related water-soluble plant pigments//Paech K，Tracey M V. Modern methods of plant analysis（Vol. Ⅲ）. Berlin：Springer-Verlag，1955：450-498.

（华东师范大学 张志良）

Ⅱ HPLC 法测定黄酮苷元含量

【实验目的】

学习运用高效液相色谱法（high performance liquid chromatography，HPLC）法测定植物中黄酮苷元的含量。

【实验原理】

类黄酮化合物（flavonoid）是广泛存在于植物界的一大类酚类化合物，多以糖苷形式存在。其分析方法有多种，除了比色法外，还有光度法、层析法和色谱法等。对于类黄酮化合物的分离以及单一组分的定量分析，常采用 HPLC；而对于总黄酮苷元含量的测定，则主要采用分光光度法。与分光光度法比较，HPLC 法相对干扰少，重现性好，测定结果更为准确可靠，样品用量也少，但其费用较高。分光光度法操作简便、快速、易行，所需费用不高，但易受杂质干扰，稳定性稍差。

本实验用甲醇提取植物中的黄酮苷类化合物，再经酸水解为黄酮苷元，然后用 HPLC 法分析苷元的种类和每种苷元的含量。植物类样品先用石油醚脱脂，后经甲醇加热回流提取，甲醇提取液经酸水解后以高效液相色谱法分离，在紫外检测器 360 nm 条件下，对照黄酮苷元标准品，以保留时间定性，峰面积定量。

【器材与试剂】

1. 实验仪器　高效液相色谱仪（Agilent 1100 series），紫外检测器，层析柱（Kromasil C18，250 × 4.6 mm），超声波清洗仪，电子天平，恒温水浴锅，索氏提取器，微孔过滤器（滤膜 0.45 μm），容量瓶，烧杯

2. 实验试剂　色谱纯甲醇，三蒸蒸馏水，分析纯盐酸，槲皮素（quercetin），异鼠李素（isorhaamnetin），山柰素（山柰酚，kaemferol）（上述 3 种黄酮苷元标准品纯度均大于 98%）

3. 实验材料　经脱脂的沙棘种子

【实验步骤】

1. 色谱条件及测定方法　色谱柱：Kromasil C18（250 × 4.6 mm，Eka chemicals AB S–445 80 Bohus，Sweden），填充物直径 5 μm，流动相为甲醇∶水（60∶40），柱温为室温，流速为 1.0 mL/min，检测波长为 368 nm，进样量 10 μL。

2. 标准曲线绘制　精密称取标准品槲皮素 2.28 mg，山奈素 1.09 mg，异鼠李素 1.00 mg，分别定容至 10 mL，5 mL，5 mL，稀释成各个浓度后分别上样，以峰面积为横坐标，以浓度为纵坐标，以最小二乘法算出回归方程，槲皮素回归方程为：

$$Y = 40.012x - 33.786\ (R^2 = 0.999\ 7);$$

异鼠李素回归方程为：

$$Y = 33.560x - 15.00\ (R^2 = 0.999\ 8);$$

山奈素回归方程为：

$$Y = 29.268x - 22.341\ (R^2 = 0.999\ 9);$$

槲皮素、异鼠李素、山奈素分别在 2.3 ~ 45.6、2.0 ~ 40.4、2.2 ~ 43.6 μg/mL 范围内峰面积与浓度呈良好的线性关系，三者的加样回收率分别为 99.47%、98.51% 和 103.70%，其 RSD 分别为 3.00%、2.69% 和 1.19%。

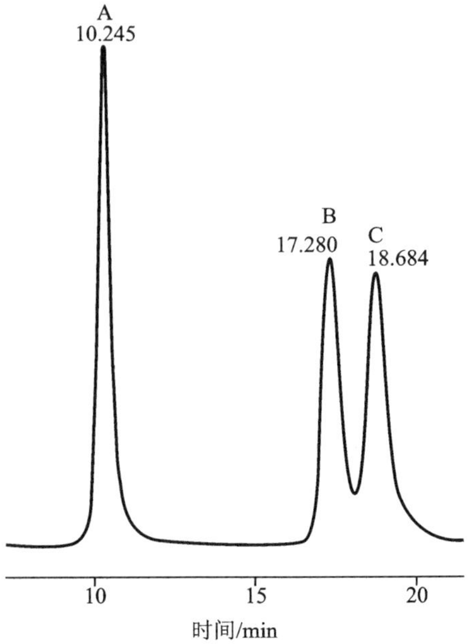

图 5–5　标准品的 HPLC 图谱

A. 槲皮素　B. 山奈素　C. 异鼠李素

3. 样品液制备及测定　将脱过脂的沙棘种子在 60℃下烘干至恒重，准确称取 2.0 g，滤纸包裹，置索氏提取器中，加入甲醇 80 mL，于 80℃水浴中加热回流提取 4 h，回收甲醇，转移至 100 mL 容量

瓶中，用甲醇稀释至刻度。取 16 mL 甲醇提取液加入 4 mL 4 mol/L 的盐酸（见附录 1），80℃水解 1 h（酸水解时盐酸终浓度为 0.8 mol/L），冷却后用甲醇定容至 25 mL，摇匀。用 0.45 μm 微孔滤膜过滤，滤液用于 HPLC 分析。准确吸取样品液和标准液各 10 μL，注入高效液相色谱仪进行分离，色谱条件同上。以标准溶液峰的保留时间定性（标准品 HPLC 图谱见图 5-5），根据标准品标准曲线，以峰面积计算出样品中黄酮的含量。

【注意事项】

1. 样品水解后随着放置时间的延长，黄酮的含量可能会发生变化，因此样品水解后应尽快测定。

2. 植物提取液进行 HPLC 分析时，必须用 0.45 μm 或更小孔径微孔滤膜过滤，方能上样，否则可能会堵塞色谱柱，每次实验结束后，须按要求充分清洗色谱柱。

参考文献

孙斌，瞿伟菁，张晓玲，等. 高效液相色谱法测定沙棘籽渣中黄酮苷元含量. 中国药学杂志，2005，40（2）：139-141.

（华东师范大学 张雯）

Ⅲ 茶多酚含量的测定

【实验目的】

熟悉茶多酚测定方法。

【实验原理】

茶多酚（tea-polyphenols，TP）是一类以儿茶素类（catechins）为主体的类黄酮（flavonoid）化合物，具有 C_6-C_3-C_6 碳骨架结构，由于苯环上有多个羟基，有时又称为多酚类化合物。茶多酚中除儿茶素类（约占 80%）外，还有黄烷醇类（flavanols）、黄烷酮类（flavanones）、酚酸类及花色素苷等，是影响茶叶的生化因素之一。由于分子的 C_3 部分具有高度还原性，所以具有很强的抗氧化作用，是有益于人体健康的一种天然化合物。

测定茶多酚含量常用酒石酸铁比色法和高锰酸钾滴定法。

【器材与试剂】

1. 实验仪器　分光光度计，离心机，烘箱，电子天平，水浴锅，研钵，具塞三角瓶，移液管

2. 实验试剂　0.1 mol/L pH 6.8 磷酸缓冲液，100 μg/mL 茶多酚标准溶液：10 mg 茶多酚用蒸馏水定容至 100 mL，15 g/L 酒石酸钾铁（也可用 0.1 g $FeSO_4 \cdot 7H_2O$ 和 0.5 g 酒石酸钾钠（含 4 分子结晶水）溶于 10 mL 蒸馏水中来代替）

3. 实验材料　市售茶叶

【实验步骤】

1. 取市售茶叶 0.5 g 用研钵研成粉末，置于具塞三角瓶中，取沸蒸馏水 50 mL，将研钵中的粉末洗入三角瓶，于沸水浴中浸提 15 min，取出稍冷，倒出上清液，再加 50 mL 沸蒸馏水，同样提取一次，合并两次浸提液连同残渣倒入离心管，5 000 g 离心 20 min，取上清液待测。

2. 绘制标准曲线，将茶多酚稀释成 0、10、20、30、40、50、60、70、80、90、100 μg/mL，分别吸取 1 mL，加磷酸缓冲液 3 mL，摇匀，再加入酒石酸铁 1 mL，然后于分光光度计波长 540 nm 读取吸光值，并绘制浓度 – 吸光值曲线。

3. 取样品提取液 1 mL，按上述同样的方法测得吸光值，从标准曲线查得提取液中茶多酚含量（μg/mL）然后根据下式计算茶叶中茶多酚的含量：

$$茶多酚含量（\mu g/g）= V \times C$$

式中：C 为提取液中茶多酚含量，μg/mL；

V 为 1 g 茶叶制得的提取液体积（mL），本实验为 200 mL（$1/0.5 \times 100 = 200$）。

［附注］如果一时得不到茶多酚标准品，也可自行制备。取茶叶粉末若干，加 6 倍量沸水，边加热边搅拌提取 30 min，过滤，滤液加适量 $AlCl_3$，然后用 1 mol/L $NaHCO_3$（84 g/L）调节 pH，边搅拌边滴加 $NaHCO_3$，使滴入 $NaHCO_3$，不再出现沉淀为止，将完全沉淀的茶多酚离心收集，复溶于约 5 mol/L 盐酸中（1 mL 浓盐酸加水 1 mL），然后用等体积乙酸乙酯萃取，浓缩，真空干燥，则可得到近白色茶多酚，如欲进一步精制，则可用三氯甲烷溶解，同样用乙酸乙酯萃取，浓缩，真空干燥得到成品。

【注意事项】

由于茶多酚中儿茶素类约占 80%，因此也可选用儿茶素做标准。

【实验作业】

茶多酚在哪些方面有益于人体健康？

参考文献

［1］葛宜掌，金红 . 茶多酚提取新方法 . 中草药，1994，25：124.

［2］中国农业科学院茶叶研究所 . 茶树生理及茶叶生化实验手册 . 北京：农业出版社，1983.

［3］中国科学院上海植物生理研究所，上海市植物生理学会 . 现代植物生理学实验指南 . 北京：科学出版社，1999：223–224.

（华东师范大学　张志良）

Ⅳ　花青素含量测定

【实验目的】

掌握花青素含量测定的简单方法。

【实验原理】

花青素是植物体内广泛分布的色素之一，在植物中多以糖苷形式存在，属黄酮类化合物，黄酮类化合物在植物生长中起调节作用，也有益于人们的健康，已受人们的关注。

花青素在不同 pH 条件下，呈现不同的颜色，在酸性中为红色，其颜色深浅与花青素含量成比例，用比色法即可进行测定，方法简单易行。

【器材与试剂】

1. 实验仪器 分光光度计，电子天平，温箱，剪刀，烧杯，量筒
2. 实验试剂 0.1 mol/L HCl
3. 实验材料 红苋菜，紫萝卜，紫甘蓝，紫鸭跖草或有色花瓣等

【实验步骤】

1. 取材料 1 g，剪成 2 ~ 3 mm 的碎片，置于烧杯中，加入 0.1 mol/L HCl 10 mL（视花青素含量而增减 HCl 用量），杯口用称量纸扎紧，以防水分蒸发。置于 32℃温箱中，浸渍至少 4 h。而后过滤之，取滤液用分光光度计在波长 530 nm 下读取吸光值，以 0.1 mol/L HCl 为空白对照，用光径 1 cm 的比色杯。

2. 当 OD_{530} 为 0.1 时的花青素浓度称为 1 个单位，以比较花青素的相对含量。将测得的吸光值乘上 10，用以代表花青素的相对浓度单位。

【注意事项】

由于各种植物的花青素会有所不同，所以得到的植物花青素溶液，最好先测定它的光吸收曲线，确定吸收峰 λ_{max} 的波长，则测定结果比较准确。

【实验作业】

1. 试比较在缺磷或完全培养液中生长的番茄或玉米幼苗，花青素的相对含量。
2. 比较在光和黑暗中生长的幼苗，花青素含量有无不同。

参考文献

沈曾佑，等 . 红光对小麦幼苗花青素形成的效应 . 华东师范大学学报（自然科学），1965，2：41–47.

（华东师范大学 张志良）

V 咖啡碱的提取

【实验目的】

1. 通过从茶叶中提取咖啡碱，掌握从天然产物中提取生物碱的一种方法。
2. 学会回流、抽滤等基本的提取操作。

【实验原理】

生物碱（alkaloid）是一类含氮的天然有机化合物。多具有复杂的环状结构，且氮原子结合在环内，呈碱性，能与酸成盐，具有显著的生物活性。植物中的生物碱常以盐（能溶解于水或醇）的状态或以游离碱（能溶于有机溶剂）的状态存在。因此可根据生物碱存在的状态，在溶剂中的溶解度及化学性质而加以分离。生物碱可用不同的方法提取，本实验介绍溶剂萃取法提取茶叶中的咖啡碱。

茶叶中的生物碱均为嘌呤的衍生物，有咖啡碱、茶碱、可可碱等，其中以咖啡碱含量最多，为1%～5%，咖啡碱化学名1,3,7–三甲基–2,6–二氧嘌呤，呈弱碱性，易溶于氯仿（溶解度12.5 g），水（2 g），乙醇（2 g）等。含结晶水的咖啡碱为无臭、味苦的白色针状结晶，100℃时即失去结晶水，并开始升华，120℃时升华相当显著，至178℃时升华很快。无水咖啡碱的熔点为234～236.5℃，因此可用升华的方法提纯咖啡碱粗品。从茶叶中提取咖啡碱，可利用其溶解性，用适当的溶剂，如乙醇、氯仿、苯等在索氏提取器中连续抽提，而后蒸去溶剂，得粗咖啡碱。粗咖啡碱中还含有其他一些生物碱和杂质，利用升华可进一步提纯。

咖啡碱具有刺激心脏、兴奋大脑神经和利尿的作用，主要用作中枢神经兴奋药，它是复方阿司匹林等药物的组分之一。

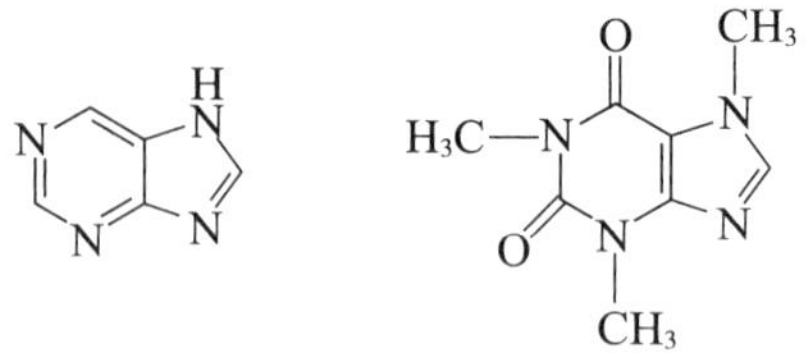

嘌呤　　　咖啡碱

【器材与试剂】

1. 实验仪器　电子天平，旋转蒸发仪，索氏提取器，冷凝管，水浴锅，砂浴，干燥器，蒸发皿，循环水真空泵，烧杯，滤纸，玻璃漏斗，刮刀

2. 实验试剂　95%乙醇，生石灰

3. 实验材料　茶叶

【实验步骤】

按图5–6所示装好索氏提取器装置。称取10 g茶叶末，用滤纸将其包好（注意，高度不能超过虹吸管），放入索氏提取器中。从索氏提取器上口加入80 mL 95%乙醇，热水浴加热，连续提取2～3 h。用旋转蒸发仪或蒸馏装置，蒸馏回收提取液中的大部分乙醇。趁热将瓶中的浓缩液倒入蒸发皿中，拌加3～4 g研细的生石灰粉，使之成糊状，将蒸发皿放在一大小合适的盛用一定水的烧杯上，在通风厨中将水煮沸，产生蒸气，用蒸气浴蒸干蒸发皿中的浓缩液与生石灰混合物，其间应不断搅拌，并压碎块状物。最后将蒸发皿放在石棉网上，用小火焙炒片刻，务必将水分全部除去。冷却后，擦去沾在边上的粉末，以免在升华时污染升华产物。取一只口径合适的玻璃漏斗，漏斗的颈部塞有脱脂棉团，以免蒸气外逸，造成产品损失。选一张略大于漏斗口的滤纸，在滤纸上刺出一些小孔后盖在蒸发皿上，然后用玻璃漏斗覆盖在其上面。将蒸发皿放在砂浴上，用电炉或煤气灯加热，进

行升华（升华装置如图 5–7），控制砂浴温度在 220℃左右，当滤纸上出现许多白色毛状结晶时，暂停加热，让其自然冷却到 100℃左右。小心取下漏斗，揭开滤纸，用刮刀将纸上和器皿周围的咖啡碱刮下。余下在纸上和器皿上的残渣经拌和后用较大的火再加热片刻，使升华完全。合并 2 次收集的咖啡碱，称重，计算得率。

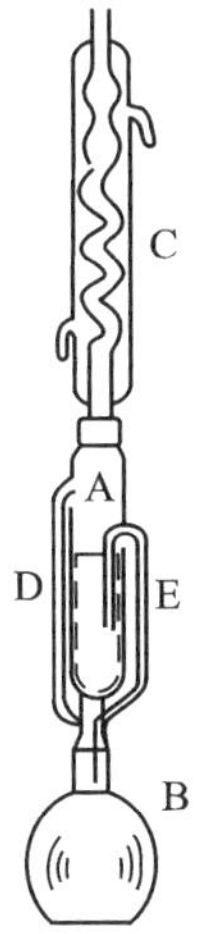

图 5–6　索氏抽提器

A. 抽提管　B. 接收瓶　C. 回流冷却器　D. 蒸汽沿管　E. 虹吸管

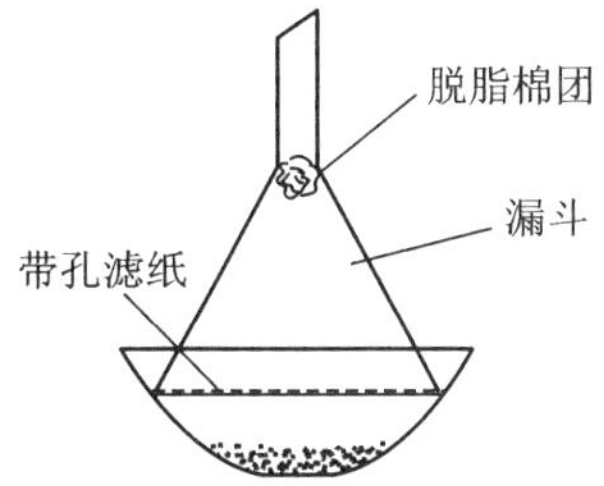

图 5–7　升华法提纯咖啡碱装置图

［附］ 索氏抽提器的结构及作用原理

索氏抽提器（如图 5–6）由抽提管（A）、接收瓶（B）和回流冷却器（C）三个部分组成。抽提管（A）下端与接收瓶（B）相接，冷却器（C）与抽提管上端相接，抽提管通过虹吸管（E））与接收瓶相通，经加热后接收瓶中溶剂的蒸汽，经冷却器冷凝后的溶剂滴入抽提管中，将样品进行提取，当抽提管中积聚的溶剂量超过虹吸管的高度时，则通过虹吸管提取液重新流回接收瓶中，如此循环往复进行抽提。

【注意事项】

1. 茶叶末滤纸包，高度不能超过虹吸管，用细棉线捆牢，防止茶叶末外漏。
2. 95% 乙醇提取时，如果提取液颜色很淡了，即可停止提取，不一定要 2～3 h，视实际情况而定。
3. 提取结束后，回收乙醇时，不能蒸得太干，否则浓缩液太黏，转移至蒸发皿时损失较大。
4. 升华操作时，始终都需要用小火间接加热，控制温度十分重要，如温度太高，会使产物发黄，注意温度计应放在合适的位置，能正确反映出升华的温度。
5. 实验中的生石灰起到吸水和中和作用，以除去部分酸性杂质。

【实验作业】

1. 想得到较纯的产品，你认为在实验过程中应该注意哪些操作？如何提纯咖啡碱？
2. 你对此方法及装置有何新的建议与改进？

参考文献

麦禄根 . 有机化学实验 . 上海：华东师范大学出版社，2000：181–183.

（华东师范大学 张雯）

Ⅵ 咖啡碱含量测定（质量法）

【实验目的】

熟悉从茶叶中提取咖啡碱的方法原理并进行测定。

【实验原理】

根据咖啡碱易溶于某些溶剂的特性，用氯仿进行提取，并作定量测定。

【器材与试剂】

1. 实验仪器 电子天平，离心机，水浴锅，真空干燥器，蒸发皿，烧杯，滤纸，玻璃漏斗，研钵，容量瓶，分液漏斗

2. 实验试剂 氯仿，20%（体积百分数）硫酸，100 g/L 碱性醋酸铅（10 g 醋酸铅，1 g 氢氧化钠，加水 100 mL）

3. 实验材料 茶叶

【实验步骤】

1. 将茶叶于研钵中研成粉末，称取 5 g 粉末，放在烧杯中，加热蒸馏水 100 mL，在沸腾的水浴锅上进行提取 10 min，将热溶液用垫有脱脂棉的漏斗，滤入 250 mL 容量瓶中，再用热蒸馏水重新提取残渣，提取液滤入同一容量瓶中。用热蒸馏水洗涤滤器上的残留物，用玻棒将棉花上的残液压入容量瓶中。

2. 待瓶中温度冷至室温，然后向提取液中加入 100 g/L 碱性醋酸铅 16 mL，以使蛋白质、鞣质等沉淀，将上层清液过滤。加水调整到 250 mL，充分振荡。3 000 r/min 离心沉淀，倒出上清液备用。

3. 取上清液 200 mL 于另一烧杯中，用 200 g/L 硫酸除去滤液中过剩的铅，一滴一滴地加入硫酸，直到不产生白色沉淀为止。滤去硫酸铅沉淀，用热蒸馏水洗涤滤器，用蒸发皿将滤液在水浴锅浓缩至 15 ~ 20 mL。

4. 将已浓缩的溶液滤入分液漏斗中，用热蒸馏水洗涤蒸发皿和滤器，滤液并入分液漏斗中。加入 20 mL 氯仿于分液漏斗中，与滤液混合振荡，以提取咖啡碱。静置分液漏斗，待混合液分层，下层即为氯仿提取液，将其移于事先称过质量的蒸发皿中。再用 20 mL 氯仿对残液进行 3 ~ 4 次提取，所有氯仿提取液都合并在蒸发皿中。

5. 将盛有咖啡碱氯仿提取液的蒸发皿，于水浴锅中小心地加热蒸发，除去氯仿，咖啡碱即以白色或微黄色的结晶析出。再将其置于真空干燥器中干燥，然后称重。

6. 咖啡碱的熔点为 234 ~ 236.5℃，根据下式计算茶叶样品中咖啡碱含量，

$$X=\frac{\text{所得咖啡碱质量（g）}\times 250\text{（mL）}}{\text{样品质量（g）}\times 200\text{（mL）}}\times 100$$

式中：X 为每 100 g 茶叶样品中所含咖啡碱量（g）；

250 为提取液体积（mL），200 为用于测定咖啡碱量的提取液体积（mL）。

【注意事项】

最后蒸发氯仿提取液时在通风橱进行，以免污染空气。同时必须用小火，小心加热，以免液体溅出。

【实验作业】

除质量法测定咖啡碱含量外，你还知道可用什么方法进行测定？

参考文献

颜季琼. 植物生理学实验指导. 上海：上海科学技术出版社，1959：57-58.

（华东师范大学　张志良）

Ⅶ　总皂苷的粗提及 HPLC 法测定其中甾体皂苷元含量

【实验目的】

熟悉植物中总皂苷的粗提方法，学习运用 HPLC 法测定植物中甾体皂苷元的含量。

【实验原理】

甾体皂苷（steroidal saponins）是一类由螺甾烷类化合物与糖结合的寡糖苷，在植物中有着广泛的分布，主要分布在薯蓣科、百合科、玄参科、龙舌兰科等植物中。自 20 世纪 60 年代起，甾体皂苷元被广泛地作为原料应用于合成甾体避孕药和激素类药物。进入 20 世纪 90 年代，随着甾体化学和药理学技术的发展，甾体皂苷许多新的生物活性逐渐被发现，特别是防治心脑血管疾病、抗肿瘤、降血糖和免疫调节等作用。

甾体皂苷元紫外吸收较弱且主要存在于低波段，给 HPLC 定量检测带来了一定的困难，因此生药有效成分的定量分析多采用薄板层析配合薄板扫描方法或比色法。前者对某些结构相似的皂苷元的分离效果不佳，难以做到对单一组分的准确定性、定量测定；后者也只能测定总皂苷元的相对含量。

本实验中，将植物中的甾体皂苷类化合物水解为皂苷元，采用反相高效液相色谱法（RP-HPLC），以甲醇为流动相，利用 C18 柱分析其中皂苷元的种类和每种苷元的含量。植物样品用石油醚脱脂后，提取出粗总皂苷，经酸水解后以高效液相色谱法分离，在示差折光检测器条件下，对照皂苷元标准品，以保留时间定性、峰面积定量。

【器材与试剂】

1. 实验仪器　高效液相色谱仪（Agilent 1 100 series），示差折光检测器（RID，

Agilent），层析柱（Kromasil C18，250 × 4.6 mm），超声波清洗仪，电子天平，恒温水浴锅，旋转蒸发仪，水循环真空泵，涡旋混合仪，微孔过滤器（滤膜 0.22 μm），圆底烧瓶，冷凝管，容量瓶，烧杯

2. 实验试剂 色谱纯甲醇，三蒸蒸馏水，分析纯盐酸，龙舌兰皂苷元（hecogenin，亦称海可皂苷元）和替告皂苷元（tigogenin）（后两种 2 种标准品纯度均大于 98%）

3. 实验材料 蒺藜全草

【实验步骤】

1. 色谱条件及测定方法

色谱柱：Kromasil C18（250 mm × 4.6 mm，5 μm）

流动相：100% 甲醇

检测器：示差折光检测器（设置）：灵敏度≥ 0.2 min（4 s），样品池温度：35℃

紫外检测器（设置）：灵敏度≥ 0.1 min（2 s），检测波长：209 nm

柱温：室温（28.1℃）

流速：1 mL/min

分析时间：12 min

进样量：10 μL

2. 标准曲线绘制 精密称取标准品皂苷元海可和替告各 1 mg，各加甲醇 1 mL 并超声波溶解，按比例稀释为 10%、20%、40%、60%、80% 后分别上样。以峰面积为横坐标，以浓度为纵坐标，以最小二乘法算出回归方程，海可皂苷元回归方程为：

$$Y = 189\,251.103\,0X + 1\,030.485\,6\ (R^2 = 0.997);$$

替告皂苷元回归方程为：

$$Y = 223\,120.908\,9X + 1\,082.805\,9\ (R^2=0.999);$$

海可、替告皂苷元分别在 1.04 ~ 8.32 μg/mL、1.29 ~ 10.32 μg/mL 范围内峰面积与浓度呈良好的线性关系，两者的加样回收率分别为 103.54% 和 94.47%，其 RSD 分别为 1.1% 和 3.5%。

3. 样品液制备及测定

（1）脱脂：按石油醚与蒺藜粉末 5 : 1（质量比）比例取样，于 70℃水浴加热回流，6 h × 3 次，旋转蒸发仪回收石油醚，脱脂后的蒺藜粉末，60℃烘干备用。

（2）总皂苷粗提：称取 10 g 脱脂后的蒺藜粉末，置于 200 mL 圆底烧瓶中，依次加 100、60、40 mL 70% 乙醇，80℃水浴回流提取 3 次，每次 1 h。合并乙醇抽提液，旋转蒸发仪浓缩至较小体积，再将浓缩液置于 80℃烘箱烘干，碾成粉末，加入 6 倍体积蒸馏水溶解，3 000 r/min 离心 15 min，收集上清液，沉淀再用蒸馏水洗，离心，如此重复三次，合并上清液。上清液与水饱和正丁醇 1 : 1 混合萃取，收集上层醇液，对下层水液进行再萃取，重复三次，合并萃取正丁醇液。将所得正丁醇液减压浓缩至干，碾成粉末即为蒺藜全草总皂苷粗提物。

（3）精确称取 60℃干燥至恒重的粗提物 40 mg，置于 100 mL 圆底烧瓶内，加 2 mol/L HCl 30 mL，于 85 ~ 95℃回流水解 4 h。完全冷却后加入氯仿 10 mL，小心振荡后移至分液漏斗中静置分层，用移液管准确吸取氯仿层 7 mL 转移至 10 mL 试管中，完全干燥。临测定前准确加入 0.5 mL 色谱纯甲醇，涡旋振荡摇匀，最后用 0.22 μm 滤膜过滤，滤液用于 HPLC 分析。准确吸取样品液和标准液各 10 μL，注入高液相色谱仪进行分离，色谱条件

如上。以标准溶液峰的保留时间定性，根据标准品标准曲线，以峰面积计算出样品中海可及替告皂苷元的含量。标准品的 HPLC 图谱见图 5-8。

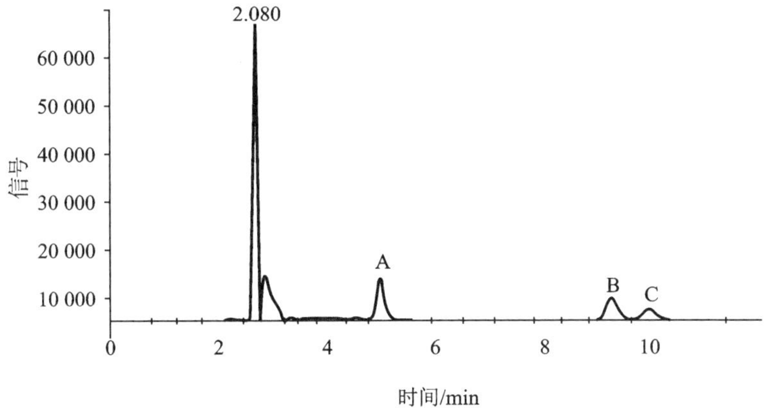

图 5-8 标准品的 HPLC 图谱

A. 海可皂苷元 B. 薯蓣皂苷元 C. 替告皂苷元

【注意事项】

1. 样品水解后随着放置时间的延长，皂苷的含量或结构可能会发生变化，因此样品水解后应尽快进行下一步操作。

2. 提取液进行 HPLC 分析时，必须用 0.22 μm 微孔滤膜过滤，方能上样，否则可能会堵塞色谱柱，每次实验结束后，须按要求充分清洗色谱柱。

3. 蒺藜中甾体皂苷的含量与产地、采摘时间、材料存放时间等因素相关，因此进行 HPLC 分析时，应视具体的含量情况，相应地进行稀释或浓缩，以求达到较好的分离和测定效果。

参考文献

[1] 牛伟，瞿伟菁，曹群华，等. RP-HPLC 比较蒺藜全草和果实中的主要甾体皂苷元成分. 中成药，2005（4）：456-458.

[2] 姚新生，吴立军，吴继洲. 天然药物化学. 北京：人民卫生出版社，2006：336.

（华东师范大学 张雯）

Ⅷ 挥发油含量及成分分析

【实验目的】

1. 熟悉挥发油的提取及测定方法。

2. 熟悉运用气相色谱 - 质谱联用法（GC/MS）对挥发油进行定性分析，获取挥发油的组成和各组分相对含量信息。

【实验原理】

挥发油（volatile oil），也称精油（essential oil），是存在于植物中一类在常温下能挥发、可随水蒸气蒸馏的油状液体的总称。

本实验首先蒸馏挥发油，以测定植物中挥发油的含量。依据原理为：道尔顿定律即相互不溶也不起化学作用的液体混合物的蒸气总压，等于该温度下各组分的分压之和。因此，虽然各组分本身的沸点高于混合物的沸点，但当分压总和等于大气压时，液体混合物即开始沸腾并被蒸馏出来。

其次，蒸馏出来的植物挥发油进一步采用气相色谱－质谱联用法（GC/MS）对其进行定性分析，获取挥发油的组成和比例信息。GC/MS 联用技术是一种高效、灵敏的现代分析技术，它利用质谱仪对分离的组分进行鉴定（定性分析）及测定（定量分析）。气相色谱－质谱联用法（GC/MS）分析样品时，首先通过 GC 分离组分，气化后的各组分引入到离子源进行电离，通过质量分析器对样品电离后产生的具有不同质荷比（m/z）的离子来进行分离，并输入检测器，采集信号，依据产生的不同信号得到每个组分的质谱，计算机与数据库中的标准谱进行对照分析，通过计算机与数据库的标准谱对照的组分，则可根据质谱碎片规律进行解析，并参考有关文献数据加以确认。

【器材与试剂】

1. 实验仪器 500 mL 圆底烧瓶，挥发油测定器，回流冷凝管，电热套，恒温箱，粉碎机，气相色谱仪（Finnigan-Thermo Trace GC ultra），质谱仪（Finnigan-Thermo DSQ），全自动进样器（Finnigan-Thermo Autoinjector AI3000），石英毛细管气相色谱柱（Varian Wcot Fused Silica 30 m × 0.25 mm Coating：CP SIL-19CB DF=0.25 μm）

2. 实验试剂 蒸馏水，色谱纯二氯甲烷

3. 实验材料 陈皮，橘皮，花椒，肉豆蔻，薄荷叶，丁香，小茴香，菊科花朵、白兰花，松科和柏科植物叶片等富含挥发油的材料

【实验步骤】

1. 干的植物材料（或虽是新鲜材料，却为硬质的植物根茎、果实）用电动粉碎机粉碎；新鲜材料（鲜果皮、花朵、叶片等）微微切碎或撕碎即可。

2. 干材料粉末 50 g 装入 500 mL 圆底烧瓶 A，加蒸馏水 250 mL 和玻璃珠数粒，浸泡过夜，安装好挥发油测定器 B 和回流冷凝管装置 C（图 5-9）。新鲜材料的挥发油提取材料用量一般为 100 ~ 500 g，加入蒸馏水的量为材料量的 2 ~ 5 倍，因此，应选用大体积的圆底烧瓶 A 和与之配套的回流冷凝管装置 C，操作中，提取溶剂体积不要超过圆底烧瓶 A 体积的一半。

3. 用电热套缓缓加热至沸，并保持微沸约 5 h，至测定器中油量不再增加，停止加热，放置 3 h，开启测定器下端的活塞，将水缓缓放出，至油层上端到达刻度“0”线上面 5 mm 处为止。放置片刻，再开启活塞使油层凹面与刻度“0”线齐平。准确读出挥发油的量（V），而后缓缓放出挥发油，密闭，避光保存作为 GC/MS 分析的样品。并计算该植物叶子（根茎）的挥发油含量。

$$\text{植物叶子（根茎）挥发油含量（mL/g）} = V/M$$

式中：M 为植物叶子（或根茎）的干重（g）。

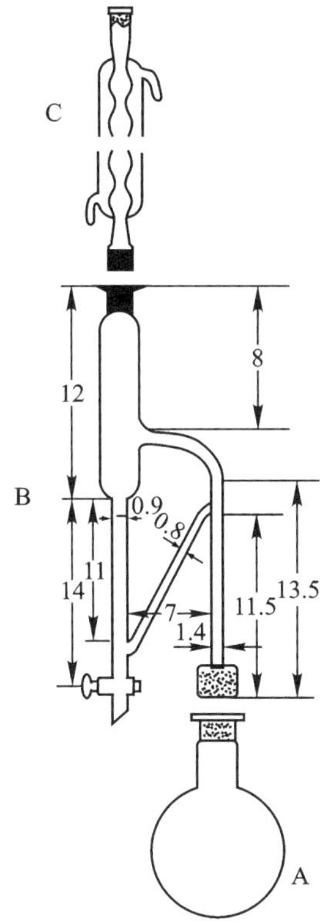

图 5-9 挥发油测定装置

A. 圆底烧瓶 B. 挥发油测定器 C. 回流冷凝管

（图中单位：cm）

4. 挥发油 GC/MS 分析（肉豆蔻挥发油为例）

（1）气相色谱条件

色谱柱：石英毛细管气相色谱柱，Varian Wcot Fused Silica 30 m × 0.25 mm Coating：CP SIL-19CB DF=0.25 μm。

进样口温度：220℃

载气：高纯 He_2 载气流量：100 mL/min

进样方式：分流进样，分流比 1∶100

进样量：0.2 μL，进样前肉豆蔻挥发油用色谱纯二氯甲烷稀释 10 000 倍。

炉温：50℃恒温 1 min

程序升温：50℃ ~ 250℃，升温速率 10℃ /min；250℃保持 5 min

（2）质谱条件

传输线温度：250℃

离子源温度：250℃

电离方式：EI

质谱扫描范围：全扫描

扫描频率：5 次 / 秒

采用质谱鉴定挥发油组分，面积归一化法定量分析各组分相对含量。

分析软件：Xcalibur 1.4

对比数据库：NIST 2002，AMDIS.

肉豆蔻挥发油总离子流色谱图见图 5-10。

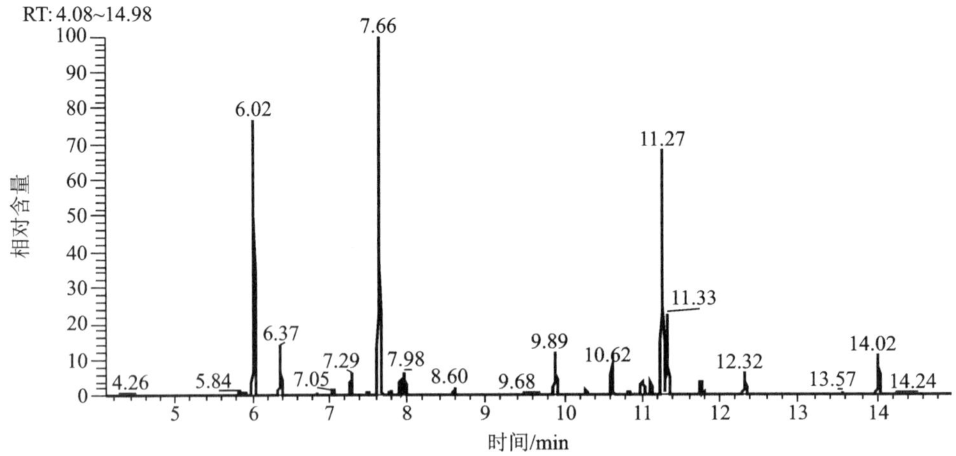

图 5-10 肉豆蔻挥发油总离子流色谱图

【注意事项】

1. 一般挥发油的沸点都较低，样品虽经低温干燥，也会有所损失，所以最好用新鲜样品。

2. 本实验 GC/MS 分析部分，引用的是肉豆蔻挥发油的分析条件。在具体实验中若不是采用同种挥发油，应自行摸索色谱条件，尤其是进样量和程序升温部分，力求得到基线平稳，分离较好的总离子流色谱图。

【实验作业】

1. 植物中提取挥发油，常使用水蒸气蒸馏法，试解释其原理。
2. 本实验中，蒸馏挥发油停止加热后，为什么要放置 3 h 才开启测定器下端的活塞？

参考文献

[1] 肖崇厚. 中药化学. 上海：上海科学技术出版社，1997：494-498.

[2] 中华人民共和国卫生部药典委员会. 中华人民共和国药典（一部）. 广州：广东科技出版社，1995：附录 62.

[3] 周日宝，陈胜璜，董巧珍，等. 白术根的生药鉴别及其挥发油含量测定的研究. 湖南中医学院学报，2001，21（4）：24-25.

[4] 王醇凯. 五种植物挥发油生物活性及组分表征. 华东师范大学，2006：22-25.

（华东师范大学 张雯）

第六章

植物激素

实验 6-1 吲哚乙酸（IAA）的提取、纯化和测定

【实验目的】

学习利用高效液相色谱仪（HPLC）法测定植物激素的基本方法，掌握植物内源 IAA 的提取、纯化和测定方法。

【实验原理】

植物样品中的 IAA，溶于含水的有机溶剂，在 40℃以下减压蒸去有机溶剂后，IAA 溶于水中。IAA 是酸性化合物，在酸性条件下（pH 2.8）用有机溶剂乙酸乙酯萃取，将乙酸乙酯减压蒸干后，用甲醇溶解残留物（含 IAA）。由于在甲醇溶液中 IAA 和其他物质液相色谱系统中流动相和固定相的分配系数的不同，从而出峰时间不同；因此能够通过 HPLC 测定植物材料中的 IAA 含量。

【器材与试剂】

1. 实验仪器　高效液相色谱仪，高速冷冻离心机，旋转蒸发仪，超低温冰箱，冰箱，研钵，漏斗，分液漏斗，纱布，离心管，5 mL 注射器，20 μL 进样器，Sep-Pak C_{18} 纯化小柱（Waters 公司），0.45 μm 微孔滤膜

2. 实验试剂　重蒸水，甲醇（色谱级），液氮，BTH（2,6-二叔丁基对甲酚），石英砂，聚乙烯吡咯烷酮（PVP 不溶性），三氯甲烷，乙醚，乙酸乙酯，1 mol/L HCl

3. 实验材料　黄化绿豆下胚轴

【实验步骤】

1. IAA 的提取

（1）称取黄化绿豆下胚轴 2 g 为 1 份，共取 2 份，其中 1 份在步骤 2 用甲醇提取时，加入 IAA（Sigma 产品）100 ng，用于计算回收率。材料用液氮冰冻后放入超低温冰箱（-80℃），保存待用。

（2）每份材料加 10 mL 预冷甲醇，100 mg BTH，少许石英砂和 PVP，快速研磨后，

4℃下浸提 24 h，用四层纱布过滤，转移滤液到离心管中。残渣再用 5 mL 80% 甲醇（用重蒸水按体积比配制，后同）浸提，合并滤液。

（3）滤液在 4℃下，1 000 × g 离心 20 min，取上清液，沉淀用 5 mL 80% 甲醇洗一次，离心，合并上清液。

（4）40℃黑暗条件下，用旋转蒸发仪减压浓缩除去甲醇，得水相。

（5）水相用等体积三氯甲烷萃取 3 次，去除色素。

2. IAA 的纯化

（1）用 3 mL 100% 甲醇洗 Sep-Pak C_{18} 小柱，弃去流出液。

（2）用 3 mL 70% 甲醇缓慢流经小柱（平衡柱子），弃去流出液。

（3）加入 5 mL 激素浸提液，使之缓慢流经柱子，收集流出液（即得去除亲脂色素的纯化液），在此步骤中，色素被柱子吸附，流出的液滴基本是无色的。

（4）用 5 mL 100% 甲醇洗柱，弃流出液。

（5）用 5 mL 乙醚洗柱，弃流出液。

（6）用 5 mL 70% 甲醇洗柱（平衡柱子），弃流出液。

（7）从步骤 3 开始，重复步骤 4 ~ 6，纯化第二个激素样品。

（8）用 1N 盐酸将得到的样品液 pH 调为 2.8，加等体积水饱和的乙酸乙酯，用分液漏斗萃取三次，合并乙酸乙酯相，减压浓缩至干，残留物用 0.5 mL 甲醇溶解。用孔径为 0.45 μm 的超微滤膜过滤后进行 HPLC 的分离和测定。

3. IAA 含量测定

（1）HPLC 测定：ODS C_{18} 反相柱，规格为 5 × 4.6 × 25（柱子填充物的颗粒直径 5 μm，柱子内径 4.6 mm、柱长 25 cm）。洗脱液为甲醇和重蒸水，流速为 0.8 mL/min，梯度洗脱，0 ~ 4 min，重蒸水为 100%，第 4 ~ 6 min，甲醇浓度为 40%，第 10 ~ 13 min，甲醇浓度变为 60%，第 20 ~ 25 min，甲醇浓度变为 80%，第 30 ~ 40 min，甲醇浓度变为 100%；进样量为 20 μL，检测波长为 254 nm。用外标法定性，峰面积定量，重复测定 3 次。

（2）标准曲线的制作：用 100% 甲醇配制 1、10、20、100、200、1 000 ng/mL 的 IAA 系列溶液，分别进样，记录保留时间，以 IAA 的进样量为横坐标，峰面积为纵坐标作图，计算出直线方程和相关系数。

（3）据 IAA 的标准曲线以及回收率，计算出材料中 IAA 的含量。

（4）回收率的计算

回收率 = [（加标样品的 IAA 量 − 不加标样样品的 IAA 量）/ 所加标样量] × 100%

【注意事项】

萃取过程要注意分层效果，尽量不丢失所要的成分，又要将杂质去除干净。

【实验作业】

1. 分别以黄化绿豆幼苗和绿色绿豆幼苗进行实验，比较分析实验结果。
2. HPLC 测定 IAA 含量的优点是什么？
3. IAA 提取过程中应注意什么？

参考文献

［1］中国科学院上海植物生理研究所，上海市植物生理学会．现代植物生理学实验指南．北京：科学出版社，1999：271–274.
［2］丁静，沈镇德，方亦雄，等．植物内源激素的提取分离和生物鉴定．植物生理学通讯，1979，（2）：27–29.

（华南师范大学　王金祥　王小菁）

实验 6-2　生长素促进拟南芥侧根发生

【实验目的】

植物根系，尤其是侧根作为植物吸收水分、养分和应对胁迫的重要器官，在适应各种环境条件中起着至关重要的作用，而生长素在侧根的起始和发育过程尤为关键，通过实验进一步了解生长素的生物学意义。

【实验原理】

生长素在侧根发育的原基起始、侧根原基的形成和侧根顶端分生组织的激活等过程发挥重要作用，外源添加生长素促进侧根形成，增加侧根数目，然而外源添加 1- 萘氨甲酰苯甲酸（N-1-naphthylphthalamic acid，NPA）生长素转运抑制剂，会抑制生长素运输减少侧根数目，生长素对侧根形成具有促进作用。

【器材与试剂】

1. 实验仪器　电子天平，pH 计，恒温培养箱，高压蒸汽灭菌锅，正方形培养皿（边长 10 cm），微量移液器（1 mL，10 μL，100 μL），注射器，0.22 微米滤膜

2. 实验试剂　蔗糖，琼脂粉，MS 基础盐混合物，无水乙醇，1 mol/L 氢氧化钾（KOH），实验用水为高纯水。配制 10 mmol/L 1- 萘氨甲酰苯甲酸（NPA）和 0.1 mmol/L 萘乙酸（NAA）的母液（溶于 DMSO），过滤灭菌后冻存于 -20℃冰箱中，使用时稀释 1 000 倍。

3. 实验材料　野生型拟南芥种子

【实验步骤】

1. 培养基准备

配制 1/2 MS 培养基：将含 2.15 g/L MS 基础盐混合物和蔗糖加入到蒸馏水中，用 1 mol/L KOH 调节 pH 至 6.0。在干燥、高压灭菌的玻璃瓶中直接加入琼脂（琼脂浓度为 1%），加入培养基，高压灭菌 121℃，20 min。在培养基尚未凝固时立即倒入培养皿。将培养基晾干后室温封闭储存。

配制处理培养基：用步骤 1 方法配置 1/2 MS 培养基待培养基冷却至约 45℃时，将 10 μmol/L NPA 和 0.1 mol/L NAA 加入无菌培养基中，在培养基仍为液体时立即倒入培养

皿。将培养基晾干后室温封闭储存。

2. 南芥培养

在无菌环境中下，用 75% 乙醇对拟南芥种子进行表面消毒，消毒 14 min，期间不时颠倒摇晃以充分接触。而后小心去除乙醇，水洗 3 ~ 5 次，将种子播种于 1/2 MS 培养基及添加外源激素的培养基中，每个培养基种植 30 颗种子，每个处理重复 3 次，并设置对照。然后将铺有种子的培养基放入 4℃冰箱中春化 3 天，取出后竖直放于培养箱中，使幼苗生长，培养条件为温度 22℃、光周期 16 h/8 h（白昼、黑夜）。

3. 侧根数目的测量

当拟南芥在对照和 10 μmol/L NPA 和 0.1 μmol/L NAA 中培养 7 天、10 天、13 天后，在显微镜下观察并统计侧根数目。每次观察用 10 个幼苗，重复三次。

【注意事项】

配好的 NAA 和 NPA 母液放置于 –20℃冰箱中冷冻保存，并避免反复冻融。

【实验作业】

外源施加生长素处理时，为何一般选择 NAA 而不是 IAA？

参考文献

[1] Casimiro I，et al. Auxin transport promotes *Arabidopsis* lateral root initiation. The Plant Cell，2001. 13（4）：843–852.

[2] Marchant A，et al. AUX1 promotes lateral root formation by facilitating indole–3–acetic acid distribution between sink and source tissues in the *Arabidopsis* seedling. The Plant Cell，2002，14（3）：589–597.

（华东师范大学 鲁艺 赵琼）

实验 6-3 吲哚乙酸氧化酶活性的测定

【实验目的】

学习用比色法测定吲哚乙酸氧化酶，并掌握酶活力测定的基本要求。

【实验原理】

吲哚乙酸在吲哚乙酸氧化酶的作用下，被氧化破坏失去活性。植物体内吲哚乙酸氧化酶活力的大小，对调节体内吲哚乙酸的水平起着重要的作用，从而影响植物的生长。吲哚乙酸氧化酶活力的大小以其破坏吲哚乙酸的速度来表示，吲哚乙酸的含量可用比色法测定。

【器材与试剂】

1. 实验仪器 分光光度计，离心机，恒温水浴锅，天平，研钵，试管，移液管，烧杯

2. 实验试剂　20 mmol/L pH 6.0 磷酸缓冲液（见附录 2），1 mmol/L 2,4- 二氯酚（称取二氯酚 16.3 mg 用蒸馏水配制成 100 mL），1 mmol/L 氯化锰（称取 $MnCl_2 \cdot 4H_2O$ 19.8 mg 用蒸馏水配制成 100 mL），1 mmol/L 吲哚乙酸（称取 IAA 17.5 mg 用少量乙醇溶解，然后将其倒于盛有约 90 mL 蒸馏水的 100 mL 容量瓶中，稀释至刻度），吲哚乙酸试剂 A 或 B（任备其中之一）：

试剂 A：15 mL 0.5 mol/L $FeCl_3$（81.1 g/L），300 mL 浓硫酸（相对密度为 1.84），500 mL 蒸馏水，使用前混合，避光保存。用时 1 mL 样品中加入试剂 4 mL；

试剂 B：10 mL 0.5 mol/L $FeCl_3$，500 mL 350 g/L 过氯酸，使用前混合之即成，避光保存。用时于 1 mL 样品中加入试剂 2 mL。试剂 B 较试剂 A 灵敏。

3. 实验材料　大豆或绿豆种子

【实验步骤】

1. 将大豆或绿豆种子于 30℃温箱中萌发 3 ~ 4 d，选取生长一致的幼苗，除去子叶，留下胚轴作材料。

2. 取 20 株胚轴，称得质量，置研钵中，加入预冷的磷酸缓冲液 5 mL，石英砂少许，置冰浴中研磨成匀浆。再按 100 mg 鲜重材料加 1 mL 提取液的比例，用磷酸缓冲液稀释之。4 000 r/min 离心 20 min，所得上清液即为粗酶液。

3. 取试管 2 支，于一试管中加入氯化锰 1 mL，二氯酚 1 mL，IAA 2 mL，酶液 1 mL，磷酸缓冲液 5 mL，混合均匀。另一试管中除酶液用磷酸缓冲液代替外，其余成分相同。一起置于 30℃恒温水浴中，保温 30 min。

4. 吸取反应混合液 2 mL，加入吲哚乙酸试剂 B 4 mL，摇匀，置于 30℃的黑暗处保温 30 min，使显色。

5. 将显色后呈红色的反应液于分光光度计中测定波长 530 nm 的吸光值。

6. 根据读数从标准曲线上查出相应的吲哚乙酸残留量（或从直线方程式计算反应液中 IAA 的残留量）。

7. 配制浓度从 0 ~ 35 μg/mL 的 IAA 溶液，分别测得吸光值，然后绘制标准曲线，或计算直线回归方程。

8. 从开始时加入的吲哚乙酸量减去酶作用后残留的吲哚乙酸量，即得被酶所分解破坏的吲哚乙酸量。以每毫升酶液在 1 h 内分解破坏吲哚乙酸量（μg）表示酶活力的大小。按下式计算样品中酶的活力：

$$U = \frac{(c_2 - c_1) \times 10}{1/V' \times V \times t/60}$$

式中：U 为样品中酶活力，μg IAA/（g 鲜重・h）；

c_1 为反应液中残留的 IAA 量，μg/mL；

c_2 为无酶反应液中的 IAA 量，μg/mL；

V 为反应液中酶液的体积，mL；

V' 为 1 g 鲜样品制得的酶液体积，mL；

t 为反应时间，min；

10 为反应液体积，10 mL。

根据操作步骤中所给出的条件，上式可简化成：

$$U=(c_2-c_1)\times 200$$

【注意事项】

反应液中IAA的起始浓度为35 μg/mL，吸光值已接近1，会带来较大的测量误差（吸光值在0.2～0.6时，测量的误差最小），因而可将反应液稀释后进行测定。

【实验作业】

1. 试比较大豆（或绿豆）幼苗的胚轴和胚根中吲哚乙酸氧化酶活性大小。
2. 试比较大豆（或绿豆）幼根的根尖和延伸区中吲哚乙酸氧化酶活性大小。

参考文献

[1] 张志良，等. 几种生长素及合成药剂对吲哚乙酸氧化酶的影响. 植物生理学报，1965，2：171–178.

[2] Gordon S A，Weber R P. Colorimetric Estimation of indoleacetic Acid. Plant Physiol，1951，26：192–195.

[3] 黄群声. 对吲哚乙酸氧化酶活性测定方法中某些步骤的改进. 植物生理学通讯，1996，32（4）：283–284.

（华东师范大学 张志良）

实验 6–4 赤霉酸（GA_3）的生物鉴定

【实验目的】

学习并用水稻幼苗第二叶叶鞘伸长的“点滴法”测定赤霉酸（GA_3）的方法，了解赤霉素对叶鞘伸长的作用。

【实验原理】

赤霉素能刺激幼嫩的禾本科植株节间的伸长。将GA_3点滴于水稻胚芽鞘与第一叶之间（图6–3），在一定的浓度范围内，第二叶叶鞘的伸长与GA_3浓度的对数成正比。通过测定第二叶叶鞘伸长测定GA_3含量。

【器材与试剂】

1. 实验仪器　光照培养室（箱），电子天平（0.1 mg），高压灭菌锅，移液管，洗耳球，培养皿，滤纸，小镊子，刻度尺，微量移液器（10、200 μL）

2. 实验试剂　饱和漂白粉溶液，琼脂，500 μmol/L GA_3母液［称取8.6 mg GA_3（GA_3分子量：346.38）溶于少量无水或95%乙醇中，再用水稀释至50 mL；用蒸馏水稀释母液配制0.1、1、10、100 μmol/L的标准溶液］

3. 实验材料　水稻种子（选用矮生型品种）

【实验步骤】

1. 水稻种子经粒选或用盐水选，用饱和漂白粉溶液灭菌 30 min，自来水冲洗。将种子置于垫有滤纸的培养皿中，加水淹没种子，在 30℃培养箱中黑暗萌发 2 d，此时大部分种子开始露白。

2. 配制 9 g/L 琼脂，高压灭菌，倒入直径 9 cm 的培养皿中。

3. 选取芽长 2 mm 左右的种子，胚芽朝上且偏于一侧（为便于以后点样品），排放在培养皿中的琼脂上，每皿 30 粒。在 30℃、光强 5 000 ~ 10 000 lx 的培养箱或培养室中，连续光照培养，注意保持湿度。

4. 2 d 后，选取刚伸出第二叶叶尖的幼苗（苗长 0.9 ~ 1 cm）。用微量移液器（总容量为 10 μL）将 1 μL 不同浓度的 GA_3 标准溶液分别小心滴于幼苗的偏于一侧的胚芽鞘与第一叶叶腋间（图 6-1），小液滴要停留在芽鞘与第一叶之间，如果小液滴滑落，立即拔掉除这株幼苗。

5. 幼苗继续培养 3 d 后，测定第二叶叶鞘长度（图 6-2）。

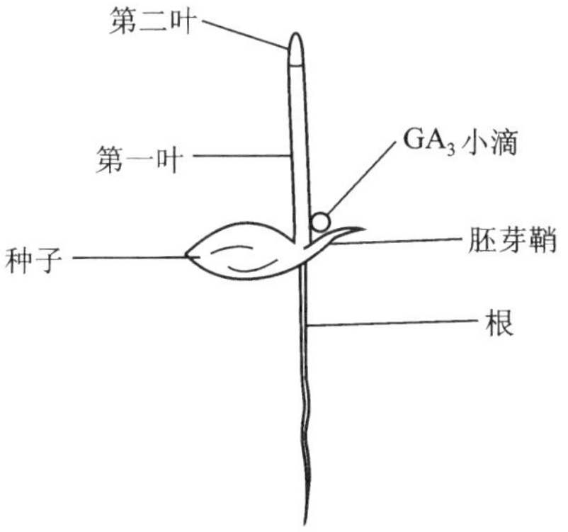

图 6-1 GA_3 液滴的位置

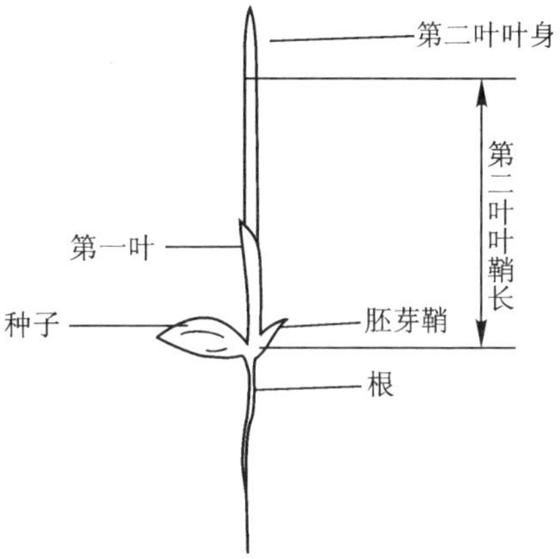

图 6-2 第二叶叶鞘位置

6. 以 GA_3 标准浓度的对数与叶鞘长度绘制标准曲线，将待测溶液处理后测得的叶鞘伸长数值，在标准曲线上查得其相应的 GA_3 浓度，即算得样品中 GA_3 含量。

【注意事项】

1. 用 GA_3 处理幼苗时，一定要使液滴停留于胚芽鞘和叶腋间。

2. GA_3 母液的配制与稀释要准确。

【实验作业】

1. 分别采用普通水稻和矮生水稻种子作为实验材料，比较和分析实验结果。

2. 以矮生水稻为材料，分别以 2 d 龄幼苗和 3 d 龄幼苗进行 GA_3 处理，比较和分析实验结果。在水稻幼苗发育的不同时期，对 GA_3 的敏感性是否相同？为什么？

参考文献

丁静，沈镇德，方亦雄，等 . 植物内源激素的提取分离和生物鉴定 . 植物生理学通讯，1979，(2)：27–29.

（华南师范大学 王小菁）

实验 6–5 GA_3 对小麦种子 α– 淀粉酶的诱导形成

【实验目的】

深入了解赤霉素在种子萌发过程中的调节作用并掌握测定 α– 淀粉酶活性的方法。

【实验原理】

小麦种子在萌发初期，胚产生赤霉素扩散到糊粉层，刺激 α– 淀粉酶的合成。α– 淀粉酶进入胚乳后，将贮藏的淀粉水解成还原糖。外施赤霉素能代替胚，诱导糊粉层 α– 淀粉酶的形成。β– 淀粉酶也能将淀粉水解成还原糖，β– 淀粉酶不耐热，在高温下易钝化；而 α– 淀粉酶不耐酸，在 pH 3.0 时完全钝化。将酶液在高温下维持一段时间，钝化 β– 淀粉酶，可准确测定 α– 淀粉酶的活性。

α– 淀粉酶水解淀粉生成的麦芽糖，在碱性溶液中能将 3,5– 二硝基水杨酸还原为 3–氨基 –5– 硝基水杨酸，测定 520 nm 的吸光值以表示 α– 淀粉酶的相对活性。

【器材与试剂】

1. 实验仪器 分光光度计，离心机，电子天平，恒温水浴锅，电炉，试管及试管架，量筒，移液管（0.5、1、2 mL），研钵，容量瓶，培养皿，滤纸，烧杯，15 mL 具塞刻度试管

2. 实验试剂 2 mol/L NaOH 溶液（80 g/L），20 mg/L GA_3 溶液（溶解方法见附录 9），10 g/L 淀粉溶液（1.0 g 可溶性淀粉放入小烧杯中，加入约 10 mL 蒸馏水，调成均匀的糊状，将此糊状物加入煮沸的蒸馏水中煮沸 1 min，边煮边搅拌，冷却至室温，移入 100 mL 容量瓶中用蒸馏水定容），0.1 mol/L pH 5.6 柠檬酸缓冲液（见附录 2），3,5– 二硝基水杨酸（Dinitrosalicylic acid，DNS）试剂（DNS 1 g 于 20 mL 1 mol/L NaOH 中完全溶解后，加 50 mL 蒸馏水，再加入 30 g 酒石酸钾钠，待溶解后，用蒸馏水定容至 100 mL，盖紧瓶塞，勿使 CO_2 进入）

3. 实验材料 小麦种子

【实验步骤】

1. 小麦种子的选择和预处理

选择大小均一的小麦种子 2 g，分两份，一份放入盛有适量的 20 mg/L 赤霉酸（GA_3）溶液中，另一份放入盛有适量清水的培养皿中（对照），在 30℃浸泡处理 24 h。取出后用清水冲洗，再置于放有滤纸的培养皿中，加水少许，在 30℃培养箱中培养 1 天。

2. 酶液的提取

取对照和 GA_3 处理培养的种子 2 g（种子粒数要相等），研磨成匀浆，倒入 50 mL 容量瓶中，用蒸馏水稀释至刻度，混匀后在室温下放置 15 ~ 20 min（每隔 2 min 振荡一次），在 4 000 r/min 下离心 15 min，取上清液备用。

3. α- 淀粉酶活性测定

（1）取试管 8 支，分两组，一组为清水对照，一组为 GA_3 处理。每组选择两支为试验管，另两支为调零管。

（2）每管中各加入酶提取液 1 mL，70℃恒温水浴中（水温的变化不宜超过 ±0.5℃）准确加热 12 min，使 β- 淀粉酶受热而钝化，取出迅速冷却后，加入 1 mL 0.1 mol/L 柠檬酸缓冲液（pH 5.6）。

（3）将试管置于 40℃恒温水浴中保温 15 min，再迅速加入 40℃预热的淀粉溶液 2 mL（注意混匀），40℃恒温水浴中保温 5 min 后，迅速加入 2 mol/L NaOH 溶液 0.5 mL（摇匀）终止反应。

（4）在调零管中加入 0.5 mL 2 mol/L NaOH 溶液，混匀，用以钝化酶活性。片刻，再加入预热的淀粉溶液 2 mL。

4. 样品的测定

取以上各管中的溶液 1 mL，分别加入 15 mL 刻度试管中，再加入 DNS 试剂 1 mL，混匀，置沸水浴中准确煮沸 5 min，取出迅速冷却，用蒸馏水稀释至 12 mL（可根据溶液颜色深浅灵活稀释至一定体积），混匀，两组试管中每组以调零管调零，置分光光度计上以 520 nm 波长测定吸光值（注意在比色前试管必须全部冷却至室温）。

5. α- 淀粉酶活性计算

以每克鲜重每分钟吸光值大小变化表示 α- 淀粉酶的相对活性。

（吸光值 × 稀释倍数）/（样品重 g× 反应时间 min）

6. GA_3 对 α- 淀粉酶合成的诱导作用

通过两组试验管中样品反应液的吸光值测定比较。

【注意事项】

1. 水温要控制均衡，建议备两个水浴锅，一个将温度调至 40℃，一个为 70℃。灭活的 β- 淀粉酶时水温要控制在 70℃，不宜过高。

2. 准确掌握好试验管中 α- 淀粉酶与淀粉的作用时间。

【实验作业】

1. 以试验浓度为中心作系列 GA_3 浓度处理，列表比较分析实验结果，找出 GA_3 诱导 α- 淀粉酶形成的最适浓度。

2. α- 淀粉酶的活性大小为什么能直接用吸光值表示？

3. 简要地概述在种子萌发过程中胚如何调节贮藏物质的利用？赤霉素起什么作用？

参考文献

[1] 何钟佩 . 农作物化学控制实验指导 . 北京：农业大学出版社，1993：12-15.

[2] 普卢默 D T. 实用生物化学导论 . 吴翚等，译 . 北京：科学出版社，1985：276.

[3] 相沢孝亮，等.酶应用手册.黄文涛，胡学智，译.上海：科学技术出版社，1989：66-67.
[4] 普里斯特 F G. 细胞外酶.北京：科学出版社，1988：50-51.

（华南师范大学 黄群声）

实验 6-6 酶联免疫法测定脱落酸（ABA）含量

【实验目的】

学习用酶联免疫法测定脱落酸（ABA）含量。

【实验原理】

酶联免疫法（简称 ELISA），是被分析物先与其相应的抗原或抗体反应，然后检测抗原或抗体上酶标记物的活性，进行定性或定量测定。常用的酶有辣根过氧化物酶和碱性磷酸酯酶。酶可直接标记激素分子，也可标记第二抗体，成为酶标二抗。这两类标记物分别用于固相抗体型和固相抗原型酶联免疫法。本实验使用固相抗体型酶联免疫法测定脱落酸含量。

将抗脱落酸（ABA）甲酯的单克隆抗体与已吸附于固相载体上的兔抗鼠 Ig 抗体结合，再加入脱落酸甲酯标准品以及待测样品，使其分别与固相化的单克隆抗体结合，然后再加入辣根过氧化物酶标记的脱落酸。通过测定酶标脱落酸的被结合量，换算出样品的脱落酸含量。

【器材与试剂】

1. 实验仪器 酶联免疫检测仪，冷冻离心机，恒温箱，真空泵，涡旋仪，研钵，带盖瓷盘

2. 实验试剂 磷酸缓冲液（称取 8 g NaCl，0.2 g KH_2PO_4，29.6 g Na_2HPO_4，溶解定容至 1 000 mL，pH 7.4），样品稀释液（100 mL pH 7.4 磷酸缓冲液加 0.1 mL Tween-20），洗涤缓冲液（1 000 mL 蒸馏水中溶解 20 g NaCl，再加 1 mL Tween-20），ABA 标准溶液（用 ABA 甲酯母液配成参比系列溶液，浓度单位为 ng/mL），邻苯二胺基质液（称 5 g 邻苯二胺，溶于 12.5 mL 0.01 mol/L pH 5.0 磷酸缓冲液（见附录 2），使用前加入 12.5 μL 300 g/L H_2O_2），辣根过氧化物酶稀释缓冲液（在 100 mL 磷酸缓冲液中分别加入 0.1 mL Tween-20，0.1 g 白明胶和 4 g 聚乙二醇 6000），乙酸乙酯，重氮甲烷，0.2 mol/L 乙酸甲醇。

3. 实验材料 绿豆、黄豆等新鲜植物叶片

【实验步骤】

1. 脱落酸提取

称取新鲜植物材料 200 ~ 500 mg（取样后的材料如果不立即测定，则用液氮速冻后保存在 -20℃冰箱中），用 2 mL 80% 甲醇研磨至匀浆，转入试管中，再用 2 mL 甲醇将研钵冲洗干净。5 000 g 离心 10 min，收集上清液；残渣加 0.5 mL 甲醇液后，再离心 1 次，合并 2 次的上清液，记录体积，弃去残渣。

2. 脱落酸纯化

取 300 μL 上清液转入 5 mL 塑料离心管中，用氮气吹干，用 200 μL 0.1 mol/L Na_2HPO_4（pH 9.2）溶解，用同体积的乙酸乙酯，涡旋，分别形成乙酸乙酯相和水相，用一试管收集乙酸乙酯相，对水相加入同体积的乙酸乙酯，同样的方法共萃取 3 次，收集水相，并调 pH 至 2.5，用 200 μL 乙酸乙酯萃取 3 次，合并乙酸乙酯相，用氮气吹干，用 200 μL 甲醇溶液残渣。

3. 脱落酸的甲酯化

对 200 μL 甲醇样品溶液，加入过量的重氮甲烷至样品溶液呈黄色，10 min 后加入半滴 0.2 mol/L 乙酸甲醇破坏过量的重氮甲烷（黄色消失），用氮气吹干后，加入 300 μL 0.01 mol/L 磷酸缓冲液（pH 7.4）溶解样品。

4. 脱落酸测定

取酶标板，用蒸馏水冲洗数次，在每小孔中加入 100 μL 兔抗鼠 Ig 抗体溶液用于包被聚苯乙烯反应板的微孔，然后将酶标板放入内铺湿纱布的带盖瓷盘内，4℃下过夜或 37℃ 2 h。弃去孔内溶液，用洗涤缓冲液洗涤酶标孔 3 次，甩干。

5. 各孔中加入 100 μL 抗 ABA 甲酯的单克隆抗体，37℃下放置 70 min，洗涤缓冲液洗板，甩干。

6. 各孔内依次加入标准 ABA 溶液或待测样液，每个样品重复 3 次，于 20℃放置 20 min，洗板，甩干。

7. 各孔加入 100 μL 辣根过氧化物酶稀释缓冲液，湿盒在 37℃下放置 60 min，洗板，甩干。

8. 在暗条件下，各孔加入 100 μL 邻苯二胺基质液，湿盒在 37℃下显色 15 min，加入 50 μL 3 mol/L H_2SO_4 中止反应。

9. 用酶联免疫检测仪测定 490 nm 处各孔的吸光值，以加入 ABA 甲酯母液的孔（即标准曲线最高浓度孔）调零，以加入不含 ABA 甲酯的磷酸缓冲液孔的吸光值为 B_0，以加入 ABA 甲酯各标准溶液孔的吸光值为 B_i。求出每份样品重复孔的平均值。

10. 以标准的 ABA 甲酯摩尔数的常用对数 log［ABA］为横坐标（X），对应的 ln［B_i/（B_0–B_i）］为（Y），得到一条 $Y=a+bX$ 的直线。

11. 将样品孔的吸光值代入公式，换算出 ABA 甲酯摩尔数，乘以稀释倍数，除以样品质量，即为每克样品的 ABA 含量。

【实验作业】

1. 以同一种植物的不同器官为材料，测定脱落酸含量，用列表方式比较实验结果。不同器官脱落酸含量相同吗？为什么？

2. 解释乙酸乙酯萃取脱落酸的原理。

参考文献

中国科学院上海植物生理研究所，上海市值物生理学会 . 现代植物生理学实验指南 . 北京：科学出版社，1999：283–285.

（华南师范大学　李玲）

实验 6-7 乙烯促进黄化幼苗的三重反应

【实验目的】

学习并掌握植物幼苗三重反应的处理方法，了解植物激素乙烯的特性。

【实验原理】

乙烯是一种气体激素，它对植物的代谢，生长和发育有着多方面的作用。用乙烯气体处理黄化的拟南芥幼苗，可抑制幼苗上胚轴的伸长，并使上胚轴发生膨大及横向生长，黄化幼苗对乙烯的这三种反应被称为“三重反应”。乙烯的生物合成首先是通过 ACC 合成酶（ACS）从 S- 腺苷蛋氨酸合成 1- 氨基环丙基 -1- 羧酸（ACC），然后通过 ACC 氧化酶（ACO）将 ACC 转化为乙烯。由于 ACC 的施用相对容易，且 ACC 迅速转化为乙烯，因此通常用 ACC 处理来评估植物对乙烯的反应。

【器材与试剂】

1. 实验仪器　高压灭菌锅，光照培养箱，超净工作台，pH 计，一次性正方形无菌培养皿（边长 10 cm），微量移液器（1 mL，10 μL，100 μL）

2. 实验试剂　MS 基础盐混合物，琼脂，蒸馏水，蔗糖，1 mol/L 氢氧化钾（KOH），1- 氨基环丙烷 -1- 羧酸（ACC），75% 乙醇

3. 实验材料　拟南芥种子（Col-0 生态型），铝箔

【实验步骤】

1. 配制含 2.15 g/L MS基础盐混合物的 1/2 MS+1% 蔗糖培养基

将 MS 基础盐混合物和蔗糖加入到蒸馏水中，用 1 mol/L KOH 调节 pH 至 6.0。在干燥、高压灭菌的玻璃瓶中直接加入琼脂（琼脂浓度为 1%），加入培养基，高压灭菌 121℃，30 min。在培养基仍为液体时立即倒入培养皿。

2. 配制 ACC 处理培养基

用步骤 1 方法配制 1/2 MS 培养基，待培养基冷却至约 45℃时，将 10 μmol/L ACC 加入无菌培养基中，并通过摇荡混合培养基。加入 ACC 后，在培养基仍为液体时立即倒入培养皿。

3. 种子消毒

在 1.5 mL 离心管中分装约 200 粒拟南芥种子，在超净工作台中进行种子消毒和播种工作。首先加入 1 mL 75% 乙醇进行种子灭菌处理 14 min，期间不时颠倒以充分消毒。随后去除最大可能的乙醇，重新盖好。用无菌水清洗种子 5 次（每次清洗加入 1 mL 无菌水，略微和种子混合后，在不除去种子的情况下，吸去无菌水）。

4. 用移液枪将步骤 3 种子重新悬浮在适量的水中，均匀地平铺在含有和不含有 ACC 培养基表面，种子密度不要过度，每个培养皿上最好少于 100 粒种子。将带有种子的平板水平放置在 4℃冰箱静置 2 天。

5. 用 2 层铝箔包裹步骤 4 中的平板，放置于 22 ℃黑暗培养箱中萌发并生长 3 天。

6. 三重反应表型通常在连续乙烯处理的 72 h 左右最明显，根和下胚轴的伸长受到抑制，下胚轴和根横向加粗，并且顶端的弯钩明显加剧。

【注意事项】

将对照和ACC平板分开堆放，以减少ACC生长的幼苗产生的额外乙烯对邻近对照植株的影响。

参考文献

[1] Merchante C, Stepanova A N. The triple response assay and its use to characterize ehylene mutants in *Arabidopsis*. Methods Mol Biol, 2017, 1573: 163–209.

[2] Vanderstraeten L, Depaepe T, Bertrand S, et al. The ethylene precursor ACC affects early vegetative development independently of ethylene signaling . Front Plant Sci, 2019, 10: 1591.

[3] Yin J, et al. Aminocyclopropane-1-carboxylic acid is a key regulator of guard mother cell terminal division in *Arabidopsis thaliana* . J Exp Bot, 2019, 70(3): 897–908.

（华东师范大学 刘乐 赵琼）

实验6-8 细胞分裂素对花色素苷积累的影响

【实验目的】

学习并掌握花色素苷的提取及测定方法，了解光和细胞分裂素对花色素苷合成的影响。

【实验原理】

在光照条件下，特别是蓝光下，细胞分裂素KT明显促进拟南芥植株形成花色素苷。用酸性甲醇提取植株的色素，再加入氯仿，能够将叶绿素与花色素苷分开，取上层水相分别在530 nm和657 nm处测定吸光值，则可以计算花色素苷的相对含量。

【器材与试剂】

1. 实验仪器 高压灭菌锅，光照培养箱，超净工作台，涡旋仪，培养皿，移液管，洗耳球，试管，微量移液器（100 μL）

2. 实验试剂 氯化钾，氯化钙，琼脂，1 mol/L盐酸（见附录1），二甲亚砜（DMSO），1 g/L Triton-X 100，70%乙醇，市售次氯酸钠溶液，蒸馏水，1 mmol/L KT母液（称取2.2 mg KT，其分子量为215.2，用40 μL 1 mol/L盐酸和40 μL DMSO溶解，再用蒸馏水稀释至10 mL为KT母液），母液对照（蒸馏水中加入40 μL 1 mol/L盐酸和40 μL DMSO作为对照）

3. 实验材料 拟南芥种子

【实验步骤】

1. 在1.5 mL离心管中，用1 g/L的Triton-X 100浸泡拟南芥种子1 min，直至种子沉于管底。吸去Triton-X 100，用1/3市售次氯酸钠溶液（有效氯2～4 g/L）进行种子消毒10 min，蒸馏水冲洗5次，4℃下黑暗浸种4 d。

2. 配制含 1 mmol/L KCl（74.6 mg/L）、1 mmol/L $CaCl_2$（111 mg/L）的 10 g/L 琼脂培养基，高压灭菌。

3. 无菌条件下，分别将 1 mmol/L KT 母液和对照母液与热琼脂培养基按 1∶10 的比例倒入已灭菌的培养皿中，使 KT 终浓度为 100 μmol/L，冷却备用。

4. 将种子用 1.5 g/L 琼脂悬浮，播于培养基上，封口膜将培养皿密封后置于光下照射 2 h（光诱导萌发），转入 21℃黑暗下培养 2 d，再移至光下培养 3 d。

5. 从 KT 处理和对照组中各选取幼苗 20 株，放入 1.5 mL 离心管中，加 10 g/L HCL–甲醇混合液 210 μL，室温 21℃黑暗下浸提 24 h，加重蒸水 140 μL 及氯仿 350 μL，涡旋 10 s，12 000 r/min 离心 5 min。吸取含有花色素苷的上层水相，在 UV–2100 的紫外 – 可见分光光度计上分别测定 657 nm 和 530 nm 下的吸光值，花色素苷的相对含量用“(OD_{530}–OD_{657}) / 测定株数”表示。

【注意事项】

1. 拟南芥幼苗很小，操作时要细心，确保实验的准确性。
2. 种子用次氯酸钠消毒后，一定要用蒸馏水洗涤充分，确定没有次氯酸钠残留。
3. 涡旋离心后，用于比色测定的是上层水相花色素苷，不要触到下层的氯仿。

【实验作业】

在步骤 4，将黑暗中生长 2 d 的幼苗，分别移于白光、蓝光和黑暗 3 种不同条件下培养 3 d，测定花色素苷的相对含量，列表比较并分析实验结果。

参考文献

Neff M M，Chory J. Genetic interactions between phytochrome A. phytochrome B and cryptochrome 1 during *Arabidopsis* development. Plant Physiol，1998，118：27–35.

（华南师范大学　王小菁）

实验 6–9 生长调节剂对黄瓜性别表达的作用

【实验目的】

了解赤霉素和乙烯对黄瓜性别分化的作用。

【实验原理】

适当浓度的赤霉素和乙烯（C_2H_4）能影响瓜类植物的性别分化。人工合成的植物生长调节剂乙烯利（俗称液体乙烯），化学名为 2– 氯乙基膦酸，在 pH 高于 4.1 时，分解产生乙烯，反应过程：

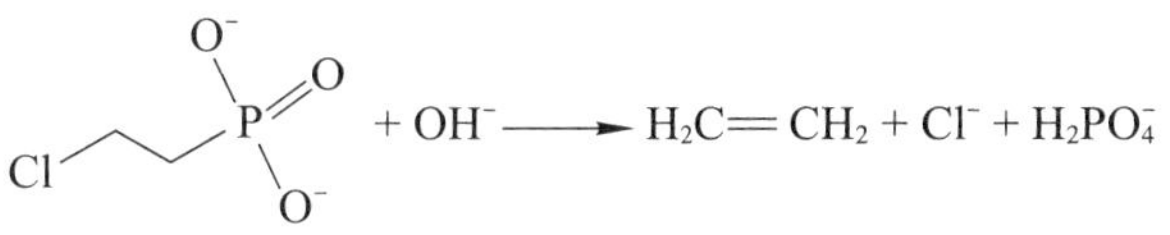

适当浓度的乙烯利能诱导黄瓜幼苗形成雌花，而适当浓度的 GA_3 能诱导黄瓜雄花的形成。

【器材与试剂】

1. 实验仪器　烧杯，移液管，量筒，棉花，滴管，标签

2. 实验试剂　100 mg/L 乙烯利（用 400 g/L 乙烯利溶液配制），50 mg/L 赤霉酸（GA_3）

3. 实验材料　盆栽黄瓜幼苗

【实验步骤】

1. 大田或盆栽黄瓜，当幼苗长出 2～3 片真叶时。

2. 晴天下午 4 时左右，用镊子夹住小棉花团，浸入 100 mg/L 乙烯利溶液中，将小棉花团小心放在幼苗的生长点上，对照用吸有蒸馏水的棉花团，使幼苗吸收，挂上标签。并在幼苗旁插一根竹杆，让苗攀缘。

3. 同 2，用镊子夹住小棉花团，浸入 50 mg/L 赤霉酸溶液中，将吸有赤霉素的小棉花团同样放在幼苗的生长点上，对照用吸有蒸馏水的棉花团处理，挂上标签。并在幼苗旁插一根竹杆，让苗攀缘。

4. 幼苗生长 1 个月左右，开始观察结果，分别记录开花时间、开花节位，花朵的性别，结瓜数目等。

【注意事项】

乙烯利和赤霉酸的施用部位一定是幼苗的生长点。

配制的乙烯利和赤霉酸溶液浓度一定要准确。

【实验作业】

1. 比较用不同浓度乙烯利和赤霉素对黄瓜植株开花性别分化的诱导作用。

2. 探究乙烯利和赤霉素对其他瓜类性别分化的诱导作用。

3. 在黄瓜幼苗发育的不同阶段施加生长调节剂，对花性别分化的效果一样吗？

参考文献

[1] 潘瑞炽，李玲 . 植物生长发育的化学调控 . 2 版 . 广州：广东高等教育出版社，1999：84-88.

[2] 叶自新 . 植物激素与蔬菜化学控制 . 北京：中国农业科技出版社，1988：154-167.

（华南师范大学　李娘辉）

实验 6-10 生长调节剂对果实发育的影响

【实验目的】

了解 2,4-D、萘乙酸和赤霉素对无籽果实形成的诱导作用及乙烯对果实的催熟作用。

【实验原理】

植物生长调节剂 2,4-D、萘乙酸（NAA）以及赤霉素（GA_3）等，在适当的浓度下能诱导无籽果实形成。适当浓度的乙烯利能促进果实成熟。

【器材与试剂】

1. 实验仪器 天平，塑料盆，量筒，移液管，容量瓶，烧杯，标签，称量纸，滴管，角匙

2. 实验试剂 20 mg/L 2,4-D（溶解方法见附录 9），500 mg/L NAA（用热水或少量 95% 乙醇溶解 NAA，再用蒸馏水定容），100 mg/L GA_3（溶解方法见附录 9），400 g/L 乙烯利

3. 实验材料 田栽番茄，辣椒，西瓜和葡萄幼苗，大蕉，香蕉，柿子，杧果等

【实验步骤】

1. 无籽果实的诱导形成

（1）2,4-D 诱导无籽果实

① 在番茄开花授粉前用 2～3 滴 20 mg/L 2,4-D 溶液涂在花上，以水处理作对照。

② 在茄子开花期间，用 2～3 滴 20 mg/L 2,4-D 溶液涂在花上，以水处理作对照。

果实成熟时，观察果实内籽粒的有无。

（2）NAA 诱导无籽果实

① 在辣椒开花初期，用 2～3 滴 500 mg/L NAA 溶液滴在花朵上（或喷花），以水处理作对照。

② 在西瓜或节瓜开花期，用 500 mg/L NAA 溶液涂雌花，并以不加 NAA 的羊毛脂处理作对照。

果实成熟时，检查是否有籽。

（3）GA_3 诱导无籽果实

在葡萄开花前 10 d，用 2～3 滴 100 mg/L GA_3 溶液，涂在花芽上，以水处理作对照。果实成熟时，检查是否有籽。

2. 乙烯利对果实的催熟作用

（1）将采收后的大蕉（或香蕉、柿子、杧果等）用 500 mg/L 乙烯利溶液浸泡 5 s，以蒸馏水浸泡作对照，取出果实分别放在箩筐或纸箱内，室温保存。

（2）5～10 d 之内，观察结果。比较果皮的颜色和果实的成熟度。

【注意事项】

1. 用植物生长调节剂处理材料的时机一定要把握好。

2. 可尝试使用不同的激素浓度，筛选出激素的最适作用浓度。

【实验作业】

以不同浓度的各种生长调节剂进行实验，列表或作图分析实验结果。

参考文献

[1] 潘瑞炽，李玲．植物生长发育的化学调控．2版．广州：广东高等教育出版社，1999：137–138.
[2] 叶自新．植物激素与蔬菜化学控制．北京：中国农业科技出版社，1988：189–196.
[3] 李卓杰．植物激素及其应用．广州：中山大学出版社，1993：384–385.

（华南师范大学 李娘辉）

实验 6-11 香石竹的切花保鲜

【实验目的】

香石竹又名康乃馨，是世界四大商品切花之一，在切花生产、贸易和消费中占有重要地位。本实验应用相对简单实用、安全可靠的技术，对香石竹切花进行保鲜，在鲜花生产上有较大的应用价值。

【实验原理】

大量研究证明，乙烯在切花的衰老过程中起到非常重要的作用。乙烯对香石竹衰老的促进作用也非常明显，它作为成熟激素诱导并加速香石竹的花朵开放，在呼吸跃变上升时，乙烯又自我催化并继续大量产生，进一步促进开放的花朵迅速衰老。8-羟基喹啉（8-HQ）、6-苄基嘌呤（6-BA）、激动素（KT）、植物生长调节剂比久（B9）、水杨酸（SA）等在植物体内具有抑制乙烯合成的功能，因而可以延长香石竹切花的寿命；无机离子（Ag^{+}、Al^{3+}、Co^{2+} 和 Ca^{2+}）对香石竹切花的保鲜也都有一定效果，能不同程度地延长香石竹切花的瓶插寿命。

【器材与试剂】

1. 实验仪器　分析天平，三角瓶，量筒
2. 实验试剂　8-HQ，6-BA，$Al_2(SO_4)_3$，SA，柠檬酸，蔗糖；
母液：200 mg/L 8-HQ+20 mg/L SA+10 mg/L 6-BA+50 mg/L $Al_2(SO_4)_3$+250 mg/L 柠檬酸；
保鲜液 A：每升母液中加入蔗糖 30 g；
保鲜液 B：每升母液中加入蔗糖 15 g；
对照：蒸馏水。
3. 实验材料　香石竹

【实验步骤】

1. 材料处理　取含苞待放的香石竹花枝，于水中将茎端斜切去掉 3 ~ 5 cm，以增大花茎的吸水面积，剪切过程中尽量避免切花组织的损伤，花朵下部保 5 片叶，以备试验用。剪切后切花长 35 ~ 40 cm，每枝切花长度基本一致。每小组需要 12 枝花。

2. 保鲜处理 每组取 3 只 250 mL 三角瓶，分别加入 200 mL 保鲜液 A、保鲜液 B 和蒸馏水，然后在各瓶中插入 4 枝香石竹，做好标记。瓶口可用塑料薄膜封紧以防水分蒸发。

3. 观察保鲜效果 定期观察香石竹切花的保鲜效果。以优秀（观赏价值保持不变或更好）、良好（花瓣边缘略显失水，观赏价值尚好）、尚可（花瓣边缘明显失水，但全然具有观赏价值）、差（外层花瓣严重失水萎蔫或发生弯头，失去观赏价值，瓶插寿命结束）为标准，记录保鲜效果。

【注意事项】

香石竹保鲜期间，避免放置在直接通风处，也不要放置在完全密闭环境中。

【实验作业】

实验报告：包括香石竹保鲜操作过程、保鲜效果记录、香石竹在不同保鲜液处理时的瓶插寿命。

参考文献

黄文江，等．不同保鲜剂对香石竹切花保鲜的影响．西北农业学报，2006，15（2）：141–143.

（上海交通大学 史益敏）

实验 6–12 水仙的矮化

【实验目的】

了解多效唑（PP_{333}）或矮壮素在控制植物生长中的作用，掌握激素在培育植物新品种、提高观赏价值中的应用技术。

【实验原理】

多效唑（PP_{333}）或矮壮素能调节植物生长，使植物矮化。水仙的矮化效果与不同浓度的 PP_{333} 处理的关系。

【器材与试剂】

1. 实验仪器 分析天平，量筒，水仙盆

2. 实验试剂

PP_{333} 母液：用自来水配制 100 mg/L PP_{333}，再用母液稀释；

A 液：50 mg/L PP_{333}；

B 液：10 mg/L PP_{333}；

C 液：2 mg/L PP_{333}；

对照：自来水

3. 实验材料　中国水仙鳞茎（俗称水仙球）

【实验步骤】

1. 材料处理　用解剖刀去除水仙球外表干枯鳞片，适当雕刻水仙球，用自来水冲洗，擦干表皮水分。将水仙球放入水仙盆内，每盆 2 个。

2. 矮化处理　处理分 A、B、C 及对照四组，分别将 PP_{333} A 液、B 液、C 液和自来水放入盆中。各组先用处理液浸湿芽部，再把水仙球放置端正，尽量让芽朝上面，处理液浸没水仙球，24 ~ 48 h 后把盆中矮化液倒去，换成自来水，以后按照常规水养。

3. 观察矮化效果　定期观察矮化效果。每隔 7 d 统计一次水仙植株生长高度，直至各处理与对照水仙球开花，并记录开花时间、花葶高度。

【注意事项】

要选用优质水仙球，大小一致；水仙球雕刻时注意尽量不要伤叶和花芽。

【实验作业】

实验报告：包括水仙盆养矮化操作过程、矮化效果记录、水仙在不同矮化液处理时的开花时间与寿命。

参考文献

刘德良，张琴．多效唑对水仙观赏效果的影响．湖南环境生物职业技术学院学报，2001，7（1）：52–54.

（上海交通大学　史益敏）

第七章

生长发育

实验 7-1 种子生活力的快速测定

种子成熟采收之后，由于贮藏的条件不合适，往往会使种子的品质变劣，影响种子的发芽、幼苗的健壮生长，最终影响产量。这是细胞的结构和生理功能受到损害所致。以下几种方法，能快速测定种子的正常生理代谢功能是否受到损害，胚是否存活，以了解种子是否还具有发芽的潜力。

【实验目的】

熟悉种子活力快速测定的各种方法。

Ⅰ 氯化三苯四氮唑法（TTC 法）

【实验原理】

凡有生命活力的种子胚部，在呼吸作用过程中都有氧化还原反应，而无生命活力的种胚则无此反应。当 TTC 渗入种胚的活细胞内，并作为氢受体被脱氢辅酶（$NADH_2$ 或 $NADPH_2$）上的氢还原时，便由无色 TTC 变为红色 TTF。反应式详见实验 2-7-Ⅱ。

【器材与试剂】

1. 实验仪器　恒温箱，天平，烧杯，培养皿，镊子，刀片

2. 实验试剂　5 g/L TTC 溶液（称取 0.5 g TTC 放在烧杯中，加入少许 95% 乙醇使其溶解然后用蒸馏水稀释至 100 mL。溶液避光保存，若变红色，即不能再用）

3. 实验材料　大麦、小麦、籼谷或粳谷的种子

【实验步骤】

1. 浸种

将待测种子在 30 ~ 35 ℃温水中浸种（大麦、小麦、籼谷 6 ~ 8 h，玉米 5 h，粳谷 2 h），以增强种胚的呼吸强度，使显色迅速。

2. 显色

取吸胀的种子 200 粒，用刀片沿种子胚的中心线纵切为二，将其中的一半置于 2 只培养皿中，每皿 100 个半粒，加入适量的 5 g/L TTC，以覆盖种子为度。然后置于 30℃恒温箱中 0.5 ~ 1 h。观察结果，凡胚被染成红色的是活种子。将另一半在沸水中煮 5 min 杀死胚，作同样染色处理，作为对照观察。

3. 计算活种子的百分率。

Ⅱ 溴麝香草酚蓝法（BTB 法）

【实验原理】

凡活细胞必有呼吸作用，吸收空气中的 O_2，放出 CO_2。CO_2 溶于水成为 H_2CO_3，H_2CO_3 解离成 H^+ 和 HCO_3^-，使得种胚周围环境的酸度增加，可用溴麝香草酚蓝法（BTB 法）来测定酸度的改变。BTB 的变色范围为 pH 6.0 ~ 7.6，酸性呈黄色，碱性呈蓝色，中间经过绿色（变色点为 pH 7.1）。色泽差异显著，易于观察。

【器材与试剂】

1. 实验仪器　恒温箱，天平，培养皿，烧杯，镊子，漏斗，滤纸，琼脂

2. 实验试剂

1 g/L BTB 溶液：称取 BTB 0.1 g，溶解于煮沸过的自来水中（配制指示剂的水应为微碱性，使溶液呈蓝色或蓝绿色，蒸馏水为微酸性不宜用），然后用滤纸滤去残渣。滤液若呈黄色，可加数滴稀氨水，使之变为蓝色或蓝绿色。此液贮于棕色瓶中可长期保存。

1 g/L BTB 琼脂凝胶：取 1 g/L BTB 溶液 100 mL 置于烧杯中，将 1 g 琼脂剪碎后加入，用小火加热并不断搅拌。待琼脂完全溶解后，趁热倒在数个干燥、洁净的培养皿中，使成一均匀的薄层，冷却后备用。

3. 实验材料　大麦、小麦、籼谷或粳谷的种子

【实验步骤】

1. 浸种

同上述 TTC 法。

2. 显色

取吸胀的种子 200 粒，整齐地埋于准备好的琼脂凝胶培养皿中，种子平放，间隔距离至少 1 cm。然后将培养皿置于 30 ~ 35℃下培养 2 ~ 4 h，在蓝色背景下观察，如种胚附近呈现较深黄色晕圈是活种子，否则是死种子。用沸水杀死的种子作同样处理，进行对比观察。

3. 计数种胚附近出现黄色晕圈的活种子数，算出活种子百分率。

Ⅲ 纸上荧光法

【实验原理】

具有生活力的种子和已经死亡的种子，它们的种皮对物质的透性是不同的，而许多植物的种子中又都含有荧光物质。利用对荧光物质的不同透性来区分种子的死活，方法简单，特别是对十字花科植物的种子，尤为适用。

【器材和试剂】

1. 实验仪器 紫外荧光灯，培养皿，镊子，滤纸（无荧光）
2. 实验试剂 水
3. 实验材料 油菜、白菜等十字花科植物的种子（需完整无损）

【实验步骤】

1. 将完整无损的种子（油菜、白菜等十字花科植物的种子）100 粒，于 25 ~ 30℃水中浸泡 2 ~ 3 h。

2. 把已吸胀的种子，以 3 ~ 5 mm 间隔整齐地排列在培养皿中的湿滤纸上，滤纸上水分不能过多，以免荧光物质流散彼此影响。培养皿可以不必加盖，放置 1.5 ~ 2 h，取去种子，将滤纸阴干。取出的种子仍按原来顺序排列在另一培养皿中（以备验证）。

3. 将阴干的滤纸置于紫外荧光灯下进行观察，观察如能在暗室中进行，则效果更好。

4. 在放过种子的位置上如见到荧光圈，则为死种子。如要确证它们是死种子，可将排列在另一培养皿中的这些种子拣出来，集中在一只培养皿的湿滤纸上，而让不产生荧光圈的种子留在培养皿中，维持湿度，让其自然发芽。

5. 3 ~ 4 d 后记录培养皿中发芽种子数，填入下表中。

种子总数	产生荧光种子			不产生荧光种子		
	总数	发芽数	发芽率 /%	总数	发芽数	发芽率 /%

此方法的成败，首先决定于种子中荧光物质的存在，其次决定于种皮的性质。有些种子无论有无发芽能力，一经浸泡，即有荧光物质透出，大豆即属此类；也有些种子由于种皮的不透性，无论种子死活，都不产生荧光圈，许多植物的种子都会碰到这种个别现象，此时只要用机械方法擦伤种皮，可重新验证。相反，有时由于收获时受潮，种皮已破裂，也会产生荧光圈，实验时都应该注意。最好将浸泡液进行检查，没有荧光则适用于作为实验材料。

【实验作业】

1. 试验结果与实际情况是否相符？为什么？
2. 据你所知还有哪些快速方法，可以测定种子的生活力？

3. 试比较 TTC 法、BTB 法以及纸上荧光法，测定的结果是否相同？为什么？

【注意事项】

所介绍的几种方法都是以细胞对该物质的透性为前提，只能快速地了解种子具有的发芽潜力，为应急之用。

参考文献

[1] 上海师范大学生物系和上海市农业学校 . 水稻栽培生理 . 上海：上海科技出版社，1978：368.
[2] 郑光华 . 怎样快速测定种子的发芽力 . 植物杂志，1978（2）：18–19.
[3] 周燮，曹显祖 . 稻麦种子发芽率的速测法 . 植物杂志，1974（3）：41.
[4] 郑晓鹰 . 用纸上荧光圈法快速测定十字花科蔬菜种子生活力 . 植物生理学通讯，1980（3）：66–68.

（华东师范大学　王隆华　张志良）

实验 7-2 种子活力的测定

种子活力是指种子健壮度，包括迅速、整齐萌发的发芽潜力及生长潜势。种子活力的大小取决于遗传基础和发育状态，当种子成熟时，活力水平达到高峰，随后在采收、加工、贮藏过程中，种子会发生不同程度的劣变，引起活力衰退，进而在播种时，直接影响农作物的产量。测定种子活力可以及时鉴定种子的健壮度，对其使用价值作出尽可能切合实际的判断，关键是能对出苗率和幼苗生长势有个可靠的估计。目前，测定种子活力的方法有数十种，常用的有：抗冷法、砂压法、低温法、电导法和加速衰老法。

【实验目的】

熟悉测定种子活力大小的几种常用方法。

Ⅰ 抗 冷 法

【实验原理】

在生产实践中，常因早春播种遇低温和潮湿的土壤，使种子萌发出苗受阻，从而被土壤中或种子自身携带的病菌侵袭，致使活力低的种子在萌发出土过程中霉烂，而能正常出苗者则必是健壮度好、活力强的种子。人为模拟田间逆境条件则可以筛选出活力强的种子。

【器材与试剂】

1. 实验仪器　恒温箱，塑料盒（7 cm × 10 cm × 4 cm 或 30 cm × 40 cm × 20 cm），天平，耕作土或田园土，沙

2. 实验材料　玉米、大豆、豌豆等作物种子

【实验步骤】

1. 将土壤与沙（按 1∶1，质量比）混合，充分拌匀，定量装入特制规格的塑料盒（7 cm × 10 cm × 4 cm 或 30 cm × 40 cm × 20 cm）中，铺平压实。

2. 将待测种子直接播在塑料盒中（定量、定距离），轻压使种子略陷入土壤中，然后再加定量的覆盖土，铺平压紧，再浇上适量的水分，使土壤持有 70% 含水量为宜。加盖后放置在预先调控的低温条件下（10℃，相对湿度 95%），放置 7 d。设一对照组（25℃，相对湿度 95%）。

3. 取出种子，将其原封不动转入适温条件下促其出苗（热带种子 30℃，温带及一般农作物可用 25℃），经 1 ~ 2 周后统计出苗率，并与对照组相比，求出百分率。按出苗率和幼苗高度来判断种子活力水平。在低温条件下，出苗率高、长势旺的种子为优。

Ⅱ 砂 压 法

【实验原理】

在种子萌发过程中，常需克服覆盖土壤和沙砾的重力胁迫，人工模拟田间条件，用砖砂颗粒做覆盖土，试验中能正常萌发出土的种子即为活力强的种子。

【器材与试剂】

1. 实验仪器 恒温箱，塑料盒（9 cm × 9 cm × 4.5 cm），砂床，粗砖砂或砖砂颗粒（直径 3 ~ 5 mm）

2. 实验材料 各种禾谷类或十字花科等作物，如小麦、水稻、玉米和甜菜、花生、胡萝卜的种子

【实验步骤】

1. 将砖砂颗粒进行消毒处理（如图 7–1）。

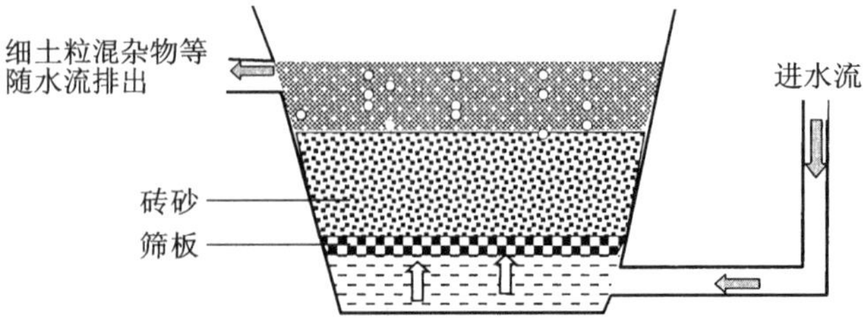

图 7–1 砖砂颗粒消毒装置

2. 将消毒后的砖砂铺在长方形塑料盒（9 cm × 9 cm × 4.5 cm）中，浸湿后播上 100 粒种子（各种禾谷类或十字花科等作物，如小麦、水稻、玉米和甜菜、花生、胡萝卜的种子，铺放种子时要注意籽粒之间彼此保持一定间隔，以避免病菌相互传染），再覆盖上

3 cm 厚的砖砂颗粒。

3. 将此待测种子盒放在恒温（20℃）下 10～14 d，待幼苗出土后，将盖子揭开。

4. 记载出土幼苗的百分数，再将正常苗按幼苗长度分为强苗和弱苗，分别记载强苗和弱苗的百分数。再倒出种子盒中的砖砂，取出全部幼苗，统计不出土幼苗中畸形苗和受病菌感染幼苗的百分数，对种子的质量作出全面的评价，从而判断种子活力。

Ⅲ 低 温 法

【实验原理】

某些作物种子萌发时对温度很敏感，特别是喜温植物，播种后如遇持续的较低温度（<18℃），出苗率就会明显降低，幼苗生长势减弱。种苗抗低温的能力是种子活力强弱的指标之一。

【器材与试剂】

1. 实验仪器　恒温箱，常规发芽实验装置

2. 实验材料　常用棉花种子

【实验步骤】

1. 将待测种子（常用棉花种子）浸水吸胀后，播于盛有土壤的塑料盒中，并加入适量覆盖土，土壤湿度保持 70% 含水量。

2. 将被测定的种子盒放在恒温（18℃）条件下 12～14 d，每 6～7 d 记录一次结果。对照组放于 28℃下培养。

3. 至少使用 200 粒种子，4 次重复。

4. 参照北美洲官方种子分析者协会（AOSA）规定棉花种苗分级标准，判断种子活力水平。

［附］ AOSA 规定棉花种苗分级标准

（1）正常苗

幼根：①伸长度良好，具有丰富的根毛，长势健壮；②初生根虽生长不良，但次生根生长健壮；③根部色泽有淡黄区段出现，但子叶无病菌感染。

下胚轴：①伸长度良好，长势健壮，不存在有深达内部输导组织的裂痕或病斑者；②虽有个别淡黄区段出现，但只要子叶不染病者。

子叶：①具有一片完整子叶；②上胚轴完整无损。

上胚轴：完整无损，并与子叶连接完好，长势良好。

（2）壮苗

上述种苗各器官完善无损，长势健壮者。

（3）畸形苗

幼根：初生根生长不良或粗短，次生根长势也很弱。

下胚轴：①产生畸变，诸如缩短、扭曲或肥厚，并出现深裂痕；②腐烂并由子叶蔓延扩展。

子叶：①没有一片完整无损的子叶；②局部或整片霉烂者。
上胚轴：生长不良，子叶脱落者。

Ⅳ 电 导 法

【实验原理】

在种子老化劣变过程中，细胞膜结构与功能的受损，会引起选择性渗透能力的降低，导致吸胀过程中细胞内含物的外渗，渗出液电导率升高，其后果使种子本身生理失调，并有利于种子周围病菌的侵染繁殖，从而降低田间出苗率和幼苗生长势。据此原理，测定种子浸出物的电导度就能预测种子的活力水平。

【器材与试剂】

1. 实验仪器 电导仪，500 mL 锥形瓶，250 mL 烧杯，恒温箱，温度计
2. 实验试剂 重蒸水或超纯水
3. 实验材料 完整无损、大小均匀的待测种子（如豌豆、菜豆、玉米等）

【实验步骤】

1. 挑选完整无损、大小均匀的待测种子 100 粒，将种子在恒温、恒湿条件下放置 24 h，使种子含水量均衡。挑选含水量在 10% ~ 14% 的种子 50 粒。
2. 将挑选出的 50 粒种子放在 500 mL 锥形瓶中，加重蒸水 250 mL，20℃保持 24 h。
3. 摇动锥形瓶，使溶液均匀，过滤到 250 mL 烧杯中，测定滤出溶液电导率。
4. 根据测定结果判断种子活力

（1）小于 24 μS/mg 种子者具有强活力，适宜早播。
（2）25 ~ 29 μS/mg 种子活力尚佳，一般如无特殊情况，可行早播。
（3）30 ~ 40 μS/mg 种子活力较差，不宜早播。
（4）大于 40 μS/mg 种子活力很差，失去使用价值。

电导的准确度会受到水质、种子本身含水量、损伤度和药剂处理等因子影响，因而在测定电导率时，在操作规程上应做到严格标准化，如比较不同种子的电导率时，应保证滤出溶液体积恒定。种子活力大小与电导率实际数值的关系，因植物品种而不同。

Ⅴ 加速衰老法

【实验原理】

根据高温高湿会加速种子老化的原理，应用人工控制，在高温高湿条件下预处理种子，再用常规发芽法测定种子发芽率，并结合幼苗生长速率、幼苗分级等方法，即可判断种子的老化程度和抗老化的能力，确定其活力水平。经衰老处理后，仍保持较高活力的种子抗老化能力强。

【器材与试剂】

1. 实验仪器 恒温箱，盛放种子的容器（多用特制的塑料盒，不带盖子，四边和底部均钻有 16 个直径 5 mm 的小孔，以利于空气流通），加速老化箱（可用干燥器，在其底部装 2 ~ 3 cm 水层，将尼龙网或丝网放于白瓷板上）。

2. 实验材料 种子

【实验步骤】

1. 取待测种子 100 粒于恒温恒湿条件下过夜，预先平衡含水量。

2. 将种子平铺在加速老化箱的铅丝网上（如果是小粒试样，可将种子先平铺在盛放种子的塑料盒中），密闭干燥器。

3. 将干燥器置于 40℃恒温条件下 4 ~ 5 d。

4. 取出种子，以常规发芽法测定种子发芽率，并结合幼苗生长速率、幼苗分级等，判断种子活力。对照种子不经高温处理，直接发芽。

【注意事项】

试用每种方法时需注意种子自身的特性，如种子大小、结构以及对温度适应性等。

【实验作业】

1. 比较抗冷法、砂压法、低温法、电导法和加速老化法在测定种子活力上的优缺点（通过同类种子不同方法测定和同一种方法测定不同类型种子的比较分析）。

2. 电导法多应用于哪些作物种子上？为什么？

3. 据你所知还有哪些方法，可以测定种子活力？

参考文献

[1] 陶嘉玲，郑光华．种子活力．北京：科学出版社，1991.

[2] AOSA. Seed vigor testing handbook. NY：Asso. Offic. Seed Analy，1983.

[3] ISTA. International rules for seed testing. Zurich：ISTA，1985.

[4] 徐是雄，等．种子生理的研究进展．广东：中山大学出版社，1987.

（华东师范大学 赵旖旎）

实验 7-3 细胞生长周期测定（流式细胞法）

【实验目的】

根据细胞生长周期中各时相细胞内具有不同 DNA 含量的特点，学习用 DNA 的特异荧光染料在流式细胞仪上进行细胞周期的测定。

【实验原理】

一般说来，细胞内 DNA 含量随细胞各时相发生周期性变化。正常繁殖的细胞含有不同数量的 DNA，从 G_0/G_1 期的 2*N* 直至分裂前的 4*N*。细胞周期从 G_1 期开始，这一时期的细胞含有二倍 DNA，并不能与 G_0 期细胞区分开来，但它们已经预备复制 DNA。当 G_1 期细胞进入 S 期时，它们即开始复制其 DNA，并产生另一套成对染色体。细胞完成这一复制过程后进入 G_2 期，并准备分裂。它们已经将 DNA 数量从 2 倍增至 4 倍。细胞很快进入 M 期，分裂成两个子细胞，每个细胞含有正常的 2*N* 数目的染色体和二倍体的 DNA。因此，测得细胞内 DNA 的含量即可判别该细胞处于细胞的某一时相。流式细胞术测量 DNA 的荧光染料见下表 7–1。

表 7–1 常用的 DNA 荧光染料的理化特性

荧光染料	结合方式	碱基特异性	激发波长 /nm	发射波长 /nm
PI	嵌入	无	493	630
EB	嵌入	无	482	616
7–AAD	嵌入	GC	540	655
HO33258	非嵌入	AT	343	480
AO	嵌入（双链）	无	492	530
PY	嵌入（双链）	GC>AT	549 ~ 562	565 ~ 574

注：PI（Propidium iodide，碘化丙啶）；EB（Ethidium bromide，溴乙啶）；7–AAD（7–aminoactinomycin D，7– 氨基 – 放线菌素 D）；HO33258（Hoechst33258）；AO（Acridine orange，吖啶橙）；PY（Pyronin Y，派洛宁 Y）

其中应用最广的荧光探针是 PI 或 EB，这两种荧光染料可以嵌入双链 DNA 和 RNA 的碱基对中与之结合，不具碱基特异性，因此染色前必须先用 RNA 酶进行处理，以排除双链 RNA 的干扰，获得特异的 DNA 分布。PI 或 EB 都能用氩离子激光器激发，产生橙荧光。染料分子结合的数量与 DNA 含量成正比，通过测量被染细胞发射的荧光强度，可得细胞的 DNA 分布直方图。经计算机软件分析可得各时相细胞的百分数。

【器材与试剂】

1. 实验仪器 FACScan 流式细胞仪，台式离心机，恒温水浴，可调式定量取液器，50 μm 孔径的尼龙网

2. 实验试剂 200 μg/mL RNA 酶，PI 染色液（用乙醇溶解，PBS 配制，浓度 100 μg/mL），PBS 缓冲液（每 1 000 mL 内含 8 g NaCl，0.2 g KCl，0.2 g KH_2PO_4，1.15 g Na_2HPO_4，pH 7.4），人工海水（每 1 000 mL 内含 75 g NaCl，5 g $MgCl_2$，1 g $CaCl_2$），F/2 培养基母液（每 1 000 mL 水内含 75 g $NaNO_3$，5 g NaH_2PO，20 g $NaSiO_3 \cdot 9H_2O$，4.36 g EDTA+3.16 g $FeCl_3 \cdot 6H_2O$，10 mg $CuSO_4 \cdot 7H_2O$，12 mg $CoCl_2 \cdot 6H_2O$，180 mg $MnCl_2 \cdot 4H_2O$，70 mg

$Na_2MoO_4 \cdot 2H_2O$，23 mg $ZnSO_4 \cdot 7H_2O$），F/2 培养基维生素母液（每 1 000 mL 水内含 0.5 mg B_{12}，0.5 mg 生物素，100 mg B_1），F/2- 人工海水（每升人工海水含 F/2 培养基母液 1.0 mL，F/2 培养基维生素母液 1.0 mL）

3. 实验材料　盐生杜氏藻

【实验步骤】

1. 待测样品制备

（1）将盐生杜氏藻用 F/2- 人工海水于光照培养箱 24℃培养，以 14 h 光照，10 h 黑暗，培养 7 d。每天于光照结束时，取样 10 mL，用戊二醛直接注入培养的盐生杜氏藻（终浓度为 1%），不时搅动。然后在 4℃固定 12 h 以上，共取样 7 次，以备作细胞周期同步化测定用；在最后一次进入暗培养时，每隔 1 h 取样 10 mL，以同样方法进行细胞固定，共取样 11 次，用以暗期细胞周期变化的测定。

（2）将以上 18 个样品分别调整细胞密度为 10^6 个 /mL，各取 1 mL 细胞悬浮液离心 5 min（1 000 g），用 PBS 缓冲液洗 2 次，弃上清液后余下 0.5 mL。

（3）每管加入 0.5 mL RNA 酶，37℃恒温水浴，孵育 30 min 后，立即放入冰浴中，停止 RNA 酶的作用。

（4）每管加入 1.0 mL PI 染色液进行 DNA 染色，置于室温、暗处，20 min。

（5）用 50 μm 孔径的尼龙网过滤到流式细胞仪的专用试管内，上机测量。

2. 流式细胞测量

（1）仪器参数的设定　选取 FL2 为检测器；FL2PMT 的增益选用线性放大。

（2）测量数据的采集　用 Cell-Quest 软件采集测量数据，并以 List Mode 方式贮存于样品的文件中。待测样品分别上机进行 FL2- 橙荧光的测量。每个样品 3 个重复，每次测量 10 000 个细胞。

3. 结果分析　以小牛主动脉内皮细胞经 PI 染色后测定结果为例。图 7-2A 选择 FL2- 脉冲宽度（FL2-W）与 FL2- 脉冲面积（FL2-A）的二维点图作显示窗口，并用“GATE”选取有意义的细胞，同时剔除假二倍体细胞产生的信号。图 7-2B 以被选中的“GATE”细胞进行 FL2-A 单参数直方图显示和细胞周期分析。

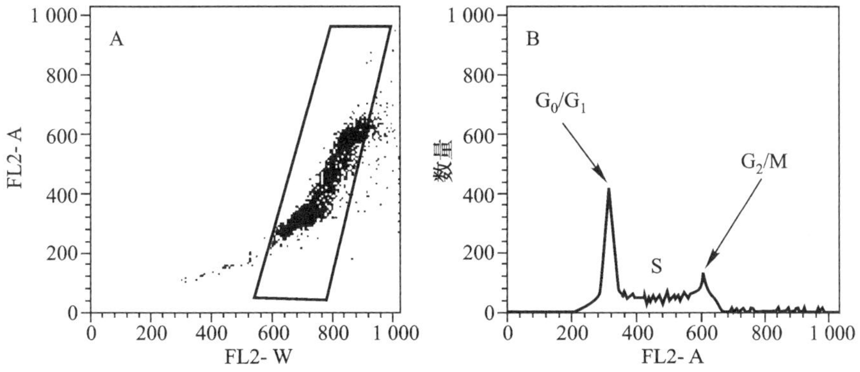

图 7-2　小牛主动脉内皮细胞的细胞周期直方图

B：横坐标为 DNA 相对浓度（道数），纵坐标为细胞数量（个）

【注意事项】

1. 由于PI荧光染料不仅可与DNA结合，也可与RNA结合，因此在测定细胞DNA含量时，必须首先用RNA酶将细胞内的RNA消化，才能获得正确的DNA含量。

2. RNA酶中常混有DNA酶，因此要进行预先处理。利用DNA酶的抗热性远不及RNA酶，因此可将RNA酶配制成所需浓度后，在100℃沸水中煮3 min，即可使DNA酶灭活。

参考文献

[1] 张利华，等. 流式细胞术检测二甲亚砜对内皮细胞周期的应用. 华东师范大学学报，1996，(3)：110-112.

[2] 沈锡祺，等. 盐生杜氏藻同步化和细胞周期的研究. 华东师范大学学报，1997，(7)：107-109.

[3] 张红锋，等. 低频脉冲电场对真皮成纤维细胞细胞周期的影响. 华东师范大学学报（自然科学版专辑），1998：170-175.

[4] 赵旌旌，等. 流式细胞技术对莱哈衣藻配子形成过程的观察. 华东师范大学学报（自然科学版），2000，(2)：92-96.

（华东师范大学 张利华）

实验7-4 花粉活力的测定

通过花粉活力的测定，可以了解花粉的可育性，并掌握不育花粉的形态、生理特征。

【实验目的】

熟悉测定花粉活力的几种方法。

Ⅰ 碘-碘化钾染色测定法

【实验原理】

禾谷类植物花粉成熟时积累淀粉较多，通常可用I-KI染成蓝色。发育不良的花粉常呈畸形，不积累淀粉，用I-KI染色，不呈蓝色，而呈黄褐色。

【器材与试剂】

1. 实验仪器 显微镜，镊子，恒温箱，载玻片，盖玻片

2. 实验试剂 I-KI溶液（取KI 2 g溶于5～10 mL蒸馏水中，然后加入1 g I_2待全部溶解后，再加蒸馏水至200 mL。贮于棕色瓶中备用）

3. 实验材料 充分成熟将要开花的花朵

【实验步骤】

1. 花粉采集 取充分成熟将要开花的花朵带回室内。

2. 镜检　取一花药置载玻片上，加 1 滴蒸馏水，用镊子充分捣碎后，再加 1 ~ 2 滴 I–KI 溶液，盖上盖玻片，置低倍镜下观察。

3. 活力测定　凡被染成蓝色的为发育好、活力较强的花粉粒，呈黄褐色的为发育不良的花粉粒。

Ⅱ　过氧化物酶测定法

【实验原理】

具有生活力的花粉含有活跃的过氧化物酶。此酶能利用过氧化氢使各种多酚及芳香族胺发生氧化而产生颜色，依据颜色可知花粉的活性强弱。

$$H_2O_2 \xrightarrow{\text{过氧化物酶}} H_2O+[O]$$

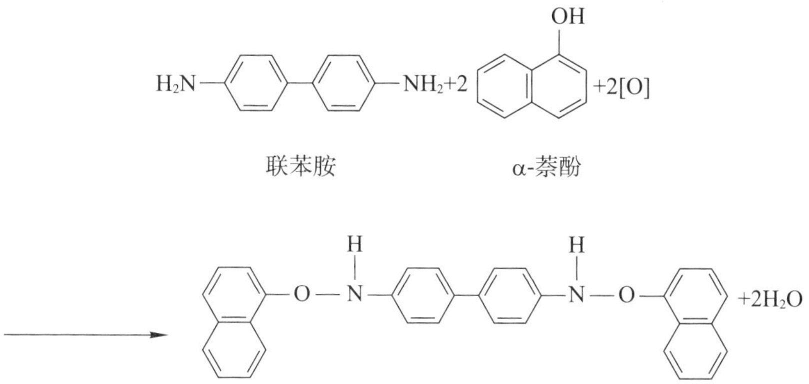

对二萘氧基联苯胺(紫红色)

【器材与试剂】

1. 实验仪器　显微镜，载玻片，盖玻片，镊子

2. 实验试剂　3 g/L 过氧化氢，5 g/L 联苯胺［将 0.5 g 联苯胺（有毒，注意安全）溶于 100 mL 50% 乙醇中］，0.5 g/L α– 萘酚（将 0.5 g α– 萘酚溶于 100 mL 50% 乙醇中），2.5 g/L 碳酸钠（将 0.25 g 碳酸钠溶于 100 mL 蒸馏水中），实验前将上述三种溶液各取 10 mL 混合均匀成试剂Ⅰ。

3. 实验材料　花粉

【实验步骤】

1. 在干洁载玻片上放少量花粉，然后加试剂Ⅰ和 3 g/L 过氧化氢各 1 滴，搅匀后盖上盖玻片。30℃下经 10 min 后在低倍显微镜下观察，如花粉粒为红色，则表示有过氧化物酶存在，花粉有活力，能发芽；如无色或黄色，则表示已失去活力，不能发芽。

2. 观察 2 ~ 3 个制片，每片取 5 个视野，统计 100 粒，并计算其发芽率。

Ⅲ 氯化三苯四氮唑法（TTC 法）

【实验原理】

见实验 7–1 种子活力的快速测定中的 TTC 法。

【器材与试剂】

1. 实验仪器 显微镜，镊子，载玻片，盖玻片
2. 实验试剂 5 g/L TTC 溶液（参阅实验 7–1–Ⅰ）
3. 实验材料 花粉

【实验步骤】

1. 取少数花粉于载玻片上，加 1 ~ 2 滴 TTC 溶液，盖上盖玻片。
2. 将制片于 35℃恒温箱中放置 15 min。然后置于低倍显微镜下观察。凡被染为红色的活力强，淡红的次之，无色者为没有活力的花粉或不育花粉。
3. 观察 2 ~ 3 个制片，每片取 5 个视野，统计 100 粒，然后计算花粉的活力百分数。

【注意事项】

注意需将花粉完全浸于药液中。

【实验作业】

1. 用 3 种方法统计不同植物花粉的发芽率。
2. 试比较 3 种方法，同一花粉的发芽率是否相同，分析其原因。

参考文献

[1] 上海师范大学生物系，上海市农业学校 . 水稻栽培生理 . 上海：上海科学技术出版社，1978：414.
[2] 徐晏亭 . 花粉生活力的速测法 . 植物学杂志，1975（3）：11.

（华东师范大学 王隆华）

实验 7–5 花粉管生长的测定

【实验目的】

熟悉测定花粉管生长的方法及影响生长的主要因素。

【实验原理】

成熟花粉具有较强的生活力，在适宜的培养条件下便能萌发和生长。花粉的萌发和生

长情况与植物种类、花粉成熟度、气候和培养条件等有关。实验中通过改变培养条件，利用正交试验法测定花粉管长度，可以找出促进花粉管生长的最佳培养条件。

【器材与试剂】

1. 实验仪器 恒温箱，数码拍照显微镜，目镜测微尺，物镜测微尺，花粉培养小室，镊子，载玻片，盖玻片

2. 实验试剂 培养基（内含 5 g/L 琼脂，硼酸、蔗糖浓度按表 7–2 进行配制）

表 7–2 生长因子水平表

生长因子水平	生长因子 蔗糖含量 /%	生长因子 硼酸浓度 / (μg · mL^{-1})	生长因子 温度 /℃	生长因子 pH
1	5	10	23	6.0
2	10	25	28	6.5
3	15	50	33	7.0

［附］ 培养基的配制

在配制培养基时，琼脂浓度不变，硼酸、蔗糖的浓度改变，pH 和培养温度也改变，用以观察何种组合更适于花粉萌发和生长。若培养基不是当天使用，则需要高压灭菌。

（1）确定硼酸、蔗糖、温度、pH 四种因子的水平值。实验中对每种因子选择低中高三种水平（以 1、2、3 表示，表 7–2）。

（2）按表 7–3 配制培养基。

表 7–3 培养基配制方案

实验组号	配制方案			
	蔗糖含量 /%	硼酸浓度 / (μg · mL^{-1})	温度 /℃	pH
1	5（1）	10（1）	23（1）	6.0（1）
2	5（1）	25（2）	28（2）	6.5（2）
3	5（1）	50（3）	33（3）	7.0（3）
4	10（2）	10（1）	28（2）	7.0（3）
5	10（2）	25（2）	33（3）	6.0（1）
6	10（2）	50（3）	23（1）	6.5（2）
7	15（3）	10（1）	33（3）	6.5（2）
8	15（3）	25（2）	23（1）	7.0（3）
9	15（3）	50（3）	28（2）	6.0（1）

注：括号内数字表示因子水平

3. 实验材料 刚开放或将要开放的成熟花朵

【实验步骤】

1. 采取刚开放或将要开放的成熟花朵（取自丝瓜、南瓜、烟草、凤仙花、金莲、白

花三叶草及葫芦科的其他植物。酷热天气中午前后不能采，最好现采现用）。

2. 制备培养小室　在干洁的载玻片上放一只直径 15 mm、高 5 mm 的玻璃环，环口需用金刚砂磨平，外面涂少许凡士林（或石蜡）使之固定和防止水分蒸发，环内放 2 滴水（图 7–3）。

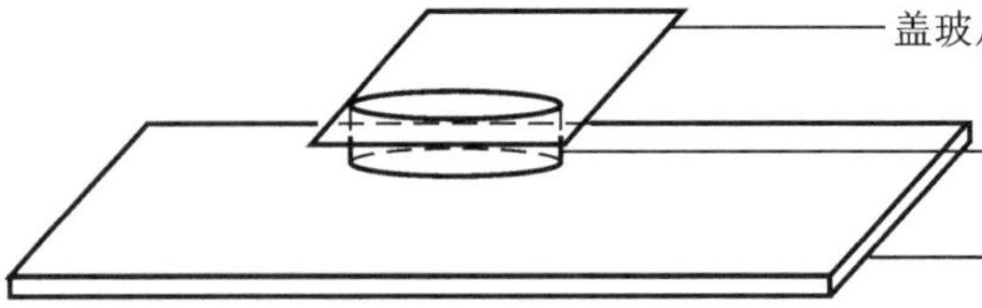

图 7–3　花粉培养小室

3. 在干洁盖玻片中央滴 1 滴培养基溶液，然后将花粉粒少许散放于培养基上。

4. 将盖玻片放于培养室的玻璃环口上，有花粉粒的一面朝下（必要时在玻璃环口上涂少许凡士林，以防水分蒸发和盖玻片移动）。

5. 在培养 45 ~ 60 min 后，即用 0.1 mol/L NaOH（含 0.4 mol/L 蔗糖）终止生长，置于低倍显微镜下观测，通过数码拍照并经测微尺设定标尺后，用 ImageJ 软件测量图片中花粉管的长度。每种处理观测 50 个花粉管长度，然后求其平均值，将结果记入表 7–4，并进行统计分析。

表 7–4　实验结果与统计分析

实验组号	因子及其水平				结果
	蔗糖	硼酸	温度	pH	50 粒花粉管平均长度 / (μm · 粒 $^{-1}$)
1	1	1	1	1	
2	1	2	2	2	
3	1	3	3	3	
4	2	1	2	3	
5	2	2	3	1	
6	2	3	1	2	
7	3	1	3	2	
8	3	2	1	3	
9	3	3	2	1	
Ⅰ					
Ⅱ					
Ⅲ					
R					

注：Ⅰ ~ Ⅲ指因子水平 1 ~ 3 的三组实验结果平均值，反映同一因子各水平的作用大小；R 为级差，指平均值最高与最低之差值，反映因子的重要性，级差越大越重要

【注意事项】

花粉应均匀地散于培养基上，以免影响以后观察。

【实验作业】

1. 从结果统计分析中找出适于花粉萌发和生长的最优组合。
2. 从级差分析结果中判断各因子的重要性。
3. 比较不同植物花粉管生长的速度。
4. 外界环境条件及花粉成熟度对花粉萌发与生长有何影响？

参考文献

［1］斯卡兹金 Φ Д，等．植物生理学实验指导．北京农业大学植物生理教研组等，译．北京：高等教育出版社，1954：261.
［2］王隆华，沈庆．正交试验法在植物生理学实验中的应用示例．植物生理学通讯，1994，30（5）：366-367.

（华东师范大学　王隆华　赵旌旌）

实验 7-6　谷物种子萌发时淀粉酶的形成（示范）

【实验目的】

熟悉测定种子萌发时淀粉酶形成最简单直观的方法。

【实验原理】

当种子萌发时，水解酶的活性大大加强，子叶或胚乳中贮藏的有机物，在它们的作用下降解为简单的化合物，供幼苗生长时的需要。淀粉酶在萌发过程中形成，可使淀粉水解成糖。利用淀粉对 I_2-KI 的蓝色反应，即可检测淀粉酶的存在。

【器材与试剂】

1. 实验仪器　培养皿，烧杯，水浴锅，研钵，毛笔，刀片
2. 实验试剂　淀粉，琼脂，I_2-KI 溶液
3. 实验材料　小麦种子

【实验步骤】

1. 取部分小麦种子进行萌发，备用。

2. 称取琼脂 2 g 置于烧杯中，加蒸馏水 100 mL，小火加热，不断搅拌，使琼脂溶解。另取淀粉 1 g 于小烧杯中，加水少许调匀，待琼脂溶解后，将淀粉悬液倒入，搅匀，趁热将琼脂倒在培养皿中使成一薄层，冷却凝固后备用。

3. 取已萌发和未萌发的小麦种子各 20 粒，分别于研钵中加蒸馏水 5 mL 研磨之，再用蒸馏水 5 mL 将研碎物全部洗于小烧杯中，静置 15 min。将上层清液倒入另一烧杯中，此即为淀粉酶提取液。

4. 用毛笔蘸取提取液少许（发芽和未发芽的种子提取液），分别在培养皿内淀粉琼脂平板上绘一字样，盖上皿盖，放于25℃温箱中，经20 ~ 30 min后，以稀I_2–KI溶液浸湿整个平板，试比较两个皿中用提取液绘出字样的地方颜色的深浅。

5. 也可以直接将萌发和未萌发的种子切开，于切口处用水润湿后，直接放在平板上，切口朝下，作同样比较。

【注意事项】

淀粉琼脂平板愈薄则效果愈明显。

【实验作业】

比较萌发不同天数的小麦种子淀粉酶活力大小。

参考文献

卢其H. 植物生长与发育生理学. 张伟成等，译. 北京：科学出版社，1957：12–13.

（华东师范大学 张志良）

实验7–7 油类种子萌发时脂肪酸含量的变化

【实验目的】

了解在种子萌发时脂类物质分解成脂肪酸。

【实验原理】

油菜籽等含油脂较多的油类种子萌发时，在脂肪酶的作用下，贮藏的脂肪水解成脂肪酸和甘油。生成的脂肪酸可用碱进行滴定。

【器材与试剂】

1. 实验仪器 小型磨粉机，台式天平，水浴锅，研钵，漏斗，大试管和橡皮塞，培养皿，三角烧瓶，移液管，碱式滴定管

2. 实验试剂 95%乙醇，0.05 mol/L NaOH，10 g/L酚酞试剂

3. 实验材料 风干的油菜籽

【实验步骤】

1. 先将风干的油菜籽磨成粉备用，另取1 g油菜籽于培养皿中的湿滤纸上发芽，待胚根长达0.5 ~ 1 cm即可用于实验。

2. 称取1 g油菜籽粉置于试管中，加95%乙醇25 mL，加盖；另取已发芽的油菜籽放于研钵中，加少许石英砂，加3 mL 95%乙醇，将材料研成匀浆，然后倒入另一试管中，再取22 mL乙醇洗涤研钵，将洗液和多余乙醇，全部并入试管中，加盖。将两试管在70℃水

浴锅中保温 30 min。取出后静置数分钟，将上层清液在放有少量活性炭的滤纸中过滤脱色 1 ~ 2 次。各吸取滤液 10 mL 置于三角烧瓶中，加酚酞试剂 2 滴，用 0.05 mol/L 的 NaOH 溶液滴定之，生成微红色，在 1 min 内不褪色即为终点。记录用去 NaOH mL 数表示脂肪酸总量。

【注意事项】

可用发芽不同天数的材料分发给学生，最后由学生交流讨论结果。

【实验作业】

试比较萌发和未萌发或萌发不同天数的油菜籽的脂肪酸含量的变化。

参考文献

斯卡兹金 Φ Д，等 . 植物生理学实验指导 . 北京农业大学植物生理教研组，译 . 北京：高等教育出版社，1954：236–237.

（华东师范大学 张志良）

实验 7-8 大豆萌发时氨基酸含量的变化

【实验目的】

了解种子萌发时蛋白质分解成氨基酸。

【实验原理】

大豆种子含有丰富的蛋白质，萌发时在蛋白水解酶作用下，可水解成氨基酸，生成的氨基酸可与茚三酮作用生成紫红色化合物，可用比色法进行比色。

【器材与试剂】

1. 实验仪器 分光光度计，台式天平，水浴锅，研钵，大试管，25 mL 容量瓶

2. 实验试剂 100 g/L 醋酸，95% 乙醇，10 g/L 抗坏血酸，100 μg/mL 亮氨酸（10 mg 亮氨酸溶于 100 mL 95% 乙醇中），1 g/L 茚三酮（0.1 g 茚三酮溶于 100 mL 95% 乙醇中）

3. 实验材料 风干的大豆种子

【实验步骤】

1. 先将风干的大豆种子磨粉备用。另取大豆种子先行吸胀，然后播于湿沙中，待胚根长达 2 ~ 4 cm 即可用于实验。

2. 取大豆粉 0.1 g 于大试管中，加 95% 乙醇 20 mL，加盖。另取已发芽的大豆 1 g 于研钵中，加少许石英砂和 5 mL 95% 乙醇，研成匀浆，然后倒入另一大试管中，取 95% 乙醇 15 mL 洗研钵，洗液并入大试管中，加盖。将两试管于 70℃水浴锅中保温 30 min，最后定容至 25 mL。

3. 保温结束，取出大试管静置冷却。将上层清液用滤纸过滤，滤液即可用于测定。

4. 另取大豆粉和发芽大豆分别于105℃烘箱中烘干，以测定含水量。

5. 分别吸取滤液1 mL，各加3 mL茚三酮试剂，及0.1 mL抗坏血酸，于沸水浴中15 min，用95%乙醇补足失去的体积，于580 nm处测定吸光值。

6. 制作标准曲线，配制浓度为0、1、5、10、15、20、25 μg/mL的亮氨酸，按上述方法分别测得吸光值，然后绘制浓度 – 吸光值关系曲线。

7. 根据样品的吸光值，从标准曲线查得样品中氨基酸含量，然后根据下式计算发芽大豆和未发芽大豆中的氨基酸含量（μg/g 干重）。

$$C=\frac{c\times V}{m\times D}$$

式中：C为每克干重样品中氨基酸含量，μg/g；
c为样品中测得的氨基酸浓度，μg/mL；
m为样品相对质量，g；
D为样品中干物质含量，%；
V为提取液的体积，本实验为25 mL。

【注意事项】

为了解氨基酸的分布，可将发芽大豆分成子叶、胚轴和胚根，分别加以测定。

【实验作业】

试比较萌发不同天数的大豆中氨基酸含量的变化。

参考文献

[1] 潘家秀，等．蛋白质化学研究技术．北京：科学出版社，1962：16–17.
[2] Rosen H A. Modified ninhydrin colorimetric analysis for amino acids. Arch Biochem and Biophys，1957，67：10–15.

（华东师范大学　张志良）

实验7-9 光对植物叶绿体运动的调控作用

【实验目的】

了解光质与叶绿体运动的关系。

【实验原理】

光敏色素是植物重要的光感受器，光在植物的生长发育过程中具有重要的作用，它分布在植物体的各个器官中，是植物光形态建成的光受体。本实验中利用转板藻叶绿体转向运动的光反应，间接地反映光敏色素在植物运动中的调控作用。

【器材与试剂】

1. 实验仪器 倒置显微镜或普通显微镜，不同波长范围的滤色片，Beckman DU-7 分光光度计，无菌室

2. 实验试剂 Bristol 培养基（表 7-5），每升培养基加入 100 mL 土壤滤液，调 pH 至 6.5

3. 实验材料 转板藻（*Mougeotia laetevirens*）

表 7-5 配制改良的 Bristol 培养基

成分	试剂	浓度
A：大量元素（mmol/L）	$NaNO_3$	2.94
	$CaCl_2 \cdot 2H_2O$	0.17
	$MgSO_4 \cdot 7H_2O$	0.30
	K_2HPO_4	0.43
	KH_2PO_4	1.29
	NaCl	0.86
B：微量营养元素（μmol/L）	$ZnSO_4 \cdot 7H_2O$	30.7
	$MnCl_2 \cdot 4H_2O$	7.3
	MoO_3	4.9
	$CuSO_4 \cdot 5H_2O$	62.90
C：EDTA（μmol/L）	EDTA	171.09
	KOH	553.0
D：铁（μmol/L）	$FeSO_4 \cdot 7H_2O$	17.9
E：硼（μmol/L）	H_3BO_3	214.7

【实验步骤】

1. 将转板藻（*Mougeotia laetevirens*）培养在改良的 Bristol 介质上，于 15 ~ 20 ℃，200 lx 左右的光照下无菌培养。利用自然光照时应避免强光直射。

2. 在暗室内绿色安全灯下，或在 100 lx 左右弱散漫光的室内操作。白光光源经滤色片照于藻体上，利用倒置显微镜或普通显微镜连续观察叶绿体的运动。滤色片的透光波长范围在 Beckman DU-7 分光光度计上扫描得到。

3. 分析转板藻叶绿体对光反应的速度和方向与透过滤色片的光质和光强的关系。

【注意事项】

实验开始时关闭其他光源，移动光源距离以获得不同强度的实验光。

【实验作业】

结合转板藻叶绿体的向光反应与光质和光强的关系，简单分析光敏色素在植物运动过程中的调控作用。

参考文献

[1] 拉多，王隆华．转板藻叶绿体运动的向光反应．植物生理学通讯，1992，28（4）：299-300.
[2] Shropshire W J，Mohr H. Photomorphgenesis：encyclopedia of plant physiology（New Series Vol. 16 A-B）. Berlin：Springer-Verlag，1983：723.

（华东师范大学 赵旌旌）

实验 7-10 H^+ 流向与植物生长模式

【实验目的】

观察 H^+ 流向与生长的关系。

【实验原理】

有证据表明，H^+ 的移动能调节植物的生长，生长素的作用在于调节 H^+ 的流向，而改变生长的模式。H^+ 外流增加壁松弛酶的活性，增加了细胞的可塑性，改变细胞中纤维素的性质，促进细胞的伸展生长。如果 H^+ 的外流较强地发生于根或茎的一侧，则导致茎或根的不均衡生长，从而引起弯曲生长。本实验即可观察到这一现象。

【器材与试剂】

1. 实验仪器 天平，培养皿，烧杯，移液管，量筒

2. 实验试剂 琼脂，稀盐酸，7 mmol/L 溴甲酚紫（称取溴甲酚紫 380 mg 溶于 100 mL 蒸馏水中）

【实验步骤】

1. 称取琼脂 0.6 g 于 90 mL 蒸馏水中加热溶解，加入 10 mL 溴甲酚紫指示剂，用稀盐酸调节至 pH 5，使成橙色。

2. 将溶解后的琼脂趁热倒在 2 只直径为 10 cm 的培养皿中，使成 0.4 cm 厚，冷却凝固。

3. 取培养在沙中于合适温度下生长 3d 的玉米幼苗，小心地洗去幼根上的沙，将根的 1/3 ~ 1/2 用手指轻轻压入琼脂中。然后把培养皿直立放置，分别使根成垂直和水平位置（如图 7-4）。

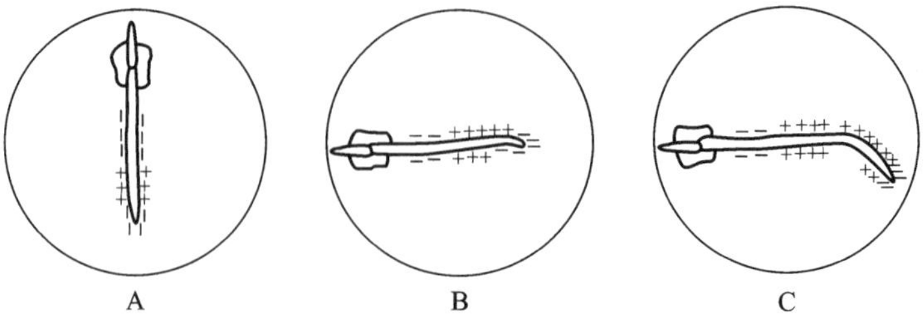

图 7-4 玉米幼根生长与 H^+ 流向

A. 垂直，2 min 后 B. 水平，20 min 后 C. 水平，120 min 后

4. 数分钟后，则见根周围的琼脂颜色发生变化。发生 H^+ 外流的部位，周围 pH 下降，变成黄色。发生 H^+ 内流或 OH^- 外流的部位，周围 pH 上升，则变成红色。

5. 在温度合适时，一般 20 min 后结果清晰可见，2 h 后，根发生明显向地性弯曲，在根的上、下侧注意周围颜色的变化。

6. 溴甲酚紫指示剂变色的 pH 范围为 3.5 ~ 10，当 pH 3.5 ~ 4.8 时为黄色，pH 4.8 ~ 5.5 时为橙色，pH 5.5 ~ 6.4 时为红色，pH 6.4 ~ 10 时为深紫红色。

【注意事项】

用于实验的玉米幼苗的根不能有弯曲。

【实验作业】

1. 如何用 H^+ 流向解释根的向地性弯曲生长？
2. 生长素、膜上质子泵、H^+ 流向之间有何联系？

参考文献

[1] Mulkey T J，et al. The agar-dye method for visualizing acid efflux paterns during tropistic curvatures. What's New in Plant Physiol，1981，12（3）：9-12.

[2] Mulkey T J，et al. Correlations between proton-efflux patterns and growth patterns during geotropism and phototropism in maize and sunflower. Planta，1981，152：239-241.

[3] Mulkey T J，Evans M L. Geotropism in corn roots：evidence for its mediation by differential acid efflux. Science，1981，212：70-71.

（华东师范大学 张利华）

实验 7-11 植物开花的光周期诱导

【实验目的】

了解光周期诱导的长短与花器官分化程度的关系。

Ⅰ 苍耳的光周期诱导

【实验原理】

植物在发育进程中需要有一定的光周期诱导才能进入性器官的分化，从而达到开花结实。苍耳是短日照植物，短的光周期诱导能促使其性器官分化，提早开花结实。

【器材与试剂】

1. 实验仪器 供短日处理的暗箱或暗室，小花盆，光照自控装置，双筒解剖镜

2. 实验材料 苍耳

【实验步骤】

1. 将苍耳种子播种于小花盆中，每盆 3 ~ 4 粒。当幼苗有 2 片真叶展开时进行定苗，使各盆中留下生长健壮而大小相近的幼苗一株，余者统统拔去。当幼苗具有 4 片真叶平展时，便可进行光诱导处理（若利用天然繁殖的幼苗移栽，也应挑选健壮且大小相同的，并需移栽成活后方可处理）。

2. 取上述幼苗 8 盆，分为 4 组，标以 0、1、2、3，每组共 2 盆。将 0 组放于自然长日下，不进行短日诱导；1 组以每天 8 h 光照诱导 1 d；2 组诱导 2 d；3 组诱导 3 d。处理后置于自然长日照条件下（处理前后的长日条件，若能人工控制每天 16 h 光照则更好）。

3. 处理后 10 d，用双筒解剖镜观察各处理植株的顶芽分化情况。按图 7–5 划分发育阶段。

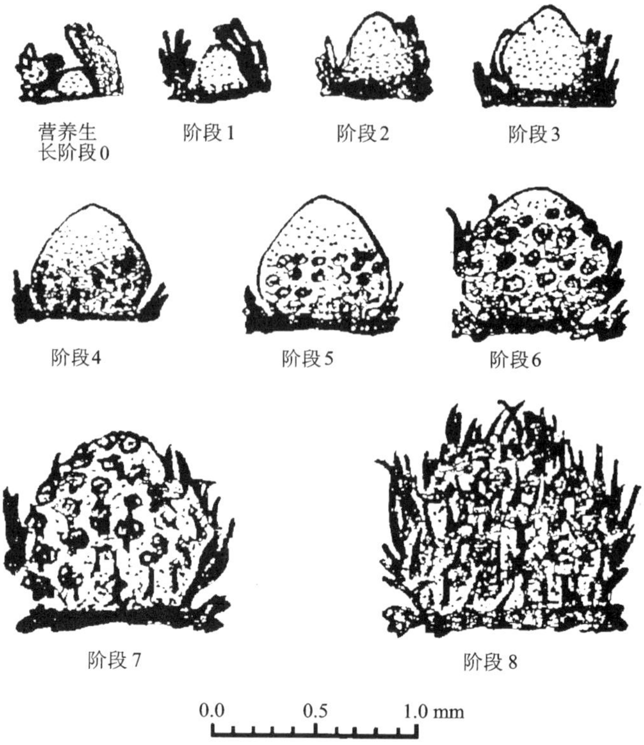

图 7–5 苍耳顶端原基发育图

开花阶段	发育形态标准
0	营养生长，茎端相对扁平和小
1	首先清楚看到茎端的膨胀
2	花原端至少高与宽相等，但基部还没有收缩
3	花原端基部收缩，但还看不到花原基
4	首先看到花原基，盖住花原基下部 1/4 处
5	花原基盖住花原端从 1/4 至 3/4
6	花原基盖住所有的部位，除花原端的顶部外
7	花原端完全被花原基盖住，有一点短柔毛
8	有许多短柔毛，并表现出花部的某些分化；至少 1 cm 基本直径

【注意事项】

若利用野生苍耳作材料，须于幼小时移于盆中成活待用。

（华东师范大学 王隆华）

Ⅱ 日本青萍 6746 的光周期诱导

【实验原理】

日本青萍 6746（*Lemna paucicostata* 6746）属单子叶植物浮萍科（Lemnaceae）浮萍属（*Lemna*），是一种短日照植物，漂浮于水面生长，繁殖能力强，生长周期短，在条件合适时，培养 17 d 即可开花。由于植株小，有利于在人工控制条件下进行培养，是一种很好的实验材料。

【器材与试剂】

1. 实验仪器 高压灭菌锅，超净工作台或接种箱，照度计，解剖镜，恒温培养室，定时开关，黑布，三角烧瓶，长镊子
2. 实验试剂 Hutner 培养基（见附录 10）
3. 实验材料 青萍 6746

【实验步骤】

1. 以 100 倍浓度分别配制 Hutner 培养基中的大量元素和微量元素贮备液，置冰箱中保存。

2. 分别吸取大量元素和微量元素各 10 mL 加到约 900 mL 蒸溜水中，加入蔗糖 10 g，定容至 1 000 mL。然后取出 800 mL 加蒸馏水定容至 1 000 mL，即得 8/10 浓度 Hutner 培养基，调节 pH 至 5.6 ~ 6.0，分装于三角烧瓶中，每瓶 40 mL。塞上棉花塞，并用牛皮纸包扎好，于高压灭菌锅中灭菌 20 min（压力为 $1\ kg/cm^2=9.806\ 65\times10^4\ Pa$）。

3. 于超净工作台上（或接种箱中）按无菌操作要求，用长镊子接入 1 个由 3 片叶状体组成的青萍 6746。

4. 接种后置于长日照条件下（每天 8 h 黑暗，16 h 照光），光照强度为 2 000 lx，培养室温度为 26 ~ 27℃，培养 7 ~ 8 d。

5. 在长日照条件下培养，当萍体将长满三角瓶时，按表 7–6 所示进行不同天数的短光照处理（8 h 光照 /d），每一处理 5 个重复。

6. 每一处理结束后，仍将它放回长光照条件下培养，注意观察不同处理对开花的影响。一般从处理的第 1 d 算起，到第 9 d 在经过合适天数短光照处理的叶状体边缘裂口上，即可看到有针尖大小的小黄花（图 7–6），每日记录开花的叶状体群数，直至花数下降为止。

6. 如时间允许可进行花序的观察。青萍 6746 通常每个叶状体群有 1 个花序，少数有 2 或 3 个，可在解剖镜下小心取出花序，花为单性花，雌雄同株，每一片花序有雄花 2 朵，雌花 1 朵，有圆匙状的佛焰膜质苞片。雄花由 1 个雄蕊构成，花药 4 室（图 7–7）。

表 7–6　不同天数的短光照处理

短光照处理天数	瓶号	照光时数 /h	黑暗时数 /h
0	1 ~ 5	8	16
1	6 ~ 10	8	16
2	11 ~ 15	8	16
3	16 ~ 20	8	16
4	21 ~ 25	8	16

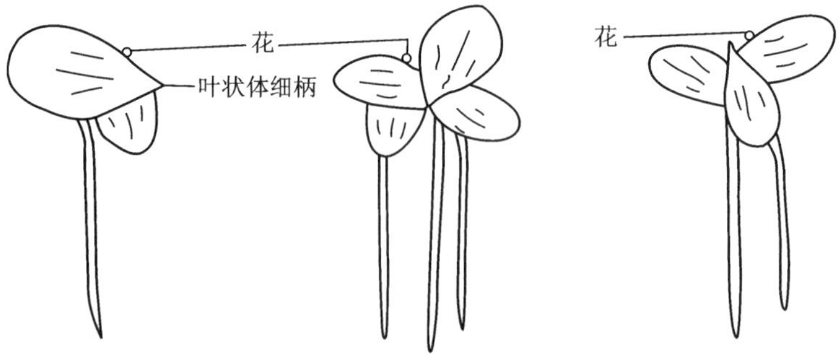

图 7–6　青萍 6746 花发生的部位图

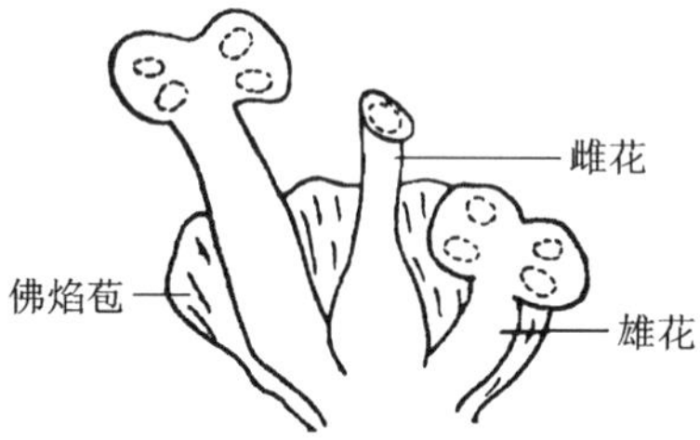

图 7–7　青萍 6746 的花序图

【实验作业】

1. 将全班结果进行统计分析，苍耳开花所必需的短日诱导期最少几天？

2. 如何解释苍耳进行短日诱导可以提前开花？

3. 经短光照处理的叶状体的形态和在长光照下生长的有什么不同？

4. 短光照诱导天数对青萍 6746 的开花有什么影响？青萍 6746 需要几天短光照诱导才能开花？

参考文献

［1］魏海姆 F H，等 . 植物生理学实验 . 中国科学院植物研究所生理生化研究室，译 . 科学出版社，1974：186.

［2］索尔兹里 F B，罗斯 C. 植物生理学 . 北京大学生物系，译 . 科学出版社，1979：409–412，468–475，485–487.

[3] 周有院，钟海文，曹宗巽．日本青萍 6746 的光周期诱导试验．植物生理学通讯，1983（3）：59–61.
[4] 周有院，钟海文．日本青萍 6746 的临界夜长及其花的发育过程．植物生理学通讯，1984（6）：30–31.

（湖北大学 周有院 北京大学 钟海文 曹宗巽）

实验 7-12 球根花卉的花期调节

【实验目的】

球根花卉的许多种类是世界名花，如郁金香、风信子、西洋水仙等。应用人工低温处理，可进行花期控制，实现元旦、春节等节日上市。

【实验原理】

球根花卉种球收获后，在室内完成花芽分化，之后可以感受人工低温处理，完成种球对温度的需求。种球完成温度处理，可以在种植后迅速开花，实现开花期控制。本实验以葡萄风信子为试验材料，经过低温处理，实现花期调节。其他如郁金香、风信子、西洋水仙也可用同样方法进行花期调节。

【器材与试剂】

1. 实验仪器　解剖镜，冷藏箱，花盆
2. 实验材料　葡萄风信子种球（最好周径 8 cm 以上），园土或腐殖土

【实验步骤】

1. 种球发育解剖观察　用解剖镜观察葡萄风信子鳞茎中叶芽与花芽的分化，一般 8 月中旬以后完成花芽分化。只有完成花芽分化的葡萄风信子鳞茎才能进行冷藏处理。

2. 冷处理的时间安排　于预定开花期前约 20 周、18 周、16 周左右，将鳞茎放入 16 ~ 18℃条件下预冷 2 周；然后在 5 ~ 9℃条件下分别冷藏种球 10 周、8 周、6 周。对照组葡萄风信子鳞茎不冷藏，室温放置。

3. 盆栽　冷藏结束后把葡萄风信子鳞茎种入花盆，浇透水，放置阴凉处生根。生长后期防霜冻，一般江南地区不需加温，只要放入塑料大棚即可。

4. 观察效果　定期观察记录葡萄风信子植株生长情况。每隔 7 d 统计一次植株生长高度，观察是否出现花蕾，并统计花葶高度，记录小花显色时间。以花序上第一朵小花显色作为初花时间。

【注意事项】

要选用优质葡萄风信子种球，要求鳞茎大小一致。

【实验作业】

实验报告：包括葡萄风信子花期调节操作过程、不同长度冷藏处理对叶片与花葶高度、初花时间的影响。

参考文献

于忠美，等. 葡萄风信子种球繁殖与花期调控. 上海交通大学学报（农业科学版），2006，24（1）：34–38.

（上海交通大学 史益敏）

实验 7–13 胚珠的离体受精

【实验目的】

熟悉植物试管受精的操作及其培养的方法。

【实验原理】

离体受精，又称试管受精，是指成熟的或即将成熟的雌蕊脱离母体，接种到试管内进行培养，在试管内进行人工授粉。在条件适宜时，花粉能像自然状态下那样在柱头上或胚珠表面萌发、受精，并结出能育的种子。离体受精能否成功，除决定于遗传上的原因外，还决定于雌雄配子体的生理年龄是否合适，培养基的营养成分是否能满足受精和胚发育的需要。

【器材与试剂】

1. 实验仪器 超净工作台，电热恒温箱，高压蒸汽灭菌锅，长柄镊子，尖头镊子，锥形瓶（100 mL、500 mL），剪刀，棉花，医用手术刀，酒精灯，纱布，牛皮纸，细线

2. 实验试剂 饱和的漂白粉溶液，75% 乙醇，改良的 Nitsch 培养基（pH 5.8）（见表 7–7）

3. 实验材料 开花前一天的烟草（或玉米、小麦等）花蕾

表 7–7 改良的 Nitsch 培养基（pH 5.8）

试剂	质量浓度 /（mg · L^{-1}）	试剂	质量浓度 /（μg · L^{-1}）
$Ca(NO_3)_2 \cdot 4H_2O$	500	$MnSO_4 \cdot 4H_2O$	4 000
KNO_3	125	$ZnSO_4 \cdot 7H_2O$	500
$MgSO_4 \cdot 7H_2O$	125	H_3BO_3	50
KH_2PO_4	125	$CoCl_2 \cdot 6H_2O$	30
柠檬酸铁	10	$CuSO_4 \cdot 5H_2O$	25

续表

试剂	质量浓度 / (mg · L^{-1})	试剂	质量浓度 / (μg · L^{-1})
盐酸硫铵素	0.25	$Na_2MoO_4 \cdot 2H_2O$	25
盐酸吡哆素	0.25		
甘氨酸	7.5		
烟酸	1.25		
蔗糖	50 000		
琼脂	8 000		

【实验步骤】

1. 培养基的配制　按改良的 Nitsch 培养基（pH 5.8）要求，称取各种试剂，加水溶解，加热，待琼脂完全溶解后，补水定容至 1 000 mL。趁热分装于 100 mL 的锥形瓶中，每瓶 30 mL，塞上棉塞，包上牛皮纸，用细线扎紧。同上述操作，取 5 个 500 mL 锥形瓶，每瓶装入 200 mL 蒸馏水，另取几只装有滤纸的干燥培养皿，用牛皮纸包好，一起放于高压灭菌锅中灭菌 15 min。

2. 剥取裸露胚珠　选择开花前一天的烟草（或玉米、小麦等）花蕾，剥去花萼、花冠和雄蕊，获得带花托的雌蕊。在无菌条件下，将雌蕊浸入饱和的漂白粉溶液中，灭菌 15 min，然后用无菌水冲洗 3 ~ 5 次，剥去子房壁，切除花托，得到带有胎座的裸露胚珠，立即将此胚珠接种到无菌培养基上，塞好棉塞，包好牛皮纸，于 20 ~ 25℃自然光照下培养。

3. 制备无菌花粉　选择即将开放的花蕾，用 75% 乙醇表面灭菌，在无菌条件下剥去花萼、花冠，选择即将开裂的花药（此时花药壁的颜色由绿转白），放入经灭菌装有滤纸的干燥培养皿中。将培养皿放入干燥器中，1 ~ 2 h 后花药开裂，即获得无菌花粉。或选择与所接种的雌蕊组织生理上同龄的花蕾，于植株上用细线将花冠顶部扎住，待花药开裂后（约需 24 h），采摘全花，在无菌条件下用 75% 乙醇将花进行表面灭菌，然后用手术刀将花冠中部环割一周，用镊子把花冠的上部轻轻取下，收集已开裂的花药贮藏于培养皿内，供授粉用。将得到的无菌花粉，取一部分进行失活处理（如在 50℃温箱中放置 1 h），用于对照实验。烟草花粉于干燥器内，4℃下贮存，可保存活力两天以上。

4. 试管内授粉　在无菌条件下，用长柄镊子夹住上述开裂的花药，将花粉撒在已培养 24 ~ 48 h 的胚珠表面，授粉 20 瓶。以同样方法，用已失活的花粉授粉 10 瓶作对照。

5. 受粉胚珠的培养和观察　受粉后的胚珠，置于 20 ~ 25 ℃的室内自然光照下培养。每隔 48 h 观察一次，10 d 以后，每 5 d 观察一次，详细记录授粉后胚的发育过程。

【注意事项】

操作过程中需处处注意无菌要求，以提高成功率。

【实验作业】

1. 授粉 30 d 后，以结出成熟的种子为受精成功的标准，以受精的胎座数为受精的单位，计算受精率。

$$受精率=\frac{结出成熟种子的胎座数}{授粉的胎座数}\times 100\%$$

2. 授以失活的花粉，有一部分胎座和胚珠也能膨大，为什么？

参考文献

[1] 袁晓华，杨中汉．植物生理生化实验．北京：高等教育出版社，1983：265–268.
[2] 朱广廉．烟草胚珠的离体受精．植物生理学通讯，1980（6）：23–25.

（华东师范大学 赵旌旌）

实验 7–14 植物的组织培养

植物组织培养是把植物的器官、组织以至单个细胞，应用无菌操作使其在人工条件下，能够继续生长，甚至分化发育成一完整的植株的过程。植物的组织在培养条件下，原来已经分化停止生长的细胞，又能重新分裂，形成没有组织结构的细胞团，即愈伤组织。这一过程称为“脱分化作用”，已经“脱分化”的愈伤组织，在一定条件下，又能重新分化形成输导系统以及根和芽等组织和器官，这一过程称“再分化作用”。植物激素在此过程中起着重要的作用，对某些植物而言，吲哚乙酸和 6– 苄基氨基腺嘌呤的比例，决定了根和芽的分化。

近年来，组织培养作为一种研究技术，已广泛地应用于许多学科中，它不仅对理论研究有重要意义，并已展现了十分广阔的应用前景。

【实验目的】

熟悉植物组织培养的操作过程。

I 愈伤组织的培养和分化

【实验原理】

植物组织经过离体培养，形成进一步培养，经过进一步培养，愈伤组织又能重新分化为有结构的组织和器官，最终形成完整的植株。早在 1957 年 Skoog 即发现培养基中植物激素的类型和它们的比例，对愈伤组织分化过程起着重要作用。

【器材与试剂】

1. 实验仪器 培养室，接种箱或超净工作台，高压灭菌锅，分析天平，水浴锅，长

镊子，解剖刀，剪刀，三角烧瓶（100 mL），容量瓶，烧杯，移液管，量筒，牛皮纸，培养皿，称量纸，棉线

2. 实验试剂　$HgCl_2$（或次氯酸钠），乙醇，6-BA（6-苄基氨基腺嘌呤），IAA或2,4-D，MS培养基（见附录10）

3. 实验材料　烟草茎

【实验操作】

1. 配制培养基

（1）愈伤组织诱导培养基：MS培养基（蔗糖含量为10 g/L，2,4-D含量为2 mg/L，琼脂10 g/L）。

（2）试验培养基：按表7-8配制激素比例（激素溶解方法见附录9），加到MS基本培养基中。

表7-8　加到MS培养基中激素的比例

序号	IAA/（$mg\cdot L^{-1}$）	6-BA/（$mg\cdot L^{-1}$）	相对比值
1	0	2.0	—
2	0.2	2.0	1∶10
3	0.5	2.0	1∶4
4	1.0	2.0	1∶2
5	2.0	2.0	1∶1
6	2.0	1.0	2∶1
7	2.0	0.5	4∶1
8	2.0	0.2	10∶1
9	2.0	0	—

2. 培养基灭菌　将配好的培养基加入琼脂加热溶解，调至pH 5.8，趁热分装于100 mL三角烧瓶中，每瓶约20 mL。待培养基冷却凝固后，用一层称量纸和一层牛皮纸包扎瓶（管）口，并用棉线扎牢，然后在高压灭菌锅中121℃（1 kg/cm^2）下灭菌20 min。取出三角烧瓶放在台子上，冷却后备用。接种操作所需的一切用具（如长镊子、解剖刀、剪刀等）及灭菌水，需同时灭菌。

3. 诱导产生愈伤组织

（1）取健壮的烟草茎数段，每段约5 cm长，于烧杯中用1 g/L $HgCl_2$（升汞）浸泡20 min（或10 g/L NaClO溶液1 min），取出用无菌水洗3～4次，置于无菌培养皿中，在接种箱中按无菌操作要求剥去外皮（接种箱事先用紫外灯灭菌30 min），用解剖刀切成5 mm厚的圆片（弃去开始一片和最后一片），用长镊子将它接种在诱导培养基上，注意圆片的切口朝向培养基，每瓶接种4片，接种后扎好瓶口。取叶片为外植体时，无菌水洗后，切成约1 cm^3 小块，再平放于培养基上。

（2）将已接入植物组织（外植体）的三角烧瓶，培养在25℃温室中，每星期检查1～2次，剔除材料已被杂菌污染的三角烧瓶，3～4周后产生愈伤组织。

（3）选取愈伤组织生长良好的三角烧瓶，用解剖刀将愈伤组织切下，转移到含有不同激素的试验培养基中（也可以连同原来的外植体一起转移），每瓶放1～2块，仍培养在25℃温室中，每周1～2次观察不同处理的三角烧瓶中，愈伤组织分化情况，直至长出根和芽。长成的幼小植株即为“试管苗”，可移栽于花盆中。

（华东师范大学　张志良）

Ⅱ　原生质体的分离和培养

【实验原理】

植物细胞在纤维素酶、半纤维素酶和果胶酶的作用下，细胞壁被消化，可以得到裸露的原生质体。原生质体在合适的培养条件下，能再生细胞壁，进行分裂、生长、形成愈伤组织，进一步分化形成根和芽，长成新的植物体，表现了植物细胞的全能性。利用植物原生质体可以进行细胞、生理、生化和遗传等多方面的研究，已成为植物生理学、细胞生物学及遗传学等学科的重要研究方向。要进行原生质体的培养，首先要分离得到具有活力的原生质体，因此，掌握分离植物原生质体的方法，就显得十分重要。

【器材与试剂】

1. 实验仪器　培养室，超净工作台或接种箱，真空泵或水泵，高压灭菌锅，离心机，手摇离心机，细菌过滤器，过滤瓶，血球计数器，移液管，培养皿，三角烧瓶，不锈钢网（200～400目），长镊子，剪刀，漂白精片

2. 实验试剂　70%乙醇，NT琼脂培养基，12 g/L琼脂（见附录10），酶液：[0.7 g纤维素酶（EA_3–867），5.5 g甘露醇，0.05 g $CaCl_2$，配成100 mL，pH 5.7，溶解后4 000 r/min离心15 min，取上清液，通过灭菌漏斗过滤消毒（用0.45 μm微孔滤膜减压过滤），滤液在超净工作台上分装在灭菌的三角烧瓶中，每瓶约10 mL，贮于冰箱中备用]，洗涤液（5.5 g甘露醇，0.05 g $CaCl_2$用NT培养液配成100 mL）

3. 实验材料　苗龄在60 d以上的烟草植株

【实验步骤】

1. 材料准备　苗龄在60 d以上的烟草植株，取上中部叶子，在灯光或日光下照射2 h左右，使萎蔫。萎蔫后的叶片用清水洗净，浸入Tween20溶液中数分钟，移至70%乙醇浸数秒钟，再在漂白精溶液中浸15～20 min，用无菌水冲洗2～3次，再用无菌滤纸吸去表面的水分。

2. 游离原生质体　用镊子撕去下表皮，切成小块，取1 g材料放入盛有10 mL酶液的三角烧瓶中，于28℃左右保温1.5～3 h。

3. 净化　经过保温的材料，通过带有200～400目不锈钢网的细菌漏斗，滤去未被消化的组织碎片，得到的原生质体悬液移至10 mL离心管中，用翻口塞密封离心管口，离心

机 2 000 r/min 离心 2 min，吸去上清液，加入洗涤液，重新悬浮原生质体，这样重复洗涤 2 ~ 3 次，最后用 NT 培养液洗 1 次。

4. 培养

（1）将悬浮在 NT 培养液中的原生质体，用血球计数器计算原生质体的密度，使每毫升达到 10^4 ~ 10^5 个原生质体。

（2）吸取原生质体悬液 1 ~ 1.5 mL 于灭菌的 6 cm 培养皿中，加入熔化的 NT 琼脂培养基 1 ~ 1.5 mL，立即轻轻摇动培养皿，使原生质体均匀分布在固体培养基中。

（3）待培养基冷却凝固后，将培养皿倒置于 9 cm 培养皿中，皿四周垫有湿润滤纸条，培养皿外用胶布或石蜡纸密封之。

（4）再将培养皿放在有盖搪瓷盘中，于 26 ~ 28℃保温培养，当原生质体开始变形长大时，可将它连同周围琼脂切成块，移贴到新鲜的 NT 培养基上，再进行倒置培养。

（5）当产生愈伤组织后，即可用一般的组织培养方法，如实验 I 中选用合适的实验培养基，诱导根、芽的分化和再生成植株。

以上步骤均按无菌操作要求进行。

（华东师范大学 张志良）

Ⅲ 离体培养下的花芽分化

【实验原理】

高等植物花的发端和花的形成是极其复杂的生理过程，它不仅受植物基因的控制，同时也受外界环境因素的影响和制约。利用组织培养方法，在生长素、细胞分裂素和糖的配合下，离体烟草花茎上部的切段或花梗薄片细胞层，在体外培养可以重新形成花。花芽分化能力存在梯度现象，花梗上端成花能力高于下端。

【器材与试剂】

1. 实验仪器 培养室，接种箱或超净工作台，高压灭菌锅，三角烧瓶（100 mL），长镊子，解剖刀

2. 实验试剂 琼脂，MS 培养基（见附录 10 和附录 11，另加入 10^{-6}mol/L IAA、10^{-6} mol/L 6-BA 和 30 g/L 蔗糖）

3. 实验材料 烟草茎

【实验步骤】

1. 配制培养基 配制 MS 基本培养基 1 000 mL，另加入 10^{-6}mol/L IAA、10^{-6}mol/L BA 和 30 g/L 蔗糖，充分溶解、混匀后，加入 10 g 琼脂，加热溶解，调 pH 5.8。

2. 培养基灭菌 参照“I 愈伤组织培养和分化”进行培养基灭菌。

3. 诱导花芽产生 在烟草茎的基部、中部，花序基部和花梗等处分别纵切薄细胞层，包括表皮及表皮下 3 ~ 5 层薄壁细胞［（0.5 ~ 1）mm × 10 mm］作为外植体（约重 0.5 mg），在无菌条件下接种于已灭菌的 MS 培养基上。给予 16 h 照光，光强度为 4 000 lx，25℃下

培养 2 周，观察花芽分化情况。

4. 比较烟草茎基部、中部，花序基部和花梗作为外植体诱导花芽分化的百分率。

【注意事项】

无菌操作为首要条件，配制培养基时将盐类依次先溶于 900 mL 水中，最后定容至 1 000 mL 以免发生沉淀。

【实验作业】

1. 你认为组织培养成功与否的关键是什么？
2. 你认为原生质体培养能进行哪些方面的理论研究？
3. 全班可选用不同植物（如烟草、花椰菜、胡萝卜、番茄等）进行实验，以便互相交流经验。
4. 植物激素与器官分化有何关系？
5. 组织培养技术有何生产实践意义？
6. 根据实验结果，分析光照、激素、外植体在植株上的部位等因素对离体培养条件下花芽分化的影响。

参考文献

[1] 上海市植物生理学会. 植物生理学实验手册. 上海：上海科学技术出版社，1985：1–5，383–387.

[2] Hall D O，Hawkins S E. Laboratory manual of cell biology. London：English Universities Press，1975，225–228.

[3] Skoog F，Miller C O. Chemical regulation of growth and organ formation in plant tissues cultured in vitro. Symp Soc Exp Biol，1957（11）：118.

[4] 杨中汉. 离体开花的研究 // 植物生理学教学研究参考文集. 1987：253–263.

（华东师范大学 赵旖旎）

实验 7–15 拟南芥的水培和生长发育观察

【实验目的】

结合实际情况，设计制作一套植物水培装置，并将其用于模式植物拟南芥的培养，观察植物的生长发育和繁殖过程。

【实验原理】

用含有一定量植物所需养分的水溶液培养植物的方法称为溶液培养法或水培法，其优点在于提供了一个比土壤种植更统一规范且可复制的培养系统，是现代农业无土栽培技术的基础。

拟南芥是十字花科拟南芥属植物，以其个体小、生长周期短以及基因组小等优点而成为植物生理与分子遗传学研究的重要模式物种；但同时也由于它的体积和生物量相应较小，以致一些生理生化问题的研究受到了限制。水培法培养拟南芥可以比较精确地控制营养成分，培养出健壮而整齐一致的植株；另一方面，生长在水溶液中的拟南芥，能更容易地观察和收集到包括根在内的各部分组织，有助于分析植物在生长发育过程中对营养、环境以及病害等胁迫信号的反应。

【器材与试剂】

1. 实验仪器　培养室，水培盒（长 × 宽 × 高为 10 cm × 10 cm × 7.5 cm），高压灭菌锅，分析天平，容量瓶，烧杯，移液管，量筒，称量纸，牙签，棕色 1.5 mL 离心管，小刀，保鲜膜

2. 实验试剂　棉球，2- 吗啉乙磺酸（MES），超纯水，0.5 × 霍格兰氏营养液［将 5 g MES 加到 8L 超纯水中，并在其中加入：母液Ⅰ 20 mL，母液Ⅱ 20 mL，母液Ⅲ 10 mL，母液Ⅳ 20 mL，母液Ⅴ 10 mL，母液Ⅵ 2 mL，微量元素母液 5 mL，Fe-EDTA 母液 40 mL。用 5 mol/L KOH 将 pH 调至 5.8 ~ 6.0。将容积定容至 10 L（母液成分及培养液的配方见表 7-9 和表 7-10）］

表 7-9　母液成分

名称	物质	浓度 / ($mol \cdot L^{-1}$)	用量 / ($g \cdot L^{-1}$)	除菌方法	保存温度
母液Ⅰ	$Ca(NO_3)_2 \cdot 4H_2O$	1	236.2	过滤除菌	室温
母液Ⅱ	KNO_3	1	101.1	高压灭菌	室温
母液Ⅲ	NH_4NO_3	0.5	40.0	高压灭菌	4℃
母液Ⅳ	$MgSO_4 \cdot 7H_2O$	0.25	61.6	高压灭菌	4℃
母液Ⅴ	KH_2PO_4	0.25	34.0	高压灭菌	4℃
母液Ⅵ	KCl	0.25	18.6	高压灭菌	4℃
微量元素母液	H_3BO_3	0.05	3.092	高压灭菌	4℃
	$MnCl_2 \cdot 4\ H_2O$	0.004	0.792		
	$ZnSO_4 \cdot 7\ H_2O$	0.004	1.150		
	$CuSO_4 \cdot 5\ H_2O$	0.001	0.250		
	$CoCl_2 \cdot 6\ H_2O$	0.000 3	0.072		
	$(NH_4)_6Mo_7O_{24} \cdot 4H_2O$	0.000 15	0.186		
Fe-EDTA 母液	Fe-EDTA	0.01	3.671	高压灭菌	4℃

表 7-10 溶液培养液成分及浓度表

大量元素 / (mmol · L^{-1})		微量元素 / (μmol · L^{-1})	
$Ca(NO_3)_2 \cdot 4H_2O$	2.0	Fe-EDTA	40
KNO_3	2.0	H_3BO_3	25
NH_4NO_3	0.5	$MnCl_2 \cdot 4H_2O$	2.0
$MgSO_4 \cdot 7H_2O$	0.5	$ZnSO_4 \cdot 7H_2O$	2.0
KH_2PO_4	0.25	$CuSO_4 \cdot 5H_2O$	0.5
KCl	0.05	$CoCl_2 \cdot 6H_2O$	0.15
		$(NH_4)_6Mo_7O_{24} \cdot 4H_2O$	0.075

注：①配制微量元素母液时，可将各种微量元素先配制成高浓度母液，再配制微量元素母液较为准确；
② Fe-EDTA 母液配制时，用 5 mol/L KOH 将 pH 调至 8.0 助溶；
③实验材料拟南芥种子

【实验步骤】

1. 培养盒的准备

（1）计划种植拟南芥的数目，准备同样数目的棕色 1.5 mL 离心管。用热的小刀将离心管的盖子和底部裁下（距管底 1.5 cm）。

（2）在离心管中塞入棉花，棉花与离心管上端开口齐平（注意不要将棉花压得过于紧实）。将准备好的离心管放入培养盒内。

2. 拟南芥的播种与春化

（1）播种：将 0.5× 营养液稀释为原来体积的两倍（0.25×），将培养液倒入培养盒中。待棉花表面润湿后，取 2～3 粒拟南芥种子放置于每个小管的棉花表面。

（2）春化：盖上盒盖，覆盖上一层保鲜膜，将这些种子置于 4℃黑暗条件下 3 天。

3. 拟南芥的培养

（1）将春化后的种子转移到培养间中，21℃长光照（16 h 光照，8 h 黑暗）培养，保持盒子关闭状态。

（2）培养 3 天种子萌发后，揭开保鲜膜，保持营养液使棉花润湿。

（3）培养 6～7 天时，打开盖子，并用镊子间苗，保持每管一株。此后，用 0.5× 营养液代替原来的培养液。

（4）培养 10～12 天后，根会从小管底部长出来，并浮在培养液中。此时，在根生长更长之前，根据实验的需要将小苗分开在不同盒子中，保证植物生长所需要的空间。此后每 3～4 天更换一次营养液。

（5）观察并统计拟南芥整个发育过程中莲座叶的数目变化及开花时间，种植 4～5 周后收取种子，完成拟南芥整个生长发育过程的培养及观察。

【注意事项】

1. 配制营养液 1 L 时，应在 800 mL 超纯水中加入各种母液，不能直接将母液混合，避免产生沉淀。

2. 在拟南芥幼苗期，注意保持棉花湿润，否则幼苗会很快干死。

【实验作业】

尝试改进你在本实验中使用的植物水培装置，将其用于种植一种你感兴趣的观赏植物。

参考文献

[1] Gibeaut D M, Hulett J, Cramer G R, et al. Maximal biomass of *Arabidopsis thaliana* using a simple, low-maintenance hydroponic method and favorable environmental conditions. Plant Physiol, 1997, 115 (2): 317-319.

[2] Hoagland D R, Arnon D I. The water culture method for growing plants without soil. Miscellaneous Publications, 1941, (354): 347-461.

[3] Tocquin P, Corbesier L, Havelange A, et al. A novel high efficiency, low maintenance, hydroponic system for synchronous growth and flowering of *Arabidopsis thaliana*. BMC Plant Biol, 2005, (3): 2.

（华东师范大学　何一凡　朱品宽）

第八章

植物与环境

实验 8-1　高温和低温对植物的伤害

【实验目的】

了解生长的极端温度对植物的伤害作用。

【实验原理】

植物在遭遇不良环境（如高温、低温等）时，原生质的结构常受到影响，原生质膜的半透性丧失，对物质的透性发生改变，盐类或有机物从细胞中渗出，进入周围环境中。通过电导度的测量和糖的显色反应，可以测知物质的外渗，表明植物受害的情况。

【器材与试剂】

1. 实验仪器　电导率仪，冰箱，恒温箱，水浴锅，烧杯，量筒，移液管，试管，镊子
2. 实验试剂　蒽酮试剂（见实验 5-1）
3. 实验材料　绿豆种子

【实验步骤】

1. 取绿豆种子，用水吸胀，萌动后移到杯上蒙着的塑料窗纱上，杯中充以水，让根穿过网孔垂直伸入水中（也可将种子种植于湿砂中）。当苗长 2 ~ 3 cm 时，即可用作材料。

2. 取出幼苗，尽量不要伤害根系，用镊子除去幼苗上残留的胚乳，用蒸馏水漂洗数次，以除去伤口上的物质。然后以 15 株为一组，共 3 组，分别放在盛有 30 mL 事前已将温度调节到 45℃、0 ~ 2℃及室温（20 ~ 25℃）的小烧杯蒸馏水中，务必将根系浸入蒸馏水中，再分别放在 45℃恒温箱、0 ~ 2℃冰箱中，另一杯留在室温 20 ~ 25℃条件下。

3. 经过一定时间后，用电导率仪测量每一处理小杯中溶液的电导率。另外吸取溶液 0.5 mL 于试管中，加入蒽酮试剂 2 mL，于沸水浴中加热 15 min，如果溶液变绿，即表明糖类的存在。另以蒸馏水作同样测定进行比较。

4. 将结果记录于下表中

处理	电导率			蒽酮反应		
	1 h	2 h	3 h	1 h	2 h	3 h
45℃						
0 ~ 2℃						
室温						
蒸馏水						

【注意事项】

1. 测量时须将电极探头浸入溶液中规定的深度。
2. 电导率的大小仅表示电解质总量的多少。

【实验作业】

1. 利用测量电导率和糖的显色反应，试比较水稻和小麦幼苗在低温和高温中受害的程度。
2. 说明这种测量方法的实践意义。

参考文献

[1] 谢田，徐中际. 测定细胞膜透性的紫外吸收法. 植物生理学通讯，1986（1）：45-46.
[2] 赵冬芹，等. 植物生理实验教学中“高温和低温对植物伤害”实验的三种最佳调节初探. 植物生理学通讯，2008，44（4）：762.

（华东师范大学　张志良）

实验 8-2　渗透胁迫与脯氨酸的积累

【实验目的】

了解植物体内水分亏缺与脯氨酸积累的关系。

【实验原理】

当植物遭受渗透胁迫，造成生理性缺水时，植物体内脯氨酸大量累积，因此植物体内脯氨酸含量在一定程度上反映了植株体内的水分状况，可作为植株缺水的参考指标。

在 pH 1 ~ 7 时用人造沸石可以除去一些干扰的氨基酸，在酸性条件下，茚三酮与脯氨酸的反应，生成红色化合物，其含量与色度成正比，可用分光光度计测定，此法有专一性。

【器材与试剂】

1. 实验仪器 分光光度计，低速离心机，水浴锅，旋涡仪，研钵，烧杯，移液管，容量瓶，具塞试管

2. 实验试剂 人造沸石，冰乙酸，甲苯，30 g/L 磺基水杨酸，0.3 mmol/L 甘露醇（54.65 g 甘露醇溶于 1 000 mL 蒸馏水中），标准脯氨酸溶液（10 mg 脯氨酸溶于 100 mL 80% 乙醇中，浓度为 100 μg/mL），酸性茚三酮试剂［2.5 g 茚三酮置于 60 mL 冰乙酸和 40 mL 6 mol/L 磷酸中（见附录 1），加热（70℃）溶解。试剂 24 h 内稳定］

3. 实验材料 小麦种子

【实验步骤】

1. 取小麦种子于黑暗环境中 25℃室温下浸泡 6 h，播于铺有湿滤纸的培养皿中，继续在室温下进行暗培养。露白后于尼龙网架上，用水培养 24 h，一组移至 0.3 mol/L 甘露醇中进行培养，另一组仍留在水中继续培养。在甘露醇中培养至第 3 ~ 4 d 的幼苗，取地上部分用作实验材料。培养的时间越长，积累的脯氨酸也愈多，胁迫效果也愈明显。

2. 取地上部（芽鞘和叶子）0.5 g，用 30 g/L 磺基水杨酸 5 mL 研磨提取，匀浆转移至离心管中，在沸水浴中提取 10 min。冷却后，1 800 *g* 离心 10 min，取上清液待测。另取未经甘露醇处理的材料同样制得提取液待测。

3. 制作标准曲线

用 100 μg/mL 脯氨酸配制成 0、1、2、3、4、5、6、7、8、9、10 μg/mL 的标准溶液。取标准溶液各 2 mL，加 2 mL 30 g/L 磺基水杨酸，2 mL 无水乙酸和 4 mL 25 g/L 酸性茚三酮试剂于具塞试管中，置沸水浴中显色 1 h，冷却后加入 4 mL 甲苯盖好盖子于旋涡仪上振荡 30 s，静置分层，吸取红色甲苯相，于波长 520 nm 测定吸光值，以吸光值为纵坐标，脯氨酸浓度（μg/mL）为横坐标绘制标准曲线。

4. 各取 2 mL 两种上清液，分别加入 2 mL 蒸馏水，2 mL 无水乙酸和 4 mL 25 g/L 酸性茚三酮试剂，与上述制作标准曲线一样进行显色，萃取和比色，最后从标准曲线查得脯氨酸含量。

【注意事项】

一般在处理 24 h 即已显现脯氨酸含量增加，处理的时间越长，则效果愈显著。

【实验作业】

试比较胁迫与胁迫后再复水，幼苗中脯氨酸含量的变化。

参考文献

［1］Walter T，John L. A photometric methods for the determination of proline. J Biol Chem，1955，215：655-660.

［2］张殿忠，等 . 测定小麦叶片游离脯氨酸含量的方法 . 植物生理学通讯，1990（4）：62-65.

［3］仵小南，等 . 水分胁迫对植物线粒体结构和脯氨酸氧化酶活性的影响 . 植物生理学报，1986，12（4）：388-395.

（华东师范大学 张志良）

实验 8-3 高效液相色谱法测定海藻糖

【实验目的】

了解并掌握高效液相色谱（HPLC）法的分离原理；学习用 HPLC 法测定海藻糖含量以及根据保留时间初步定性和外标法的定量方法。

【实验原理】

海藻糖是一种非还原性二糖，逆境条件下海藻糖的积累可以在一定程度上提高植物的耐逆性。目前，海藻糖的定量分析方法有纸层析、薄层层析、高效液相色谱法、气相色谱法、气质联用法等。由于海藻糖是不挥发性物质，在植物体中的含量较少，因此与其他方法相比，HPLC 能更为高效、快速、灵敏地检测海藻糖的含量。在海藻糖的检测中，最常用的色谱柱是氨柱和糖柱；检测器为通用型的示差折光检测器和蒸发光散射检测器。

本实验的色谱柱选用氨柱，检测器为通用型蒸发光散射检测器。利用氨基键合相上的氨基与糖类分子中的羟基产生选择性相互作用，从而将海藻糖分离开。再根据标样的出峰时间和已知浓度，定性定量分析海藻糖。

【器材与试剂】

1. 实验仪器　高效液相色谱仪（Waters 600，配有蒸发光散射检测器 2424），Hypersil NH_2 柱（5 μm，4.6 mm × 250 mm），0.45 μm 微孔滤膜，恒温水浴锅，磁力搅拌器，研钵（瓷），1 mL 移液器，5 mL 移液器，15 mL 具塞试管，50 mL 离心管，50 mL 烧杯，试管架

2. 实验试剂　液氮，无水乙醇，海藻糖，乙腈（色谱纯），超纯水

3. 实验材料　小麦或烟草等植物叶片

【实验步骤】

1. 标准曲线的建立　将海藻糖用超纯水配成浓度为 2、4、6、8、10 mg/mL 的标准溶液，依次进样 10 μL。以浓度为横坐标，峰面积为纵坐标绘制标准曲线，并求得回归方程。

2. 样品中海藻糖的提取　取叶片 10 g，用液氮研碎后置于试管中，加入 10 mL 85% 乙醇在 75℃条件下提取三次。合并提取液，在 1 600 × g 下离心 10 min。取上清液，用磁力搅拌器在 80℃下将乙醇蒸干，用流动相（乙腈：水 =70：30）溶解剩余固体，经微孔滤膜过滤后用 HPLC 测定海藻糖的含量。

3. 液相色谱条件　色谱柱：Hypersil NH_2 柱；检测器：蒸发光散射检测器（Waters 2424）；流动相：乙腈：水 =70：30；柱温：室温；流速：1 mL/min；上样量：10 μL。

4. 样品中海藻糖含量的确定　根据海藻糖纯品的出峰时间定性样品中的海藻糖，将样品中海藻糖的出峰面积代入标准曲线，查得样品中的海藻糖含量。

【注意事项】

1. 使用新鲜的超纯水和色谱纯级的乙腈。

2. 流动相和样品提取液均须经微孔滤膜过滤后方可使用。

3. 流动相使用前须先脱气。注入样品提取液时避免带入气泡。

【实验作业】

1. 试分析葡萄糖和海藻糖，哪个先出峰？为什么？
2. 为什么不易用气相色谱法测定海藻糖？

参考文献

[1] 甘宾宾. 高效液相色谱法测定海藻糖. 化工技术与开发，2003，32（1）：22-23.
[2] 葛宇，袁勤生. 海藻糖的定量分析方法比较. 药物生物技术，2001，8（6）：348-350.
[3] 周坚，杨波，戴秀玉. 转基因烟草中的海藻糖测定. 微生物学报，2001，41（3）：378-380.

（华东师范大学 罗音）

实验 8-4 冷胁迫对质膜 H^+-ATPase 活性的影响

【实验目的】

了解低温干扰植物代谢功能的一个方面。

【实验原理】

低温引起膜系统受损导致膜蛋白酶活性降低，进而影响其正常功能的发挥。H^+-ATPase 是细胞膜上的标志酶，具有控制胞内 pH、产生电化学梯度、促进离子及分子运输等重要生理功能；同时还参与气孔开闭的调节、调节细胞伸长生长；参与植物细胞对逆境的反应与适应，对冷胁迫表现出高度的敏感性和可塑性，该酶活性的变化被认为是植物细胞对低温胁迫的最初生理反应。一般认为，ATP 酶活性较稳定的植物其抗寒性较强。

质膜 H^+-ATPase 活性大小是根据单位时间内，单位蛋白中 H^+-ATPase 水解 ATP 产生 Pi 量的多少确定的。Pi 用钼蓝法测定。活性测定时，质膜的纯度对结果影响较大，故采用两相分配分离法充分纯化质膜，而后测定 H^+-ATPase 的活性。

【器材与试剂】

1. 实验仪器 光照培养箱，冷冻离心机，分光光度计，恒温水浴

2. 实验试剂 完全培养液（配制方法见实验 2-1），0.5 mol/LKNO_3 溶液（50.56 g/L），20 mmol/L Na_2SO_4 溶液（2.41 g/L），5 mmol/L NaN_3（325 mg/L 有剧毒），5 mmol/L Hepes-Tris（Hepes 1.19 g/L，Tris 608 mg/L，pH 6.5），1 mmol/L 钼酸铵溶液（196 mg/L），匀浆缓冲液［含 0.25 mol/L 山梨醇（4.55 g/L），1 mmol/L EDTA（292 mg/L），5 mmol/L $MgSO_4$（602 mg/L），10 mmol/L Tris（见附录 2）pH 7.4］，两相溶剂［5 mmol/L 磷酸缓冲液，pH 7.8（见附录 2），内含 0.25 mmol/L 蔗糖（8.56 g/L）、1 mmol/L $MgSO_4$（120 mg/L）。以上述溶液配制 61 g/L 的葡聚糖 T500 和 61 g/L 聚乙二醇 6 000 的溶液］，20 mmol/L ATP-Tris

（见附录2）溶液［称取1.102 2 g ATP钠盐（$C_{10}H_{14}N_5O_{13}P_3Na_2$），用蒸馏水溶解后，经阳离子交换树脂处理，抽滤，滤液即为酸性ATP，用20 mmol/L Tris将滤液调至pH 7.5，最后定容至100 mL］，酶反应终止液［50 g/L钼酸铵，5 mol/L H_2SO_4（见附录1），以钼酸铵：H_2SO_4：H_2O=1：1：3混合］，显色液［0.25 g氨基苯磺酸溶于100 mL 15 g/L Na_2SO_3溶液中，pH调至5.5，然后加0.5 g Na_2SO_4溶解，混匀］，标准磷溶液［准确称取13.6 mg KH_2PO_4（经105℃烘至恒重），定容至1 000 mL，即成100 μmol/L KH_2PO_4的标准液。测定时需进一步稀释］。

3. 实验材料　水稻种子

【实验步骤】

1. 低温胁迫处理　水稻种子经常规消毒、浸种、催芽，至露白后用完全培养液水培，二叶一心期移至光照培养箱内，以光强4 800 lx，光照12 h/d，进行2组处理：对照组20℃、胁迫实验组8℃，作用2 d。

2. 质膜提取　取胁迫实验组及对照组的根尖（1～3 cm段）各10 g，剪碎后用匀浆缓冲液20 mL于冰浴中匀浆，匀浆液以9 000 g，4℃离心20 min，去除沉淀。上清液经30 000 g，4℃离心1 h。收集沉淀并使其悬浮于10 mL上述缓冲液中，此步所得为对照和低温胁迫组的质膜初提液。

3. 质膜纯化　于50 mL离心管内加两相溶液各10 mL再加入2 mL质膜初提液。用盖子盖紧离心管，反复倒转20次，使样品与两相液充分混合。混合液以水平转头1 000 g，4℃离心4 min。小心吸取上相液（不可触动两相间的界面），将其注入另一个离心管内，用等体积的重蒸馏水洗三次，每次均以30 000 g，4℃离心1 h，收集沉淀，使之悬浮于1 mL上述提取液中，置-30℃下保存（质膜的提取和纯化均在4℃下进行）。对照及胁迫实验组均作相同的处理。

4. 质膜H^+-ATPase活性的测定　反应体系体积0.5 mL，反应液中含200 μL Hepes-Tris缓冲液，50 μL $MgSO_4$溶液，50 μL KNO_3溶液（抑制液泡膜H^+-ATPase活性），50 μL NaN_3溶液，50 μL钼酸铵溶液，50 μL质膜提取液（含100～200 μg膜蛋白），以50 μL 20 mmol/L ATP-Tris启动反应。将反应试管放到37℃的温水浴中，反应20 min后，加入酶反应终止液1 mL，而后加入显色液0.2 mL，摇匀，室温放置40 min后于660 nm处比色。以反应前立即加终止液者作空白对照。据无机磷标准曲线计算出对照组和胁迫实验组样品中的无机磷含量。

5. 无机磷标准曲线制作及测定：配制0、2、4、6、8、10 μmol/L标准磷溶液，分别取50 μL，代替质膜提取液，加入反应体系中。再加1 mL终止液，0.2 mL显色液，室温放置40 min后于660 nm处比色，制作标准曲线。

6. 蛋白质测定　采用考马斯蓝法（见实验5-5）测定两组质膜提取液的蛋白含量。

7. 酶活性计算　据所求得的无机磷含量、蛋白质含量以及反应时间（20 min）计算酶活性，以μmol Pi/（mg protein·h）表示。

【注意事项】

阳离子交换树脂可用Dowex50。ATP钠盐经处理后除去钠离子成酸性ATP，用Tris调至所需pH。

【实验作业】

1. 水分胁迫对 H^+-ATPase 的影响：胁迫处理 – 棉花种子经硫酸脱绒后再以 80℃水消毒，于 30～32℃下培养至芽长 1.5 cm 时，移入完全培养液中再培养 5 d 后，用 –1.1 Mpa（PEG 6000）分别处理 24、48、72 h，取根系或下胚轴提取质膜，以未做处理的作对照，试比较经胁迫后，质膜 ATPase 活性的变化。

2. 总结 H^+-ATPase 的生理功能。

参考文献

[1] 王育东，阎隆飞 . 用二相分配分离法对蚕豆叶和丝瓜花粉管质膜的分离 . 植物学报，1989，31（6）：432–440.

[2] 陈亚华，沈振国，刘良友 . 低温、高 pH 胁迫对水稻幼苗根系质膜的、液泡膜 ATP 酶活性的影响 . 植物生理学报，2000，26（5）：407–412.

[3] 中国科学院上海植物生理研究所，上海市植物生理学会 . 现代植物生理学实验指南 . 北京：科学出版社，1999：67–68.

[4] 薛刚，高俊凤，刘凤霞 . 水分胁迫下钙螯合剂与 CPZ 抑制剂对棉花根和下胚轴两种 ATPase 的效应 . 植物生理学通讯，1994，30（6）：417–420.

[5] 黄国存，周洪显，崔四平，等 . 水分胁迫对玉米幼叶质膜 ATPase 活性影响及其与钙调素和渗透调节的关系 . 华北农学报，1997，12（1）：31–34.

（华东师范大学 张雯）

实验 8–5 干旱处理对叶片脂氧合酶活性的影响

【实验目的】

了解环境胁迫与脂氧合酶的关系及测定酶活性的方法。

Ⅰ 分光光度法

【实验原理】

脂氧合酶（lipoxygenase，LOX）是一种氧化还原酶，为非血红素铁蛋白，酶蛋白由单肽链组成，专门催化具有顺，顺 –1,4 戊二烯结构的不饱和脂肪酸的加氧反应，在植物中其底物主要是亚油酸和亚麻酸。

植物在生长过程中受到细菌，真菌及外界恶劣环境的伤害，这些因素可诱导植物中 LOX 活性的增加，因而 LOX 活性大小可作为植物逆境生化指标之一。

利用 LOX 与不饱和脂肪酸作用时，在 234 nm 处有一增加的紫外吸收，其与反应时间和酶浓度有关；以亚油酸为底物，应用分光光度法可得出脂氧合酶的活性。

【器材与试剂】

1. 实验仪器 冷冻离心机，分光光度计，旋转蒸发仪，石英比色杯

2. 实验试剂 亚油酸，乙醇，Tween-20，1 mol/L 氢氧化钠（40 g/L），考马斯蓝G-250，25 mmol/L pH 7.5 Tris-HCl 缓冲液（见附录 2），0.2 mol/L pH 7.0 磷酸缓冲液（见附录 2），储备液 A［以乙醇配制 10 g/L 的亚油酸溶液］，储备液 B［在 7.1 mL 的储备液 A 中加入 0.25 mL Tween-20。用旋转蒸发仪将乙醇蒸发至尽，所剩膏状物用 100 mL 0.05 mol/L Na_2HPO_4（7.1 g/L）溶解，并用 1 mol/L NaOH（40 g/L）将 pH 调至 9.0。该储备液中含有 2.5 mmol/L 亚油酸（0.7 g/L）及 2.5 g/L Tween-20］，底物溶液［将储备液 B 用磷酸缓冲液（pH=7.0）稀释 10 倍，所得为底物溶液］

3. 实验材料 大豆

【实验步骤】

1. 干旱胁迫处理 大豆室外盆栽（选用直径 15 cm、高 14 cm 的小盆），播种出苗后每盆留苗 3 株，苗龄 5 周时停止浇水进行干旱处理，对照正常浇水。

2. LOX 的提取 在处理 3 d 后取对照及经胁迫处理大豆的倒数第二片全展开叶各 0.5 g，分别加入 5 mL 预冷的 Tris-HCl 缓冲液（pH 7.5），于冰浴中研磨，2 ℃下以 28 000 g 离心 15 min，上清液即为酶提取液。

3. 比色分析 对照管加入 2.4 mL 底物溶液及 0.1 mL 蒸馏水，用于分光光度计调零（234 nm）。样品管依次加入 2.4 mL 底物溶液和 0.1 mL 酶提取液，迅速混匀，置于光路中测定 234 nm 处反应体系的吸光值，记录下初始（0 min）吸光值，每隔 30 s 记录一次吸光值，共测 15 min，以吸光值和反应时间作图（注意：加入酶溶液到开始记录吸光值的时间不能超过 10 s）。吸光值的变化率（ΔOD/min）由图的最初线性部分计算得出。

4. 初酶提取液的蛋白质含量测定 采用考马斯蓝法（见实验 5-5）。

5. 活力计算 酶活力以 ΔOD_{234}/（min · mg protein）表示。

【注意事项】

制备好的储备液 B 可用缓冲液配制所需 pH 的底物溶液。

Ⅱ 氧电极法

【实验原理】

由于分光光度法要求底物必须澄清，而脂肪酸在 pH 9.0 时形成的盐类（钠盐）才能溶解，而 pH 9.0 不是合适的生理条件，也不是酶合适的 pH 环境。只有按上述方法制得的底物储备液，才可以用缓冲液进行稀释配制成所需要的 pH。而用氧电极法对底物没有如此要求，配制方法简便多了，故于此一并介绍。该法是以单位时间内消耗的氧量来表示酶活力的大小。

【器材与试剂】

1. 实验仪器 测氧仪，磁力搅拌器，恒温水浴锅，记录仪（5 mV）

2. 实验试剂 Tween–20，1 mol/L NaOH（40 g/L），亚油酸，0.2 mol/L 磷酸缓冲液，pH 6.5（见附表 2）

3. 实验材料 大豆

【实验步骤】

1. 底物的配制 0.5 mL 亚油酸于 10 mL 蒸馏水中，再加入 0.5 mL Tween–20，搅拌之，NaOH 中和，然后用 0.2 mol/L 磷酸缓冲液（pH 6.5）稀释至 200 mL。该溶液浓度为 7.5 mmol/L 亚油酸和 25%（体积百分数）Tween–20。

2. 连接测氧仪、记录仪、恒温水浴锅，然后进行仪器的标定，以求得纪录纸上每小格相当的氧含量，标定方法见实验 4–3。

3. 取上述配制好的亚油酸磷酸缓冲液 2.5 mL（视反应杯大小）于反应杯中，插入电极，开启搅拌器搅拌 5 min，用移位调节旋钮将纪录笔调至全量程的 90% 左右，待仪器稳定后从小孔注入 0.1 mL 不同处理的大豆所提取的酶液，记录耗氧曲线约 5 min，记录时间长短根据酶活性而定。

4. 从记录曲线的直线部分的斜率，根据标定的氧量，计算每分钟的耗氧量（μL），以比较经干旱处理和未经处理的酶活性大小。

5. 酶活性以耗氧量（μL）/min · mg 蛋白表示之。酶蛋白含量可用 Folin 酚试剂法或考马斯蓝染料结合法测定（见实验 5–5）。

【实验作业】

1. 经干旱处理后大豆叶 LOX 活性与正常叶的比较有何变化?

2. 你认为测定中哪些因素会对酶活性产生影响?

参考文献

[1] 许长成，邹琦 . 干旱对大豆叶片脂氧合酶活性及乙烯、乙烷释放的影响 . 植物学报，1993，35（增刊）：31–37.

[2] Grossman S，Zakut R. Determination of the activity of lipooxygenase（lipoxidase）. Methods Biochem Anal. 1979：303–329.

（华东师范大学 张志良 张雯）

实验 8–6 超氧化物歧化酶活性的测定

【实验目的】

熟悉用不同方法测定超氧化物歧化酶（SOD）活性。

Ⅰ 比 色 法

【实验原理】

许多逆境能影响植物体内活性氧代谢系统的平衡，即增加活性氧的产量，破坏活性氧清除剂的结构、降低活性氧含量水平，并进一步启动膜脂过氧化或膜脂脱脂作用从而破坏膜结构，加深伤害。SOD是自然界唯一的以氧自由基为底物的酶，在活性氧代谢中处于重要地位，可淬灭超氧负离子 O_2^- 的毒性，终止由 O_2^- 启动的一系列自由基连锁反应所造成的生物毒损伤，为生物体内最重要的清除活性氧自由基的酶类。该酶有CuZn-SOD、Mn-SOD和Fe-SOD三种类型。

超氧化物歧化酶广泛存在于一切好气生物中。植物组织SOD活性测定可采用氮蓝四唑（NBT）光还原法。在该反应系统中，核黄素照光产生 O_2^-，NBT在光照下被 O_2^- 还原为蓝甲腊，产物在560 nm下有吸收峰。通过测定加入酶液后蓝甲腊含量的变化，可计算出SOD的活性。

植物中的酚类物质对测定有干扰，可加入PVPP将其除去。

【器材与试剂】

1. 实验仪器　光照培养箱（箱内均匀照光约2 100 lx），旋转的圆盘透明试管架（有机玻璃制造），分光光度计，冷冻离心机，试管

2. 实验试剂　14.5 mmol/L DL-甲硫氨酸（2.16 g/L），50 mmol/L磷酸缓冲液pH 7.8（见附表2），酶提取液［50 mmol/L PBS缓冲液，pH 7.8（7.1 g/L Na_2HPO_4，6.8 g/L KH_2PO_4，按体积9∶1混合，如pH高或低于7.8，则用 KH_2PO_4 或 Na_2HPO_4 调节之。每1 000 mL缓冲液含8 g NaCl，0.2 g KCl）］，3 μmol/L EDTA（0.87 mg/L，用50 mmol/L PBS缓冲液配制，用前配制、避光保存），NBT溶液［用50 mmol/L PBS缓冲液（pH 7.8）配制2.25 mmol/L NBT（1分子结晶水，2.17 g/L），用前配制、避光保存］，核黄素溶液［用50 mmol/L PBS缓冲液（pH 7.8）配制60 μmol/L核黄素（22.6 mg/L），用前配制、避光保存］

3. 实验材料　大豆

【实验步骤】

1. 胁迫处理　将大豆3 d的幼苗60株，分为2组，实验组30株置于0～2℃下培养24 h、其余为正常组，在室温下继续培养。

2. 粗酶液提取　分别取经处理和正常组样品下胚轴各5 g，逐一加入5倍于样品量的酶提取液，冰浴中研磨后以纱布过滤，经10 500 × *g* 离心20 min，上清液依次为2组的粗酶提取液。

3. 酶活性测定：测定前在54 mL 14.5 mmol/L DL-甲硫氨酸中分别加入EDTA、NBT、核黄素溶液各2 mL，混匀，此为反应混合液。

在盛有3 mL反应混合液的试管中，加入适量的粗酶液（以使抑制达50%左右的酶浓度为佳），混匀后放在透明试管架上，于光照培养箱中准确照光10 min，迅速测定560 nm下的吸光值，以不加酶液的照光管为对照，计算反应被抑制程度（%）。

4. 酶活力计算 以能抑制反应50%的酶量为一个SOD酶单位。其活力可由下式计算：

$$\text{SOD 活力（单位/mg 蛋白）}=\frac{\text{反应被抑制程度（\%）}}{50\%\times\text{加入粗酶液中的蛋白含量（mg）}}$$

$$=\frac{\text{（对照管吸光值 − 测定管吸光值）/ 对照管吸光值}}{50\%\times\text{加入粗酶液中的蛋白含量（mg）}}$$

蛋白质含量用考马斯蓝法测定（见实验5-5）。

【实验作业】

1. 比较遭受冷损伤的大豆下胚轴SOD活性的变化。
2. 归纳总结SOD的生理学功能及特性。

参考文献

[1] 肖萍，仲伟鉴，张荣泉. SOD活性的化学发光和化学比色测定法的比较. 上海预防医学杂志，1999，11（2）：54-56.

[2] 中国科学院上海植物生理研究所，上海市植物生理学会. 现代植物生理学实验指南. 北京：科学出版社，1999：314-315.

（华东师范大学 张雯）

Ⅱ 邻苯三酚自氧化法

【实验原理】

超氧化物歧化酶是一种以超氧阴离子为底物的酶，广泛存在于植物的各个器官，在清除自由基、抗辐射等方面有重要作用。SOD能有效地抑制邻苯三酚的自氧化，利用这一原理可较快速地测定SOD的酶活性。

【器材与试剂】

1. 实验仪器 分光光度计，冷冻离心机，恒温水浴，研钵，试管，移液管

2. 实验试剂 硫酸铵，50 g/L维生素C溶液，提取液（0.05 mol/L pH 7.8磷酸缓冲液），盐酸母液（取42 mL浓盐酸用水稀释到500 mL，用时1∶100稀释），邻苯三酚溶液（邻苯三酚56.8 mg用盐酸工作液定容至10 mL，于4℃冰箱保存备用），二乙烯三胺五乙酸（DTPA）溶液（2 g DTPA溶于50 mL蒸馏水，可能有毒，注意安全），Tris-HCl缓冲液母液（30.3 g Tris溶于300 mL蒸馏水，加62 mL盐酸母液和50 mL DTPA溶液，定容到500 mL。用时稀释10倍，为工作液）

3. 实验材料 大豆

【实验步骤】

1. 制备提取液　大豆经表面消毒，蒸馏水浸泡 4 ~ 5 h，每克鲜重加入 2 ~ 3 mL 提取液研磨。13 000 r/min 冷冻离心 20 min，收集上清液，加硫酸铵并收集 30% ~ 50% 饱和度的沉淀。小体积蒸馏水复溶，透析去盐，为超氧化物歧化酶粗酶液。

2. 自氧化率测定　在一系列 20 mL 试管中各加 9 mL Tris–HCl 缓冲液工作液，于 25℃水浴 20 min，精确加入 40 μL 于 25℃预热的邻苯三酚溶液，立即混匀，于 25℃准确保温 3 min。加入 50 μL 维生素 C 溶液，以终止邻苯三酚自氧化反应，倒入 1 cm 光径比色杯。以 9 mL Tris–HCl 缓冲液工作液作空白溶液，于 1 h 内读取 OD_{420}（A_0）。

3. 酶活性测定　在 Tris–HCl 缓冲液工作液中预先加入一定量待测 SOD 稀释液，用上述方法测定样品 OD_{420}（A_S），但注意不加自氧化终止剂维生素 C。

$$抑制率 = (A_0 - A_S)/A_0 \times 100\%$$

$$SOD单位活力（U/mL 酶）= [(A_0 - A_S)/(A_0 \times 0.5)] \times N/V$$

式中：V 为加样体积；

N 为样品稀释倍数；

0.5 即抑制自氧化反应 50%。

【注意事项】

方法Ⅱ测定的是 3 min 邻苯三酚自氧化被抑制的程度，因而时间应准确，其次应检查加入维生素 C 之后，邻苯三酚的自氧化作用是否 100% 被抑制，否则应增加维生素 C 的用量，以保证 A 读数的正确性。

【实验作业】

1. 计算酶活力。
2. 为什么抑制率要尽量接近 50%？

参考文献

[1] 静天玉，赵晓瑜 . 用终止剂改进超氧化物歧化酶邻苯三酚测活法 . 生物化学与生物物理进展，1995，22（1）：84–86.

[2] 王爱国，罗广华，邵从本，等 . 大豆种子超氧化物歧化酶的研究 . 植物生理学报，1983，9（1）：77–83.

（华东师范大学　黄晓青）

实验 8-7　植物组织中活性氧含量的测定与定位分析

由超氧阴离子自由基（$O_2\cdot^-$）、过氧化氢（H_2O_2）、羟自由基（$OH^\cdot$）、单线态氧（$^1O_2$）等组成的活性氧（reactive oxygen species，ROS）是植物体的正常代谢副产物，在正常情况下，植物体内 ROS 的生产和清除受抗氧化系统的精密调控。由于植物在整个生长发育过程中并不是一帆风顺的，总会遇到高温、低温、干旱、盐渍、水涝或病虫害侵染等非生物和生物逆境胁迫。这些非生物或生物胁迫，包括植物衰老过程中的一个共同特征，就是植物体内 ROS 的产生和清除平衡被打破，导致植物体内 ROS 的大量积累。近几年的研究表明，以过氧化氢（H_2O_2）为代表的 ROS 在植物对非生物和生物逆境胁迫的信号感受、传导与适应过程中起重要作用。因此，准确测定活性氧浓度无疑在植物抗逆性和衰老研究中起着非常重要的作用。

【实验目的】

熟悉测定活性氧含量的不同方法，了解 ROS 在植物体内积累的生物学意义。

Ⅰ H_2O_2 的组织原位定位分析（DAB 染色法）

【实验原理】

细胞中的过氧化氢与氧化二氨基联苯胺（3,3-diaminobenzidine，DAB）反应，形成黄褐色沉淀，通过观察染色情况或显微观察可定位组织中的 H_2O_2 的累积情况。

【器材与试剂】

1. 实验仪器 分析天平，恒温水浴锅，试管或 Eppendorf 管（EP 管）

2. 实验试剂 10 mmol/L MES［即 2-（N- 吗啉代）乙磺酸缓冲液，以蒸馏水溶解，以 NaOH 调 pH 5.5］，1 mg/mL DAB（溶于 MES 缓冲液 pH 5.5，Sigma-Aldrich），95% 乙醇

3. 实验材料 分别取植物叶片或其他受逆境胁迫的植物组织，对于小型植株可取全株

【实验步骤】

取待测植株或组织，放入 EP 管或相应带盖的试管中，加 DAB 染液浸没植株或组织，避光，室温过夜。次日，把植物组织从 DAB 染液中取出，加 95% 乙醇沸水煮 5 ~ 10 min。如果叶绿素较多，可以再用 50% 乙醇洗脱几次，待叶绿素完全脱去，置于蒸馏水中用于后续的观察或镜检拍照。

【注意事项】

DAB 染色时间可根据植物材料进行调整，染色起始可采用抽真空使 DAB 快速进入植物组织中。

参考文献

［1］Thordal-Christensen H，et al. Subcellulal localization of H_2O_2 in plants.H_2O_2 accumulation in papillae and hypersensitive response during the barley-powdery mildew interaction. Plant J，1997，11：1187-1194.

［2］Naohide W，Eric L. BAX inhibitor-1 modulates endoplasmic reticulum stress-mediated programmed cell death in *Arabidopsis*. J Biol Chem，2008，283（6）：3200-3210.

（华东师范大学 李小方）

Ⅱ　过氧化氢含量的测定

1　二甲酚橙法

【实验原理】

在酸性条件下，H_2O_2 把 Fe^{2+} 氧化为 Fe^{3+}，Fe^{3+} 进一步与二甲酚橙反应形成紫色的复合物（Fe^{3+}–XO），此复合物的最高吸收峰为 560 nm，在一定范围内，其颜色深浅与 H_2O_2 浓度呈线性关系。在反应体系中加入山梨醇可提高测定 H_2O_2 的灵敏度。

【器材与试剂】

1. 实验仪器　分光光度计，高速冷冻离心机，分析天平，研钵，量筒，吸量管，刻度试管，试管架，容量瓶，药匙

2. 实验试剂　丙酮（预冷），10 μmol/L H_2O_2，萃取剂［CCl_4：$CHCl_3$=3：1（体积比）］，试剂 A［3.3 mmol/L $FeSO_4$（0.502 g/L），3.3 mmol/L（NH_4）$_2SO_4$（0.436 g/L），412.5 mmol/L H_2SO_4（见附表 1）］，试剂 B［165 μmol/L 二甲酚橙（0.11 g/L），165 mmol/L 山梨醇（30.06 g/L）］，使用前试剂 A 和试剂 B 按照 1：10 的比例混合构成工作试剂，使用时 1 mL 待测液中加入 2 mL 工作试剂（即按 1：2 的比例混合）

3. 实验材料　分别取幼嫩和衰老的植物叶片或其他受逆境胁迫的植物组织

【实验步骤】

1. 制作标准曲线　取 10 mL 离心管 6 支，顺序编号，并按表 8–1 加入试剂。

表 8–1　标准曲线制作中不同 H_2O_2 浓度配制表

试剂 /mL	离心管号					
	1	2	3	4	5	6
10 μmol/L H_2O_2	0	0.2	0.4	0.6	0.8	1.0
蒸馏水	1	0.8	0.6	0.4	0.2	0

显色时分别向不同浓度 H_2O_2 中，加入 2 mL 工作试剂，30℃水浴显色 30 min，于 560 nm 处测出吸光值，绘制吸光值 –H_2O_2 标准曲线。

2. 样品提取　取植物组织 2 g 放入研钵，加 2 mL 丙酮研磨成浆，10 000 r/min 离心 10 min，上清液定容至 3 mL，此液即为 H_2O_2 提取液。取此液 1 mL，加 3 mL 萃取剂，混匀，再加 5 mL 蒸馏水，混匀，5 000 r/min 离心 1 min，上层水相为样品提取液。

3. H_2O_2 测定　各取 1 mL 样品提取液，加入 2 mL 工作试剂，按标准曲线方法同样处理后于 560 nm 处测定吸光值。从标准曲线查得 H_2O_2 浓度。

【结果计算】

$$植物组织中\ H_2O_2\ 含量（\mu mol/g\ FW）=（C \times V_t）/W$$

式中：C 为标准曲线上查得样品中 H_2O_2 浓度（μmol/L）；

V_t 为样品提取液总体积（mL），即 $3 \times 5=15$ mL；

W 为植物组织鲜重（g）。

参考文献

[1] 李忠光，宋玉泉，龚明. 二甲酚橙法用于测定植物组织中的过氧化氢. 云南师范大学学报（自然科学版），2007，27（3）：50-54.

[2] 刘俊，吕波，徐朗来. 植物叶片过氧化氢测定方法的改进. 生物物理进展 2000，27（5）：548-551.

[3] Gay C，Gebicki J M. A critical evaluation of the effect of sorbitol on the ferric-xylenol orange hydroperoxide assay. Anal Biochem，2000，284：217-220.

2 安替吡啉法

【实验原理】

在过氧化物酶（peroxidase，POD 或 horseradish peroxidase，HRP）存在的条件下，它以 4-氨基安替吡啉（AAP）为底物，以 H_2O_2 为电子受体，催化氧化 AAP，氧化态的 AAP 与 3,5-二氯-2-羟基苯磺酸（DCHBS）偶联形成粉红色的复合物，此复合物的最大光吸收在 515 nm 处，并且摩尔消光系数 $\varepsilon_{515} = 2.6 \times 10^4$（mol/L）$^{-1}$ · cm^{-1}，故可根据此消光系数计算 H_2O_2 的含量。

【器材与试剂】

1. 实验仪器 分光光度计，高速冷冻离心机，分析天平，研钵，量筒，吸量管，刻度试管，试管架，容量瓶，药匙

2. 实验试剂 0.2 mol/L $HClO_4$（高氯酸，强腐蚀性，见附表 1），4 mol/L KOH（224.44 g/L），POD 或 HRP 溶液，显色液（100 mL，0.1 mol/L），pH 6.5 磷酸缓冲液［见附表 2，内含 5 mmol/L（1.33 g/L）DCHBS 和 0.5 mmol/L（0.1 g/L）AAP］

3. 实验材料 分别取幼嫩和衰老的植物叶片或其他受逆境胁迫的植物组织

【实验步骤】

1. 样品提取 取上述植物组织 2 g，加入 2 mL 4℃预冷的 0.2 mol/L $HClO_4$，匀浆，10 000 r/min 离心 10 min，上清液用 4 mol/L KOH 调 pH 至 7.5 后，同样条件下再离心，上清液定容至 3 mL，此液即为样品提取液。

2. H_2O_2 测定 取样品提取液 1 mL，加入 0.4 mL 显色液和 0.1 mL HRP，25℃水浴显色 10 min 后，于 515 nm 处测出吸光值。

【结果计算】

根据摩尔消光系数计算植物组织中 H_2O_2 含量，即

$$H_2O_2\text{ 含量（μmol/g 鲜重）} = (OD_{515} \times 3.85 \times 10^{-5} \times 4.5)/m$$

式中：OD_{515} 为 515 nm 处吸光值；

85×10^{-5} 为 1 个吸光值相当 H_2O_2 的浓度，单位是 mol/L（即 $1/\varepsilon$，$\varepsilon=2.6\times10^4$）；
5 为样品稀释倍数，即（提取液总体积 × 显色反应体积）/ 测定用提取液体积；
m 为植物组织鲜重，单位是 g。

参考文献

Uchida A，Jagendorf A T，Hibino T. Effects of hydrogen peroxide and nitric oxide on both salt and heat stress tolerance in rice. Plant Sci，2002，163：515–523.

Ⅲ 氧自由基产生速率的测定（羟胺法）

【实验原理】

利用羟胺氧化的方法可以检测生物系统中 $\cdot O_2^-$ 含量，超氧阴离子自由基与羟胺反应生成 NO_2^-，NO_2^- 在对氨基苯磺酸和 α- 萘胺作用下，生成粉红色的偶氮染料，染料在 λ_{530} nm 有显著吸收，根据 OD_{530} 可以算出样品中的 $\cdot O_2^-$ 含量。根据测得的 OD_{530}，查 NO_2^- 标准曲线，将 OD_{530} 换算成［NO_2^-］，然后依照羟胺与 $\cdot O_2^-$ 的反应式：

$$NH_2OH + 2O_2^- + H^+ = NO_2^- + H_2O_2 + H_2O$$

从［NO_2^-］对［$\cdot O_2^-$］进行化学计量，得到［$\cdot O_2^-$］。根据记录样品与羟胺反应的时间和样品中的蛋白质含量，可求得 $\cdot O_2^-$ 产生速率［nmol/（min · mg 鲜重）］。

【器材与试剂】

1. 实验仪器　分光光度计，高速冷冻离心机，分析天平，恒温水浴锅，研钵，量筒，吸量管，刻度试管，试管架，容量瓶

2. 实验试剂　50 mmol/L 磷酸缓冲液（见附录2，pH 7.8），1 mmol/L 盐酸羟胺（70 mg/L），17 mmol/L 对氨基苯磺酸（2.944 g/L，以冰乙酸：水 =3：1 配制），7 mmol/L α- 萘胺（1.0 g/L，以冰乙酸：水 =3：1 配制）

3. 实验材料　分别取幼嫩和衰老的植物叶片或其他受逆境胁迫的植物组织

【实验步骤】

1. 亚硝酸根标准曲线的制作　用 100 μmol/L $NaNO_2$（7 mg/L）母液配制 0、5、10、15、20、25、30 μmol/L $NaNO_2$ 各 2 mL 分别加入 2 mL 对氨基苯磺酸和 2 mL α- 萘胺，于 25℃中保温 20 min，然后测定 OD_{530}，以［NO_2^-］和测得的 OD_{530} 互为函数作图，制得亚硝酸根标准曲线。

2. 植物提取液的制备　取上述植物组织 2 g，加 50 mmol/L 磷酸缓冲液（pH 7.8）2 mL，充分研磨，10 000 r/min 离心 20 min，上清液定容至 3 mL，此液即为 $\cdot O_2^-$ 产生待测液。

3. $\cdot O_2^-$ 产生速率的测定　0.5 mL 样品提取液中加入 0.5 mL 50 mmol/L 磷酸缓冲液（pH 7.8），1.5 mL 的 1 mmo1/L 盐酸羟胺，摇匀，于 25℃中保温 1 h，然后再加入 2 mL 17 mmol/L 对氨基苯磺酸和 2 mL 7 mmol/L α- 萘胺，混合，于 25℃中保温 20 min，取出以分光光度计测定波长 530 nm 的吸光值。

【结果计算】

根据原理中的算式计算出不同处理的植物组织中 $\cdot O_2^-$ 产生速率，即

$\cdot O_2^-$ 产生速率（nmol ·（min^{-1} · mg 鲜重 $^{-1}$）=（$c \times V_t \times N$）×2/（$m \times t$）

式中：c 为标准曲线上查得样品中 H_2O_2 浓度，单位是 μmol/L；

N 为样品提取液稀释倍数，即 4；

V_t 为样品提取液总体积，单位是 L，即 3×10^{-3}L；

2 为 $\cdot O_2^-$ 的物质的量是 NO_2^- 的 2 倍（见原理反应式）；

m 为植物组织鲜重，单位是 g；

t 为反应时间，计 60 min。

【注意事项】

如果样品中含有大量叶绿素将干扰测定，可在样品与羟胺温浴后，加入等体积的乙醚萃取叶绿素，然后再加入对氨基苯磺酸和 α- 萘胺作 NO_2^- 的显色反应。

参考文献

李忠光，龚明. 植物中超氧阴离子自由基测定方法的改进. 云南植物研究，2005，27（2）：211-216.

（云南师范大学 李忠光）

Ⅳ NBT 染色测定超氧阴离子含量

【实验目的】

测定胁迫下植物组织中的超氧阴离子含量变化。

【实验原理】

活性氧（ROS）是指机体内或者自然环境中由氧组成，含氧且性质活泼的物质的总称。植物组织在胁迫环境条件下会产生多种活性氧（ROS），ROS 活性非常大且极其不稳定，因此 ROS 的检测通常因其最终产物而定。超氧离子（O_2^-）和过氧化氢（H_2O_2）是重要的活性氧分子，在植物生长发育的许多过程中发挥着核心作用，包括非生物胁迫抗性，为了更好地了解 ROS 介导的这些过程的调节，定性和定量评估不同类型的 ROS 是非常重要的。

超氧阴离子的产生可以通过多种氧化途径产生，包括 NADPH 氧化酶系统介导的电子从 NADPH 转移到氧（O_2）产生，也可以由内质网含有的细胞色素 P-450 暴露于氧气之后氧化产生。超氧阴离子能将氮蓝四唑（nitrotetrazolium blue chloride，NBT）还原成不溶于水的蓝色甲臜化合物，从而定位组织中的超氧阴离子。

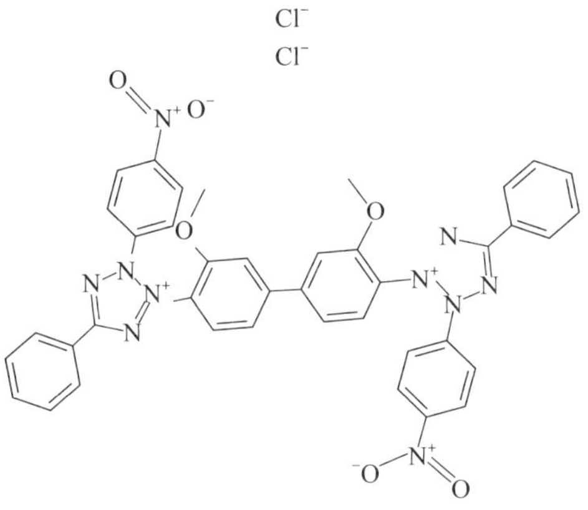

NBT 结构图

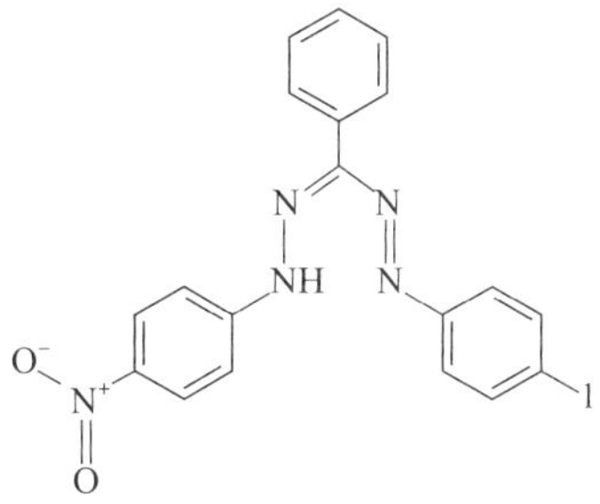

Formazan 甲臜化合物结构图

【器材与试剂】

1. 实验仪器　滤纸，镊子，28℃培养箱，水浴锅，反应管，锡纸，载玻片和盖玻片。

2. 实验试剂　NBT 粉末，80% 乙醇，50 mmol/L 磷酸缓冲液（将 12 g NaH_2PO_4 溶于终体积为 100 mL 蒸馏水中，制得 1 mol/L NaH_2PO_4 溶液。14.2 g Na_2HPO_4 溶于终体积为 100 mL 蒸馏水中，制得 1 mol/L Na_2HPO_4 溶液。1 mol/L NaH_2PO_4 溶液 16 mL 与 1 mol/L Na_2HPO_4 溶液 84 mL 混合，加入纯水至 2 L，制备 50 mmol/L 磷酸钠缓冲液，调节 pH=7.5），10 mmol/L $MnCl_2$（1.26 g $MnCl_2$ 溶解于 50 mmol/L 磷酸缓冲液定容至 1 L），10 000 U/mL 超氧化物歧化酶母液（3 000 U 干粉加入 300 μl 纯水或 DMSO 溶解）。

3. 实验材料：植物幼苗

【实验步骤】

1. 实验前一周，在塑料花盆中培养大豆、小麦或拟南芥幼苗，或者在滤纸上水培材料。生长约一周的植物幼苗进行 24 h 干旱胁迫或盐胁迫。

2. 取处理组和对照组植物幼苗的叶片和根茎，纯水稍清洗，在滤纸上吸干多余水分。

3. 将 0.2 g NBT 粉末溶于 1 L 50 mmol/L 磷酸缓冲液中配制 0.2 mg/mL 的 NBT 工作液，植物组织充分浸泡于 NBT 工作液中，在室温黑暗中孵育 0.5 ~ 2 小时（根据所检测组织适当调整）。夏季可以在室温中孵育，冬季可放入 28℃培养箱中培养。反应管用锡纸包裹在黑暗下反应。

4. 必要时可设置对照组，用 10 mmol/L $MnCl_2$ 配制 0.2 mg/mL 的 NBT 工作液中，再按照 10 U/mL 加入超氧化物歧化酶（使用 10 000 u/mL 超氧化物歧化酶母液，每 1 mL 工作液中加入 1 μL 母液）。

5. 用镊子将植物组织小心取出，纯水漂洗 3 ~ 5 次，置于滤纸上吸干多余水分后，将样品转移到 80% 的乙醇中，在 70℃下孵育，直至叶绿素被完全清除。

6. 观察并比较染色结果，拍照记录。也可做成装片于显微镜下进行观察。

【注意事项】

1. NBT 染色工作液配制好以后需低温避光保存，现用现配。存放时间过久影响显色的效果。

2. 外在因素都可能刺激植物产生超氧阴离子，因此植物样本采集后尽快完成染色，并做阴性及阳性空白对照组。

3. 样本染色完成后尽快拍照保存结果。

4. 一般应用于较嫩的根尖、叶片等的整体染色，染色后有超氧阴离子聚集的部位呈蓝色至深蓝色。

参考文献

[1] Guan Q M, et al. Heat stress induction of miR398 triggers a regulatory loop that is critical for thermotolerance in *Arabidopsis*. The Plant Journal, 2013, 74 (5): 840–851.

[2] Jabs T, Dietrich R A, Dangl J L. Initiation of runaway cell death in an *Arabidopsis* mutant by extracellular superoxide. Science, 1996, 273 (5283): 1853–1856.

[3] Kaur N, et al. Interdependency of reactive oxygen species generating and scavenging system in salt sensitive and salt tolerant cultivars of rice. BMC Plant Biol, 2016, 16 (1): 131.

[4] Mittler R, et al. Reactive oxygen species signaling in plant stress responses. Nat Rev Mol Cell Biol, 2022, 23 (10): 663–679.

[5] Kumar D, et al. Modulation of antioxidant machinery in alpha–tocopherol–enriched transgenic Brassica juncea plants tolerant to abiotic stress conditions. Protoplasma, 2013, 250 (5): 1079–1089.

（华东师范大学　贺雨婷　李小方）

实验 8-8　植物膜脂脂肪酸的分析

【实验目的】

熟悉膜脂分析的色谱技术。

【实验原理】

植物膜脂分子由极性基团与脂肪酸端基组成，各种类脂的脂肪酸组成不同，高等植物的膜脂以棕榈酸、硬脂酸、油酸、亚油酸、亚麻酸和花生酸为主要成分。不同脂肪酸在类脂中含量不同，脂肪酸组成可影响生物膜的流动性和膜结合酶活力的大小，同时还与植物的抗逆性有关。

植物忍受冷害的临界温度与膜脂脂肪酸的组成有关，近年来冷害机理的研究集中在生物膜的结构功能方面，使得膜脂脂肪酸组分分析常作为植物抗逆性（如抗冷）研究的指标之一。通过气相层析技术可准确分析出植物膜脂脂肪酸组分。

【器材与试剂】

1. 实验仪器　气相色谱仪，氢火焰离子检测器（FID），聚二乙二醇丁二酸酯（DEGS）毛细管柱，离心机，真空泵，10 mL 具塞试管，2 mL 尖底具塞试管，滴管

2. 实验试剂　氯仿，甲醇，氢氧化钾，苯，石油醚，重氮甲烷乙醚溶液，标准脂肪酸（色谱纯）或标准脂肪酸甲酯

3. 实验材料　新鲜植物叶片

【实验步骤】

1. 总类脂获取

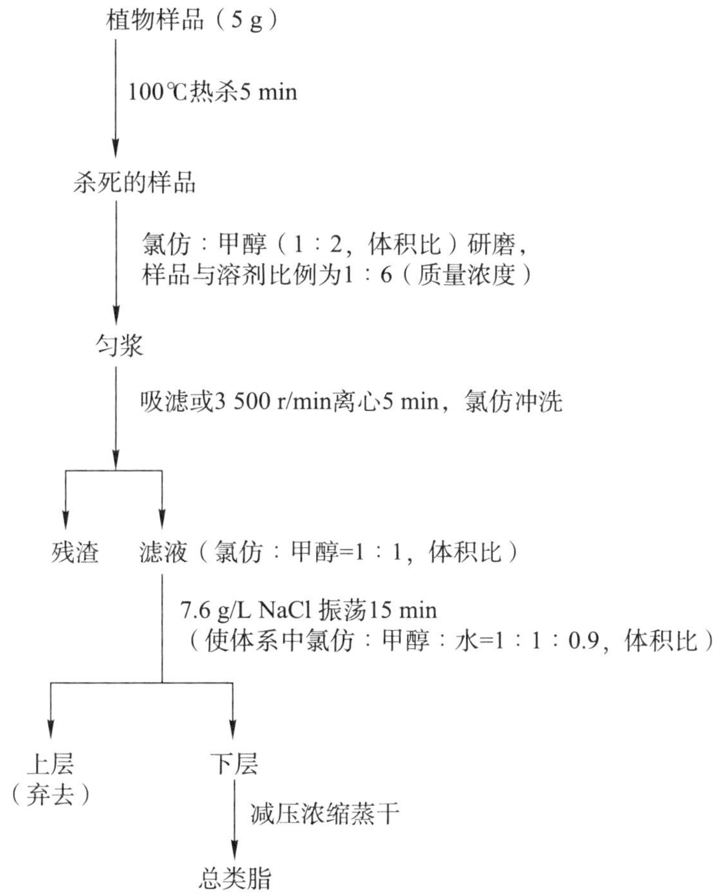

2. 极性脂提取　将已获得的植物类脂溶于 3 mL 饱和甲醇的石油醚中，再加入 3 mL 饱和石油醚的甲醇，充分振荡后静置，待清晰分层后吸取下层甲醇溶液，再用同样量的甲醇重复提取 2 次，所得到的甲醇溶液合并后再用石油醚清洗 1 ~ 2 次，甲醇溶液经减压浓缩，得到不含中性脂的极性脂。

3. 植物类脂的甲基化　取 5 ~ 100 μg 的类脂样品，加入 1 mL 0.4 mol/L 氢氧化钾（22.44 g/L）的甲醇溶液和 1 mL 苯 – 石油醚（1：1，体积比）溶液，充分振荡后静置 15 min，加入 8 mL 蒸馏水，充分振荡后放置至溶液清晰分层，将上清液吸入尖底具塞小试管中，减压抽干后即可进行气相层析分析。如类脂量超过 1 mg，则应适当增加 0.4 mol/L 氢氧化钾的甲醇溶液，使前者与苯 – 石油醚溶液和水的比例维持 1：1：8，以保证类脂完全反应。脂肪酸甲酯易氧化，应真空低温保存，最好在甲基化后立即分析，一般不能超出一周。若不能立即分析，可将类脂样品溶在甲醇中低温保存，分析前进行甲基化。

4. 毛细管柱老化 新的聚二乙二醇丁二酸酯（DEGS）毛细管柱需经老化后才能使用。老化时载气流量为正常测试时的 1/2，柱温比测试时高 10℃，时间 36 h 以上。

5. 色谱条件 以岛津 GC-17A 气相层析仪为例，将空气钢瓶、氢气钢瓶和氮气钢瓶打开，接通仪器的电源。而后打开气相层析仪上空气、氢气和氮气表头调节气体的流量，使空气压力为 50 kPa，氢气 60 kPa，氮气 75 kPa。柱温 165℃，进样器温度为 260℃、氢火焰温度 260℃。点燃氢火焰，调好基线，待仪器稳定时便可进行样品分析，植物类脂脂肪酸样品一般在 12 min 即可完全出峰。

6. 标准脂肪酸分析 仪器调节好后，将标准脂肪酸甲酯（棕榈酸、棕榈油酸、硬脂酸、油酸、亚油酸、亚麻酸、花生酸、珠光脂酸甲酯）依次进行气相色谱分析。用微量进样器吸取 0.2 μL 样品，由进样口快速注入，（注意进样时需迅速，不能断续进样，否则会发生色谱峰分叉现象。）逐个测定各种标准脂肪酸的保留时间及峰面积。

若无标准脂肪酸甲酯样品可自行制备：称取标准脂肪酸——棕榈酸、棕榈油酸、硬脂酸、油酸、亚油酸、亚麻酸、花生酸、珠光脂酸（色谱纯）各 0.1 mg，放入具塞试管中，滴加重氮甲烷乙醚溶液（黄色），刚反应时呈白色，边加边摇匀，直至呈黄色为止，所得即为相应的标准脂肪酸甲酯。

7. 样品分析 将已甲基化的类脂样品，用氯仿溶解，使浓度达 0.03 mg/μL 左右。吸取 0.2 μL，在同样色谱条件下进行气相色谱分析。

8. 样品的定性和定量分析 岛津 GC-17A 配置有化学工作站进行数据处理，以标准脂肪酸的保留时间确定待测样品中脂肪酸的类别；按面积归一化法自动计算出质膜样品中各脂肪酸的百分含量。

【注意事项】

不同型号的色谱仪，操作步骤需作相应的改变。

【实验作业】

试比较对冷害敏感植物番茄（西瓜、玉米）与对冷害不敏感植物胡萝卜（甘蓝、马铃薯）的叶片膜脂中脂肪酸组成的差异。

参考文献

[1] 曹仪植，宋占午. 植物生理学. 兰州：兰州大学出版社，1998.

[2] 中国科学院上海植物生理研究所，上海市植物生理学会. 现代植物生理学实验指南. 北京：科学出版社，1999：297-298.

[3] 刘莲英. 毛细管气相色谱分析杂交水稻亲本幼苗中的脂肪酸. 湖南师范大学自然科学学报，1997，20（3）：94-97.

（华东师范大学 张雯）

实验 8-9 丙二醛的测定

【实验目的】

熟悉测定丙二醛（MDA）含量的常用的方法。

【实验原理】

植物器官在逆境条件下或衰老时，往往发生膜脂过氧化作用，丙二醛是其产物之一，通常将其作为脂质过氧化指标，用于表示细胞膜脂过氧化程度和植物对逆境条件反应的强弱。

在酸性和高温的条件下，丙二醛可与硫代巴比妥酸（TBA）反应生成红棕色的 3,5,5- 三甲基噁唑 2,4- 二酮，在 532 nm 处有最大吸收峰。但该反应会受到可溶性糖的极大干扰，糖与 TBA 的反应产物在 532 nm 处也有吸收，但其最大吸收波长在 450 nm。

植物在经受逆境胁迫时可溶性糖增加，因此测定中需排除前者的干扰，通常加入低浓度 Fe^{3+}［使其终浓度为 0.5 nmol/L，植物组织中铁的含量一般为 100 ~ 300 μg/（g · DW）］，以显著增加 TBA 与糖的显色反应产物在 450 nm 处的吸收。

采用双组分分光光度法可分别求出 MDA 和可溶性糖的含量。该法针对混合液中的两个组分，它们的光谱吸收峰虽有明显的差异，但吸收曲线彼此又有些重叠，可根据朗伯 - 比尔定律，通过代数方法，计算出一种组分由于另一种组分存在时对吸光值的影响，最后分别得到两种组分的含量。

【器材与试剂】

1. 实验仪器　分光光度计，离心机，研磨器，恒温水浴锅，具塞试管

2. 实验试剂　三氯乙酸，石英砂，硫代巴比妥酸（TBA）溶液：用 10%（体积百分数）三氯乙酸（TCA）配制 6 g/L 的 TBA 溶液

3. 实验材料　盆栽小麦

【实验步骤】

1. MDA 的提取　盆栽小麦在抽穗期停止浇水，进行干旱处理，取叶片 1 g 将其剪碎，加入 TCA 2 mL 和少量石英砂，研磨；进一步加入 8 mL TCA 充分研磨，匀浆液以 4 000 g 离心 10 min，上清液即为样品提取液。

2. 显色反应及测定　吸取 2 mL 提取液，加入 2 mL 6 g/L TBA 液，混匀，在试管上加盖塞，置于沸水浴中沸煮 15 min，迅速冷却，离心。取上清液测定 532 nm 和 450 nm 下的吸光值。对照管以 2 mL 水代替提取液。

3. 计算　MDA-TBA 反应产物的最大吸收峰在 532 nm，TBA- 可溶性糖（以蔗糖为例）的反应产物的最大吸收峰在 450 nm，吸收曲线彼此又有重叠。

最大吸收光谱峰不同的两个组分的混合液，它们的浓度 c 与吸光值之间有如下关系：

$$A_1 = c_a \cdot \varepsilon_{a1} + c_b \cdot \varepsilon_{b1} \qquad (1)$$

$$A_2 = c_a \cdot \varepsilon_{a2} + c_b \cdot \varepsilon_{b2} \qquad (2)$$

式中：A_1 为组分 a 和组分 b 在波长 λ_1 时吸光值之和；

A_2 为组分 a 和组分 b 在波长 λ_2 时吸光值之和；

c_a 为组分 a 的浓度，mol/L；

c_b 为组分 b 的浓度，mol/L；

ε_{a1}、ε_{b1} 分别为组分 a、b 在波长 λ_1 处的摩尔吸收系数；

ε_{a2}、ε_{b2} 分别为组分 a、b 在波长 λ_2 处的摩尔吸收系数。

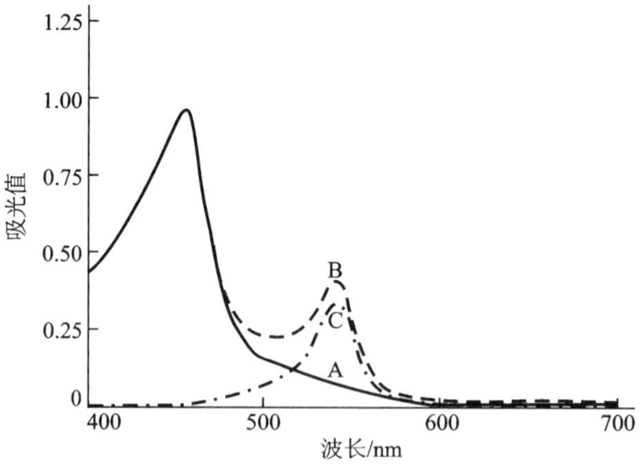

图 8–1 MDA、蔗糖及其混合物与 TBA 反应产物的吸收光谱图

A. 10 mmol/L 蔗糖 B. 10 mmol/L 蔗糖 +1.84 μmol/L MDA C. 1.84 μmol/L MDA

已知蔗糖与 TBA 反应产物在 450 nm 和 532 nm 的摩尔吸收系数分别为 85.40、7.40；MDA 与 TBA 显色反应产物在 450 nm 波长下无吸收，吸收系数为 0、于 532 nm 波长下的摩尔吸收系数为 155 000。据（1）、（2）可得：

$$A_{450} = c_a \times 85.4$$

$$A_{532} = c_a \times 7.4 + 155\,000 \times c_b$$

求解方程得：

$$c_a = 0.011\,71 \times A_{450} \tag{3}$$

$$c_b = 6.45 \times 10^{-6} \times A_{532} - 0.56 \times 10^{-6} \times A_{450} \tag{4}$$

式中：c_a 为蔗糖与 TBA 反应产物的浓度，单位是 mol/L；

c_b 为 MDA 与 TBA 反应产物的浓度，单位是 mol/L。

根据公式（4）即可计算样品提取液中 MDA 的含量，然后再计算每克样品中丙二醛的含量。

【注意事项】

要求分光光度计的波长准确。

【实验作业】

比较正常状况下植物组织中的 MDA 含量与逆境情况下的有何不同，并分析其中的原因。

参考文献

［1］赵世杰，许长成，邹琦，等．植物组织中丙二醛测定方法的改进．植物生理学通讯，1994，30（3）：207-210.

［2］陈贵，胡文玉，谢甫绨，等．提取植物体内 MDA 的溶剂及 MDA 作为衰老指标的探讨．植物生理学通讯，1991，27（1）：44-46.

（华东师范大学　张雯）

实验 8-10 苯丙氨酸解氨酶（PAL）活性的测定

【实验目的】

了解测定苯丙氨酸解氨酶（PAL）活性的方法及其计算。

【实验原理】

PAL 催化 L- 苯丙氨酸的脱氨反应，释放氨而形成反式肉桂酸，根据产物反式肉桂酸在波长 290 nm 吸光值的变化，可以测定该酶的活性。该酶在植物的次生物质（如木素、黄酮类物质等）的代谢中起重要作用，与植物的抗病作用有一定关系。

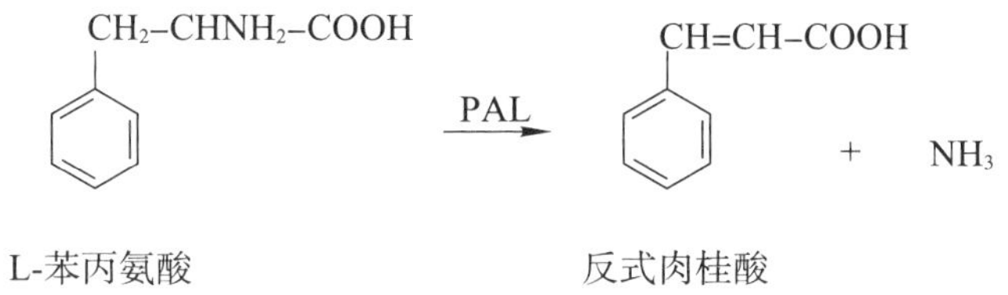

【器材与试剂】

1. 实验仪器　分光光度计，离心机，恒温水浴锅，研钵，钻孔器，红光源，培养皿

2. 实验试剂　聚乙烯吡咯烷酮（PVP），0.02 mol/L L- 苯丙氨酸（3.3 g L- 苯丙氨酸溶于 1 000 mL 0.1 mol/L 硼酸缓冲液中，pH 8.8，见附表 2），0.1 mol/L 硼酸缓冲液［pH 8.8 含 5 mmol/L（0.39 g/L）巯基乙醇］

3. 实验材料　马铃薯

【实验步骤】

1. 将马铃薯块茎洗净，用钻孔器（直径 1 cm）取圆柱，切去两端，中间切成厚度为 2 mm 的圆片。先用自来水漂洗，最后用蒸馏水洗一次，用纱布吸干圆片表面的水分。

2. 将圆片平铺在湿润滤纸的培养皿中，一组置于 25℃，用红光照射处理 24 h，另一皿于同样条件下，置黑暗中。

3. 取黑暗中或红光诱导处理的圆片各 5 g，分别加入 10 mL 含巯基乙醇的硼酸缓冲洗，以及 0.5 g PVP，石英砂少许，于研钵中磨成匀浆，用尼龙袋过滤，滤液经 10 000 r/min 离心 15 min，上清液即可供测定酶活性用。

4. 酶活性测定，取酶液 1 mL，苯丙氨酸 1 mL，蒸馏水 2 mL，空白对照不加底物，代之以 1 mL 含巯基乙醇的硼酸缓冲液。置 30℃恒温水浴保温 30 min。于分光光度计测量吸光值，波长为 290 nm。

5. 酶活性以在波长 290 nm 吸光值增加 0.01 为 1 单位。由于文献上对肉桂酸的 ε_{290} 数值有不同的报道（ε_{290}=7 400 或 9 000 或稍大于 10 000），肉桂酸的鲜重为 148.16，经计算 OD_{290} 增加 0.01，则相当于生成肉桂酸 0.15 ~ 0.2 μg/mL。文献上也有以 1 μg/mL 计算的。

6. 蛋白质含量用 Folin- 酚试剂测定（见实验 5–5），以牛血清蛋白作标准。

【注意事项】

要求分光光度计有准确的波长。

【实验作业】

如何理解该酶与植物的抗病作用有关系？

参考文献

[1] Zucker M. Induction of phenylalanine deaminase by light and its relation of chlorogenic acid in potato tuber tissue. Plant Physiol，1965，40：779–784.

[2] Havir E A，Hanson K R. L–phenylalanine ammonia–lyase（potato tubers）. Methods Enzymol，1970，17（1）：575–581.

[3] Erez A. Possible errors in quantitative determination of phenylalanine ammonia–lyase activity by sepectrophotometric methods. Plant Physiol，1973，51：409–411.

[4] Havir E A，Hanson K R. L–phenylalanine ammonia lyase I：purification and molecular size of the enzyme from patato tuber. Biochemistry，1968，7（5）：1896–1903.

（华东师范大学 张志良）

实验 8–11 植物根系分泌物的观察

I 植物根系分泌物的观察

【实验目的】

了解植物根系分泌物的种类。

【实验原理】

植物的根系是一个生命活动极为活跃的器官，它能合成一些生命所必需的物质，供应其他器官，同时也将一些物质排出体外，改变了周围环境（土壤），从而影响根际生物的生长。它不仅能分泌一些常见的物质，也能分泌多种酶类，如水解酶、氧化还原酶、转移酶等数十种之多。

【器材与试剂】

1. 实验仪器　温箱，烘箱，恒温水浴锅，培养皿，移液管，试管

2. 实验试剂　1 g/L 茚三酮乙醇溶液，5×10^{-4}mol/L $CaSO_4$（80 mg/L）溶液，蒽酮试剂（见实验 5-1），0.4 g/L 溴甲酚紫（变色 pH 5.2 ~ 6.8，参见附表 4）

3. 实验材料　小麦或玉米种子

【实验步骤】

1. 氨基酸的检出　将小麦或玉米种子于培养皿中萌发，待根长 2 ~ 3 cm 时，即可用作实验材料。小心取出萌发种子放在另一垫有潮湿滤纸的培养皿中，上面再盖上一张潮湿滤纸。为使根系与滤纸接触良好，也可将胚芽除去，培养皿置温箱中过夜。取去种子，将滤纸烘干，然后喷上茚三酮乙醇溶液，于 80℃烘箱中烘 15 min，则可见到滤纸上接触过根系的地方出现蓝紫色，表明有氨基酸存在。

2. 糖类的检出　先准备好萌发的小麦或玉米，根系长 3 ~ 5 cm 时即可进行试验。取数株小麦置于一小试管中，注意不要伤害根系，向试管倒入 5×10^{-4}mol/L $CaSO_4$ 溶液，以浸没根系为度（尽量少些），温箱中放置过夜。然后用移液管吸取溶液 2 mL 置试管中，加入蒽酮试剂 5 mL，于沸水浴中加热 10 min，如溶液变成绿色，则表明有糖类存在。

3. 有机酸的检出　将小麦种子分别置于垫有潮湿滤纸的培养皿中，每皿 5 ~ 10 粒种子，做一重复。待根长 2 ~ 3 cm 时，取去种子，将滤纸自然风干，然后分别喷上酸碱指示剂溴甲酚紫，则可见根系生长的区域和没有根系生长的区域，滤纸上出现不同的颜色，根系生长区较其他区域出现明显的酸性色，表明根系分泌物中有酸性物质存在。

【实验作业】

1. 可选用不同的植物作为实验材料。
2. 你所知道的植物根系分泌物还有哪些种类？
3. 从根系的分泌作用，如何理解植物间的相互关系？

Ⅱ　植物根系分泌的酶

【实验目的】

熟悉如何测定根系分泌的酶的活性。

【实验原理】

植物根系会分泌出许多酶类，利用这些分泌出的酶的酶促反应而显现出的特定颜色来判断根系分泌物是否存在，以及与根系形态学的关系。

【器材与试剂】

1. 实验仪器 培养室，培养皿，喷壶，镊子

2. 实验试剂 稀 I–KI 溶液（参见实验 7–9），0.2 g/L 淀粉琼脂，愈创木酚（参见实验 4–10）、30 g/L 过氧化氢

3. 实验材料 小麦种子

【实验步骤】

1. 材料的预处理 选取颗粒饱满的小麦种子为实验材料，置于盛有水的烧杯中吸胀过夜后，置于 12 寸培养皿湿润滤纸上（20 粒一皿），培养若干皿，待根长 2 ~ 3 cm 长时，去掉实验材料小麦，同时标示出小麦根系所处的位置，将滤纸冷风吹干，备用。

2. 过氧化物酶的检出 取一张处理好的滤纸，用盛有愈创木酚试剂的喷壶向滤纸喷施试剂，将滤纸放入 30℃的恒温箱，保温 30 min，取出滤纸后观察滤纸上出现的茶褐色部位是不是与小麦根系的部位相同。

3. 过氧化氢酶的检出 取一份没有喷过显色剂的滤纸，再另取等大的一份滤纸作为对照，将两张滤纸重叠在一起，用剪刀尽可能的剪去滤纸上未经根系接触的部分，获得小麦根系完全接触的区域。把裁剪过的滤纸进一步处理，修剪成可以合适大小的滤纸条，然后将其置于带有盖子的试管中，分别加入 30 g/L 过氧化氢 10 mL，观察气泡释放的程度，实验组迅速出现大量气泡，同时滤纸全部上浮，说明滤纸中有过氧化氢酶的存在。

4. 淀粉酶的检出 将配制好的 0.2 g/L 淀粉琼脂溶液，趁热倒在培养皿中制成一薄层平板，然后取已萌发的种子置于琼脂平板上，使根系尽量与琼脂接触良好，温箱中放置数小时或过夜。然后取去种子，倒少量 I–KI 溶液于平板上，则可见到根系生长过的地方出现透明无淀粉区。

【注意事项】

1. 试剂喷洒得要均匀。

2. 仔细观察实验现象。

【实验作业】

1. 三种显色剂分别显示何种颜色？

2. 思考土壤轮作与植物根系分泌物之间有什么关系？

参考文献

[1] Bovira A D. Plant root exudates. Bot Rev，1969，35：35–57.

[2] LcLaren A D，et al. 土壤生物化学 . 闵九康等，译 . 北京：农业出版社，1984.

[3] 哈兹耶夫 Φ X. 土壤酶活性 . 郑洪元，周礼恺，张德生，译 . 北京：科学出版社，1980：73–80.

（华东师范大学 张志良 张伟）

实验 8-12 土壤中的酶

【实验目的】

熟悉土壤中各种酶活性的测定方法。

【实验原理】

土壤中营养物质的循环，有赖于土壤微生物、植物根系和土壤中的动物来完成，其间的生化过程都是在酶的催化下进行的。土壤酶活性的测定，利用各种酶的酶促反应过程的特点，跟踪或检测其中某一反应物或反应产物的浓度随时间变化的值。

【器材与试剂】

1. 实验仪器 离心机，25 mm 微孔滤膜，比色皿，分光光度计，试管，烘箱

2. 实验试剂：0.2 mol/L 磷酸缓冲液（pH 6.5，参见附表 2），愈创木酚（参见实验 4-10）；磺胺试剂，α- 萘胺试剂（参见实验 2-7）；10 g/L CMC［精确称取 1 g CMC（羧甲基纤维素钠）于 100 mL 小烧杯中，加入适量 0.05 mol/L pH 5.0 的柠檬酸缓冲液，加热溶解用 0.05 mol/L pH 5.0 的柠檬酸缓冲液定容至 100 mL，用前充分摇匀；4℃冰箱中保存备用］，DNS（参见实验 5-1-Ⅱ）。

3. 实验材料 植物根际土壤

【实验步骤】

1. 粗酶液提取 称取 10 g 土壤样品加入 0.2 mol/L 磷酸缓冲液 10 mL，浸没搅拌 30 min，然后置于离心管中，6 000 r/min 离心 5 min，收集上清，残渣用 10 mL PBS 再提取一次，收集上清。在无菌条件下，两次收集到的上清液合并，并通过 25 mm 微孔滤膜过滤，获得粗酶液。

2. 过氧化物酶活性的测定 取两支试管，一支加入 1 mL 粗酶液，3 mL 愈创木酚 - 过氧化氢反应混合液，另一支用 1 mL 20 mmol/L KH_2PO_4 加 3 mL 愈创木酚 - 过氧化氢反应混合液作为比色的对照。混匀后置于比色皿中，每隔 1 min，在波长 470 nm 下测定吸光值，并将数据记录在下表中。以每分钟吸光值的变化表示酶活力大小，即以 ΔOD_{470}/min · mg 蛋白质（或鲜重 g）表示。

时间	0	1	2	3	4	5	6	7	8	9
OD_{470}										

3. 硝酸还原酶活性测定 取 1 mL 粗酶液加入试管中，加入磺胺试剂 2 mL，α- 萘胺试剂 2 mL，分别混合摇匀，静置 30 min，用分光光度计（520 nm）进行测定，记下吸光值，从标准曲线上读出 NO_2- 含量，再计算酶活力，以每小时每克鲜重产生的 NO_2^-（μg 或 μmol）表示。标准曲线的制作方法见实验 2-8-Ⅰ。

4. DNS 法测定纤维素酶活性 取 0.5 mL 粗酶液加入到一支试管中，向试管中加入 1.5 mL 10 g/L CMC（已经 40℃温浴 30 min），充分混匀后置于 40℃温浴 1 min，然后再

加入 1.5 mL DNS 试剂，混匀后将试管放在沸水浴中，直至显色后取出，用蒸馏水定容至 25 mL，利用分光光度计在波长 540 nm 下比色，记录吸光值，从标准曲线上读出葡萄糖含量。然后根据结果计算出纤维素酶的活力，即每克鲜重中的纤维素酶每小时分解得到的葡萄糖的含量（μg/min·mL）标示。

标准曲线的制作：称去已在 80℃烘箱中烘至恒重的葡萄糖，配制成 200 μg/mL 的葡萄糖标准液，然后继续配制成不同浓度的葡萄糖溶液（0、0.5、1、2、3、4、5 μg/mL）2 mL 分别置于 7 支试管中，分别加入 1.5 mL DNS，充分混匀，将试管置于沸水浴中，直至显色后取出，用蒸馏水定容至 25 mL，立即于分光光度计 540 nm 比色。以吸光值为纵坐标，葡萄糖浓度为横坐标，绘制吸光值 – 浓度曲线。

【注意事项】

粗酶液的制备过程中，可以将离心速度控制在 6 000 ~ 7 000 r/min 间，因为转速过低，土样分离不彻底，不利于后期微孔滤膜过滤。但过滤的方法在学生实验开展过程中增加了无菌操作技术，增加了实验的时间。如果改为用无菌定性滤纸过滤则操作非常方便，但是要求必须当堂制备，当堂使用，不能拖延。同时注意如果离心液不彻底，上清液混浊，那么过滤将不会起到作用，同时还会影响到后续实验中比色的过程。

【实验作业】

1. 土壤提取液中这几种酶的含量为多少？
2. 土壤中还有其他酶类吗？如果有，该怎么测定？应该注意哪些步骤？

参考文献

哈兹耶夫 Φ X. 土壤酶活性 . 郑洪元，周礼恺，张德生，译 . 北京：科学出版社，1980：73–80.

（华东师范大学　张伟）

实验 8–13　植物组织细胞死亡的分析鉴定

【实验目的】

熟悉常用的细胞死亡鉴定方法。

Ⅰ　台盼蓝染色法

【实验原理】

通常认为细胞膜完整性丧失，即可认为细胞已经死亡。正常的活细胞，胞膜结构完整，能够排斥台盼蓝，使之不能够进入胞内；而丧失活性或细胞膜不完整的细胞，胞膜的通透性增加，台盼蓝可穿透变性的细胞膜，与解体的 DNA 结合，使其着色。因此，借助台盼蓝染色可以非常简便、快速地区分活细胞和死细胞。

【器材与试剂】

1. 实验仪器　分析天平，恒温水浴锅，试管或 Eppendorf 管

2. 实验试剂　台盼蓝染液储存液（0.02 g 台盼蓝溶于 10 mL 蒸馏水中，与 10 g 苯酚、10 mL 甘油、10 mL 乳酸混合，避光保存），台盼蓝染色体［使用前，台盼蓝染液储存液与 95% 乙醇以 1：2 稀释］，2.5 g/mL 水合氯醛溶液

3. 实验材料　分别取植物叶片或其他受逆境胁迫的植物组织，对于小型植株可取全株

【实验步骤】

1. 取待测植株或部分组织，放入 EP 管或相应带盖的试管中，加台盼蓝染色液浸没植株或组织。

2. 沸水浴 1 ~ 3 min，这一过程中试管盖不要紧闭，防止试管内压力过大。对于较小的叶片或幼苗，水浴时间需酌情减少。

3. 把植物组织从台盼蓝染液中取出，加入水合氯醛溶液以浸没植株材料为准，室温下慢摇 1 小时。

4. 更换新的水合氯醛溶液，慢摇过夜，使多余的台盘蓝和植物组织中的叶绿素脱色完全。

5. 弃去水合氯醛溶液，样品用蒸馏水洗三次后，用于后续的观察或镜检拍照。

【注意事项】

1. 台盼蓝染色时间可根据植物材料进行调整。

2. 台盼蓝染液中有苯酚，易氧化，因此染液配置时间不宜过长。

3. 需要丢弃的台盼蓝染液和水合氯醛要以特殊试剂来处理，不宜直接进入环境中。

参考文献

Bowling S A，Clarke J D，Liu Y，et al. The cpr5 mutant of *Arabidopsis* expresses both NPR1-dependent and NPR1-independent resistance. Plant Cell，1997，9（9）：1573-1584.

（华东师范大学　李小方）

Ⅱ　FDA 荧光染色法

【实验原理】

荧光素双醋酸酯（FDA）染色法是测定细胞活力的一种方法，FDA 本身无荧光，无极性，可透过完整的细胞膜。一旦进入原生质体后，由于受到酯酶分解而产生具有荧光的极性物质荧光素，后者不能自由出入原生质膜，因此有活力的细胞能产生荧光，无活力的原生质体不能分解 FAD 无荧光产生。荧光素的激发和发射波长分别是 488 nm 和 530 nm，借

助 FDA 荧光染色法可以非常简便、快速地区分活细胞和死细胞。

【器材与试剂】

1. 实验仪器 荧光显微镜，分析天平，Eppendorf 管（EP 管）或试管，锡箔纸

2. 实验试剂 FDA 染液母液［5 mg FDA 溶于 1 mL 丙酮中，4℃避光保存］，2.5 μg/ml FDA［使用前，将母液用 PBS 缓冲液稀释成 2.5 μg/mL（PBS 缓冲液：NaCl 8.0 g，KCl 0.2 g，KH_2PO_4 0.24 g，Na_2HPO_4 12 H_2O 3.628 g，溶于 800 mL 蒸馏水中，用盐酸调 pH 为 7.4，蒸馏水定容至 1 000 mL，高压灭菌，室温保存）］

3. 实验材料 分别取植物叶片或其他受逆境胁迫的植物组织，对于小型植株可取全株

【实验步骤】

1. 取待测植株或部分组织，放入 EP 管或试管中，加入 500 μL 2.5 μg/mL FDA 浸没植株或组织。

2. 室温避光染色 10 min，可用锡箔纸包裹 EP 管或试管达到避光效果。

3. PBS 缓冲液洗 3 次，立即于荧光显微镜下观察细胞的活力变化，荧光所用的激发和发射波长分别是 488 nm 和 530 nm，等待拍摄过程中，染色的材料也尽可能避光保存。

【注意事项】

1. FDA 母液非常易挥发，混合 FDA 与缓冲液后不要超过 2 h。

2. 荧光极容易淬灭，因此染色后尽快拍照观察。

参考文献

Naohide W，Eric L. BAX inhibitor-1 modulates endoplasmic reticulum stress-mediated programmed cell death in *Arabidopsis*. J Biol Chem，2008，283（6）：3200-3210.

（华东师范大学 凡薇薇 李小方）

第九章

植物分子生物学

植物分子生物学实验技术涉及方面较多，为查找方便，本章内容按照植物遗传转化方法、植物核酸提取方法、植物 PCR 和植物基因表达检测方法这四部分内容依次阐述。

实验 9-1 根癌农杆菌介导的拟南芥稳定转化

【实验目的】

掌握较为简便的拟南芥稳定转化的方法，以达到在拟南芥基因组永久整合外源基因的目的。

【实验原理】

农杆菌是一类革兰氏阴性土壤杆菌，其中包括根癌农杆菌和发根农杆菌 2 种类型。本实验用的是根癌农杆菌。该菌与发根农杆菌类似，有含有可转移 DNA（T-DNA）区的 Ti 质粒。利用 T-DNA 转移的特性，将目的基因取代 T-DNA 中的致瘤区，当含带有目的基因的 Ti 质粒的农杆菌侵染植物后，目的基因将整合到植物染色体中，此时植物本身不产生瘤，而生成具有新基因的植株。

喷雾法转化拟南芥能得到含有 T-DNA 的转化子株系。以生长健壮的野生型拟南芥为材料，用含有 T-DNA 质粒的农杆菌采用喷雾的方法进行转化，整合到拟南芥基因组上的抗性基因会表达，并使植物产生抗药性。

【器材与试剂】

1. 实验仪器　超净工作台，pH 计，离心机，分光光度计，喷雾瓶

2. 实验试剂　MS 培养基（见附录 10），乙醇，KOH，分析纯蔗糖，表面活性剂 Silwet L-77，卡那霉素，渗透培养基（1/2 MS 培养基 +50 g/L 蔗糖 +2 g/L Silwet L-77，pH 5.7）

3. 实验材料　健康生长的刚进入开花期野生型拟南芥，已构建好的含有带 T-DNA 的穿梭质粒的农杆菌菌株（GV3101），其中 T-DNA 上带有可在植物中表达的卡那霉素抗性

基因 NPTII 或潮霉素抗性基因，用来筛选转基因植物。

【实验步骤】

1. 植物培养　种子播种于蛭石中。置于人工培养室中培养，20 ~ 22℃。萌发一周后间苗，只留下生长健壮的幼苗。将植物培养至茎高约 3 cm 时，去除其顶生花序，注意要避免伤及侧芽。转化可以在去除顶生花序 3 ~ 4 天后进行。

转化前，将已经授粉花及果荚去除掉，并使土壤吸足水分。

2. 农杆菌菌液的制备　制备好已转化了相应质粒的农杆菌菌液 10 mL，在转化前 1 天，转入大瓶培养过夜，第 2 天取出使用时菌液的 OD_{550} 应当在 1.2 ~ 1.6。室温下 5 000 r/min 离心 15 min，弃上清液，将农杆菌沉淀悬浮于相应体积的渗透培养基中，使 OD_{550} 在 0.8 左右。

3. 转化　将上述农杆菌悬浮液注入喷雾器中，对准植物的地上部分进行喷洒，直到植株上有水珠滴下时为止。用保鲜膜将这些植物（T_0 代植物）罩起来以保持湿度，置入培养室中培养，2 到 3 天后可去掉保鲜膜，转化后 1 周左右方可浇水。继续培养至植物成熟，收种子（T_1 代）放在干燥环境中 1 周左右，即可筛选转化子。

4. 转化子的筛选　将 T_1 代种子用 70% 乙醇处理 7 ~ 10 min，之后用无菌水洗 4 次。消毒后的种子均匀地涂布在筛选培养基（即 1/2 MS 固体培养基，内含卡那霉素 50 mg/L 或潮霉素 50 mg/L）表面，于 4℃放置 48 h 后，移人人工培养室中培养。

正常情况下 4 天种子就会萌发，萌发后 5 到 7 天，非转化子全部变黄或生长停滞，而转化子是绿色且能长根长大，可将转化子转入土壤中培养至成熟并让其自花授粉结子（T_2 代种子）。单独收获每一株抗性苗的种子，进一步进行抗性筛选。全部为抗性苗的，就是纯合的转化子。

【注意事项】

1. 待转化的拟南芥一定要生长状态良好才能保证良好的转化效果。
2. 为提高转化效率，同一材料可连续转化几次。

【实验作业】

植物的准备过程中，为什么要去其顶生花序？

参考文献

[1] 张森. 喷雾：一种简便的拟南芥转化方法. 生物技术，2006，16（5）：36–37.

[2] 邢宇俊，等. 根癌农杆菌介导的甘薯遗传转化研究进展. 安徽农业科学，2007，35（24）：7412–7414.

[3] 徐春晖，夏光敏，贺晨霞. 农杆菌转化系统研究进展. 生命科学，2002，14（5）：223–225.

（华东师范大学　俞琛　孙越）

实验 9-2 根癌农杆菌介导的烟草叶片瞬时转化

【实验目的】

通过转化烟草叶片，观察基因表达蛋白产物的蛋白定位以及相互作用等。

【实验原理】

农杆菌侵染植物的原理同实验 9-1。由于烟草叶片细胞比较大，农杆菌侵染效率很高，外源基因导入后，基因的表达量较高。被转化植物不需要经过抗性筛选，在复苏较短时间后，即可在荧光显微镜下，观察具有荧光标记蛋白的荧光信号，也可以进行 GUS 染色观察或目标蛋白的提取检测。

【器材与试剂】

1. 实验仪器　超净工作台，pH 计，离心机，分光光度计，2 毫升一次性无菌注射器

2. 实验试剂　LB 培养基［胰蛋白胨（tryptone）10 g/L，酵母提取物（yeast extract）5 g/L，氯化钠（NaCl）10 g/L，加水至 1 升后，调节 pH 到 7.0，灭菌后使用］，乙醇，KOH，分析纯蔗糖，表面活性剂 Silwet L-77，卡那霉素

3. 实验材料　健康生长一月左右的本生烟（*Nicotiana benthamiana*），含有已构建好的含有带 T-DNA 的穿梭质粒的农杆菌 EH105 菌株，其中 T-DNA 上带有可在植物中表达的卡那霉素抗性基因 NPT Ⅱ或潮霉素抗性基因，用来筛选转基因植物。

【实验步骤】

1. 活化含有已构建好的含有带 T-DNA 的穿梭质粒的农杆菌 EH105 菌株（方法参见实验 9-1）。

2. 带抗生素小量培养（24 h）农杆菌菌液 10 mL，转入含 200 mL LB 培养基的大瓶，12 小时后取出，此时菌液的 OD_{550} 应当在 1.2 ~ 1.6。室温下 5 000 r/min 离心 15 min，弃上清液，菌体悬浮于 10 mmol $MgCl_2$ 中，添加乙酰丁香酮（As）至终浓度 200 μmol/L，悬浮液的浓度调整到 OD_{550} 为 0.5 左右，25 ~ 28℃静置活化 3 h。

3. 准备无菌注射器，吸取 1 mL 菌液，注射烟草叶片。注射前先用针头在烟草叶片远轴面上扎 2 ~ 3 个小孔，以手指抵住叶片下部，然后将注射器压在针孔部位轻轻用力将注射器内菌液压送并渗透到叶片组织中。注射完成后，用标记笔在注射部位上做好标记。

4. 注射过烟草后 1 ~ 3 d 后，在打过的位置上剪一块烟草叶片，将叶子的远轴面朝上方，盖上盖玻片，在荧光共聚焦显微镜下观察，或进行 GUS 染色观察。

【注意事项】

1. 待转化的烟草一定不能太老，采用培养一个月以后，叶片完全展开的成熟叶片，转化效果最佳。

2. 转化后复苏时间太长的话可能检测不到信号。

【实验作业】

为什么选择远轴面进行农杆菌注射?

参考文献

吴英杰，姜波，张岩，等.农杆菌介导的烟草瞬时表达试验条件优化.东北林业大学学报，2010，38（9）：110–112.

（华东师范大学 孙越）

实验 9-3 植物基因组 DNA 的制备

【实验目的】

掌握常用的植物基因组 DNA 的制备原理和方法。

Ⅰ 尿素法制备植物基因组 DNA

【实验原理】

脱氧核糖核酸（deoxyribonucleic acid，DNA）是生物细胞的重要成分，通常与组蛋白、非组蛋白结合成复合物，以核蛋白（染色体或染色质）的形式存在于细胞核中。制备时，通常采用机械研磨的方法破碎植物的组织和细胞。细胞破碎后，细胞匀浆中的大多数酶类对 DNA 的抽提产生不利的影响。在提取缓冲液中加入适量的尿素和乙二胺四乙酸二钠（EDTA-Na_2），既可抑制酶的活性又可使蛋白质变性，再加入阴离子去垢剂十二烷基肌氨酸钠，能溶解细胞膜和核膜蛋白，使核蛋白解聚，从而 DNA 得以游离出来。加入酚 - 氯仿等有机溶剂，能使蛋白质变性，并使抽提液分相。因核酸的水溶性很强，经离心使蛋白沉淀而除去，得到含有核酸的上清液。然后用预冷的 95% 异丙醇或乙醇即可把 DNA 从除去蛋白质的提取液中沉淀出来，沉淀溶于水中即制得基因组 DNA。

【器材与试剂】

1. 实验仪器 小型高速台式离心机，移液器，离心管，研钵

2. 实验试剂 裂解液［0.2 mol/L pH 8.0 Tris（见附录 2），7 mol/L 尿素，20 g/L 十二烷基肌氨酸钠（sodium lauroyl sarcosine，月桂酰基肌氨酸钠），0.05 mol/L EDTA（14.61 g/L）］，饱和酚 - 氯仿（体积比 1∶1 配制）3 mol/L pH 5.2 醋酸钠（NaAc，246.1 g/L），异丙醇（分析纯），无水乙醇（分析纯），70% 乙醇，去离子水，TE 缓冲液（10 mmol/L pH 8.0 Tris-HCl，1 mmol/L pH 8.0 EDTA）

3. 实验材料 新鲜植物叶片或幼嫩花序（拟南芥材料最好）

【实验步骤】

1. 取 3 棵去根的拟南芥植株（生长两周），置于研钵中，加 1.2 mL 裂解液，用 1 000 μL 微量移液器转移至 1.5 mL 的离心管中，每管约 600 μL。

2. 每管加 600 μL 的酚 - 氯仿，剧烈震荡 20 s，使蛋白质变性。

3. 12 000 r/min 离心 10 min。

4. 小心把上清液转入一新的 1.5 mL 的离心管中，每管加 50 μL NaAc，600 μL 异丙醇，混匀，12 000 r/min 离心 10 min，去上清液，得 DNA 沉淀。

5. 去上清液，用 400 μL 70% 乙醇小心洗沉淀一次，12 000 r/min 离心 30 s，小心去上清液（可用小于 20 μL 的移液器将乙醇吸出）。

6. 再加 500 μL 无水乙醇小心洗沉淀一次，去上清液。

7. 室温干燥，沉淀溶于 20 ~ 30 μL TE 或去离子水中，于 -20℃冰箱保存。

【注意事项】

1. 所选材料拟南芥植株要生长良好，无病害。

2. 研磨时要充分，直至材料中无大块组织为止。

3. 第一次离心后转移上清时要轻拿轻放，防止吸到中间的蛋白质层。

4. 弃上清时注意不要将 DNA 沉淀倒出。

参考文献

[1] 王关林，方宏筠 . 植物基因工程原理与技术 . 北京：科学出版社，1998：370-375.

[2] Aljanabi S M，Martinez I. Universal and rapid salt-extraction of high quality genomic DNA for PCR-based techniques. Uncleic Acids Res，1997，25：4692-4693.

[3] Li F，Flanagan C A，Zhao Y，et al. Assignment of 44 Ds insertions to the linkage map of Arabidopsis. Plant Mol Biol Rep，1999，17：109-122.

（华东师范大学 徐艳飞 孙越）

Ⅱ CTAB 法制备植物基因组 DNA

【实验原理】

植物材料经过液氮粉碎，提取液中阳离子型去垢剂十六烷基三甲基溴化铵（hexadecyltrimethyl ammonium bromide，CTAB）能溶解细胞膜和核膜，解聚核蛋白，且与 DNA 形成复合物，在高盐条件下，该复合物是可溶的。用氯仿等有机溶剂抽提，可使蛋白质变性，使多糖沉淀，经过离心，CTAB-DNA 复合物仍保留在上清液中，降低盐浓度，则 CTAB-DNA 复合物发生沉淀，沉淀用高盐 TE 缓冲溶液溶解后，加入异丙醇，CTAB 仍在溶液中，但 DNA 发生沉淀，沉淀溶于 TE 缓冲溶液中，即得植物基因组 DNA。

【器材与试剂】

1. 实验仪器　移液器，水浴锅，陶瓷研钵，液氮罐，台式高速冷冻离心机，紫外分光光度计，高压灭菌锅

2. 实验试剂　β- 巯基乙醇，乙醇，异丙醇，CTAB 提取液［20 g/L CTAB+0.1 mol/L pH 8.0 Tris–HCl（见附录 2），20 mmol/L EDTA（5.84 g/L），1.4 mol/L NaCl（81.82 g/L），20 μg/mL RNase A，室温保存］，CTAB/NaCl 溶液［4.1 g NaCl 溶解于 80 mL 蒸馏水，缓缓加入 10 g CTAB，边加热边搅拌至溶解，用去离子水定容至 100 mL］，CTAB 沉淀溶液［10 g/L CTAB，50 mmol/L pH 8.0 Tris，10 mmol/L pH 8.0 EDTA（2.92 g/L），室温保存］，氯仿 / 异戊醇（24∶1，体积比，4℃保存），TE 缓冲液（见 9–3–Ⅰ尿素提取法）

3. 实验材料　新鲜的烟草叶片

【实验步骤】

1. 向一定量的 CTAB 提取液中加入 β- 巯基乙醇至终浓度为 2%（体积百分数），并在水浴锅中将溶液升温到 65℃。

2. 称取 1 g 烟草叶片，放在用液氮预冷的研钵内，倒入液氮迅速研磨成粉末，转入无菌的离心管。

3. 加入 4 mL 预热到 65℃的 CTAB 提取液，混匀，65℃水浴中保温 10 ~ 60 min，间或摇动。

4. 向上述离心管中加入 4 mL 氯仿 / 异戊醇，颠倒离心管数次，4℃，10 000 × *g* 离心 10 min，取上清液转移到另一个离心管中。

5. 向上清液中加入 1/10 体积的 CTAB/NaCl 溶液并预热到 65℃，颠倒离心管数次。然后加入等体积的氯仿 / 异戊醇，颠倒离心管数次，室温条件下，10 000 × *g* 离心 10 min，取上清液转移到一个新离心管中。

6. 向上清液中加入 2 倍体积的 CTAB 沉淀溶液，颠倒离心管数次，室温条件下，10 000 × *g* 离心 5 min，弃上清液。

7. 沉淀用 0.5 mL 高盐 TE 缓冲液溶解，然后转移到一无菌 Eppendorf 管中。若沉淀难于溶解，则可将离心管放在 65℃水浴中处理 30 min。

8. 向盛有 DNA 溶液的 Eppendorf 管中加入 0.6 mL 的异丙醇，混匀，4℃，10 000 × *g* 离心 15 min，弃上清液。

9. 沉淀用 0.5 mL 80% 乙醇润洗一次，室温干燥，加入 0.1 mL TE 缓冲液溶解沉淀，得 DNA 溶液。

10. 取 5 μL DNA 溶液加无菌水至 4 mL，放入石英比色皿，用紫外分光光度计测定其在 260 nm 和 280 nm 处的吸光值，计算 OD_{260}/OD_{280} 比值，测定所提 DNA 的浓度和质量，方法见实验 9–7。

【注意事项】

1. 实验时应尽量选用酚含量较低植物的幼嫩组织。

2. 若加入 CTAB 沉淀溶液后无沉淀析出，表明盐浓度较高，应将 CTAB 沉淀溶液继续稀释。

【实验作业】

1. 影响所提取的 DNA 质量的因素有哪些？
2. 依据 CTAB 方法提取的 DNA 在基础研究领域有何应用？

参考文献

[1] 王关林，方宏筠. 植物基因工程原理与技术. 北京：科学出版社，1998：370–375.
[2] Ausubel F M，Brent R，Kingston R E，et al. Short protocols in molecular biology. 3rd ed. John Wiley & Sons Inc，1995：2–10.

（青岛大学　李荣贵）

实验 9-4 叶绿体 DNA 的制备

【实验目的】

熟悉植物叶绿体 DNA 的制备方法。

【实验原理】

叶绿体是绿色植物特有的进行光合作用的细胞器，内有环状双链的叶绿体 DNA，在植物的能量代谢和物质代谢过程中发挥着重要的作用，如叶绿素与类胡萝卜素的合成等。绿色植物的叶片经过匀浆、过滤、离心获得叶绿体，叶绿体被 SDS 和蛋白酶 K 裂解释放 DNA，裂解液经氯仿 / 异戊醇抽提去除蛋白等杂质，溶液中的 DNA 可被乙醇沉淀。

【器材与试剂】

1. 实验仪器　冷冻离心机，研钵，移液器，电泳系统（参见实验 9-6）

2. 实验试剂　氯仿 / 异戊醇（24：1，体积比），异丙醇，70% 乙醇，电泳相关试剂（参见实验 9-6）

提取液：50 mmol/L pH 8.0 Tris（6.06 g/L），0.4 mol/L 蔗糖（139.92/L），10 mmol/L NaCl（584 mg/L），5 mmol/L EDTA（1.46 g/L），2 mmol/L β- 巯基乙醇（156 mg/L）

悬浮液：50 mmol/L pH 8.0 Tris，150 mmol/L NaCl，1 mmol/L EDTA

裂解液：40 g/L SDS，1 mg/mL 蛋白酶 K（用悬浮液配制），TE 缓冲溶液

3. 实验材料　新鲜菠菜叶片

【实验步骤】

1. 叶绿体的提取　称取新鲜菠菜叶片 10 g 放入研钵中，加 10 mL 冰冷的提取液和少许石英砂，冰浴研磨成匀浆，再加入 10 mL 提取液，用 4 层纱布 100 目细胞筛或将匀浆过滤于一离心管中，4℃，700 × g 离心 5 min，将上清液转移到另一离心管中，4℃，

2 000 × g 离心 10 min，弃上清液，沉淀即为叶绿体。

2. 叶绿体 DNA 的提取 沉淀用 5 mL 悬浮液重新悬浮，加入等体积的裂解液，混匀，37℃保温 2 h，加入 10 mL 氯仿 / 异戊醇，颠倒离心管数次，4℃，12 000 × g 离心 10 min，取上清液，加入 1/10 体积的醋酸钠溶液和等体积的异丙醇，混匀，–20℃放置 2 h，4℃，12 000 × g 离心 10 min，取沉淀，用 70% 乙醇润洗后，室温干燥。

3. 叶绿体 DNA 的电泳分析 加入 100 μL TE 缓冲溶液溶解上述沉淀，取 9 μL DNA 溶液和 1 μLDNA 载样缓冲溶液混合，与分子量标记物，一起进行琼脂糖凝胶电泳分析（方法见实验 9–6），观察实验结果。

【注意事项】

叶绿体提取时应控制好离心的转速和离心时间，否则可能影响到所提叶绿体的纯度，从而影响最终所提叶绿体 DNA 的纯度。

【实验作业】

1. 叶绿体 DNA 有哪些特点？它与细菌的染色体 DNA 有哪些相似之处？
2. 叶绿体 DNA 在基础研究方面有哪些用途？

参考文献

[1] 史公军，侯喜林，王彦华 . 白菜叶绿体 DNA 的快速提取及分析 . 应用与环境生物学报，2005，11（3）：283–285.

[2] 梁明山，陈斌，吴书惠 . 油菜叶绿体 DNA 的提取和纯化 . 中国油料，1995，17（2）：57–58.

（青岛大学 李荣贵）

实验 9–5 植物总 RNA 的提取

【实验目的】

掌握提取植物总 RNA 的原理，提取方法，熟悉分子生物学实验的基本技术。

Ⅰ LiCl 法提取植物总 RNA

【实验原理】

核糖核苷酸（ribonucleic acid，RNA）是一类极易降解的分子，要得到完整的 RNA 必须最大限度地抑制提取过程中内源性及外源性核糖核酸酶对 RNA 的降解。

SDS（sodium dodecyl sulfate，十二烷基硫酸钠）是一种去垢剂，可以抑制内源 RNA 酶的活性，它不但可解聚核酸与蛋白质的结合，还可与蛋白质带正电荷的侧链结合，形成 SDS– 蛋白质复合物而沉淀。氯化锂（LiCl）选择性沉淀 RNA，其特别适合于从大量样品中提取少量组织RNA，具有快速简洁的长处，但也存在少量DNA的污染及RNA得率不高，小RNA片断丢失的缺陷。

【器材与试剂】

所有试剂都用DEPC（diethylpyrocarbonate，焦碳酸二乙酯）水配制，所有器皿都在180℃烘8 h或者在双氧水中泡半小时以上。

1. 仪器设备　研钵或离心管研棒，一次性手套，漩涡混合器，1.5 mL离心管，微量移液器及吸头，台式高速离心机，琼脂糖电泳系统，紫外检测仪或凝胶成像系统

2. 实验试剂　DEPC水［1%（体积百分数）DEPC去离子水溶液，37℃过夜，之后高温高压消毒］，RNA提取缓冲液［0.2 mol/L pH 8.0 Tris，0.4 mol/L LiCl（16.94 g/L），25 mmol/L乙二胺四乙酸（EDTA，7.31 g/L），10 g/L十二烷基硫酸钠（SDS）］，3 mol/L pH 5.2 NaAc（246.1 g/L），2 mol/L LiCl（84.78 g/L），RNase free的水饱和苯酚，氯仿，无水乙醇，70%乙醇，电泳相关试剂（参见实验9-6）

3. 实验材料　植物幼苗或幼嫩的花序

【实验步骤】

1. 准备加有400 μL提取缓冲液和400 μL苯酚的1.5 mL离心管若干，置于冰上预冷备用。取生长旺盛的新鲜式液氮保存的植物组织适量，置于含液氮的研钵中，将植物材料充分研磨成粉末，将粉末转移到上述离心管中。

2. 剧烈震荡5次，每次间隔5 min。

3. 13 200 r/min离心6 min，取上清液（若材料较多建议用苯酚抽提两次）。

4. 移入另一个装有500 mL氯仿的1.5 mL离心管中，剧烈震荡，13 200 r/min离心6 min。

5. 取上清液，移入另一个装有1 000 mL无水乙醇和40 μL 3 mol/L NaAc的1.5 mL离心管中，−20℃放置20 min以上。

6. 13 200 r/min离心10 min，弃上清液。

7. 加入0.4 mL 2 mol/L LiCl，尽量将沉淀中的DNA溶解（约10 min）。

8. 13 200 r/min离心10 min，弃上清液，加入100 μL DEPC水，10 μL 3 mol/L NaAc，250 μL预冷的无水乙醇，混合均匀，−20℃放置20 min以上。

9. 13 200 r/min离心10 min，弃上清液。

10. 70%乙醇洗一次，13 200 r/min离心5 min，弃上清液，超净台吹干。

11. 加入10～30 μL DEPC水。−20℃短期保存，−70℃长期存放。

12. 取10 μL总RNA溶液，加重蒸水或TE缓冲液至1 mL，分别在260 nm和280 nm测定吸光值，检测所提取的RNA浓度和质量（参见实验9-7）。

13. 电泳分析（参见实验9-6）。务必采用新配的电泳缓冲液，新制的琼脂糖凝胶，以及洗干净的电泳槽。

（华东师范大学　孙越　杨扬）

Ⅱ 异硫氰酸胍法提取植物总 RNA

【实验原理】

利用高浓度强变性剂异硫氰酸胍，可溶解蛋白质，迅速破坏细胞结构，使 RNA 从细胞中释放出来。高浓度异硫氰酸胍和β- 巯基乙醇还使细胞内的 RNA 酶失活，使释放出来的 RNA 不被降解。细胞裂解后，RNA、核 DNA、蛋白质和细胞碎片等通过酚、氯仿等有机溶剂处理，离心，使 RNA 与其他组分分离，纯化后获得总 RNA。

【器材与试剂】

1. 实验仪器 高速冷冻离心机，旋涡混合器，研钵，10、200、1 000 μL 微量移液器及吸头，玻璃器皿（200℃高温消毒 6 h），10 mL 塑料离心管，一次性手套，电泳系统（参见实验 9–6）。

2. 实验试剂 100 g/L 十二烷基肌氨酸钠，0.75 mol/L pH 7.0 柠檬酸三钠（2 结晶水，220.58 g/L），70% 乙醇，2 mol/L pH 4.0 醋酸钠（164.1 g/L），水饱和苯酚，异丙醇，氯仿：异戊醇（49：1），TE 缓冲液（参见 9–3–1）；DEPC ddH_2O（DEPC 是焦碳酸二乙酯，有毒性，用时注意，用去离子水配制体积百分数为 0.1% 的溶液，过度后经高压无菌备用），变性液（在含 293 mL 重蒸水的大烧杯中加入 17.6 mL 0.75 mol/L pH 7.0 柠檬酸三钠，26.4 mL 100 g/L 十二烷基肌氨酸钠，250 g 异硫氰酸胍，加热至 60 ~ 65℃持续搅拌至溶解，此贮存液于室温下可保存 3 个月。在每 150 mL 变性贮存液中加入 0.36 mL β- 巯基乙醇即配成变性液，于室温下可保存 1 个月），加样缓冲液［50%（体积比，后同）甘油，2.5 g/L 溴酚蓝，新配制，无 RNA 酶污染］，新稀释的电泳缓冲液等相关试剂（参见实验 9–6）

3. 实验材料 新鲜的非洲菊花瓣

【实验步骤】

1. 在 10 mL 离心管中加 3 mL 变性液，置于冰上预冷。

2. 用液氮迅速研磨 0.5 ~ 1 g 非洲菊花瓣至粉末，转移至有变性液的离心管中。

3. 依次加入 0.3 mL 2 mol/L 醋酸钠（pH 4.0），3 mL 水饱和苯酚，0.6 mL 氯仿 – 异戊醇（49：1），充分混匀后剧烈震荡 15 s，置冰上 15 min。

4. 4℃，13 000 r/min 离心 25 min。取上清液转移至新离心管（切勿干扰或吸到中间的蛋白层），加入 1/2 体积的水饱和苯酚和 1/2 体积的氯仿 – 异戊醇，混匀。

5. 4℃，13 000 r/min，离心 25 min。取上清液转移至新离心管，加等体积的异丙醇，–20℃沉淀 30 ~ 40 min。

6. 4℃，9 000 r/min，离心 8 min。弃上清液，倒置沉淀空干，加 0.5 mL 变性液，置于摇床上，冰浴中溶解 0.5 ~ 1 h。

7. 溶解后，短时离心 2 min，取上清液加等体积异丙醇于 –20℃沉淀 30 min。

8. 4℃，9 000 r/min，离心 10 min。弃上清液，空气中干燥沉淀，用预冷的 70% 乙醇洗涤沉淀 3 次。

9. 待沉淀干燥（15 ~ 20 min）后，加 50 μL DEPC ddH_2O 溶解样品。

10. 取 10 μL 总 RNA 溶液，加重蒸水或 TE 缓冲液至 1 mL，分别在 260 nm 和 280 nm 测定吸光值，以 OD_{260}/OD_{280} 比值，检测所提取的 RNA 浓度和质量（参见实验 9–7）。

11. 电泳分析（参见实验 9–6）。务必采用新配的电泳缓冲液，新制的琼脂糖凝胶，以及洗干净的电泳槽。

【注意事项】

1. 操作过程中要戴手套。

2. 材料用液氮研磨一定要充分，在转移至管中时防止溶解。苯酚对人皮肤具有腐蚀性，操作时一定要小心，防止溅出。

3. 实验室用的普通玻璃器皿和塑料制品经常有 RNA 酶污染，使用前必须于 180℃烘烤 8 h 或更长时间，以最大限度地降低 RNA 酶的污染问题。

4. DEPC 是 RNA 酶的强烈抑制剂，但其作用并不是绝对的，灌满 DEPC 的玻璃或塑料器皿在 37℃放置 2 小时，然后用灭菌水淋洗数次，并于 100℃烘烤 15 min。

5. 在酚 / 氯仿萃取后吸取上清液时，应注意勿将下层酚 / 氯仿吸入，以免带入杂质；但也不要留下太多上清液，使 RNA 损失较多。

【实验作业】

1. 总 RNA 提取过程中，有哪些步骤可能导致 RNA 的降解，实验操作中应该怎样避免？

2. 实验中使用的变性液主要起什么作用？

参考文献

[1] 宋蓓，赵锦，刘孟军，等 . 改良 CTAB–LiCl 法提取枣总 RNA 体系的建立 . 中国农业通报，2007，23（7）：79–83.

[2] 姚红艳，赵双宜，夏光敏 . 改良尿素 – 氯化锂方法提取成熟小麦种子总 RNA. 中国生物工程杂志，2003，23（4）：86–88.

[3] 赵双宜，吴耀荣，夏光敏 . 介绍一种简单高效的植物总 RNA 提取方法 . 遗传，2002，24（3）：337–338.

[4] 萨姆布鲁克 J，等 . 分子克隆试验指南 . 2 版 . 金冬雁，黎梦枫等，译 . 北京：科学出版社，1996：304–316.

[5] 彭秀玲，袁汉英，谢毅，等 . 基因工程实验技术 . 长沙：湖南科学技术出版社，1998：170–173.

[6] 张玉进，等 . 非洲菊花瓣总 RNA 提取方法的改进 . 植物学通报，2001，18：722–726.

（华南师范大学　孟祥春　王小菁）

实验 9-6 电泳法鉴定植物基因组 DNA 和总 RNA

【实验目的】

掌握电泳法鉴定核酸的原理和操作要点。

【实验原理】

以琼脂糖凝胶为支持介质的电泳广泛应用于核酸研究中，其操作简单、快捷，是分离鉴定纯化核酸的标准方法。核酸在碱性的溶液中带有负电荷，因此，在电场作用下朝正极移动。在琼脂糖凝胶中电泳时，由于琼脂糖凝胶具有一定孔径，长度不同的核酸分子由于所受凝胶的阻遏作用大小不一，迁移的速度不同，从而可以按照分子量大小得到有效分离。溴化乙啶可以插入到核酸分子中，放出荧光，在紫外灯下被检测出来。加入样品核酸的同时，并加入标准分子量 DNA（DNA marker），经过电泳后，可以鉴定目的条带的大小。

【器材与试剂】

1. 实验仪器　电泳仪，凝胶成像系统或紫外电泳检测仪，水平电泳槽，移液器，微波炉

2. 实验试剂　TAE（Tris-醋酸-EDTA）电泳缓冲液［242 g Tris，57.1 mL 冰乙酸，37.2 g $Na_2EDTA \cdot 2H_2O$（pH 8.0），去离子水定容到 1 000 mL，用时稀释 50 倍］，加样缓冲液（500 g/L 甘油，2.5 g/L 溴酚蓝），琼脂糖（电泳级），EB（溴化乙啶），DNA 分子量标记（如 Takara 1Kb DNA Ladder Marker）

3. 实验材料　待测植物基因组 DNA 或 RNA

【实验步骤】

1. 琼脂糖凝胶的制备　称取琼脂糖 0.5 g，加入 50 mL 电泳缓冲液，在电炉上加热溶解，配制成 10 g/L 琼脂糖凝胶；稍凉后加入 EB（终浓度 0.5 μg/mL）混匀。将电泳模板两端密封，先插入梳子，再倒入琼脂糖凝胶溶液。冷凝后将梳子拨出，电泳胶放入电泳槽中。加样孔靠近阴极。

2. 加样　取样品溶液 10 μL，加入 1/5 体积加样缓冲液，混匀后，用移液枪将溶液加到样品孔中，一般 DNA 样品最好控制在 0.5 ~ 1.0 μg 之间。

3. 电泳　加入含有 0.5 μg/mL EB 的 pH 8.3 TAE 缓冲液，淹没琼脂糖凝胶板，通电维持适当电压 5 V/cm（电泳槽长），电泳至溴酚蓝移动到胶 2/3 时停止电泳。

4. 观察　电泳完毕，取出凝胶板，将其推到一块干净的玻璃板上，于 302 ~ 366 nm 波长紫外灯下观察，DNA 存在的位置呈现橙红色荧光。对照 DNA marker，分析 DNA 的所在的位置和分子质量，以及是否有 RNA 或多糖等杂质的存在。

5. RNA 电泳注意用新制备的琼脂糖凝胶进行，在清洗过的电泳槽中，采用新稀释的电泳缓冲液进行电泳，其余步骤与 DNA 检测方法相同。

【注意事项】

1. 加热溶解胶时，待胶中起泡为止即可。

2. 静置使胶冷却，也可使用冷水冷却，至胶不烫手时即可倒胶。
3. 倒胶之前要确保已插好梳子，倒时要缓慢，使胶均匀分布，注意不可有气泡产生。
4. 加样时注意不要将样品溢出孔外，也不可将胶戳穿。
5. 样品在紫外光下观察时要注意防护，避免灼伤眼睛。

【实验作业】

从 DNA 分子量标记如何估测所提 DNA 的大小和位置。

参考文献

［1］萨姆布鲁克 J，等，分子克隆试验指南 . 2 版 . 金冬雁等，译 . 北京：科学出版社，1996：304–316.
［2］魏群 . 分子生物学实验指导 . 北京：高等教育出版社，2007（2）：113–114.
［3］胡晓燕，张猛业 . 生物化学与分子生物学实验技术 . 济南：山东大学出版社，2005（1）：27–28.

（华东师范大学 孙越）

实验 9-7 分光光度计法分析植物基因组 DNA 和 RNA

【实验目的】

掌握分光光度法鉴定核酸的原理和操作要点。

【实验原理】

核酸中的碱基都具有共轭双键，所以具有紫外吸收的性质。核酸在 260 ~ 290 nm 的紫外波段有一强的吸收峰，在 260 nm 处有最大吸收值，吸收低谷在 230 nm 处。而蛋白质在紫外区段的吸收高峰 280 nm 处，因此可以根据测定样品分别在 260 nm 和 280 nm 紫外吸收值的比值 OD_{260}/OD_{280} 来判断核酸的纯度，已知 DNA 的比值为 1.8，RNA 比值为 2。当比值偏离时说明存在污染。

当 $OD_{260}/OD_{280}<1.6$ 时，说明有蛋白质或酚的污染；当 OD_{260}/OD_{280} 介于 1.8 和 2.0 之间时，说明样品中既有 DNA 又有 RNA。

【器材与试剂】

1. 仪器设备 紫外分光光度计，移液器，试管
2. 试剂 去离子水
3. 实验材料 提取的基因组 DNA 或 RNA

【实验步骤】

将待测的核酸溶液用 TE 或水按 1/10、1/100、1/1 000 稀释，用 TE 或水做空白对照，于紫外分光光度计上测定 260 nm 和 280 nm 紫外吸收值，计算 OD_{260}/OD_{280}，对核酸进行纯

度分析。测定 RNA 时注意所用水是 DEPC 水（参见实验 9-5-I）。DNA 浓度（μg/mL）= OD_{260}× 稀释倍数 ×50，RNA 浓度（μg/mL）= OD_{260}× 稀释倍数 ×20。该方法仅适用于浓度大于 0.25 μg/mL 的核酸溶液。

【注意事项】

1. 使用比色杯之前要用乙醇清洗干净并擦干。
2. 分光光度计要正确调零，并注意设置空白对照。

【实验作业】

比较两种分析核酸纯度的方法的优缺点。

参考文献

魏春化，李毅 . 现代分子生物学实验技术 . 北京：高等教育出版社，2006：135-137.

（华东师范大学 孙越）

实验 9-8 PCR 鉴定植物基因及其表达

【实验目的】

掌握 PCR 技术的原理和方法，学习用 PCR 的方法鉴定基因。掌握 RT-PCR 技术的原理和方法，学习常用的基因转录表达水平的半定量和定量分析方法。

【实验原理】

聚合酶链式反应（polymerase chain reaction，PCR）的原理类似于 DNA 的天然复制过程，在待扩增 DNA 片段两侧加上与两侧互补的寡聚核苷酸引物，经变性、退火、延伸 n 个循环后，DNA 扩增 2^n 倍。典型的 PCR 反应体系包括：反应缓冲液、dNTP 混合物、DNA 模板、两条引物、$MgCl_2$ 和耐热的 DNA 聚合酶。

反转录 PCR（reverse transcriptase PCR，RT-PCR）是一种是将 RNA 反转录（RT）为 cDNA 和 PCR 相结合的技术。在反转录体系中，对于不同丰度的 mRNA，反转录所获得 cDNA 的含量也不同，进一步以 cDNA 为模板的 PCR 结果中目的片段的扩增量也不同。因此，RT-PCR 常用于比较基因表达的量。

实时定量 PCR（quantitative real time polymerase chain reaction，Q-PCR/qrt-PCR），是一种在 DNA 扩增反应中，以荧光染剂检测每次 PCR 循环后产物总量的技术。该技术以外参或内参为标准，通过对 PCR 终产物的分析或 PCR 过程的监测，进行 PCR 起始模板量的定量。

Real-time PCR 过程的监测有多种检测模式。本实验采用的是 SYBR Green Ⅰ 检测模式。温度循环为 94℃—55℃—72℃三步法，有引物、无探针、荧光染料镶嵌在双股螺旋链中间。通过对特定方向的强荧光检测获得信号，这种试剂检测模式易产生非特异信号，且本底光偏大，但成本较低，操作容易，被普遍采用。

肌动蛋白（actin）是细胞骨架微丝的主要成分，一般认为肌动蛋白基因在各组织和细胞中的表达相对恒定，常用来作为内参使用。*SPL* 基因是调控植物开花的基因，在植物进入生殖生长阶段特异性表达。本实验以 *SPL* 基因为例，利用 RT–PCR 方法检测植物基因表达的时空特异性。

【器材与试剂】

1. 实验仪器 PCR 仪，PCR 管，移液器，PCR 管架，小型台式离心机，琼脂糖凝胶电泳系统，凝胶成像系统，Bio–Rad Real–time PCR 仪

2. 实验试剂 10 × PCR 缓冲夜，2.5 mmol/L dNTP，肌动蛋白引物（ACTIN F：5′ TGG CAT CAA CTT TCT ACA A 3′ 和 ACTIN R：5′ CCA CCA CTA GCA CAA TGT T 3′），Taq DNA 聚合酶，电泳系统（见实验 9–6），反转录试剂盒［其中包括逆转录酶，Oligl（dT）15，RNase 抑制剂，无 RNase 水］，dNTP 混合液（10 mmol/L），UltraSYBR 预混液（含 ROX）康为公司，开花调控基因 *SPL* 的 RT–PCR 引物（*SPL* F：5′ CGC TAG AGC AGC TTC AGT TTC TG 3′，*SPL* R：5′ AAT TCC TCC ATT GGT CCC GTA 3′）

3. 实验材料 生长 30 ~ 45 天、正在开花的野生型拟南芥 3 株

【实验步骤】

1. 分别提取拟南芥的 6 ~ 8 片基生叶及 3 个花序的总 RNA（方法见实验 9–5）。

2. RNA 反转录

（1）取 1 μg RNA 于 70℃温育 10 min，迅速短暂离心，置于冰上。

（2）在 PCR 管中加入反应试剂［4 μL 5 × 缓冲液，2 μL dNTP 预混液（10 mmol/L），1 μL RNase 抑制剂，1 μL 逆转录酶，1 μL Oligl（dT）15，1 μg RNA，无 RNase 水补足到 20 μL。

（3）在 PCR 仪上 42℃温育 60 min。

（4）在 PCR 仪上 95℃温育 5 min，0℃ ~ 5℃放置 5 min：此时获得的溶液即为反转录获得的第一链 cDNA。

3. PCR

（1）在 200 μL PCR 管中依次加入下表试剂：

去离子水	10.75 μL
10 × 缓冲液	2 μL
2.5 mmol/L dNTP	2 μL
Primer ACTIN F（5 μmol/L）	2 μL
Primer ACTIN R（5 μmol/L）	2 μL
Taq DNA 聚合酶	0.25 μL
cDNA 模板	1 μL
总计	20 μL

用手指轻弹 PCR 管底部，使溶液混匀。在台式离心机中离心 2 s。置于 PCR 仪中进行 PCR 扩增。扩增条件：94℃ 3 min，25 个循环（94℃ 30 s，53℃ 30 s，72℃ 45 s），72℃ 10 min。

（2）电泳（方法见实验 9-6）

根据 PCR 条带的亮度初步确定叶和花序 cDNA 浓度比例关系，通过调整模板量直至扩增的 *ACTIN* 基因产量基本一致。

（3）以调整好的模板浓度采用 *SPL* 基因的引物进行 PCR 扩增，循环数为 30 ~ 35。

（4）电泳检测 PCR 产物，根据电泳条带的亮度，可以看到花序中 *SPL* 基因的电泳条带很亮，而叶片 *SPL* 基因的电泳条带非常弱。说明 *SPL* 基因是在开花期间表达强烈。

4. 实时定量 PCR 检测。把用作模板的 cDNA 用 PCR 水稀释 3 倍（最后反应得到的 *ACTIN* 基因的 C_t 值在 18 ~ 20 最好，若值过高，说明 cDNA 质量欠佳，需要重新制备，C_t 代表反应管内荧光信号达到设定阈值时所经历的循环数。）

5. 进行实时定量 PCR，每个反应体系包括：

2 × UltraSYBR 混合液（含 ROX）	12.5 μL
SPL F（10 μmol/L）	1 μL
SPL R（10 μmol/L）	1 μL
模板 cDNA	1 ~ 2 μL
无 RNase 水补足	25 μL

每个处理做三个重复，采用专用的 PCR 管中，注意戴手套。

6. 盖好盖子后，稍离心，放入 Real-time PCR 仪中进行 PCR 反应。反应程序为：

① 94℃ 3 min

② 94℃ 10 s

③ 56℃ 30 s + PlateRead

④ GOTO ② 39 more times

⑤ Melt Curve 65℃ to 95℃，increment 0.5℃，for 5 s + Plate Read

⑥ END

7. 反应结束之后，导出结果，进行基因表达量的分析。可以通过 $2^{-\Delta\Delta C_t}$ 法计算目标基因的相对表达量：

$$\Delta\Delta C_t = (C_{t,\text{目标基因}} - C_{t,\text{内参基因}})_X - (C_{t,\text{目标基因}} - C_{t,\text{内参基因}})_0$$

式中：X 表示处理组，0 表示对照组。

【注意事项】

1. 加反应试剂时，要根据试剂的量按照从大到小的顺序加，注意更换枪头。
2. 进行 RNA 操作时要注意减少 RNA 的降解。操作过程中必须带乳胶手套。
3. Taq DNA 聚合酶一般最后加，加酶后要立即进行 PCR 反应，防止酶失活。
4. RNA 的浓度根据提取之后在 260 nm 下的吸光值来计算。
5. qrt-PCR 中用来做模板的 cDNA 浓度不宜过高。

【思考题】

1. 思考 RNA 反转录体系中各个组分的作用。
2. 如何评价定量 PCR 的准确程度？

参考文献

[1] 彭学贤 . 植物分子生物技术应用手册 . 北京：化学工业出版社，2006（2）：253-260.

[2] 萨姆布鲁克 J，拉塞尔 D W. 分子克隆实验指南 .3 版 . 黄培堂等，译 . 北京：科学出版社，2002.

[3] 马利加 P. 植物分子生物学实验指南 . 刘进元等，译 . 北京：科学出版社，2000.

[4] Giglio S，Monis P T，Saint C P. Demonstration of preferential binding of SYBR green itospecific DNA fragments in real-time multiplex PCR. Nucleic Acids Research，2003，31（22）：e136.

（华东师范大学 徐艳飞 孙越）

实验 9-9 用 GUS 与启动子融合表达法检测基因表达

【实验目的】

了解用 GUS 与启动子融合表达法检测特定基因表达时空特性的原理和方法。

【实验原理】

GUS 基因编码 β- 葡萄糖苷酸酶，该酶是一种水解酶，能催化许多 β- 葡萄糖苷脂类物质的水解，可以催化底物 X-Gluc 产生可见的蓝色产物，此靛蓝产物使具有 Gus 活性的部位或位点呈现蓝色，可用肉眼或在显微镜下观察到；如果底物是 4-MUG（4- 甲基伞形酮 -β-D- 葡萄糖醛酸苷），则可以通过检测催化产物的荧光进行定量测定 GUS 的酶活。绝大多数的植物细胞内不存在内源的 GUS 活性，许多细菌及真菌也缺乏内源 GUS 活性，因而 *GUS* 基因广泛用作转基因植物、细菌和真菌的报告基因，尤其是在研究外源基因瞬时表达的转化实验中，*GUS* 基因应用最多。此外，*GUS* 基因 3′- 端与其他蛋白质编码基因形成的融合基因也能够正常表达，所产生的融合蛋白仍具有 GUS 活性，这对于研究外源基因表达的具体细胞部位及组织提供了方便条件。

【器材与试剂】

1. 实验仪器　微量移液器，真空泵，真空干燥器，解剖镜，酶标仪，酶标板，保鲜膜，铝箔，载玻片，盖玻片，镊子

2. 实验试剂　900 g/L 丙酮，400 g/L 甘油，0.2 mol/L 磷酸盐缓冲液［pH 7.0（见附录 2）］

GUS 染色液：新鲜配制，0.2 mol/L pH 7.2 磷酸钠缓冲液，10 mmol/L pH 8.0 EDTA（2.92 g/L），1 mmol/L，X-Gluc（522 mg/L），0.2%（体积百分数）Triton X-100，2 mmol/L 铁氰化钾（659 mg/L）+2 mmol/L 亚铁氰化钾（3 结晶水，845 mg/L）。

GUS 酶活提取液：50 mmol/L pH 7.0 磷酸钠缓冲液，1 mmol/L EDTA（292 mg/L），0.1%（体积百分数）Triton X-100。

0.2 mg/mL 的 4-MUG 溶液，用 GUS 酶活提取液配制，1.0 mmol/L MU 溶液（甲基伞形酮，176 mg/L，用磷酸缓冲液配制），1 mg/μL BSA（小牛血清，用 900 g/L 生理盐水配制）。

3. 实验材料　转有 *GUS* 报道基因的植物

【实验步骤】

一、染色观察

1. 将植物组织（转化子）放在冰上预冷的90%的丙酮中固定30 min。
2. 用磷酸缓冲液洗材料一次。
3. 换GUS染液，之后抽真空1～2 min。
4. 37℃下温育6～8 h即可，如果组织染色较慢，可以延长染色时间。
5. 室温下70%乙醇脱色6 h，期间更换乙醇数次。
6. 脱色完全后更换成纯水，复水后，将材料放置于载玻片上，400 g/L甘油封片后解剖镜下观察即可。

二、定量测定GUS含量

1. 取幼苗，用液氮研磨，等液氮挥发干净，加提取液200 μL（冰上操作）。15 000 r/mim，4℃离心15 min，取上清液。
2. 把50 μL上清液同200 μL 4-MUG混合，从中取200 μL到白色ELISA板上，37℃培养（包上保鲜膜再包上铝膜），每半个小时测一次，共测4次（2 h）。发射波长365 nm，吸收波长455 nm。
3. 用MU做标准曲线，把1 mmol/L MU稀释为0、5、10、15、30 μmol/L（各1 mL），取200 μL到白色ELISA板上，测法同步骤2。
4. 计算方法

$$酶活 = MU（\mu mol）/ 蛋白质（mg）\cdot 时间（min）$$

式中：MU（μmol）为测得的数值，从MU标准曲线查得；

蛋白质（mg）为测得的吸光值，从BSA标准曲线查得，内容中无BSA标准曲线。

【注意事项】

1. 染色液应避光、冷冻保存。
2. 染色反应要避光。

【实验作业】

用GUS染色的组织为什么要固定？

参考文献

[1] Jefferson R A. A ssaying chimeric genes in plants: the GUS gene fusion system. Plant Mol Biol Rep, 1987, 5: 387-405.

[2] 王关林，方宏筠. 植物基因工程原理与技术. 北京：科学出版社，1998：428-429.

（华东师范大学 张亮 孙越）

实验 9-10 植物细胞相对 pH 的检测

Ⅰ 植物细胞质外体相对 pH 的检测

【实验目的】

熟悉测定植物细胞质外体相对 pH 的方法。

【实验原理】

8- 羟基芘 -1,3,6- 三磺酸三钠盐（HPTS）是一种细胞不可渗透的荧光 pH 指示剂，具有高度的水溶性，405 nm 与 458 nm 激发光下的荧光信号分别代表质子化形式与非质子化形式的 HPTS，被广泛用于质外体 pH 的检测。此处以拟南芥柱头乳突细胞质外体相对 pH 的检测为例介绍。

【器材与试剂】

1. 实验仪器：植物光照培养箱，杂交镊，eppendorf 管，载玻片，盖玻片，激光共聚焦显微镜，移液器

2. 实验试剂：超纯水，1/2 MS 固体培养基，8- 羟基芘 -1,3,6- 三磺酸三钠盐（HPTS），平衡溶液［内含 0.1 mmol/L $CaCl_2$（11 mg/L），0.1 mmol/L KCl（7 mg/L），0.2 mmol/L MES（39 mg/L），pH 5.8］

3. 实验材料：拟南芥

【实验步骤】

1. 材料准备　提前一天晚上挑选花器官发育时期处于 12 期的拟南芥的花朵，用杂交镊去除其花萼、花瓣及雄蕊，将花柄插在 1/2 MS 固体培养基上于光照培养箱过夜培养（温度 22℃，光照强度 120 μmol · m^{-2} · s^{-1}，光照 16 h/ 黑暗 8 h，空气相对湿度 60%）。

2. 染色　12 ~ 14 h 后，将 1/2 MS 固体培养基上的雌蕊置于平衡溶液中平衡 1 h，随后将其转移至含有 1 mM HPTS 染液的平衡溶液中，避光染色 20 min。

3. 拍照观察　将染色后的雌蕊转移至载玻片上，加 1 滴染液，轻轻盖上盖玻片，用激光共聚焦显微镜进行拍摄（激发光波长：405/458 nm，发射光波长：505 ~ 550 nm）。

4. 图片处理　使用 ImageJ 软件对激发光波长分别处于 458 nm 与 405 nm 的图片进行荧光强度测量，并计算二者比值（相对 pH）。

【注意事项】

注意染色时应使雌蕊充分浸入染液中，压片时应轻柔。

参考文献

［1］Han J Y，Kevin B. Fluorescent indicators for intracellular pH chemical reviews，2010. 110（5）：2709-2728.

[2] Barbez E, Dünser K, Gaidora A, et al. Auxin steers root cell expansion via apoplastic pH regulation in *Arabidopsis thaliana*. PNAS, 2017, 114(24): 4884–4893.

(华东师范大学 李超)

Ⅱ 植物细胞胞内近膜区相对 pH 的检测

【实验目的】

熟悉测定植物细胞胞内相对 pH 的方法。

【实验原理】

pHluorin 是一种对 pH 敏感的绿色荧光蛋白(GFP)的变体，经改造后的融合蛋白 PM-cyto 可作为一种靶向细胞膜内侧的 pH 感受器，通过活细胞成像方式即可检测细胞膜内侧近膜区的 pH。此处以拟南芥柱头乳突细胞质外体相对 pH 的检测为例，将乳突细胞特异启动子驱动表达的 pH 感受器质粒 SLR1 pro::PM-cyto 转化到植物体内，获得转基因材料后，可用于检测柱头乳突细胞胞内近膜区的相对 pH(496 nm 与 476 nm 激发光下的荧光强度比值)。

【器材与试剂】

1. 实验仪器 植物光照培养箱，杂交镊，载玻片，盖玻片，激光共聚焦显微镜，移液器

2. 实验试剂 平衡溶液[内含 0.1 mmol/L $CaCl_2$(11 mg/L)，0.1 mmol/L KCl(7 mg/L)，0.2 mmol/L MES(39 mg/L)，pH 5.8]，1/2 MS 固体培养基

3. 实验材料 转基因 *SLR1pro::PM-cyto* 拟南芥

【实验步骤】

1. 转基因材料获取 通过根癌农杆菌介导的拟南芥稳定转化法将该 pH 感受器质粒 SLR1 pro::PM-cyto 转化拟南芥，获得稳定转化子之后培养至植株开花。

2. 材料准备 提前一天晚上挑选花器官发育时期处于 12 期的拟南芥的花朵，用杂交镊去除其花萼、花瓣及雄蕊，将花柄插在 1/2 MS 固体培养基上进行过夜培养(温度 22℃，光照强度 120 μmol · m^{-2} · s^{-1}，光照 16 h/ 黑暗 8 h，空气相对湿度 60%)。

3. 平衡和拍照 12～14 h 后，将雌蕊于平衡溶液中平衡 1 h，后转移至载玻片上，加 1 滴平衡溶液，轻轻盖上盖玻片，用激光共聚焦显微镜进行拍摄(激发光波长：476/496 nm，发射光波长：505～550 nm)。

4. 图片处理 使用 ImageJ 软件对激发光波长分别处于 496 nm 与 476 nm 的图片进行荧光强度测量，并计算二者比值(相对 pH)。

【注意事项】

注意压片时应轻柔。

参考文献

[1] Martinière A，et al. In vivo intracellular pH measurements in tobacco and *Arabidopsis* reveal an unexpected pH gradient in the endomembrane system. Plant Cell. 2013，25（10）：4028-4043.

[2] Martinière A，et al. Uncovering pH at both sides of the root plasma membrane interface using noninvasive imaging. PNAS，2018，115（25）：6488-6493.

（华东师范大学 李超）

第十章

果蔬采后生理

实验 10-1 果实硬度的测定

【实验目的】

了解果实硬度的测定方法，学习果实硬度大小的计算。

【实验原理】

物体硬度的定义为被测物体抵抗外力入侵的能力极限。果实的硬度是指果肉抗压力能力的大小，即某种果实单位面积承受测力弹簧的最大压力（N）与作用面积（S）的比值定义为果实的硬度（P，单位 Pa），可用下式表示：

$$P = N/S$$

果实成熟度的提高会导致果肉逐渐软化，硬度降低，耐藏性下降，因此果实硬度大小是衡量果实本身特性和贮藏过程中及结束贮藏时果实品质好坏的重要指标之一。

【器材与试剂】

1. 实验仪器　GY-1 型果实硬度计（如图 10-1）采用压力来测定果实的硬度，其读数标尺为圆盘式，当压头受到果实阻力，推动弹簧压箱，使齿条向上移动，带动齿轮旋转，与齿轮同轴的指针也同时旋转，指出果肉硬度的数值。本硬度计可测定苹果、梨等的硬度。测定前，转动表盘，使指针与刻度 2 kg 处重合。

2. 实验材料　苹果，桃，鲜枣

图 10-1　GY-1 型果实硬度计

【实验步骤】

测定时，将果实待测部分的果皮削掉，使硬度计压头和削去果皮的果肉相接触，并与果实切面垂直，左手握紧果实，右手持硬度计，缓缓增加压力，直到果肉切面到达压头的刻线为止。这时，游标尺随压力增加而被转动，它所指的数值即表示每平方厘米果肉上所能承受的千克数，再根据该读数换算成压强的标准单位 Pa。

【注意事项】

1. 测定果实硬度时，最好是测定果肉的硬度，因为果皮往往掩盖了果肉的真实硬度。

2. 加压力时，用力要垂直均匀，不可转动压入，亦不能用猛力压入。

3. 探头必须与果面垂直，不要倾斜压入。

4. 果实的各个部位硬度不同，所以，测定同一种果实硬度时，必须采用同一部位，以便比较。

5. 压头有圆锥和平压头两种，平压头适用不带皮果肉硬度的测定，圆锥形压头可用于带皮或不带皮的果实硬度的测定。

参考文献

曹建康，赵玉梅. 果蔬采后生理生化实验指导. 北京：中国轻工业出版社，2007.

（华东师范大学　王奕文　许玲）

实验 10-2　果蔬可溶性固形物的测定

【实验目的】

果蔬组织中总可溶性固形物（total soluble solid，TSS）的含量，能够大致表示果蔬的总糖含量，可用手持式折光仪测定。通过测定果蔬可溶性固形物的含量，评价果蔬采收后的成熟品质以及贮运过程中的品质变化。

【实验原理】

光线从一种介质进入另一种介质时会产生折射现象，其入射角正弦与折射角正弦之比值称为折光率，对于恒定的两种介质，折光率为一常数。果蔬汁液中可溶性固形物含量与折光率在一定条件下（同一温度、压力）成正比例，故测定果蔬汁液的折光率，可求出果蔬汁液的浓度（含糖量的多少）（如图 10-2）。

【器材与试剂】

1. 实验仪器　烧杯，滴管，吸水卷纸

手持式折光仪：也可称为糖镜、手持式糖度计，测定时糖量浓度最小分度值为 0.5%，可估读至 0.25%。该仪器的构造如图 10-3。

2. 实验试剂　蒸馏水

3. 实验材料　苹果，梨，葡萄，番茄

【实验步骤】

1. 零点校正 打开手持式折光仪盖板，在棱镜玻璃面上滴2滴蒸馏水，盖上盖板，检查视野中明暗交界线是否处在刻度的零线上。若与零线不重合，则旋动刻度调节螺旋，使分界线面刚好落在零线上。

2. 测量 打开盖板，用吸水卷纸将棱镜表面的蒸馏水擦干，然后如上法在棱镜玻璃面上滴2滴待测果蔬汁液，进行观测，读取视野中明暗交界线上的刻度，即为果实中可溶性固形物的含量（%）。重复三次。

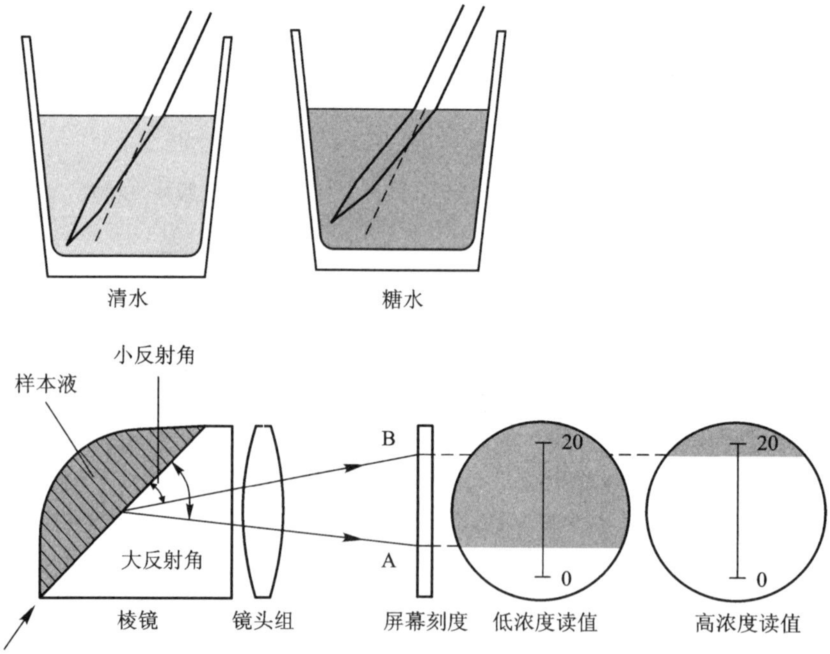

图10-2 不同浓度糖水折光原理

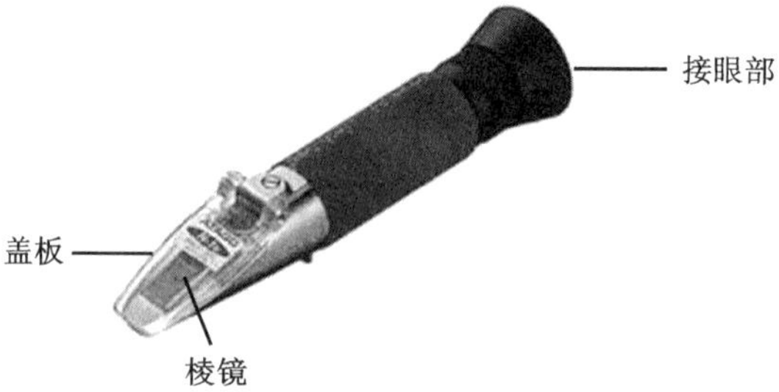

图10-3 手持式折光仪构造示意图

【注意事项】

1. 折光仪要防潮湿，尽量避免用水龙头直接冲洗，可用小流量水洗涤，之后，应该即刻擦干，避免水汽浸入光路系统导致视野不清、读数不准。

2. 镜面防划伤，勿用玻璃棒，金属匙直接搅拌镜面上的样品。

3. 防止异常高温，避免棱镜结合部脱胶。

4. 防止测定腐蚀性样品。

5. 防止跌落地下和经受冲击。

6. 若果汁中存在固体果肉，要用4层纱布滤除，因为折光仪上不能反映出悬浮的固体粒子的折射率。

7. 测定应在同一温度下进行，最好在20～25℃，温度不同会造成测定结果不准确。

【实验作业】

表10-1 实验结果记录表

果蔬种类	总可溶性固形物含量 /%			平均读数 /%
	读数1	读数2	读数3	

参考文献

[1] 刘兴华，陈维信.果品蔬菜贮藏运销学.北京：中国农业出版社，2002.

[2] 中华人民共和国农业行业标准NY/T 2637–2014.水果、蔬菜制品可溶性固形物含量的测定——折射仪法.

（华东师范大学 王奕文 许玲）

实验10-3 果蔬含酸量的测定

【实验目的】

掌握酸碱中和滴定法测定水果蔬菜中的含酸量，熟悉实验原理及计算方法。

【实验原理】

果蔬中含有苹果酸、柠檬酸、酒石酸和草酸等各种有机酸，因果蔬种类不同，有机酸的种类和含量也不相同。果蔬含酸量测定是根据酸碱中和原理，用已知浓度的氢氧化钠溶液滴定果蔬组织的抽提液，所测出的酸量又称为总酸或可滴定酸。计算时以该果蔬所含的主要的酸来表示，如苹果、梨、桃、杏、李、番茄、莴苣主要含苹果酸，以苹果酸计算，其折算系数为134；柑橘类以柠檬酸计算，其折算系数为192；葡萄以酒石酸计算，其折算系数为150（表10–2）。

【器材与试剂】

1. 实验仪器 50 mL或10 mL滴定管，250 mL容量瓶，20 mL移液管，100 mL烧杯，研钵，分析天平，漏斗，棉花或新华滤纸，小刀，白瓷板，滴定管，水浴锅

2. 实验试剂 0.1 mol/L NaOH溶液（称取4 g溶于1 000 mL水中，需用标准酸标定），1%酚酞指示剂（1 g酚酞溶解在100 mL 80%～90%的乙醇中）

3. 实验材料 苹果，葡萄，橘子

【实验步骤】

剔除试样的非可食部分，用四分法分取可食部分25 g切碎混匀，置研钵中研碎，用100 mL水洗入250 mL容量瓶，置75～80℃水浴上加热30 min，期间摇动数次，取出冷却，加水至刻度，摇匀过滤；吸取滤液20 mL放入烧杯中，加酚酞指示剂2滴，用0.1 mol/L NaOH滴定，直至成淡红色30 s内不退色为终点。记下NaOH液用量。重复滴定三次，取其平均值。将结果记于表10–3中。

$$含酸量 = \frac{V_A \times c \times 折算系数}{V_B} \times \frac{V_T}{m} \times 100\%$$

式中：V_A为滴定用去NaOH体积（mL）；

C为标准NaOH浓度（mol/L）；

m为样品鲜重（g），25 g；

V_T为样品提取液总体积（mL），250 mL；

V_B为滴定时用的提取液体积（mL），20 mL；

折算系数：根据果蔬中主要含酸种类选用折算系数计算（表10–2），代入公式计算，如苹果或番茄可用134。

表10–2 几种酸的折算系数

果蔬种类	酸的名称	折算系数
仁果类、核果类水果	苹果酸	134
柑橘类、浆果类水果	柠檬酸	192
葡萄	酒石酸	150
菠菜	草酸	90
盐渍、发酵制品	乳酸	90
醋渍制品	乙酸	60

【注意事项】

有些果蔬样液滴定至接近终点时出现黄褐色，这时可加入样液体积的1～2倍热水稀释，加入酚酞指示剂0.5～1 mL，再继续滴定，使酚酞变色易于观察。

【实验作业】

1. 将测定数据填入表 10-3。
2. 含酸量测定过程中，应该注意什么问题？

表 10-3 结果记录

样品名称	NaOH 用量平均值 /mL	折算系数	含酸量 /%
苹果			
橘子			
葡萄			

参考文献

[1] 赵丽芹 . 园艺产品贮藏加工学 . 北京：中国轻工业出版社，2001：6.
[2] 郭淑贤 . 果蔬糖、酸的测定 . 青海农林科技，1980（4）：36-40.

（华东师范大学 马腾飞 许玲）

实验 10-4 果蔬维生素 C 含量的测定

【实验目的】

维生素 C（vitamin C，V_c）又称为抗坏血酸（ascorbic acid）。利用 2,6- 二氯靛酚滴定法测定水果蔬菜中的维生素 C 含量，掌握测定原理和计算方法。

【实验原理】

染料 2,6- 二氯靛酚的颜色反应表现两种特性，一是取决于其氧化还原状态，氧化态为深蓝色，还原态变为无色；二是受其介质的酸度影响，在碱性溶液中呈深蓝色，在酸性介质中呈浅红色。用蓝色的碱性染料标准溶液，对含维生素 C 的酸性浸出液进行氧化还原滴定，染料被还原为无色，当到达滴定终点时，多余的染料在酸性介质中则表现为浅红色，由染料用量计算样品中还原型抗坏血酸的含量。

【器材与试剂】

1. 实验仪器　分析天平，100 mL 和 250 mL 容量瓶，100 mL 烧杯或三角瓶，微量滴定管，研钵，漏斗，12.5 mm 定性滤纸

2. 实验试剂　0.2 mg/mL 标准 V_c 溶液（精确称取 10 mg V_c，用 20 g/L 草酸定容到 50 mL 容量瓶中），2,6- 二氯靛酚溶液标定［称 50 mg 的 2,6- 二氯靛酚钠盐，溶于 50 mL 热水中，冷却后用蒸馏水定容至 250 mL 容量瓶中。过滤后置于棕色药瓶中保存在冰箱内。

同时用刚配好的 V_c 标准液标定，记录每毫升相当于 V_c 的毫克数（mg/mL）]，20 g/L 草酸溶液（称取 20 g 草酸溶于 1 000 mL 蒸馏水中，试剂瓶保存备用）

3. 实验材料 葡萄、番茄、辣椒、莴苣

【实验步骤】

1. 标准 V_c 溶液的标定 吸取标准 V_c 溶液 2 mL，加 5 mL 20 g/L 草酸，以 2,6- 二氯靛酚染料滴定至桃红色且 15 s 内不退色即为终点。根据已知标准抗坏血酸溶液和染料的用量，计算出每 1 mL 染料溶液相当的 V_c–mg 数。

2. 样品液的准备及测定 称取切碎的果蔬样品 10.0 g，放入研钵中加少许 20 g/L 草酸研碎，用漏斗移入 100 mL 容量瓶中，用 20 g/L 草酸定容至刻度，过滤备用。

吸取溶液 10 mL 于小烧杯中，用标定过的 2,6- 二氯靛酚钠溶液滴定至桃红色 15 s 不退色为止，记下染料的用量，重复三遍。

3. 维生素 C 含量计算。

$$W=\frac{(V_0-V_1)\times A}{B}\times\frac{b}{a}\times 100$$

式中：W 为 100 g 鲜样品含抗坏血酸的毫克数；

V_0 为滴定样品所用的染料毫升数；

V_1 为空白样品所用的染料毫升数；

A 为 1 mL 染料溶液样相当于维生素 C 的毫克数（mg/mL）；

B 为滴定时吸取样液毫升数（10 mL）；

a 为取样量即样品克数（g）；

b 为样品液稀释后总毫升数（mL）。

【注意事项】

受到损伤的果蔬组织维生素 C 易受到其体内抗坏血酸氧化酶的破坏，因此，维生素 C 的测定应采用新鲜样品并尽快用 20 g/L 草酸溶液制成匀浆以保存果蔬中的维生素 C。

【实验作业】

比较不同水果蔬菜样品中的维生素 C 含量，列举其中含量较高的种类。

参考文献

秦永惠，逯凯霄，魏继华，等 . 2,6- 二氯靛酚动力学分光光度法测定西红柿及草莓中的抗坏血酸 . 分析化学，1996，24（10）：1156–1158.

（华东师范大学 许振 许玲）

实验 10-5 果蔬乙烯释放量的测定（气相色谱法）

乙烯（ethylene）作为植物的气态激素，在果蔬采后成熟与衰老中起着极其重要的生理调节作用。特别是呼吸跃变型果蔬在贮运中乙烯释放高峰的出现预示着进入了采后生理衰老阶段。另外果蔬采后乙烯释放量的异常升高也可以作为病原微生物早期侵染和逆境胁迫的预警信号物质。

【实验目的】

了解气相色谱（gas chromatography，GC）仪的基本构造与分析原理，掌握使用 GC 测定贮藏过程中果蔬释放乙烯的基本方法。

【实验原理】

利用气相色谱仪灵敏度高，便捷高效等特点，可对果实贮藏过程中挥发性气体进行定性和定量分析。依据待测样品进入气相色谱仪的检测顺序，可将色谱仪的基本构造分为气路系统（载气）、进样系统（进样口）、气化系统（汽化室）、分离系统（分离柱）、检测系统（检测器）和数据处理（色谱工作站）六大系统。色谱仪中的分离系统是仪器的心脏系统，气相色谱分析是以含有乙烯的待测物质在固定相（担体和载体）与流动相（N_2 或 H_2）间吸附和分配能力不同，依照吸附能力大小顺序依次被分离，并进入检测系统得到检测，不同成分产生不同的出峰时间（保留时间），在工作站屏幕上就呈现色谱图。采用外标法根据出峰时间进行定性和半定量分析，以样品出峰的面积大小换算待测物质的含量。

【器材与试剂】

1. 实验仪器　5 000 ~ 8 000 mL 真空干燥器数只，橡胶塞，1 mL 气体进样器（也可用医用注射器），气相色谱仪 GC9800（分离柱 GDX502，FID 检测器，HL3000 色谱工作站；氮气钢瓶、氢气和空气发生器）

2. 实验试剂　标准乙烯气体（从纯气体钢瓶中用排水取气法取气），凡士林

3. 实验材料　番茄、柑橘、草莓

【实验步骤】

1. 待测果蔬样品的处理　将待测样品放入已知体积的真空干燥器中，盖好涂布凡士林的盖子，用橡胶塞密封盖口（图 10-4）。将真空干燥器置于室温下密封 1 h（密封时间可以根据样品的量或产乙烯的多少延长或缩短），取气测定。

图 10-4　真空干燥器与橡胶塞

2. 开启气相色谱仪　打开氮气钢瓶气压阀门，将压力调整为 5 kg/cm^2，然后打开仪器上的 N_2 阀，将柱前压调至 0.1 Mpa；打开气相色谱仪电源，开启工作站，设定柱箱温度 80 ℃，气化室 100 ℃，FID 检测器 100 ℃，待温度恒定后，打开氢气发生器和空气发生器，并开启 GC 上的氢气和空气阀门，点火后，将氢气输出压力稳定于 0.3 MPa，

空气输出压力稳定于0.4 MPa。待基线稳定后即可正式测定。参照工作站使用手册，在工作站中设定标准乙烯的出峰时间、采样时间、组分名称和标准浓度（即所测标准气体的浓度），计算出校正因子，以峰面积与浓度关系制作标准曲线，建立检测模板并保存。

3. 样品检测　用气体进样器抽取密封果蔬样品真空干燥器中的气体 1 mL 迅速注入色谱柱，待样品峰全部出完后，再检测下一个样品。重复 3 次（图 10–5）。

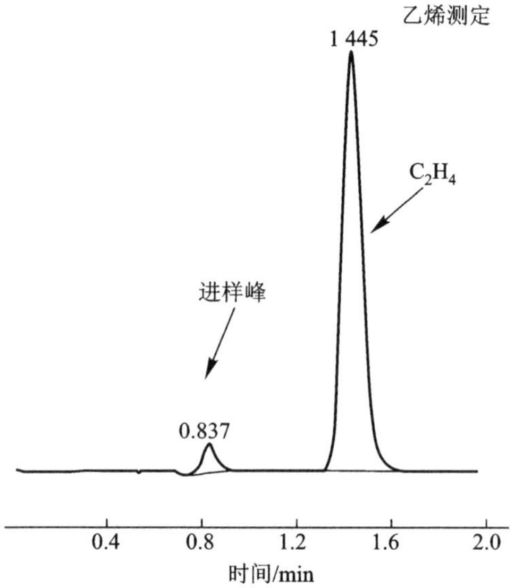

图 10–5　乙烯出峰时间与峰面积

4. 计算乙烯释放速率：

$$乙烯释放速率\ \mu L/（h \cdot kg）= \frac{E \times（V_1 - V_2）}{t \times W}$$

式中：E 为工作站显示的乙烯浓度值；

V_1 为真空干燥器容积（mL）；

V_2 为贮藏果蔬体积，经排水法测定（mL）；

t 为密封时间（h）；

W 为样品质量（kg）。

【注意事项】

1. 选择真空干燥器时应注意容积大小与贮存果蔬体积相适应，以果蔬存放不贴壁，不挤压为原则，尽量选择较小的干燥器，此时样品气体检测浓度可近似为干燥器内浓度。

2. 气相色谱仪的检测基线不稳定，需要注意更换进样口橡皮塞，或检查注入分离柱中的气体是否完全流出。由于真空干燥器内气体组分复杂，基线也会受到其他组分影响而发生波动，影响检测结果，在检测过程中应经常对色谱柱进行加温老化。

3. 关机时应注意，先关掉氢气和空气发生器电源，接下来关闭检测器，然后关主机电源，最后关闭 N_2 阀门。

【实验作业】

1. 为何测量乙烯时使用 GDX502 柱、FID 检测器?
2. 色谱仪如果长期使用，基线会不平稳，是什么原因造成的？怎样排除？

参考文献

[1] 刘志勇，沈春章，董元彦．气相色谱法速测油菜中的乙烯释放量．化学与生物工程，2006，23（2）：55-56.

[2] 张望舒，郑金土，汪国云，等．不同成熟度杨梅果实采后呼吸速率、乙烯释放速率和品质的变化．植物生理和分子生物学学报，2005，31（4）：417-424.

（华东师范大学　刘毅　刘岩　许玲）

实验 10-6　果蔬 ACC 含量的测定

1- 氨基环丙烷 -1- 羧酸（1-aminocyclopropane-1-carboxylic acid，ACC）是植物合成乙烯的直接前体，测定 ACC 含量，可以了解果蔬乙烯生成的特性，同时也可间接地了解环境因素对 ACC 氧化酶活性的影响。

【实验目的】

掌握 NaClO 转化法测定植物组织中 ACC 含量的基本原理及方法。

【实验原理】

ACC 是一种非蛋白类氨基酸，在低温和 Hg^{2+} 存在下，NaClO 能氧化 ACC 产生乙烯。如图 10-6 所示，所释放的乙烯可用气相色谱仪测定，根据乙烯产量计算出 ACC 的含量。

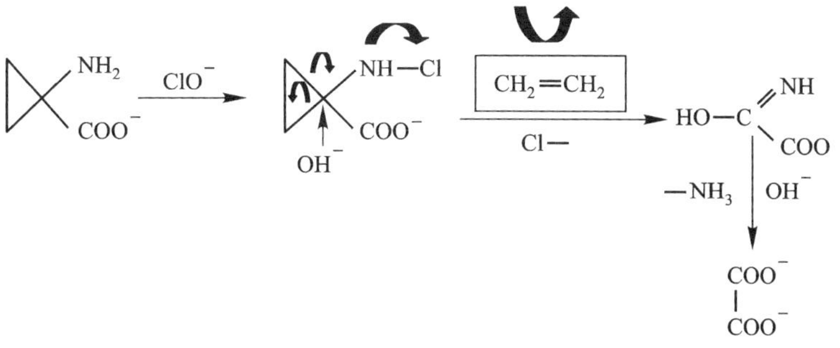

图 10-6　ACC 转化为乙烯的反应

【器材与试剂】

1. 实验仪器 气相色谱仪 GC9800，离心机，真空泵，真空恒温箱，万分之一分析天平，托盘天平；10 mL 试管（各试管误差不超过 0.20 mL）及配套的反口橡胶塞，研钵，刀片，容量瓶，干燥管，微量进样器，注射器

2. 实验试剂 NaClO–NaOH 混合溶液（将 50 g/L NaClO 与饱和 NaOH 溶液以 2∶1（体积比）比例混合均匀后置于冰箱中冷却备用，现配现用），25 mmol/L $HgCl_2$ 溶液（称取 67.874 mg $HgCl_2$ 溶于 100 mL 蒸馏水中，配制时需加热或加 1 滴 2 mol/L 的 HCl 溶解后定容），95% 乙醇，氯仿，标准 0.1 mmol/L ACC 溶液［用分析天平准确称取 0.101 mg 纯 ACC（Sigma），定容在 10 mL 容量瓶中］

3. 实验材料 番茄果实

【实验步骤】

1. 样品制备 称取待测样品 5 g，放入研钵中，加 95% 乙醇 10 mL 研磨成浆状；置离心管内，于 10 000 r/min 离心机离心 20 min（或 4 000 r/min 离心 30 min）；将上清液倒入带盖的粗离心管中，放入 40℃恒温真空干燥箱中使乙醇挥发（真空度为 700 mmHg）；浓缩至干，加入 1 mL 氯仿，在漩涡仪上振动 30 s 溶解色素；加入 5 mL 蒸馏水再振动 1 min，使管壁上的物质全部与蒸馏水混合；置于冰箱中过夜，使水相与氯仿分层；去除氯仿层，以水相作为 ACC 的待测样品。

2. 样品 ACC 乙烯释放量的测定 吸取样液 500 μL，注入 10 mL 试管；加入 40 μL $HgCl_2$ 溶液和 460 μL 蒸馏水，用橡胶塞密封试管；样品置于冰浴中预冷 5 ~ 10 min，注入 100 μL 预冷的 NaClO–NaOH 混合溶液；振荡 5 min，2 ~ 3 min 后再振荡一次；取 1 mL 气样注入气相色谱仪中，检测出气样的乙烯浓度 E_1（方法参考本章 10–5）。以同样的方法吸取 0.1 mmol/L 的标准 ACC 溶液 500 μL，注入 10 mL 试管中，测定出标准 ACC 溶液乙烯的浓度 E_2。

3. 计算待测样品中的 ACC 含量：

$$\text{ACC 含量（nmol/g 鲜重）} = \frac{E_1 \times C \times V}{E_2 \times W} \times 10$$

式中：E_1 为样品 ACC 提取液转化为乙烯的浓度；

E_2 为标准 ACC 溶液转化为乙烯的浓度；

C 为标准 ACC 溶液的浓度（0.1 mmol/mL）；

V 为标准 ACC 溶液的取样量（500 μL）；

W 为样品的取样量（5 g）。

【实验作业】

在植物体中 ACC 除了转变为乙烯外，还能和丙二酸结合形成 1–（丙二酰基）– 环丙烷羧酸（MACC），且 MACC 的形成是调节植物体中乙烯产生的重要步骤之一。请查阅文献，设计一个能分别测定分析植物组织中 ACC 和 MACC 含量的实验方案。

参考文献

[1] Lizada M C C, Yang S F. A simple and sensitive assay for 1-aminocyclopropane-1-carboxylic acid. Anal Biochem, 1979, 100: 140-145.

[2] 董建国，李振国. 乙烯生物合成中间体——1- 氨基环丙烷 -1- 羧酸及其丙二酸结合物的测定. 植物生理学通讯，1983（6）：46-48.

（华东师范大学 朱品宽 许玲）

实验 10-7 气相色谱法测定果蔬中的乙醇含量

乙醇是植物无氧呼吸代谢的产物，果蔬衰老或发生病变时常常伴随着乙醇的积累，检测采后果蔬中乙醇含量可以反映果蔬生理成熟与衰老的程度。

【实验目的】

掌握利用气相色谱仪定量测定贮藏过程中果蔬发酵产生乙醇的方法。

【实验原理】

乙醇易溶于水且与水沸点不同，通过蒸馏可将乙醇从溶液中分离，利用气相色谱仪可对其进行快速定性和定量检测。使用气相色谱仪检测果蔬中乙醇含量，相对于传统滴定的方法更为准确、快速和便捷。

【器材与试剂】

1. 实验仪器 研钵，500 mL 烧杯，100 mL 容量瓶，煤气灯，蒸馏装置（图 10-7），

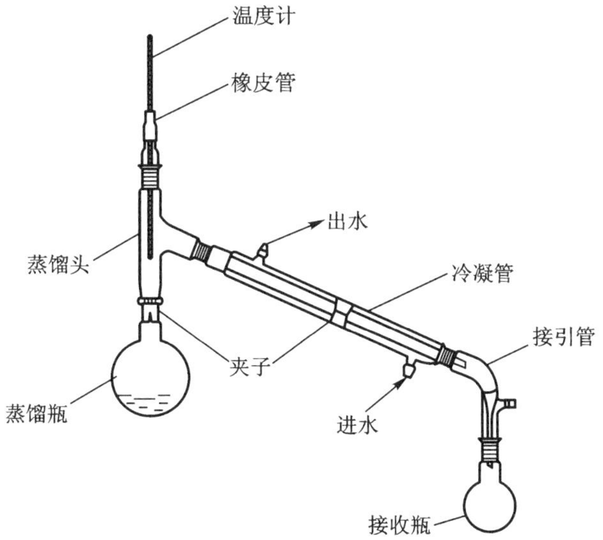

图 10-7 蒸馏装置麦禄根

气相色谱仪 GC9800（分离柱 GDX-502，FID 检测器，HL3000 色谱工作站；氮气钢瓶、氢气和空气发生器），1 μL 微量进样器

2. 实验试剂 色谱纯乙醇，蒸馏水

3. 实验材料 葡萄，甜瓜

【实验步骤】

1. 样品中乙醇的提取 称取待测果蔬样品 10 g 在研钵中研碎，用 200 mL 蒸馏水洗入 500 mL 烧瓶中，80℃蒸馏，接收瓶用冰水冷却，待液面不再升高后转入 100 mL 容量瓶中，蒸馏水定容，盖上瓶塞，混合均匀备用。

2. 制作乙醇浓度标准曲线 配制色谱纯乙醇百分浓度的梯度溶液（0、0.5%、1.0%、1.5%、2.0%、2.5%），设定气相色谱仪柱温为 120℃，汽化室温度为 150℃，FID 检测器温度为 150℃。开机运行 0.5 h 待基线平整后，吸取 1 μL 乙醇溶液注入连接 GDX-502 色谱柱的进样口，由氢火焰 FID 检测器检测，乙醇保留时间为 9.067 min。绘出标准曲线。

3. 样品乙醇含量检测与计算 吸取 1 μL 待测蒸馏液，注入连接 GDX-502 色谱柱的进样口，由氢火焰 FID 检测器检测，记录检出峰面积数据，根据标准曲线图查出相应浓度。

果蔬中乙醇含量的计算公式为：

$$\text{乙醇含量（mL/g 鲜重）} = \frac{E \times V}{W}$$

式中：E 为样品浸出液乙醇浓度；

V 为样品浸出液体积（mL）；

W 为样品质量（g）。

【注意事项】

1. 乙醇含量较少的果实可适当增加样品取样量。
2. 液体进样量不得超过 1 μL。
3. 在配制乙醇溶液时浓度不要超过 10%，过大将超出仪器检测范围。

【实验作业】

任意选取并比较 2 种果实间乙醇含量的差异。

参考文献

麦禄根．有机化学实验．上海：华东师范大学出版社，2001：44-49.

（华东师范大学 刘岩 许玲）

实验 10-8 果蔬二氧化碳释放速率的测定（气相色谱法）

二氧化碳（CO_2）是果蔬呼吸代谢的产物，其释放速率可用于评价果蔬的呼吸强度和估计果蔬的贮藏能力。呼吸强度增高，表明消耗呼吸底物（糖类、蛋白质、脂肪、有机

酸）的速率加快，则贮藏寿命不会太长，反之亦然。

【实验目的】

通过气相色谱法测定果蔬的 CO_2 释放速率。

【实验原理】

气相色谱－热导检测器或 GC–TCD 是一种用于分析无机气体以及小烃分子的技术。TCD（热导池检测器）能比较纯载气（参考）和样本两种气流的导热性。检测器周围气体的导热性会影响到检测器内电热丝的温度变化。这种导热性的变化可体现为电阻变化而被测量出来。

【器材与试剂】

1. 实验仪器　5 000 ~ 8 000 mL 真空干燥器去掉原有的“数”，橡胶塞，1 mL 气体进样器（也可用医用注射器），气相色谱仪 GC9800（HL3000 色谱工作站；分离柱 TDX–01，TCD 检测器，载气为氢气，载气的流速为 0.1 Mpa，柱箱温度 80℃，气化室温度 100℃，检测器温度 100℃，桥流 115 mA）。

2. 实验材料　新鲜的果蔬

【实验步骤】

1. 开启气相色谱仪　开机过程与实验 10–5 相同，在其基础上打开 TCD 恒流源开关，桥电流选择 115 mA，信号衰减为 1，基线稳定后即可进样。参照 HL3000 工作站使用手册，在工作站中设定标准 CO_2 的出峰时间、采样时间、组分名称和标准浓度（即所测标准气体的浓度，见图 10–5），计算出校正因子，以峰面积与浓度关系制作标准曲线，建立检测模板并保存。

2. 样品检测　将待测果蔬样品称重后放入已知体积的真空干燥器中，盖好涂布凡士林的盖子，用橡胶塞密封盖口（见图 10–4），随即用气体进样器抽取真空干燥器中的气体 1 mL 迅速注入色谱柱，检测气样中 CO_2 的初始浓度。

然后将真空干燥器置于室温下密封 1 h（密封时间可以根据样品的量或产乙烯的多少延长或缩短），取气样再次测定 CO_2 的浓度。

每次测定需待上一次样品峰全部出完后，再检测下一个样品，每样重复测定 3 次。

3. 计算二氧化碳的释放速率：

$$CO_2\text{释放速率}\left[\mu L/(h\cdot kg)\right]=\frac{(E_1-E_0)\times(V_1-V_2)}{T\times W}$$

式中：E_0 为样品密封于干燥器中初始的 CO_2 浓度值；

E_1 为样品于干燥器中密封 1 h（或其他指定的时间）后的 CO_2 浓度值；

V_1 为真空干燥器容积（mL）；

V_2 为贮藏果蔬体积，经排水法测定（mL）；

T 为密封时间（h）；

W 为样品质量（kg）。

【实验作业】

对同一种果实，比较不同密封时间检测到的 CO_2 释放速率的变化规律，并加以解释。

参考文献

[1] Liu Y，Xu Z，Zhu P K，et al. Postharvest black spot disease in broccoli caused by *Alternaria brassicicola*. Ann Rept Kansai PI. Prot，2009，51：11–15.

[2] Wang Y W，Xu Z，Zhu P K，et al. Postharvest biological control of melon（*Cucumis melo* L.）pathogens using *Bacillus subtilis* EXWB1. Journal of Plant Pathology，2010，92（3）：571–578.

（华东师范大学 朱品宽 王奕文）

第二部分 综合性实验及其设计、分析与教学

一般来说，现有的植物生理学实验教学内容中以验证理论、掌握基本实验技能为主的基础性实验较多，而以培养学生的综合能力、创新能力为目的的综合性和设计性实验在教材中反映较少，围绕此目标，这些年多个高校在实验教学内容、教学体系改革等方面进行了一些积极探索，在此列出编者所在高校在近几年的实验课教学中的几个成熟的综合性大实验。这些实验多是来自教师在科研工作中建立的稳定的实验体系，而后转化成为本科生的综合性、设计性实验教学内容，并经过几年的教学实践，得到了很好的效果。同时也提供了目前科研中常用于特定蛋白质检测以及分析蛋白质互作的集多种技术于一体的实验技术。

实验1 植物在渗透胁迫条件下形态、生理和基因表达方面的适应性变化

【实验目的】

学会从多层面多角度研究和分析植物应对环境变化的生物学问题。

【实验原理】

植物在胁迫条件下会表现出形态、色素、膜透性和生理生化的变化，以及特异性胁迫蛋白的表达增强，本综合性实验从植物材料的种植、材料的生长管理、到后期胁迫处理，并从上述几个方面研究渗透胁迫条件下植物的生物学变化。

【器材与试剂】

1. 实验仪器　种植拟南芥的塑料盆钵，其他参见第三章叶绿素含量的测定、第八章高温和低温对植物的伤害、渗透胁迫与脯氨酸的积累、第五章可溶性总糖类的测定、第九章植物 DNA 的提取、RNA 的提取、反转录、PCR。

2. 实验试剂　所用到的两对基因的引物要提前合成，它们的序列是：

ACTIN-F：5′-TGGCATCA（T/C）ACTTTCTACAA-3′；

ACTIN-R：5′-CCACCACT（G/A/T）AGCACAATGTT-3′；

RD29-F：5′-CATCATGAGAATGGTGCGAC-3′；

RD29-R：5′-TCAGGAGACTCATCAGTCAC-3′。

其他试剂参见第三章叶绿素含量的测定、第八章高温和低温对植物的伤害、渗透胁迫与脯氨酸的积累、第五章可溶性总糖类的测定、第九章植物 DNA 的提取、RNA 的提取、反转录、PCR。

3. 实验材料　Col 背景的拟南芥种子

【实验步骤】

一、植物材料的种植、管理和处理

拟南芥种子在有水条件下 4℃冰箱中预处理 3 天，之后用牙签点种于土中（最好是蛭石：黑土：珍珠岩 =7：2：1）。在正式实验前一个月开始种植于盆钵中，室温 22～25℃长日照培养，期间要加强管理。在植物生长 20～25 天时，把其中一组植物用 0.3 mol/L 的甘露醇喷施叶片 3～5 天，另一组用同样量的水喷施作为对照。

二、胁迫条件下的生物学变化指标测定

1. 形态学观察　仔细观察处理组与对照组的叶型、叶色并记录描述。

2. 膜透性的变化　用电导仪测定处理组与对照组的叶片的电导率，分析说明原因。

3. 可溶性糖含量的变化　测定处理组与对照组的叶片中可溶性糖含量，分析说明原因。

4. 色素含量的变化　测定处理组与对照组的叶片中叶绿素含量和花青素含量，分析说明原因。

5. 脯氨酸含量的变化　测定处理组与对照组的叶片中脯氨酸含量，分析说明原因。

6. 渗透胁迫时植物中胁迫蛋白 Rd29A 的表达测定（RT-PCR 方法）

① 取 2～3 棵植物顶端组织或幼叶，提取其中 RNA（参考第九章），电泳检测。

② RNA 样品中 DNA 的去除（这一步在本实验条件下可以省略）。

③ 根据反转录试剂盒说明进行反转录。

④ RT-PCR：以第一链 cDNA 为模板，PCR 扩增 *actin* 基因和 Rd29A。反应体系和 PCR 条件如下表：

表 1 PCR 反应体系和条件

RT-PCR 反应体系		PCR 条件	
试剂	用量	步骤	条件
模板（拟南芥 cDNA）	1 μL	1	94℃，3 min
引物 F（5 μmol/L）	2 μL	2	94℃，30 s
引物 R（5 μmol/L）	2 μL	3	53℃，30 s
2.5 mmol/L dNTP	2 μL	4	72℃，45 s
10 倍缓冲液	2 μL	5	回到步骤 2，循环 25 次
TaqE	0.25 μL	6	72℃，10 min
$MgCl_2$	2 μL	7	结束
ddH_2O	8.75 μL		
总计：	20 μL		

⑤ 琼脂糖凝胶电泳检测 RT-PCR 结果：以扩增的 *actin* 基因作为电泳上样量一致的标样，比较渗透胁迫与对照 *RD*29 基因的表达差异。或直接以相应软件（如 ImageJ）分析 *actin* 基因和 Rd29A 的 PCR 结果的亮度，计算出 Rd29A/*actin* 的比值，比较胁迫和对照二者的差异，并分析结果。

【注意事项】

1. 在 PCR 及 PCR 结果电泳检测过程需等待很长时间，可同时安排渗透胁迫下脯氨酸含量等生理指标的测定。

2. RT-PCR 过程如果中途需要终止，最好反转录之后，置于 -20℃条件保存，反转录产物不能放置时间过长。

【实验作业】

分析渗透胁迫条件下植物适应性的变化。

参考文献

[1] 李小方，张晓玲，孙越. 植物生理学实验课教学改革初探. 植物生理学通讯，2006，(42) 5：937-938.

[2] Narusaka Y，et al. Interaction between two cis-acting elements，ABRE and DRE，in ABA-dependent expression of *Arabidopsis* rd29A gene in response to dehydration and high-salinity stresses. Plant J，2003，34：137-148.

（华东师范大学 李小方）

实验2 热激诱导的玉米幼苗耐热性观察及其可能的生理生化机制

【实验背景】

高温是限制粮食生产的主要胁迫因子之一，高温胁迫往往导致氧化胁迫，表现出超氧阴离子自由基（·O_2^-）、过氧化氢（H_2O_2）、羟自由基（·OH）等活性氧（ROS）的积累，最终导致生物膜的过氧化作用，蛋白质结构的破坏和DNA的损伤。然而，植物体内ROS的产生被由过氧化氢酶（CAT）、超氧化物歧化酶（SOD）、谷胱甘肽还原酶（GR）、抗坏血酸过氧化物酶（APX）和过氧化物酶（GPX）等组成的抗氧化酶系统以及由抗坏血酸（ASA）和谷胱甘肽（GSH）等抗氧化剂组成的非酶系统的精密调控，致使植物体内ROS保持在植物可以忍耐的生理水平。所以逆境胁迫过程中抗氧化酶系统和非酶系统的维持是植物抵抗不良环境的重要生理基础之一。

【实验目的】

在观察热激提高玉米幼苗耐热性的基础上，进一步探讨热激诱导玉米幼苗耐热性形成的可能的生理生化应激机制。

【器材与试剂】

1. 实验仪器　光照培养箱，电子天平，白瓷盘，分光光度计，比色皿，水浴锅，试管等

2. 实验试剂　酶提取液（50 mmol/L pH 7.0 Tris-HCl缓冲液，1 mmol/L EDTA，1 mmol/L，5 mmol/L $MgCl_2$），GPX反应混合液（50 mmol/L Tris-HCl缓冲液，pH 7.0，内含0.1 mmol/L EDTA，10 mmol/L愈创木酚，5 mmol/L H_2O_2），CAT反应混合液（50 mmol/L Tris-HCl缓冲液，pH 7.0，内含0.1 mmol/L EDTA），SOD反应混合液（50 mmol/L Tris-HCl缓冲液，pH 7.8，内含0.1 mmol/L EDTA，0.1 mmol/L NBT，13.37 mmol/L蛋氨酸），APX反应混合液（50 mmol/L Tris-HCl缓冲液，pH 7.0，内含0.1 mmol/L EDTA，0.1 mmol/L H_2O_2），GR反应混合液（50 mmol/L Tris-HCl缓冲液，pH 7.5，内含0.1 mmol/L EDTA，5 mmol/L $MgCl_2$），抗氧化剂提取液（50 g/L磺基水杨酸）以及谷胱甘肽还原酶（GR）

3. 实验材料　玉米或其他幼苗

【实验步骤】

1. 植物材料的培养　挑选饱满的玉米（*Zea mays*）品种晴3和鲁玉13的种子，以1 g/L $HgCl_2$消毒10 min后，漂洗干净，于26.5℃下吸涨12 h，播于垫有6层湿润滤纸的带盖白瓷盘（24 cm × 16 cm）中，于26.5℃下黑暗中萌发60 h。选取长势一致的玉米幼苗进行以下处理。

2. 热激和热胁迫　上述玉米幼苗转入42℃的培养箱中进行热激（heat shock，HS）处理4 h，热激结束后于26.5℃下恢复培养4 h，非热激（non-HS）的对照组玉米幼苗始终培养在26.5℃的培养箱中，最后热激和非热激的玉米幼苗同时转入47℃或48℃高温下处理17 h。处理过的玉米幼苗取出后，于26.5℃、12 h光照的植物生长箱中恢复培养8 d，然后计算存活率。以在恢复期间能够恢复生长并转绿的玉米幼苗视为存活的幼苗。

3. 抗氧化酶的测定 分别称取热激 0 h（热激前）、热激并恢复 4 h、48℃高温处理 17 h 的黄化玉米幼苗 0.5 g，加入预冷的提取液 3 mL 和少许石英砂，充分冰浴研磨后，转入离心管中，再用 2 mL 提取液洗研钵，合并提取液并于 4℃下 10 000 × g 离心 20 min，将上清液分装，液氮冷冻后于 –85℃保存或直接进行酶活性分析。

（1）GPX 活性的测定：取反应混合液 2.950 mL，立即加入酶液 50 μL 以启动反应，终体积为 3 mL，每隔 30 s 读出 OD_{470} 的增加值。取 0.5 ~ 3.5 min 时间段，即 3 min 反应时间来计算酶活性。

（2）CAT 活性的测定：取反应混合液 2.900 mL，加入酶液 50 μL，封口并于 25℃下水浴中预热 5 min，到时加入 750 mmol/L H_2O_2 50 μL（终浓度为 12.5 mmol/L）以启动反应，终体积为 3 mL，每隔 30 s 读出 OD_{240} 的减少值。取 0.5 ~ 3.5 min 时间段，即 3 min 反应时间来计算酶活性。

（3）SOD 活性的测定：取反应混合液 2.85 mL（最大光还原管为 3 mL，不加酶液），加入酶液 50 μL，再加入 0.1 mmol/L 核黄素溶液（用内含 0.1 mmol/L EDTA 的 pH 为 7.8 的 50 mmol/L Tris–HCl 缓冲液配制）100 μL，终体积为 3 mL，于 25℃的光照培养箱中，约 2 000 lx ≌ 40 μmol/（M^2 · s）进行光化还原反应 40 min，到时用黑布蒙住，在无灯光照射的室内快速测定 OD_{560}。

（4）APX 活性的测定：取反应混合液 2.900 mL，加入酶液 50 μL，摇匀并调零，封口并于 25℃下水浴中预热 5 min，到时加入 30 mmol/L ASA 50 μL（终浓度为 0.5 mmol/L）以启动反应，终体积为 3 mL，每隔 10 s 读出 OD_{290} 的减少值。取 0 ~ 60 s 时间段，即 50 s 反应时间来计算酶活性。

（5）GR 活性的测定：取反应混合液 780 μL，加入酶液 150 μL、10 mmol/L NADPH 20 μL（终浓度为 0.2 mmol/L）及 10 mmol/L GSSG 50 μL（终浓度为 0.5 mmol/L）以启动反应，终体积为 1 mL，每隔 30 s 读出 OD_{340} 的减少值。取 0.5 ~ 3.5 min 时间段，即 3 min 反应时间来计算酶活性。

4. 抗氧化剂的测定 分别称取热激 0 h（热激前）、热激并恢复 4 h、48℃高温处理 17 h 的黄化玉米幼苗 0.5 g，加入预冷的 50 g/L 磺基水杨酸 2.5 mL 和少许石英砂，充分冰浴研磨后，转入离心管中，于 4℃下 10 000 × g 离心 20 min，将上清液分装，液氮冷冻后于 –85℃保存或直接进行抗氧化剂分析。

（1）ASA 的测定：取 100 μL 上清液，加入 24 μL 1.84 mol/L 三乙醇胺以中和样液，加入 250 mL 50 mmol/L 磷酸缓冲液，pH 7.5，内含 2.5 mmol/L EDTA，混匀，此时分别加入 100 g/L TCA，44% 磷酸，40 g/L 双吡啶（用 70% 乙醇配制）各 200 μL，混匀，加入 30 g/L $FeCl_3$ 100 μL，混匀，40℃水浴 40 min，到时在 525 nm 处测出吸光值。以 50 g/L 磺基水杨酸为溶剂，用同样的方法制作 ASA 标准曲线。

（2）GSH 的测定：取 50 μL 上清液，用 50 g/L 磺基水杨酸定容至 100 μL（即加入 50 g/L 磺基水杨酸 50 μL），加入 24 μL 1.84 mol/L 三乙醇胺以中和样液，加入 706 μL 50 mmol/L 磷酸缓冲液，pH 7.5，内含 2.5 mmol/L EDTA，加入 20 μL 10 mmol/L NADPH 和 80 μL 12.5 mmol/L DTNB（二硫硝基苯甲酸），混匀，25℃保温 10 min，到时加入 20 μL 50 U/mL GR，总体积为 1 mL，立即混匀，读出 3 min 时的吸光值。以 50 g/L 磺基水杨酸为溶剂，用同样的方法制作 GSSG 标准曲线。

【注意事项】

把握好热激和热胁迫温度，特别在热胁迫过程中水分应适宜，过多会造成水涝，过少会造成干旱。

【实验作业】

1. 抗氧化酶系统有哪些组成成员？它们在植物耐性形成中有何作用？
2. 抗氧化剂有哪些组成成员？它们在植物耐性形成中有何作用？
3. 抗氧化酶系统和抗氧化剂如何相互作用调控植物细胞中的活性氧水平？

参考文献

[1] 李忠光，龚明.科研成果转化为综合性实验内容的尝试.植物生理学通讯，2007，43（2）：345-347.

[2] 李忠光，龚明.植物生理学设计性实验教学的尝试.植物生理学通讯，2007，43（5）：935-936.

[3] 李忠光，李江鸿，杜朝昆，等.在单一提取系统中同时测定五种植物抗氧化酶.云南师范大学学报（自然科学版），2002，22（6）：44-48.

[4] 李忠光，杜朝昆，龚明.在单一提取系统中同时测定植物 ASA/DHA 和 GSH/GSSG.云南师范大学学报（自然科学版），2003，23（3）：67-70.

（云南师范大学 李忠光）

实验 3 钙信使系统和活性氧对 ABA 诱导气孔关闭的影响

【实验背景】

气孔是陆生植物与外界环境交换水分和气体的主要通道及调节机构。它既要让光合作用需要的 CO_2 通过，又要防止过多的水分损失，因此气孔在叶片上的分布、密度、形状、大小以及开闭情况显著地影响着叶片的光合、蒸腾等生理代谢的速率。因而研究气孔运动状况很有必要，特别是植物激素 ABA 对气孔运动的影响是目前植物生理学的研究热点之一。本实验结合目前的研究热点在验证“钾离子对气孔开度的影响”的基础上，对“钙信使系统和活性氧对 ABA 诱导气孔关闭的影响”作进一步的探讨。

【实验目的】

在观察钾离子促进气孔开放的基础上，进一步探讨钙信使系统和活性氧对 ABA 诱导气孔关闭的影响。

【器材与试剂】

1. 实验仪器 光照培养箱，电子天平，显微镜（最好附目镜测微尺）或可照相的显微镜，尖头镊子，载玻片，盖玻片等。

2. 实验试剂 50 mmol/L（5.1 g/L）KNO_3，10 mmol/L（2.643 mg/mL）ABA，5 mmol/L（0.55 g/L）$CaCl_2$，10 mmol/L（3.8 g/L）EGTA，5 mmol/L（1.05 g/L）三氯化镧（$LaCl_3$），0.1 mmol/L H_2O_2（11 μL 30% H_2O_2 溶液用水稀释至 1 L），50U 过氧化氢酶（CAT）

3. 实验材料 鸭跖草、蚕豆等

【实验步骤】

1. 按下表加入下列试剂，所有试剂的浓度均为上述配制的浓度。

表 2 实验内容与处理方法

实验内容	处理方法
K^+ 对气孔开度的影响	K^+
ABA 对气孔运动的影响	ABA+K^+
Ca^{2+} 对 ABA 诱导气孔关闭的影响	K^++ABA+Ca^{2+}、K^++ABA+La^{3+}、K^++ABA+EGTA
H_2O_2 对 ABA 诱导气孔关闭的影响	K^++ABA+H_2O_2、K^++ABA+CAT

2. 在同一蚕豆叶上撕取经 25℃的光照培养箱光照，约 4 000 lx［80 μmol/（m^2 · s）］光照 1 ~ 2 h 的表皮若干，分放在上述 7 种不同处理的培养皿中。

3. 将培养皿置于上述光照培养箱中光照 1 ~ 1.5 h。

4. 分别在显微镜下观察并测出气孔的开度或拍照。

【注意事项】

实验前用光照培养箱进行光照处理并且保持正常的土壤供水，使气孔开放是实验成功的关键。

【实验作业】

1. K^+ 如何控制气孔的开放？
2. 测量前为何要进行照光处理？
3. 钙信使系统和活性氧如何调控 ABA 诱导的气孔关闭？

参考文献

［1］李忠光，龚明．植物生理验证性实验转变为综合性实验的几个实例．植物生理学通讯，2008，44（1）：137–138.

［2］苗雨晨，宋纯鹏，董发才．ABA 诱导蚕豆气孔保卫细胞 H_2O_2 的产生．植物生理学报，2000，26（1）：53–58.

（云南师范大学 李忠光）

实验 4　槐米中芸香苷的提取、纯化与鉴定

【实验背景】

芸香苷（芦丁，Rutin）属黄酮类化合物中黄酮醇类，水解生成槲皮素、葡萄糖及鼠李糖。其结构如下图所示。在临床上，芸香苷主要用于糖尿病、高血压的辅助治疗，可利尿，镇咳，降血脂，降压，保护溃疡面，抗炎和抗过敏。芸香苷具有降低毛细血管通透性、抗炎、抗病毒、镇痛、抗氧化及抑制醛糖还原酶等多方面药理活性。

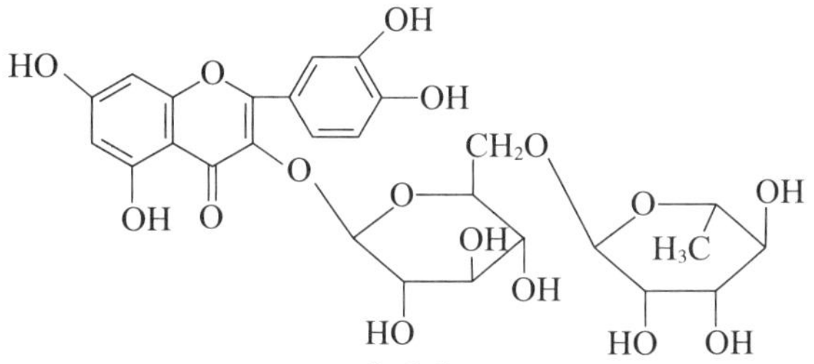

芸香苷

国内外医药工业中用芸香苷作原料生产多维葡萄糖羟乙基芦丁、槲皮素、二乙胺基甲基芦丁、二乙胺基乙基芦丁、芦丁镁络盐、羟乙基槲皮素、烟酸镁芦丁络盐、对氯苯氧异丁酸镁芦丁络盐及维脑路通等心血管药物。

槐米为豆科植物槐（*Sophora japonica* L.）的干燥花蕾，主要含芸香苷，含量高达 12%～20%，因此常作为提取芸香苷的原料。本实验即以槐米为材料，提取分离其中的芸香苷，并进行进一步的纯化和鉴定。

【实验目的】

1. 掌握从槐米中提取、精制芸香苷的原理和操作方法。
2. 熟悉芸香苷的主要性质和鉴定方法。

【实验原理】

芸香苷的理化性质如下：淡黄色粉末或细针状结晶，芸香苷分子中有较多羟基，显弱酸性；加热至 185℃以上熔融并开始分解。芸香苷对冷水和热水的溶解度相差悬殊，在冷水中溶解度 1∶10 000，沸水为 1∶200，冷醇为 1∶650，热醇为 1∶60；可溶于乙酸乙酯、吡啶和碱液中；几乎不溶于苯、乙醚、氯仿及石油醚。

根据芸香苷的理化性质，利用其分子中有较多羟基，显弱酸性，可溶于碱液中，加酸酸化后可析出芸香苷晶体，并利用芸香苷对冷水和热水的溶解度相差悬殊的特性进行进一步的纯化和精制。

大多数黄酮类化合物在镁粉和盐酸作用下，可以还原显色。不同的黄酮类化合物呈不同的颜色，黄酮醇还原后呈红至紫色，该反应常用于黄酮类的检识。黄酮类化合物分子结构中，凡具有 C_3、C_6 位羟基或邻二羟基是可与多种金属盐试剂如铝盐、镁盐、铅盐生成有色络合物或有色沉淀，可用于鉴定；其中，与铝盐生成的有色络合物在 510 nm 处有较大吸收峰，可由分光光度法测出黄酮含量，进而计算出提取到黄酮产品的纯度。

【器材与试剂】

1. 实验器材　25 mL 容量瓶，100 mL 容量瓶，移液管，布氏漏斗，试管，烧杯，量筒，毛细管，层析缸，滤纸，石棉网，广范 pH 试纸，纱布，硅胶板，煤气灯，电吹风，电子天平，台天平，便携式紫外灯，分光光度计，烘箱，恒温水浴锅，水循环真空泵

2. 实验试剂　70% 乙醇，50 g/L $NaNO_2$，100 g/L $Al(NO_3)_3$，40 g/L NaOH，碳酸钙，盐酸，镁粉，正丁醇，醋酸，4 g/L 硼砂（四硼酸钠）水溶液，10 g/L $Al(NO_3)_3$，甲醇溶液，10 g/L 标准芸香苷甲醇溶液，石灰乳（少量 CaO 与蒸馏水调成的浑浊液），100 μg/mL 标准芸香苷溶液（10 mg 标准芸香苷用 70% 乙醇定容至 100 mL）

3. 实验材料　槐米

【实验步骤】

1. 芸香苷的提取　碱溶酸沉法提取槐米中的芸香苷：取槐米 20 g，压碎，加 4 g/L 硼砂沸水溶液 200 mL，在搅拌下加石灰乳调 pH 至 8～9，加热微沸 15 min，随时补充失去的水分并保持 pH 8～9，用四层纱布过滤获取上清液，保留滤液；同样操作再提取一次，合并两次滤液放冷，用盐酸调 pH 至 2～3，放置过夜析出结晶。将母液带结晶抽滤，滤饼用蒸馏水洗 2～3 次，抽干，烘干，即得粗制芸香苷，称重，计算得率。

2. 芸香苷的纯化　碱溶酸沉法获取的粗黄酮进一步用重结晶法纯化：取粗制芸香苷 2 g，悬浮于 400 mL 蒸馏水中，煮沸至芸香苷全部溶解，趁热抽滤，冷却滤液后即可析出结晶。抽滤至干，60～70℃干燥，得精制芸香苷，称重，计算得率。

3. 所获芸香苷的鉴定

（1）芸香苷的显色反应

镁粉－盐酸反应：取实验产品芸香苷 1 mg，加乙醇 2 mL，在水浴上加热溶解，加镁粉约 50 mg，滴加数滴浓盐酸，溶液由黄色渐变红色者表示有黄酮醇类化合物。

三氯化铝反应：取实验产品芸香苷 1 mg 溶于甲醇中，加 10 g/L 三氯化铝甲醇溶液 2～3 滴，黄酮类呈鲜黄色，并有荧光。

（2）芸香苷的薄层层析层析检出

层析材料：硅胶－CMC 薄层板（载玻片大小即可）

展开剂：正丁醇∶醋酸∶水（4∶1∶5，取上层）

显色剂：10 g/L 三氯化铝甲醇溶液

供试品：实验产品芸香苷 10 g/L 甲醇溶液

对照品：10 g/L 标准芸香苷甲醇溶液

点样：用毛细管将对照品（10 g/L 标准芸香苷甲醇溶液）和供试品（实验产品芸香苷 10 g/L 甲醇溶液）点样于薄层板上，点样时必须注意勿损伤薄层表面。

展开：将点好样品的薄层板放入展开缸的展开剂中，点样点切勿浸入，密封，待展开至薄板的 4/5 处，取出薄层板，电吹风冷风吹干。

显色：吹干后，用 10 g/L 三氯化铝乙醇溶液润湿滤纸，电吹风冷风均匀吹干，于紫外观察，呈现亮黄色斑且与对照品处于同一高度的即为芸香苷。

4. 所获芸香苷的纯度测定

用分光光度法测定所得芸香苷的纯度。

（1）绘制标准曲线：将标准芸香苷溶液用70%乙醇稀释成0、5、10、15、20、25、30、35、40、45、50 μg/mL，各吸取1 mL于试管中，加70%乙醇1 mL，加入0.3 mL 50 g/L $NaNO_2$，6 min后加入0.3 mL 100 g/L $Al(NO_3)_3$溶液，6 min后再加入40 g/L NaOH，10 min后于分光光度计波长510 nm测定吸光值。绘制浓度－吸光值标准曲线。

（2）各取上述制备所得芸香苷样品100 mg用70%乙醇溶解后定容至100 mL。

（3）吸取待测样品溶液1 mL，按上述同样的步骤和方法测定得吸光值，从标准曲线查得并算出样品中黄酮的总含量（mg/mL），然后根据下式计算纯度。

$$黄酮纯度（\%）= 测得的黄酮含量（mg）/100\ mg \times 100\%$$

【注意事项】

1. 槐花中含有大量黏液质，加入石灰乳使其生成钙盐沉淀后除去。
2. pH应严格控制在8～9和2～3，否则会引起结构的破坏或变化。

【实验作业】

1. 在提取中加入4 g/L硼砂沸水溶液的目的是什么？
2. 根据芸香苷的性质，还可采用何种方法进行提取？试设计自槐米中提取芸香苷的另一种方法，并说明方法原理。
3. 如何获得芸香苷的苷元部分槲皮素？试设计由芸香苷获得槲皮素的实验方案，并注明槲皮素的检出方法。

参考文献

[1] 张继杰．天然药物化学．北京：人民卫生出版社，1999：56-64.
[2] 谭仁祥．植物成分分析．北京：科学出版社，2002：495-499.
[3] 姚新生．天然药物化学．北京：人民卫生出版社，1998：206-214.
[4] 应向平，等．银杏叶中黄酮含量测定和提取方法．中草药，1992，23：122-124.
[5] 乔俊缠，等．线叶菊总黄酮含量测定．中草药，1988，29：453-456.

（华东师范大学　张雯）

实验5　植物生长调节剂对植物插条不定根发生的影响

【实验目的】

开展植物生长调节剂诱导植物插条不定根发生的研究。

【实验原理】

用植物生长调节剂（生长素类、生长延缓剂等）处理插条，可以促进细胞恢复分裂能力，诱导根原基发生，促进不定根的生长；容易生根的植物经处理后，发根提早，成活率提高；对木本植物进行插条处理，提高生根率。移栽的幼苗被生长调节剂处理后，移栽后的成活率提高，根深苗壮。本实验通过测定植物生长的重要生理指标——根的活力和过氧化物酶活性，以了解生长调节剂促进不定根发生的作用。

【器材与试剂】

1. 实验仪器　电子天平，烘箱，分光光度计

2. 实验试剂　1 000 mg/L 吲哚丁酸溶液（称取 100 mg 吲哚丁酸，加 90% 乙醇 0.2 mL 溶解，用蒸馏水定容至 100 mL），1 000 mg/L 多效唑溶液（称取 2 g 5% 多效唑原粉，加水定容至 100 mL），其他植物生长调节剂

3. 实验材料　各种植物材料

【实验设计】

1. 考虑选用生长素类，多效唑或脱落酸，细胞分裂素类，乙烯，油菜素内酯，水杨酸等植物生长调节剂，通过改变施用药剂浓度的大小，处理插条的时间与处理方法，证实不同种类的植物生长调节剂对植物插条不定根发生的影响。

2. 选用各种植物材料（注意考虑材料的年龄、取材部位），用植物生长调节剂处理，以了解其促进插条生根的作用与插条的种类及生理的关系。

3. 用生长调节剂处理的植物插条，在不同的培养条件下（光照，温度，湿度，培养基质等），观察不定根发生的情况。

4. 研究在上述条件下，不定根发生过程中根系活力及根过氧化物酶活性的变化，以认识生长调节剂的作用原因。

【实验步骤】

1. 按照设计，配制植物生长调节剂溶液（一般为 500 mg/L 或 1 000 mg/L），然后稀释成 3 ~ 5 个浓度，如 100 mg/L、200 mg/L、300 mg/L。

2. 从室外取非洲蓬琪菊或其他植物材料，注意插枝的生理状态（如果植物材料是灌木，需注意取材的枝条部位）。从茎顶端或枝条上端向下 10 ~ 15 cm 处剪去植株的下部分，去除花，保留 1 ~ 2 片叶片（如果叶片面积较大，可以保留半片叶）。

3. 将插枝基部 2 ~ 3 cm 浸泡在植物生长调节剂溶液中，以相同体积水浸泡插条为对照。记录浸泡时间，然后换水。

4. 将插条放置在阳台或走廊的弱光通风处培养（室温为 20 ~ 35℃），培养期间注意加水至原来的水位高度。

5. 插条用水培养 10 ~ 20 d 后，统计其基部不定根发生的数目、每个插条的生根数目、生根的范围。然后用刀片切下不定根，在电子天平上称鲜重。放置培养皿内，于烘箱 60 ~ 80℃烘 2 h，取出，冷却后称重；继续烘干，直至质量不发生变化。

6. 取不定根，进行根系活力测定（方法见实验 2–7）。

7. 根部过氧化物酶活性的测定（方法见实验 4–10）。

8. 用表格表示植物生长调节剂对植物插条生根数、根长度、根重、生根面积、根系活力和过氧化物酶活性的影响。

【实验作业】

1. 以一品红、茉莉花、福建茶、稀茉莉、绿豆幼苗等为材料，研究生长调节剂对插条生根的作用。设计实验时需注意什么？

2. 如果要了解吲哚乙酸和多效唑混配后对植物插条不定根发生的影响，如何设计实验？

参考文献

[1] 潘瑞炽，李玲. 植物生长发育的化学调控. 2版. 广州：广东高等教育出版社，1999：50–62.

[2] 李玲. 改进实验教学方法，以学生为主体开展化学调控实验. 华南师范大学学报（自然科学版——生物教学专辑），2000：35–38.

（华南师范大学　李玲）

实验6　盐胁迫对小麦种子萌发过程的生理影响

【实验目的】

学会多层面多角度研究和分析植物应对环境变化的生物学问题。

【实验原理】

盐胁迫是影响植物生长的一种常见的非生物胁迫，种子的萌发过程中会发生一系列的生命活动，各种酶开始活化，呼吸和代谢作用急剧增强，蛋白质、糖类和可溶性物质的含量都会发生巨大的变化，从而导致胚乳的性质发生一系列变化。在种子萌发过程中的这些变化同样受盐胁迫影响，可通过严格控制条件进行分析，本实验通过测定淀粉、可溶性糖、淀粉酶活性、可溶性蛋白质、脯氨酸含量和生物量，来了解小麦萌发过程中的生理变化。本综合性实验从植物材料的种植、生长管理、胁迫处理及实验分析，可增强学生的综合实验能力与分析能力。

【器材与试剂】

1. 实验仪器　种植植物材料的瓷盘或培养皿，其他参见第五章可溶性总糖类的测定、蛋白质含量的测定、糖类代谢酶的测定，第八章渗透胁迫与脯氨酸的积累。

2. 实验试剂　1 mol/L 的 NaCl 母液，其他试剂参见第五章可溶性总糖类的测定、蛋白质含量的测定、糖类代谢酶的测定，第八章高温和低温对植物的伤害、渗透胁迫与脯氨酸的积累。

3. 实验材料　有活性的小麦种子

【实验步骤】

一、植物材料的种植、管理和处理

1. 选种　将经过太阳暴晒的小麦种子用蒸馏水浮选，去掉干瘪的籽粒，留下的种子在 75% 的乙醇中浸泡 30 ~ 60 s，用蒸馏水（有条件的话最好用无菌水）洗涤 3 ~ 5 次。然后将消毒处理后得到的小麦种子浸泡于温水中 12 h，从中挑选颗粒饱满的种子进行萌发。

2. 萌发与处理 在瓷盘或培养皿中铺上 3 ~ 4 层纱布，以蒸馏水（有条件的话最好用无菌水）打湿，以用手指摁下有水渗出为标准，将选好的种子均匀撒在纱布上，用保鲜膜将萌发容器封盖；每天揭开保鲜膜一次，通气，并向其中加水使其保持湿润状态，置于光照培养架上，25℃培养；3 天后将胚根伸出的小麦种子转移至含不同盐浓度的培养装置中（上层是纱网、下层是与之配套的盆钵或器皿），保持液面与纱网水平即可，如果水分过多，会导致种子腐烂或水分胁迫，如果过少，则出现干旱胁迫。如果没有特殊的培养装置，也可用磁盘或培养皿中铺制 3 ~ 4 层纱布来继续进行盐胁迫处理。本实验分 0、80、120 mmol/L NaCl 三组处理，每组 2 ~ 3 个重复。每隔 2 ~ 3 天向培养装置中浇水，保证根系能接触培养基，如果是在磁盘中的纱布上培养，保证纱布湿润为最佳；从处理 2 天开始，每隔 3 天取一次材料，淀粉含量与可溶性糖含量可用同一份材料进行，每次要取 4 份材料备 5 个生理指标的测定，每份材料要有 3 个平行测定样，取材后及时称取鲜重，可及时进行其他生理指标的测定，除了脯氨酸含量及时制备提取样品，其他指标可取材称重后 −20℃保存。

二、生物学变化指标测定

1. 形态学观察与生物重 观察记录处理组与对照组的种子萌发形态，并拍照，为进一步结合生理指标进行分析做好形态学准备；在每个取材时间点对每个处理条件下取 6 ~ 10 颗材料，称鲜重，100℃烘干至恒重，称其干重，计算出平均每颗材料的鲜重与干重。烘干的材料可进一步用于可溶性糖和淀粉含量的测定

2. 可溶性糖含量的变化 取上述烘干的材料，研钵研磨成粉，各称取 500 mg，倒入离心管内加入 2 mL 80% 乙醇，置于 80℃水浴种不断搅拌 40 min，离心，把上清液转移入新的离心管或试管中，其残渣加 2 mL 80% 乙醇重复提 2 次，合并上清液备测可溶性糖含量，测定方法见第五章可溶性总糖类的测定。残渣用于淀粉含量的测定。

3. 淀粉含量的测定 取上述可溶性糖含量提取后的沉淀，加蒸馏水 3 mL，搅拌均匀，放入沸水浴中糊化 15 min。冷却后，加入 2 mL 冷的 9.2 mol/L 高氯酸，不时搅拌，提取 15 min 后加蒸馏水至 10 mL，混匀，5 000 r/min 离心 10 min，上清液倾入 50 mL 容量瓶。再向沉淀中加入 2 mL 4.6 mol/L 高氯酸，搅拌提取 15 min 后加水至 10 mL，混匀后离心 10 min，收集上清于之前的 50 mL 容量瓶。然后用水洗沉淀 1 ~ 2 次，离心，合并离心液于 50 mL 容量瓶用蒸馏水定容供测淀粉用。测定方法见第五章。

4. 淀粉酶活性的变化 分别取萌发的材料约 0.5 g，各组做 3 个平行，每个平行称取鲜重并记录实际鲜重，备后续活性计算用，置于研钵中，加入少量石英砂和 2 mL 蒸馏水，研磨匀浆。将匀浆倒入离心管中，用 6 mL 蒸馏水分次将残渣洗入离心管。提取液在室温下放置提取 15 ~ 20 min，每隔数分钟搅动 1 次，使其充分提取。然后在 3 000 r/min 转速下离心 10 min，将上清液倒入 100 mL 容量瓶中，加蒸馏水定容至刻度，摇匀，即为淀粉酶原液，用于 α- 淀粉酶活力测定，也可用于可溶性蛋白质含量的测定。吸取上述淀粉酶原液 10 mL，放入 50 mL 容量瓶中，用蒸馏水定容至刻度，摇匀，即为淀粉酶稀释液，用于淀粉酶总活力的测定。按照第五章淀粉酶活性的测定方法进行测定。

5. 可溶性蛋白质含量的测定 取上述淀粉酶原液，按照第 5 章蛋白质含量的测定

方法进行。

6. 脯氨酸含量的变化　分别取萌发的材料约 0.5 g，各组做 3 个平行，每个平行称取鲜重并记录实际鲜重，备后续含量计算用，分别置大管中，然后向各管分别加入 5 mL 30 g/L 的磺基水杨酸溶液，在沸水浴中提取 10 min（提取过程中要经常摇动），冷却后过滤于干净的试管中，滤液即为脯氨酸的提取液。按照第八章脯氨酸含量的测定方法进行测定。

【注意事项】

1. 在用比色法进行生理指标的测定中，要根据提取情况适当进行稀释，保证测定在仪器测定的范围内，如吸光值在 0.1 ~ 0.8 之间为佳。

2. 鲜重与酶活测定最好新鲜材料及时测定。

【实验作业】

分析盐胁迫对小麦种子萌发过程的影响。

参考文献

[1] Garg G. Response in germination and seedling growth in *Phaseolus mungo* under salt and drought stress. JEnviron Biol，2010，31：261–264

[2] Guzman–Murillo M A，Ascencio F，Larrinaga–Mayoral J A. Germination and ROS detoxification in bell pepper（*Capsicum annuum* L.）under NaCl stress and treatment with microalgae extracts. Protoplasma，2013，250：33–42

（华东师范大学　李小方）

实验 7　盐胁迫对蚕豆种子萌发后第一对真叶的生理影响

【实验目的】

学会多层面多角度研究和分析植物应对环境变化的生物学问题。

【实验原理】

盐胁迫是影响植物生长的一种常见的非生物胁迫，种子的萌发后真叶会经历发生、发育完全、成熟和衰老的一系列变化过程，相伴随的是光合作用、糖类、蛋白质、各种酶的变化，这些变化同样受盐胁迫影响，可通过严格控制条件进行分析，本实验通过测定可溶性糖、光合速率、可溶性蛋白质、脯氨酸含量、电导率和生物量，来了解蚕豆生长早期第一对真叶中的生理变化。本综合性实验从植物材料的种植、生长管理、胁迫处理及实验分析，可增强学生的综合实验能力与分析能力。

【器材与试剂】

1. 实验仪器　种植植物材料的容器，可取用同样大小的瓷盘、花盆或培养皿和种植土。其他参见第五章可溶性总糖类的测定、蛋白质含量的测定、糖类代谢酶的测定，第八章高温和低温对植物的伤害、渗透胁迫与脯氨酸的积累。

2. 实验试剂　1 mol/L（58.5 g/mL）的 NaCl 母液，其他试剂参见第三章环境因素对光合作用的影响、第五章可溶性总糖类的测定、蛋白质含量的测定、第八章高温和低温对植物的伤害、渗透胁迫与脯氨酸的积累。

3. 实验材料　有活性的蚕豆种子

【实验步骤】

一、植物材料的种植、管理和处理

1. 选种　将经过太阳暴晒的蚕豆种子用蒸馏水浮选，去掉干瘪的籽粒，留下的种子在 75% 的乙醇中浸泡 30 ~ 60 s，用蒸馏水（有条件的话最好用无菌水）洗涤 3 ~ 5 次。然后将消毒处理后得到的蚕豆种子浸泡于温水中 12 h，从中挑选颗粒饱满的种子进行种植。

2. 土壤准备与材料移植　将蛭石、珍珠岩和黑土按照 8 : 1 : 1 的比例混合均匀，分装到花盆中，黑土最好提前于 98 kPa、121℃下，灭菌 20 min，杀死内部的虫卵待其冷却后备用。用 1 g/L“花无缺”复合肥溶液将土壤浸湿，通过花盆底部渗透吸水的方式进行最好。将上述选择好的种子移植到土壤中，每盆 3 ~ 4 颗，注意盆栽数量要顾及后续各项测定所需。盖上保鲜膜保湿，待种子萌发后，撤去保鲜膜，22 ~ 25℃玻璃温室培养。

3. 材料培养与处理　每隔 4 ~ 5 天浇水，通过花盆底部渗透吸水的方式进行最好，以种植土湿润为最佳；待真叶原基可见时，开始随机分为相同数目的 3 组，本实验分 0、150、200 mmol/L NaCl 三组处理，分别浇灌含相应浓度的 NaCl 溶液，方法与浇水相同，通过花盆底部渗透吸水的方式，待土壤全部被浸湿即可，注意浇水体积要相同。从处理第 3 天开始，每隔 3 天取一次材料，每次 8 ~ 10 颗用于生理指标的测定，如果盐胁迫组未长出真叶，则先测正常组指标，待盐胁迫组长出真叶后再取材进行生理指标的测定，同时进行活体光合的测定。在培养过程中需要补水，水与盐水间隔进行补充。生理指标的测定注意取材要有 3 个平行测定样，取材后及时称取鲜重，可及时进行生理指标的测定，除了脯氨酸含量与电导率要及时测定外，其他指标可取材称重后 −20℃保存后测定。

二、生物学变化指标测定

1. 形态学观察与生物重　观察记录处理组与对照组的真叶发育形态及后期的黄化情况，可测量叶长与叶宽，并拍照，为进一步结合生理指标进行分析做准备；在每个取材时间点对每个处理条件下取 5 ~ 6 颗材料的真叶，称鲜重，100℃烘干至恒重，称其干重，计算出平均每颗材料的鲜重与干重及含水量。烘干的材料可进一步用于可溶性糖含量的测定。

2. 可溶性糖含量的变化　取上述烘干的材料，研钵研磨成粉，各称取 500 mg，倒入离心管内加入 2 mL 80% 乙醇，置于 80℃水浴种不断搅拌 40 min，离心，把上清液转移入新的离心管或试管中，其残渣加 2 mL 80% 乙醇重复提 2 次，合并上清液备测可溶性糖含量，测定方法见第五章可溶性总糖类的测定。

3. 可溶性蛋白质含量的测定　取材料约 0.5 g，各组做 3 个重复，各称取鲜重并记录之，为后续活性计算用，置于研钵中，加入少量石英砂和 2 mL 蒸馏水，研磨成匀浆。将匀浆倒入离心管中，用 6 mL 蒸馏水分次将残渣洗入离心管。提取液在室温下放置提取 15 min ~ 1 h，每隔数分钟搅动 1 次，使其充分提取。然后在 4 000 r/min 转速下离心

10 min，将上清液倒入 10 mL 容量瓶中，加蒸馏水定容至刻度，摇匀，即得到蛋白质样品提取液，按照第 5 章蛋白质含量的考马斯亮蓝法进行测定。

4. 光合速率及叶绿素含量的测定　随机选取每个处理组中 10 ~ 15 棵植物材料，利用 ECA-PB04025 光合测定仪测定活体的真叶光合速率，并记录数据，求平均值。

5. 叶绿素含量的测定　随机选取每个处理组中 8 ~ 10 棵材料的第一对真叶，按照第 3 章叶绿素含量的测定方法进行。

6. 脯氨酸含量的变化　分别随机选取每个处理组中 8 ~ 10 棵材料的第一对真叶，剪碎混匀，分成三份作为测定的 3 个平行，每份约 0.5 g，每个平行称取鲜重并记录实际鲜重，备后续含量计算用，分别置大管中，然后向各管分别加入 5 mL 30 g/L 的磺基水杨酸溶液，在沸水浴中提取 10 min（提取过程中要经常摇动），冷却后过滤于干净的试管中，滤液即为脯氨酸的提取液。按照第八章脯氨酸含量的测定方法进行测定。

【注意事项】

1. 在用比色法进行生理指标的测定中，要根据提取情况适当进行稀释，保证测定在仪器测定的范围内，如吸光值在 0.1 ~ 0.8 之间为佳。

2. 鲜重、叶绿素含量和光合速率需用新鲜材料及时测定。

【实验作业】

分析盐胁迫对蚕豆第一对真叶的发育及生理的影响。

参考文献

[1] Seo Y S，Choi J Y，Kim S J，et al. Constitutive expression of CaRma1H1，a hot pepper ER-localized RING E3 ubiquitin ligase，increases tolerance to drought and salt stresses in transgenic tomato plants. Plant Cell Rep，2012，31：1659-1665.

[2] Chen J H，Jiang H W，Hsieh E J，et al. Drought and salt stress tolerance of an *Arabidopsis* glutathione S-transferase U17 knockout mutant are attributed to the combined effect of glutathione and abscisic acid. Plant Physiol，2012，158：340-351.

（华东师范大学　李小方）

实验 8　蛋白质印迹检测特异性蛋白质

【实验目的】

熟悉常用的特定蛋白质的检测方法是蛋白质印迹（Western bloting）。

【实验原理】

蛋白质印迹采用的是聚丙烯酰胺凝胶电泳，被检测物是蛋白质，“探针”是抗体，“显色”用标记的二抗。经过 PAGE 分离的蛋白质样品，转移到固相载体（例如硝酸纤维素薄膜）上，固相载体以非共价键形式吸附蛋白质，且能保持电泳分离的多肽类型及其生物学活性不变。以固相载体上的蛋白质或多肽作为抗原，与对应的抗体起免疫反应，再与酶或同位素标记的第二抗体起反应，经过底物显色或放射自显影以检测电泳分离的特异性目的基因表达的蛋白质成分。该技术广泛应用于检测蛋白质水平的表达。既可以定性又可以半定量的蛋白质印迹是初步鉴定所研究的蛋白质最方便、也是最通用的方法。本实验以植物中广泛存在的肌动蛋白为例。

【器材与试剂】

1. 实验仪器　电泳仪、电泳槽、梳子等电泳装置，Odyssey 双色红外荧光成像仪器，摇床，碎冰，塑料盒，微量移液器，离心管，硝酸纤维素薄膜，剪刀，镊子，显影盒，定影盒，X 光片（放射自显影片）。

2. 实验试剂

（1）电泳试剂：300 g/L 聚丙烯酰胺（去离子水配制含有 290 g/L 丙烯酰胺和 10 g/L N，N′- 亚甲叉双丙烯酰胺，即丙烯酰胺 29 g，N，N′- 亚甲叉双丙烯酰胺 1 g，加水至 100 mL，滤纸过滤后储于棕色瓶，4℃避光保存）；100 g/L 过硫酸胺（APS，1 g 过硫酸铵用蒸馏水定容至 10 mL，4℃保存）；100 g/L 十二烷基硫酸钠（SDS，10 g SDS 用蒸馏水定容至 100 mL）；1.5 mol/L Tris-HCl（pH=8.8，Tris Base 90.855 g 用蒸馏水定容至 500 mL）；1 mol/L Tris-HCl（pH=6.8，Tris Base 30.285 g 用蒸馏水定容至 250 mL），Tris-HCl 都用盐酸调 pH；电泳缓冲液（即 1 × running buffer，30 g Tris Base，188 g Glycine，100 mL 100 g/L SDS，用双蒸水定容至 1 L 配制成 10 × 母液）；TEMED 原液（即 N，N，N′，N′- 四甲基乙二）；5 × 加样缓冲液（即 5 × loading buffer，2.5 mL 1 mol/L Tris Base pH=6.6，1 mL 1 mol/L DTT，1 g SDS，0.05 g Bromphenol blue，5 mL Glycerol，用蒸馏水定容至 10 mL）；1 × 加样缓冲液（即 1 × loading buffer，200 μL 5 × loading buffer，20 μL 1 mol/L DTT，用蒸馏水定容至 1 mL）；

（2）转膜与抗原 - 抗体反应显色试剂：转膜缓冲液（3.026 g Tris Base，14.41 g Glycine，200 mL Methanol，用双蒸水定容至 1 L）；洗脱缓冲液 TBS（即 washing buffer，2.42 g Tris Base，8 g NaCl，用双蒸水定容至 1 L，pH=7.6）；TBST（TBS 中加 0.5 g/L Tween-20）；50 g/L 脱脂奶粉；PVDF（聚偏二氟乙烯）膜或 NC（硝酸纤维）膜；ECL 显色液（100 mL Solution Ⅰ：10 mL 2 mol/L Tris Base，1 mL 250 mmol/L 3-Aminophtalhydrazide，1 mL 40 mmol/L 反式 4- 羟基肉桂酸即 p-Coumaric acid，用蒸馏水定容至 100 mL；Solution Ⅱ：300 g/L 过氧化氢，均于 4℃避光保存）；Flag、TAP 的抗体（均购自于 Sigma 公司）或根据要检测的蛋白质的特异抗体；二抗 HRP-Goat Anti-Mouse IgG（H+L）。

3. 实验材料　生长约一个月的烟草（*Nicotiana tabacum*）叶片

【实验步骤】

1. 植物材料的准备与蛋白提取液的制备

取生长约一个月的烟草叶片，提取蛋白质，其中蛋白质的提取方法参考实验 5-5 进行。

2. 凝胶的制备

玻璃板对齐后放入夹中卡紧。然后垂直卡在架子上准备灌胶（操作时要使两玻璃对齐，以免漏胶。可通过加满水检测是否漏水。若不漏水即可用纸吸干水后备用）。按照表

3的配方配好分离胶，一般每块胶约需4.5 mL，配制15 mL可灌制2块胶，注意一定在灌胶前加TEMED，立即混匀，灌胶时开始可快一些，胶面快到所需高度时要放慢速度。操作时胶一定要沿玻璃板流下，这样胶中才不会有气泡。灌好胶后，以微量移液器在胶上面小心加水或者异丙醇0.5 mL左右封胶，以使胶面平整，异丙醇的封胶效果更好，加水液封时要很慢，否则胶会被冲变型。室温或37℃放置40 min左右。下层分离胶凝好后（以封胶液和分离胶之间出现一条清晰的线为准），将异丙醇或者水倒掉。用蒸馏水冲干净封胶液并吸干剩余的水。然后加浓缩胶，浓缩胶的配方参考表4，加满（灌胶前加TEMED），然后把梳子慢慢插下去，在室温下胶凝。由于胶凝固时体积会收缩减小，从而使加样孔的上样体积减小，所以在浓缩胶凝固的过程中要经常在两边补胶。

表3　常用分离胶配方表

试剂	不同分离胶浓度对应的各组分的取样量		
	8%	10%	12%
300 g/L 聚丙烯酰胺	4.0 mL	5.0 mL	6.0 mL
1.5 mol/L Tris-HCl（pH 8.8）	3.8 mL	3.8 mL	3.8 mL
100 g/L SDS	150 μL	150 μL	150 μL
100 g/L APS	150 μL	150 μL	150 μL
dH_2O	6.9 mL	5.9 mL	4.9 mL
TEMED（最后加）	9 μL	6 μL	6 μL
总体积	15 mL	15 mL	15 mL

表4　常用浓缩胶配方表

试剂	5% 浓缩胶对应的各组分的取样量
300 g/L 聚丙烯酰胺	500 μL
1 mol/L Tris-HCl（pH 6.8）	375 μL
100 g/L SDS	30 μL
100 g/L APS	30 μL
dH_2O	2.1 mL
TEMED（最后加）	3 μL
总体积	3 mL

3. 上样与电泳

（1）取200 μL提取的烟草总蛋白，加入50 μL 5× 加样缓冲液，5 μL 1 mol/L DTT混匀，100℃煮10 min（样品可放 -20℃保存）。

（2）胶凝好后，将配好的凝胶放入电泳槽中。外槽可用回收的缓冲液，加至外槽的

1/2，内槽加入新配的1× 电泳缓冲液，加满。两手分别捏住梳子的两边竖直向上轻轻将梳子拔出，每个孔中加入蛋白质提取液30～100 μg，用微量进样器贴壁吸取蛋白质样品，将蛋白样品吸出不要吸进气泡。将加样器针头插至加样孔中缓慢加入样品。加样太快可使样品冲出加样孔，若有气泡也可能使样品溢出。加下一个样品时，进样器需在外槽电泳缓冲液中洗涤3次，以免交叉污染。恒压90 V约50 min，当蛋白质分子量标记物进入分离胶后，可以调高电压至120～130 V约80 min，一般当溴酚蓝跑出胶即可终止电泳，进行转膜。

4. 转膜

（1）转一张膜需准备6张7.0～8.3 cm的滤纸和1张7.3～8.6 cm的硝酸纤维素膜。切滤纸和膜时一定要戴手套，因为手上的蛋白质会污染膜。将切好的硝酸纤维素膜置于水上浸2 h才可使用（用镊子夹住膜的一边轻轻置于有超纯水的平皿里，要使膜浮于水上，只有下层才与水接触。这样由于毛细管作用可使整个膜浸湿。若膜沉入水里，膜与水之间形成一层空气膜，这样会阻止膜吸水）。

（2）在加有转移液的搪瓷盘里放入转膜用的夹子、两块海绵垫、一支玻棒、滤纸和浸过的膜，准备搭转膜三明治。

（3）将转膜夹打开使黑的一面保持水平，在上面垫一张海绵垫，用玻棒来回擀几遍以擀走里面的气泡，一手擀另一手要压住垫子使其不能随便移动。在海绵垫子上垫三层Whatman滤纸（可三张纸先叠在一起垫于海绵垫上），浇一些转膜缓冲液，一手固定滤纸一手用玻棒除去其中的气泡。

（4）要先将玻璃板撬掉才可剥胶，撬的时候动作要轻，要在两个边上轻轻地反复撬。撬一会儿玻璃板便开始松动，直到撬去玻板。除去小玻璃板后，将浓缩胶轻轻刮去（浓缩胶影响操作），要避免把分离胶刮破。小心剥下分离胶盖于滤纸上，用手调整使其与滤纸对齐，轻轻用玻棒擀去气泡。再浇一些转膜缓冲液，然后将NC膜铺盖于胶上，要盖满整个胶（膜盖下后不可再移动）并除气泡。在膜上盖3张滤纸并除去气泡。最后盖上另一个海绵垫，擀几下就可合起夹子。整个操作在转移液中进行，要不断的去气泡。膜两边的滤纸不能相互接触，接触后会发生短路（转移液含甲醇，操作时要戴手套，实验室最好打开门窗以使空气流通）。

（5）将转膜夹放入转移槽中，要使夹的黑面对槽的黑面，夹的白面对槽的红面（蛋白处理后带负电，会向正极迁移，所以膜一定是靠近正极的）。电转移时会产热，将冰盒放入槽中并用转膜缓冲液加满转膜槽。然后将转膜槽放入塑料盒或其他可完全盛装转膜槽的容器，容器的剩余部分加满冰，恒流350 mA 70 min（严格控制转膜时间）。

5. 封闭

转好膜后，剪掉多余的膜，移至封闭用的平皿或小槽中，先用1×TBST清洗干净。然后加入50 g/L的脱脂奶粉（奶粉事先溶于1×TBST）。室温缓慢摇1 h以上（摇床速度不要太快，一般30～40次/min）。

6. 孵育抗体

（1）孵育一抗：倒掉奶粉，用1×TBST将膜清洗干净。根据要检测的蛋白分子量剪出相应的膜。然后放入含一抗的盒子中（一抗用1×TBST稀释，稀释比例根据抗体性质决定，一般1∶5 000～1∶2 000稀释），4℃摇过夜。回收的一抗（一般可用3次）于4℃保存。用1×TBST将膜清洗3次，每次5 min。

（2）孵育二抗：根据一抗的种属来源选择二抗，例如ACTIN的一抗是兔源的（rabbit），就用抗兔的二抗（一般二抗是goat的，所以二抗就是goat anti rabbit）。二抗上带有辣根过氧化物酶（HRP）。二抗一般用1×TBST稀释（稀释比例1∶10 000），室温避光摇1 h（严格控制时间）。洗二抗。回收的二抗（一般可用3次）于4℃避光保存。用1×TBST将膜避光清洗3次，每次5 min。

7. Western显色

显色的方法主要有以下几种：放射自显影；底物化学发光ECL；底物荧光ECF；底物DAB（二氨基联苯胺）呈色。现常用的有底物化学发光ECL和底物DAB呈色，下面介绍两种实验室常用的显色方法：

（1）底物化学发光ECL

原理：ECL底物中，含有过氧化物（如过氧化氢）和鲁米诺（Luminol），在HRP（辣根过氧化物酶）的作用下，发出荧光。辣根过氧化酶使试剂中的发光物（Luminol）氧化并发光，而试剂中含有增强剂使得发光增强1 000倍。蛋白质混合物转移到固相膜上（如NC、PVDF），经HRP标记的抗体与膜上的蛋白质直接（标记一抗）或间接（标记二抗）反应。当加入免疫印迹化学发光试剂后，Luminol发生氧化降解，并发射波长为428 nm的光，此光可经X光片（放射自显影片）感光记录下来。

步骤：

① 先配好ECL显色液，即1 mL SolutionⅠ加入0.3 μL SolutionⅡ后混匀。在桌面铺一张面积大于NC膜2倍的保鲜膜，用镊子取出1×TBST清洗干净的NC膜，吸水纸上沥干洗液（不能完全干燥），将NC膜正面向上贴在保鲜膜或PE膜上。将ECL混合液均匀的加到膜上（100 μL/cm^2膜），使膜与ECL混合液充分接触。将保鲜膜或PE膜折起来，完全盖住NC膜，除去气泡和褶皱。室温孵育3 min后，立即准备压片曝光（孵育时间不用过长，过长不仅不会增加强度反而可能会影响条带）。

② 在暗室中用X光片，分别曝光不同的时间，时间范围为几秒至几分钟。根据条带的亮度来决定曝光不同的时间。可选择不同时间多次压片，以达到最佳效果。洗片时可以使用X光片自动洗片机。如果没有自动洗片机，可以用显影定影试剂盒自行配制显影液和定影液进行手工洗片。曝光后的片子迅速浸入显影液中显影1~2分钟，出现明显条带后，将片子放到定影液中约2分钟，直到胶片透明为止。然后夹出片子，自来水冲干净胶片后室温晾干并做好标记保存。

（2）红外激光成像系统

原理：蛋白质与一抗结合后，红外荧光标记的二抗识别并结合一抗，通过红外激光成像系统可观察目的蛋白质。

步骤：孵育过红外荧光标记的二抗的PVDF膜或NC膜清洗干净后，可使用红外激光成像系统观察目的蛋白质。例如美国LI-COR公司的Odyssey双色红外荧光成像系统，利用两个独立的红外荧光通道检测荧光信号。两个独立激发检测系统分别是：使用680 nm激发波长的红外激光器，产生720 nm发射光的700通道；和使用780 nm激发波长的红外激光器，产生820 nm发射光的800通道。根据所用二抗标记的荧光选择合适的通道。

通道	红外激光器的激发波长	产生的发射光
700通道	680 nm	720 nm
800通道	780 nm	820 nm

【注意事项】

1. 丙烯酰胺有较大毒性，另外转膜缓冲液含甲醇，配制时需戴手套和口罩。

2. 100 g/L APS 的有效期是两周，最好现用现配。

3. 根据要检测蛋白质的分子量来确定用什么溶度的分离胶。胶最好现用现配，提前一天配制也可用。

4. 蛋白质常用的转移方法主要有两种：槽式湿转和半干转移。前者操作容易，转移效率高；而后者适用于大胶的蛋白质转移，所用缓冲液少。文中是槽式湿转的操作步骤。转膜可使用 PVDF 膜或 NC 膜，其中 PVDF 膜结合蛋白质能力更强，具有更好的机械强度和化学耐受性，但价格较高且使用前需要用无水甲醇浸泡。NC 膜的使用较简便，不需要甲醇预处理，易封闭，转移到 NC 膜上的蛋白质在合适的条件下可以长时间稳定保存。

5. 加样孔的两侧空孔中加入等体积的 1× 加样缓冲液，加蛋白质分子量标记物的孔里也补一些 1× 加样缓冲液，这样可以防止两侧的样品蛋白侧漏到旁边的孔里，跑出的条带更美观。

6. 杂二抗的最佳时间是 1 h，时间太长背景较强。另外储存二抗及杂二抗期间应避光。

7. 除了放射自显影片曝光和洗片处理外，所有步骤均不必在暗室中操作。

8. ECL 的操作需要在暗室中进行，且较弱的光芒可能不被胶片感知，该系统依赖曝光时间。红外双色激光成像可在明亮安全的环境记录蛋白质的光芒，该系统不依赖曝光时间，荧光信号强度与蛋白质丰度具有更好的线性相关性，且有灵敏度高、定量准确、双色检测的特点。

9. 一般荧光染料的激发和检测波长位于可见光谱区，易形成膜（NC 膜、PVDF 膜、尼龙膜）的高背景荧光干扰。而在红外波长区检测荧光信号，具有背景低、信噪比高的特点。使用红外荧光染料标记二抗，二抗孵育完成后，直接扫描成像，成本低于常规化学发光，而且二抗可重复使用进一步降低实验成本。而 ECL 的方法，使用酶（HRP 或 AP）标记二抗，孵育后，还必须加酶的反应底物进行酶动力学反应，再曝光成像或压片。

参考文献

[1] Kaur J, Bachhawat A K. A modifid western blot protocol for enhanced sensitivity in the detection of a membrane protein. Analytical Biochemistry, 2009, 384（2）: 348-349.

[2] Kielkopf C L, Baucer W, urbatsch I L. Analysis of preteins by immunoblotting. Cold Spring Harb Protoc, 2021（12）.

（华东师范大学 郭坤 李小方）

实验 9 免疫共沉淀检测植物体内蛋白质互作

【实验目的】

熟悉检测蛋白质在植物体内是否相互作用的方法。

【实验原理】

免疫共沉淀（co-immunoprecipitation，Co-IP）是以抗体和抗原之间的专一性作用为基础的，用于研究蛋白质相互作用的经典方法。Co-IP 是确定两种蛋白质在完整细胞内生理性相互作用的有效方法。其原理是：当细胞在非变性条件下被裂解时，完整细胞内存在的许多蛋白质－蛋白质间的相互作用被保留了下来。如果用蛋白质 X 的抗体免疫沉淀 X，那么与 X 在体内结合的蛋白质 Y 也能沉淀下来。这种方法常用于测定两种目标蛋白质是否在体内结合；也可用于确定一种特定蛋白质的新的互作因子。如果对已知表达蛋白和有相应抗体的，材料可直接从植物中提取，而对新基因的表达产物，可通过构建融合表达蛋白，植物瞬时转化获得植物材料，通过融合部分的抗体检测。本实验介绍烟草叶片瞬时转化结合融合标签抗体进行的免疫共沉淀方法。

【器材与试剂】

1. 实验仪器　恒温摇床，4℃离心机，电泳仪、电泳槽、梳子等电泳装置，碎冰，塑料盒，微量移液器，离心管，硝酸纤维素薄膜，剪刀，镊子

2. 实验试剂

（1）蛋白质提取试剂：100 mmol/L 苯甲基磺酰氟（PMSF）（用 1 mL 异丙醇溶解 17.4 mg PMSF，分装成小份贮存于 –20 ℃。水溶液不稳定，使用时按 100 倍稀释）；裂解液 lysis buffer（2.5 mL 1 mol/L Tris–HCl，pH 7.5，1.5 mL 5 mol/L NaCl，5 mL Glycerol，50 μL Tween–20，10 μL 500 mmol/L EDTA，100 × Cocktail 10 μL，100 mmol/L PMSF 10 μL，用蒸馏水定容至 50 mL，其中蛋白酶抑制剂 Cocktail 和 PMSF 现用现加）。

（2）蛋白质印迹检测实验试剂（参考综合实验 7）：Flag、TAP 的抗体（均购自于 sigma 公司）；以及偶联 Flag、TAP 的抗体的琼脂糖凝胶珠，即 α–Flag beads（购自于 Sigma 公司），α–TAP beads（购自于 GE Healthcare 公司）。

（3）瞬时转化烟草试剂：Stock Solution（100 μL 1 mol/L MgCl2，100 μL 1 mol/L MES，pH 5.6，1.5 μL 100 mmol/L 乙酰丁香酮（AS），用灭菌蒸馏水定容至 10 mL）；LB 培养基（tryptone 10 g，yeast extract 5 g，NaCl 10 g，加水至 1 000 mL，调至 pH 7.2，固体培养基加 18 g/L 琼脂粉，高压灭菌）。

3. 实验材料　本生烟（*Nicotiana benthamiana*），以 Flag、TAP 分别与蛋白质 X、Y 融合表达蛋白，X–Flag 和 Y–TAP 为例，检测蛋白质 X 与蛋白质 Y 是否互作。

【实验步骤】

1. 瞬时转化烟草获得表达蛋白质的材料

（1）将事先构建好的含有 X–Flag 和 Y–TAP 质粒的农杆菌分别在含相应抗生素的 LB 固体培养基上划板，注意也同时有仅含 Flag 或 TAP 对照质粒的农杆菌，以及含有增加外源基因表达、避免沉默的 P19 质粒的农杆菌，28℃倒置培养 2 ~ 3 天，待长出单克隆。

（2）分别挑单克隆至 LB+Kan+Rif（根据菌种抗性选择）液体培养基 3 mL 中，200 ~ 300 r/min 28℃摇过夜（约 12 ~ 16 h）。

（3）取将上述菌液分别接种到新的 10 ~ 20 mL LB 液体培养基中（菌液与 LB 的体积比为 1/100）。其中 X–Flag 和 Y–TAP 各需两份即各需要 20 ~ 40 mL LB，TAP、Flag 各需

一份即各需要 10 ~ 20 mL LB，P19 需三份即需要 30 ~ 60 mL LB。200 ~ 300 r/min 28 ℃摇过夜。

（4）各取上述菌液，4 000 r/min，离心 10 min，弃上清。分别用 stock solution 重悬，将菌液的 OD_{600} 调到 0.6 左右，并将重悬后的菌液按下表的组合进行混合，菌液之间的比例是 1 ∶ 1 ∶ 1，室温放置 2 ~ 3 h，用 1 mL 注射器（无针头）吸取混合菌液从刚发育好的叶片背面缓慢注入叶片内，生长约 1 个月的本生烟草转化效率最好。

表 5 转化用菌液组合

转化编号	转化菌液组合		
1	X–Flag	Y–TAP	P19
2	X–Flag	TAP	P19
3	Flag	Y–TAP	P19

（5）在弱光环境下培养 48 h 后剪下叶片，去除主脉，在研钵中研磨成粉末，研磨前研钵要预冷。将研磨好的粉末用预冷的药匙刮下，分装到已经预冷的 2 mL/1.5 mL 的 EP 管中。将粉末保存于 –80℃冰箱内，可长时间保存。

2. 抽提总蛋白质

（1）从 –80℃冰箱中取出所需样品，每管（1 mL 粉末样品）加入 0.5 mL 刚配好的裂解液（lysis buffer 490 μL，5 μL 100 mmol/L cocktail，5 μL 100 mmol/L PMSF），样品开盖前要小心将盖子上和壁上的粉末轻振到管底。手指轻弹混匀，或者颠倒混匀使样品与裂解液完全混匀，并于冰上放置 5 ~ 10 min。

（2）将上述样品于 4 ℃离心机中以 13 200 r/min（一般不低于 13 000 r/min），离心 5 min 后取上清。将上清液再次于 4℃离心机中离心 10 min，最后取上清备用。若离心后沉淀过多需要再次重复离心，直到没有沉淀物。如果互作蛋白质结合不紧密，易解离，最好先离心 10 min，再用 0.45 μm 滤膜过滤。得到的上清液即为蛋白质提取液。

3. 处理琼脂糖珠（beads）

（1）α–Flag beads 或者 α–TAP beads 于 –20 ℃取出后置于冰上，上下颠倒混匀。吸取 120 μL 的 beads 到 EP 管中，每个样品约用 beads 20 μL（沉淀后的 beads 体积），购买的一般是 50% 的悬浮液，所以吸取的 beads 量要加倍，保证沉淀后的 beads 体积有 20 μL。

（2）于 4℃离心机中以 3 000 r/min 转速，离心 3 s，之后将 EP 管旋转 180℃之后再次离心 3 s。离心后的 beads 体积约 60 μL，吸去上清。

（3）在吸去上清后的 beads 中加入 1 mL 裂解液（不加蛋白酶抑制剂），上下颠倒，并用手指轻弹，使 beads 重悬；再次在 4℃离心机中以 3 000 r/min 转速离心 3 s，之后将 EP 管旋转 180℃之后再次离心 3 s。重复上述步骤两次（即共洗三次）。

（4）将最终得到的 beads 用裂解液补充到约 350 μL，吹打混匀后分装到 3 个 EP 管中（4℃，3 000 r/min 轻离心，查看 beads 体积分装是否均匀），置于冰上待用。

4. Co–IP

（1）取总蛋白质提取液 900 μL，加到处理好的 beads 中。置于 4℃冰箱中，360℃颠倒混匀，孵育 3 ~ 4 h（一般不超过 4 h，时间越长，背景越强）。

注意：混匀的时间要根据待检互作蛋白质的结合紧密程度确定，若结合不紧密，混匀 30 min 即可。提取液剩余的约 100 μL 作为总蛋白上样对照（Input），置于冰上待用。

（2）洗脱：全部是 4℃离心。

① 以 3 000 r/min 转速于 4℃离心机中，离心 3 s，之后将 EP 管旋转 180℃之后再次离心 3 s，去除上清。

② 加入 1 mL 裂解液，上下颠倒，并用手指轻弹混匀。再次以 3 000 r/min 转速于 4℃离心机中离心 3 s，之后将 EP 管旋转 180℃之后再次离心 3 s，去除上清；将上述步骤重复 2 次（即洗 3 次）。

③ 最后，以 3 000 r/min 转速于 4℃离心机中离心 5 s，之后将 EP 管旋转 180℃之后再次离心 5 s。用大枪头（1 mL）套小枪头（10 μL）吸尽上清，注意不要吸到 beads。

④ 向上步得到的 beads 中（每个样品）加入 100 μL 1 x Loading buffer，沸水浴煮 15 min；将煮过的蛋白质样品于离心机中以 13 200 r/min 转速离心 5 min，4℃或者常温都可以。取上清转移到新的 EP 管中，若没有沉淀可以不转移。

⑤ 分别取 40 μL 蛋白质样品上样，分别以 Flag、TAP 的抗体进行蛋白质印迹检测，剩余的蛋白样品于 –20℃保存。

5. 蛋白质印迹检测具体步骤参考综合实验 7。

【注意事项】

1. 烟草生长约 1 个月，5 ~ 6 片叶子时，选取发育好的叶片注射农杆菌。
2. 可能检测不到低亲和力和瞬间的蛋白质 – 蛋白质相互作用。
3. 两种蛋白质的结合可能不是直接结合，而可能有第三者在中间起桥梁作用。

参考文献

[1] Poetz O, Luckert K, Herget T, et al. Microsphere-based co-immunoprecipitation in multiplex. Analytical Biochemistry, 395, 2009: 244-248.

[2] Song L, Shi Q M, Yang X H, et al. Membrane steroid-binding protein 1 (MSBP1) negatively regulates brassinosteroid signaling by enhancing the endocytosis of BAK1. Cell Res, 2009, 19: 864-876.

（华东师范大学　郭坤　李小方）

实验 10 试验设计的基本原理

试验设计是试验过程的依据，是试验数据处理的前提，也是提高科研成果质量的一个重要保证。试验设计的基本原理包括：随机化、重复性以及控制变量。随机化是指在试验设计中，将实验对象随机分配到不同的实验组和对照组，以消除其他因素的影响。重复性是指在试验中，对同一组实验对象进行多次实验，以减少误差的影响。控制变量是指在试验中，控制影响实验结果的所有变量，除了研究者所关心的变量。这些原则可确保试验结果的可靠性和有效性。在生物学科研工作中，应根据试验的目的，结合统计学的要求，针对试验的全过程，认真从以下 4 个方面考虑试验设计。

1. 试验设计的内容与原则

生物学试验通常包括处理因素、受试对象和处理效应三个要素。试验设计要从专业和统计两方面的要求考虑，从统计方面说，主要应当考虑对照、重复、随机化等问题，这就是所谓试验设计的三原则。同时，对实验数据的收集、整理、分析等有一套规范的规定和正确的方法。

（1）拟定相互比较的处理：所谓处理，指的是在试验研究中欲施加给受试对象的某些因素。根据研究目的和要解决的科学问题，在方案设计中首先要确定研究的因素和水平，如改善植物生长发育性状的条件或生长调节剂的剂量，抗逆性研究中某胁迫条件的持续时间或强度等。在试验的全过程中，处理因素要始终按一个标准进行试验。例如，如果处理因素是某种试剂，那么配制试剂的药品成分、含量、生产厂家甚至批次等必须保持不变。不论在材料处理阶段还是数据采集阶段，都要遵循对照原则，即注意对照组的设立，确定实验因素在其中所起的作用。当某些处理本身夹杂着重要的非处理因素时，还需设立仅含该非处理因素的实验组为实验对照组。例如，分析盐胁迫对植物的影响，盐胁迫伴随离子胁迫和渗透胁迫，在设计中最好增加单纯的渗透胁迫实验对照组。多因素多水平的研究请参考专业书籍进行正交试验设计。

（2）确定试验对象及数量：在试验设计中，要根据试验目的与内容，明确规定采用什么样的试验对象，保证受试对象的一致性。结合专业要求与数据统计要求，植物学研究的试验对象都需要有一定的数量才能保证结果的可靠性。植物学试验多以一定数量的植物群体进行同一处理，每个处理的样本数目可根据试验的要求、条件和数据统计分析要求而定。

（3）材料处理与数据采集的抽样原则：在对试验材料进行分组处理时要以随机分配的原则将各试验材料分配到各种处理中去；一般处理的材料是以一定数量的群体为单位的，在设计方案中也要有数据收集时的取样原则与方法（详见第 3 部分）。

（4）拟定观察或检测指标及其检测方法、数据记录表格要根据研究目的和任务，选择对说明试验结论最有意义、并具有一定特异性、灵敏性、客观性的检测指标及方法。保证必要的指标，编制成便于填写和统计的表格，以便随时记录试验过程中获得的数据资料。

（5）拟定对数据资料整理分析的预案。这是对将获得的数据资料准备如何进行整理？并初步设想要计算的统计指标和分析方法（见实验 11 数据处理与分析）。

（6）重复原则：在相同实验条件下必须做多次独立重复实验，才具有较高的可信度。

2. 生物学试验误差及其控制途径

生物学试验通常包括处理因素、受试对象和处理效应三个组成部分，在生物学试验中，试验处理效应常会受到许多非处理因素的干扰和影响，这种使观测值偏离试验处理的真值的影响称为试验误差。试验误差除了无法控制且不可避免的偶然因素造成的随机误差外，还有仪器、试验条件、取材、试剂、操作以及工作中疏忽大意等原因引起的系统误差。在生物学试验中，误差是不可避免的。针对试验误差来源，控制试验误差的途径主要有：

（1）选择种质与发育一致的试验材料。

（2）标准化试验操作和管理，尽量做到植物材料的种植管理、试验检测在时间、质量、数量和操作方法上完全相同，全过程工作要认真仔细。

（3）控制环境因素的一致性。在生物学试验中，把所有非处理因素控制均衡一致是不易做到的。但可以将整个试验环境分解成若干个相对一致的小环境（称为区组或重复），再在小环境内分别配置一套完整的试验处理，在局部对非处理环境因素进行一致性控制。由于小环境间的变异可通过方差分析剔除，局部控制可以最大程度地降低试验误差。如，田间可分区块来设置试验重复，同一区块内不同处理间受土壤差异影响不大；植物培养间同一层光架上的微环境类似，尽量所有的试验处理随机置于微环境相同的同一层光架上。当空间有限时，可按不同光架层数设置试验重复。

（4）采用合适的试验设计，适当增加样本容量或处理的重复次数。试验重复对于试验结果的可重复性和试验结论的可靠性都起着起决定性的作用。试验重复还可以进一步细分为生物重复（biological replicates）和技术重复（technical replicates）。生物重复：指对同一个处理组中不同生物个体或者不同生物群体的样品分别进行独立分析，如将同一处理的多个植株或多个植株群进行独立地测定。采用生物重复的试验设计方法来消除植物材料个体和环境等因素引起的差异。目前多以3次生物学重复试验设计为主，要求严格的可以做5次重复。技术重复：指对同一样本进行重复地检测分析，例如同一份植物样品中抽提的叶绿素进行三次含量检测。技术重复的测量变异程度较小，可以减少试验中的分析变异。在试验设计中进行生物重复更能控制试验误差。

（5）科学取材进行试验分析，选取的植物材料要有代表性才能保证分析结果的准确性（详见第3部分）。

3. 植物材料生理生化分析的常用科学取材方法

由于试验材料是变异丰富的生物有机体且受多种环境因素影响，难免个体差异，植物材料生理生化分析的准确性，在很大程度上取决于取材是否具有良好的代表性。为了保证植物材料的代表性，绝不能采用单株作为样品，通常从田间/试验区或培养器皿中抽取一定数量的材料作为原始样品，再从原始样品中分选出“平均样品”。再根据分析的目的、要求和样品种类的特征，采用适当的方法，制备出供分析用的“分析样品”。

（1）原始样品的取样法

分析植物特定组织器官中的生理指标首先是确定所抽取的目标原始样品。方法有：

① 随机取样：在试验区或培养器皿中选择有代表性的取样点，取样点的数目视试验区或培养器皿的大小而定。选好点后每个样点随机采取一定数量的样株（一般10～20株），或在每一个取样点上按规定的面积从中采取样株。

② 对角线取样：在试验区可按对角线选定5个取样点，然后在每个点上随机取一定数量的样株，或在每个取样点上按规定的面积从中采取样株。

（2）平均样品的采取法

根据要分析材料的种类（如植物的根、茎、叶、花、果实、种子等），主要通过混合取样或按比例取样法从原始样品选出“平均样品”。

① 混合取样法：根、茎、叶、花类新鲜材料中生理指标分析，把原始样品混合后，如果材料过大，在不影响测定指标水平变化的前提下，可进行适当快速剪切或粉碎，按质量或数量取出一定量作为“平均样品”。

种子类材料或已碾磨成粉末状的样品可以采取“四分法”进行。具体的做法为：将原始样品材料铺在木板（或牛皮纸）上成为均匀的一层，按照对角线划分为4等份。取对角的两份为进一步取样材料，而将另外的对角两份淘汰。再把已取中的两份样品充分混合后重复上述方法取样。如此操作，直至所取样品达到所要求的数量为止。

② 按比例取样法：原始样品中植物材料生长情况个体差异明显的情况下，应将原始

样品按不同类型的比例选取平均样品。例如，对甘薯、甜菜、马铃薯等块根、块茎材料选取平均样品时，应按大、中、小不同类型的样品的比例取样，然后再将每一单个样品纵切剖开，每个切取 1/4、1/8 或 1/16，混在一起组成平均样品；对于果实，即使是从同一株果树上取样，也应考虑到在树冠上的各个不同方位和部位以及果实体积的大、中、小和成熟度上的差异，按各相关的比例取样混合成平均样品。根茎叶材料样品也可按照植株大小的数量比例进行选取平均样品。

4. 分析样品的处理和保存

由于时间、条件等因素限制，多数情况下取样后的材料在分析前都涉及处理和保存问题。采回的新鲜植株样品如果沾有泥土等杂质，不应用水冲洗，可用柔软湿布擦净。根据分析指标的要求和样品的特点进行不同的处理和保存。

（1）用于酶活或不稳定成分分析的样品处理与保存：

测定植物材料中酶的活性或某些不稳定成分（如维生素 C、DNA、RNA 等）的含量时，取样注意保鲜，取样后应立即进行待测组分提取；也可采用液氮冷冻后保存于 –70℃冰箱中，或经冰冻真空干燥得到干燥的制品后存放在 0 ~ 4℃冰箱中。在鲜样已进行了匀浆，尚未完成提取、纯化，不能进行分析测定等特殊情况下，可以液态保存在缓冲液中，置于 0 ~ 4℃冰箱短暂保存，也可加入防腐剂（如甲苯、苯甲酸），但保存时间不宜过长。另外保存过程易发生变质的果蔬类多汁样品，取样后也应立即进行各组分提取分析。

在分离、提纯或测定某种酶的活力时，丙酮干粉法是常用的有效方法之一。该种方法是将新鲜材料打成匀浆，放入布氏漏斗，按匀浆重量缓慢加入 10 倍的低温冰箱内冷却到 –20℃ ~ –15℃的丙酮，迅速抽气过滤，再用 5 倍冷丙酮洗 3 次，在室温下放置 1 h 左右至无丙酮气味，然后移到盛有五氧化二磷的真空干燥器内干燥。丙酮干粉的制备在低温下完成，所提丙酮干粉可长期保存于低温冰箱。用这种方法能有效地抽提出细胞中的物质，还能除掉脂类物质，免除脂类干扰。

（2）用于稳定成分分析的样品处理和保存

茎叶类样品洁净后，置于 105℃的烘箱中杀青 15 ~ 20 min，以及时停止酶活动来保持成分不变，然后于 80℃烘干样品至恒重为止，注意温度不能过高，以免把植株烤焦。烘干的茎叶样品用粉碎机进行磨碎。

一般种子的平均样品清除杂质后要进行磨碎，如条件许可最好用电动磨粉机，使样品全部无损地通过 80 ~ 100 目筛孔的筛子，混合均匀作为分析样品贮存于具有磨口玻塞的广口瓶中，并随即贴上标签，注明样品的信息。长期保存的样品，可在瓶中放置一点樟脑或对位二氯甲苯防止样品生虫。油料作物种子（如芝麻、花生、麻等）如需要测定其含油量时，应将少量油料种样品放在研钵中磨碎或用切片机切成薄片作为分析样品。不应当用磨粉机磨碎，否则样品中所含的油分吸附在磨粉机上将明显地影响分析的准确性。

参考文献

[1] 李春喜，姜丽娜，邵云 . 生物统计学 . 4 版 . 北京：科学出版社，2015.

[2] 高俊凤 . 植物生理学实验指导 . 2 版 .北京：高等教育出版社，2006.

[3] 贾俊平，何晓群，金勇进 . 统计学 . 8 版 . 北京：中国人民大学出版社，2021.

（华东师范大学　李小方）

实验11　实验结果的数据处理与分析

数据处理和分析是实验结果的重要组成部分。不仅合理的试验设计与认真正确的实验操作至关重要，对实验数据进行科学合理的记录、处理与分析也是科学研究中的重要环节。

1. 实验数据记录

实验过程中及时、准确地记录好原始数据以及观察到的植物表型和实验现象是进行结果分析的前提。观察植物表型时，不仅要定期以照片记录，也要以文字记录某种表型出现的时间、发展过程和不同处理间的强度差异，方便后期对形态学数据的分析、处理；细胞学水平的分析要做到有清晰的显微照片记录；在定量的生理生化分析中，记录数据和计算结果应以测定方法和所用仪器准确程度来决定有效数字位数。

2. 数据处理与分析

植物生理学试验数据通常有计量数据和计数（频数）数据两种。计量数据指用仪器或工具等量测手段得到的数量性状资料，如吸光值、质量、株高等。计数（频数）数据指用计数方式得到的数量或一些形态学指标按照性状分组进行计数得到的资料，如种子的萌发数、叶片的黄化数、植株的存活数、细胞染色强度不同等级的频率等。数据资料的整理往往是根据数据的特性将其整理成统计表或绘制成统计图。统计图绘制的基本要求：①标题简明扼要，列于图的下方；②纵、横两轴应有刻度，注明单位；③横轴由左至右、纵轴由下而上，数值由小到大；图形长宽比例约 5∶4 或 6∶5；④图中需用不同颜色或线条代表不同处理时，应有图例说明。

（1）误差分析的常用统计量

实验的准确度和精密度共同反映测定结果的可靠性。其中准确度是指观测值与真实值符合的程度。由取材误差、仪器误差、试剂误差和操作误差等一些经常性的原因所引起的系统误差影响分析结果的准确度；由一些偶然的外因所引起的偶然误差影响分析结果的精密度。误差小表示可靠性好，误差大表示可靠性差。

在分析实验结果时，对同一指标测定所得到的多个实验数据，通常需要计算其算术平均值（$\bar{x}$）、标准差 SD（standard deviation）或变异系数（coefficient of variation，CV）。统计学里以平均数为标准，求出各个观测值与平均数的离差，即（$x-\bar{x}$），称为离均差。离差平方和的平均数是方差；标准差（SD）是方差的算术平方根，也称均方差（mean square error），变异系数（CV）是标准差与相应的算数平均数之比，即相对标准偏差。方差、标准差和变异系数都能反映一个数据集的离散程度。

① 算术平均值：$\bar{x} = \frac{\sum x_i}{n}$

② 标准差（均方差）：$SD = \sqrt{\frac{\sum(x_i - \bar{x})^2}{n-1}}$

③ 变异系数：$CV = \frac{SD}{\bar{x}}$

（2）数据显著性差异的常用统计分析检验方法

在定量分析中，测定误差是绝对存在的。数据分析中最重要的内容是差异显著性检验，其目的是将处理间是否存在本质差异揭示出来。可以通过 SPSS 软件来进行分析，其中涉及到的显著性检验方法很多，不同的检验方法适用范围和解决的研究目标不同。在此，仅简单介绍常见的生理生化分析检验方法。

① 检验两个处理数据均值的差异

当检验两种处理平均数之间有无显著差异时，在小样本（$n<30$）情况下，可以用 t 检验求得 t 值，再根据设定显著水平和自由度大小，从 t 值表中查得概率值（p），即可推断不同处理之间是否具有显著差异性及其差异水平。在 SPSS 软件分析中输入数据后，选择【分析】→【比较均值】→【独立样本 t 检验】或者【配对样本 t 检验】。分析时候注意区分选择是独立样本还是配对样本，二者的 t 检验过程有所区别。

② 检验多个处理数据均值的差异

当分析多个平均数之间的差异时，是通过方差分析（analysis of variance，ANOVA）对各平均数进行多重比较。多重比较多采用最小显著极差法（LSR 法），这一方法是不同平均数间的比较采用不同的显著差数标准，可用于平均数间的所有相互比较，其常用方法有新复极差检验和 q 检验两种。如果是单因素多水平分析，在 SPSS 软件分析中输入数据后，选择【分析】→【比较均值】→【单因素 ANOVA】。如果是多因素方差分析，在 SPSS 软件分析中，选择【分析】→【一般线性模型】→【单变量】。在科学实验中，方差分析可帮助我们掌握客观规律的主要矛盾或技术关键。方差分析的具体方法可参考有关专业书籍。

各平均数经多重比较后，常采用标记字母法表示，在平均数之间，凡差异不显著的即用相同的字母标记，凡差异显著的即用不同的字母标记。此外，α=0.05 的差异显著性也可在平均数的右上角用一个星号“*”号表示；α=0.01 的差异显著性则在平均数的右上角用两个星号“**”号表示；凡未达到 α=0.05 水平的数据，则不予标记。

（3）计数数据（频数）的统计检验方法

对计数（频数）或一些形态学指标转化来的频数数据差异比较时，统计方法主要利用 χ^2 检验，分析过程可通过列联表的方式呈现，故也称列联分析。卡方统计量是基于卡方分布的一种检验方法，根据频数值来构造统计量，是一种非参数检验方法。SPSS 中在交叉表和非参数检验中，都可调用卡方检验。

在植物生理学中卡方检验常用来分析几种处理对某个表型影响的差异，如某处理对发芽率或存活率的效应，收集的原始数据是处理对应的发芽数或存活数、未发芽数或死亡数，对于两变量一般采用列联表的形式记录观察数据，形成 R×C 列联表。在 SPSS 软件分析中输入数据后，先选择【数据】→【加权个案】，将频数所在的变量选入要加权的“频率变量”，然后选择【分析】→【描述统计】→【交叉表】进行分析，具体方法可参考有关专业书籍。

总之，常用的 t 检验主要用于检验两个处理组平均数差异是否显著；方差分析主要用于检验多个处理组平均数间差异是否显著；χ^2 检验主要用于由质量性状得来的计数（频数）资料的显著性检验等。

2.2　一元线性回归制作标准曲线

在多个生理指标的仪器定量分析中，常常需要把待测物质的标准含量对测定值绘制成标准曲线，然后再根据标准曲线去查出待测样品的含量。这种方法查出的数值不够精确，可用一元线性回归法得到二者的相关系数和回归方程，然后通过计算得到结果更为方便省时。在进行一元线性回归法计算时，一般用 x 表示待测的物质量，y 表示测得的量值，一元线性回归方程为：$y = a + bx$，式中 a 称为回归截距，b 为回归系数。

$$b = \frac{\sum(x_i - \bar{x})(y_i - \bar{y})}{\sum(x_i - \bar{x})^2} \qquad a = y - b\bar{x}$$

式中，y_i 为制作标准曲线的各标准溶液测得的值，y– 为这几个测定值的算术平均值，x_i 为与 y_i 相对应的物质标准含量，x– 为这几个标准含量的算术平均值。用 r 代表相关系数，表示为：

$$r = \frac{\sum(x_i - \bar{x})(y_i - \bar{y})}{\sum(x_i - \bar{x})^2 \cdot \sum(y_i - \bar{y})^2}$$

这样，根据样品测得的值 y，便可以从回归方程计算出它的含量 x。

$$x = \frac{y - a}{b}$$

下面以硝酸还原酶活性测定为例说明：用系列标准浓度的 $NaNO_2$ 通过磺胺比色法测定 520 nm 的吸光值（表 6），通过 Excel 求得直线回归的方程 $y = a + bx$。

表 6　标准浓度的 $NaNO_2$ 通过磺胺比色法测定 520 nm 的吸光值

$NaNO_2$/（μg・mL^{-1}）	x	0	0.5	1	2	3	4	5
OD_{520}	y	0	0.034	0.066	0.133	0.198	0.255	0.315

现以每管浓度的 $NaNO_2$ 为 x 轴，以 OD_{520} 系列值为 y 轴，可在 Excel 软件中计算回归方程。将每管的 $NaNO_2$ 浓度和 OD_{520} 对应数据横向输入到 Excel 的两行单元格中。选中所有数据，点击“插入”工具中“图表”，选择“散点图”，然后右键单击曲线，选择“添加趋势线”，在“设置趋势线格式”中选择“显示公式（E）”“显示 R 平方值（R）”。得到：$y = 0.063\,1\,x + 0.003\,2$；$R^2 = 0.999\,2$。也可以在 SPSS 软件分析中输入数据后，选择【分析】→【回归】→【线性】。得到 $R^2 = 0.999$，以及相同的回归截距 a 和回归系数值。

相关系数（r）是表示两个变量（x;y）之间线性关系密切程度的指标，其值在 –1 至 1 间。如二者呈正相关，r 为正值，为 1 时为完全正相关；如两者呈负相关则 R 为负值，而 r 为 –1 时为完全负相关。完全正相关或负相关时，所有图点都在直线回归线上；点的分布在直线回归线上下越离散，r 的绝对值越小。当例数相等时，r 的绝对值越接近 1，相关越密切；接近于 0，相关越不密切。当 r 为 0 时，说明 x 和 y 两个变量之间无直线关系。

参考文献

[1] 王学奎，黄见良．植物生理生化实验原理和技术．3 版．北京：高等教育出版社，2015.
[2] 贾俊平，何晓群，金勇进．统计学．8 版．北京：中国人民大学出版社，2021.
[3] 陈平雁，安胜利．IBM SPSS 统计软件应用．北京：人民卫生出版社，2020.

（华东师范大学　李小方）

实验 12 《植物生理学实验指导》的教学应用

在生命科学类人才培养体系中，实验课程不仅要完成训练学生科学掌握生物学实验技能、正确使用实验仪器设备的基本任务，而且还承担提升学生探索未知问题、勇于建立假说、独立设计实验、科学论证的综合科研素质的重要使命。在达成提升实验技能和科学探究能力这两个目标的过程中，不同层次的实验侧重或比例应有所不同。通常基础实验聚焦基本任务的达成，综合实验在学习内容和目标达成上具有高阶性，更侧重综合素质的提升，所以两者间的内容安排和教学设计也有差异。

1. 植物生理学实验课程的特点

（1）植物生理学实验涉及丰富的方法技术

植物生理学是研究植物生命活动规律及其与外界环境之间关系的学科。基本的实验思想是借助于各类传感器来试图追踪、检测、定位植物在生长发育过程中的一系列生理和生化变化的情况，找到它们的变化规律，甚至建立模型。植物生理学的实验技术，主要包括以植物组织培养为核心的细胞组织培养技术、植物发育与生理过程中生物信号的采集与分析技术、植物体内生物分子的分离纯化和鉴定的技术等。这些技术帮助研究者应用各种方法、仪器来分析在各种条件下植物的生理、生化变化，以及这种变化和生理过程、生理结构的关系。其中，主要使用的传感器有：照度计、pH 计、电导率仪、温湿度传感器等监控植物与环境关系的仪器，基于比色法原理的分光光度计、酶标仪等检测类仪器，以及光谱仪、荧光仪、光合测定仪等专用仪器。总体来说，植物生理学实验所涉及的方法、技术和装备是比较丰富的。

（2）方法技术与装备发展迅速

学科领域研究的发展以及和其他学科内容的不断交叉与渗透，方法、技术和装备不断发展更新，推动了植物生理学实验教学支撑条件的进步。植物生理学实验的核心装备是传感器，除了一直作为该课程实验室的通用设备的分光光度计、光合作用仪外，各种专业的设备也逐渐进入实验室的装备清单，例如：以光合作用为核心的色素含量仪、光谱仪、叶绿素荧光仪等，以记录分析植物形态为主的表型平台，检测、鉴定生物分子含量的酶标仪、全自动化学分析仪等。与此同时，还有更多的监测设备不断被开发应用到植物生理学的研究当中，这些不断更新的设备对植物生理学实验课程的教学也提出更高要求，即需要更强调基础实验与现代技术的接轨，注重时代性和先进性，让学生对本学科一些前沿和现代实验的原理与技术有所了解，甚至掌握。

（3）综合性强

扎实的实验技能、富有创新思想和实践能力以及具备科学探究能力都是生命科学类专业人才培养的核心目标。当代生命科学类专业人才培养的实验体系，应当强调完整的认识生物学实验自身原理与方法框架，避免不同实验课程中出现内容重复、层次不清的现象，增强多种实验技能之间的联系，逐步提高综合运用正确的方法解决实际问题的完整过程训练内容的比例。研究生命活动规律的植物生理学在本科专业理论课程体系中属于高阶课程，实验课的学习目标致力于提高解决生物学问题的方法和能力。因为植物生理学实验的研究对象和研究问题具有选题广泛、取材便利，且成本不高等特点，所以从课程目标与内容落实的有效性来看，本课程更适合成为一门被赋予承担综合科研训练任务的高阶实验课程。

2. 本教材的特点与教学设计原则

《植物生理学实验指导》自1980年出版至今，始终坚持以满足高等院校的实验教学需求和成为相关科研工作者的参考工具书为宗旨，先后修订6版，不断与时俱进地丰富和更新内容，采取纸质教材与相配套的数字资源配套设计的方式解决教材的篇幅限制。纸质教材以基础性实验和适合科研需求的简单实验内容为主，数字资源提供更多种方法与内容，突出课程实验方法的全面性和适用的广泛性。本版教材在继续关注实验课内容的层次性和整体性的基础上，尝试在实验教学设计和科学探究方法方面有所体现，突出提升综合能力的育人价值。

植物生理学实验课程是农林和师范类院校生命科学类专业的核心课程之一，本课程主要学习检测植物的生理和生化功能的方法和技能，一般在高年级学段开设。植物生物学实验、普通生物学实验、发育生物学实验等课程的教学内容中也有很多是属于植物生理学实验课程教学范畴。在不同的人才培养体系中，本课程的培养目标、达成过程、课程体系和教学内容都会有所差异，但是从传统的验证性实验和技术学习，更多地转向解决和研究植物生命现象的思路和方法上来的核心思想是相同的。

本教材的使用需要各个高等院校以自身的专业人才培养目标为基础来确定课程学习目标从而进行教学内容的选择与教学活动的组织。一般情况下需要遵循以下教学设计原则。

（1）目的性原则

实验课程的基本任务是掌握实验技术、熟悉仪器设备操作，学会观察、记录、分析、总结，形成科学思维，提升解决问题的能力。这些任务在实验课程的学习过程都可以得到反复训练，但是对于每一种能力来说，可以各有侧重地分配到不同的课程和不同的实验当中。在组建实验课程的具体内容时，要明确本课程在本专业人才培养方案中所起到的作用，选择与本课程的目标能达成紧密联系的教学内容和合适的教学活动组织方法，并对教学效果有科学、全面的评价手段。

（2）适用性原则

实验课的教学要和开课单位的实际情况、教学改革发展水平相适应。具体来说就是实验室的条件（包括仪器装备水平、配套数量等硬件条件）和教学团队水平以及课程建设需求要相互适应。如果基本条件不具备，那么实验课的效果就会大打折扣，课程教学目标的达成度也会降低。但是一味追求先进的仪器设备，而课程建设与教学水平不够，同样也不利于教学目标的达成。关键是创造一个适合各单位实际情况，有利于提高学生科学素质的合适的教学环境。

（3）先进性与发展性原则

实验课教学和科学技术的联系非常紧密。植物生理学科技术的发展为实验课教学提供了新技术、新方法和新思路。其中，大量专业、先进的仪器进入教学实验室，带动了仪器设备的升级换代，同时广泛应用信息技术和数理知识，更有利于学生发现规律，验证假说。这些变化能够全方位带动实验课教学的现代化水平和育人目标的进步。在教学过程中，教学内容、教学活动设计和评价都需要与时俱进，不断调整，逐步形成一个相对独立的不断发展的实验知识和技能教学体系。

3. 实验教材在教学中的使用

实验课程教学大多数是与所对应的理论课程的教学要求相匹配的，是加深理解和巩固理论知识的辅助手段。实验教材的结构也与课程一致，大部分采用模块单元的方式，同一个模块中的实验并不强调相互之间的逻辑联系，因此实验教材的工具书属性更强些。在植物生理学实验课程中，大体可以分为独立实验和综合实验两种类型的授课。独立实验是绝大多数基础实验课程的教学形式，一般与理论课程相关联，可验证、巩固和加深理论知识，内容更多地聚焦于一个具体的植物生理现象，采用特定的方法和技术来达到解释该现象的目的。本课程特有的植物生理学实验，例如植物组织培养、植物叶绿体色素分析与含量的测定、脯氨酸含量的测定等，在教学中可以以独立实验这种类型开展。虽然教学偏重于基本测量、基本仪器设备使用、基本实验技能训练，更关注原理与规范性学习，但在材料选择、方法与仪器选择等方面可进行探究性任务设计，一定程度上有助于达成高阶课程的技术应用与科学分析的学习目标。可参考数字资源 实验 11–2“植物生理学基本方法训练——以叶绿素含量测定为例（教学设计案例）”。

综合实验具有高阶性，内容聚焦于一个复杂的植物生理现象，往往使用多种实验方法和多个仪器设备来从不同角度获得对这个现象的解析，在本课程中需要由多个课时组建而成的实验。例如：本教材中的综合性实验部分。这部分实验更适合采用探究性教学方式，相关实验内容建立在运用不同层次的基本测量、基本仪器、基本实验技能的基础上，从形态、生理，甚至基因层面来综合分析一个复杂的问题，将若干个独立实验的结果综合起来。教材中的综合实验只是一些例子，教学过程中可重点关注实验方法的选择，即在教学设计上需要各高校根据专业培养目标与课程学习目标，结合实验条件，来设计综合实验或探究问题的复杂度，以及教学活动的组织形式。通过探究性实验训练，让学生学习在不同层次的研究中，如何选择合适的方法，经历相对复杂的探究过程训练，提高解决问题能力和综合分析能力。可参考数字资源 实验 11–1“植物生理学实验课程教学设计（案例）”。

4. 实验保障条件

实验课程教学目标的高水平达成要与教材建设、实验室建设形成紧密的共同体。教材建设能够引领实验室建设，实验室建设要能够保障课程建设，课程建设也会与实验教材相得益彰。实验教材包括了本学科相关领域的常用实验方法，教材结构明确了实验目的、原理、器材、试剂、步骤、注意事项、作业以及参考文献，这种呈现方式有助于工程实验技术岗位的实验教师在相关建设和准备工作中提高效率。

（1）对仪器设备的要求

本学科领域的先进仪器设备有助于实验教学开展，但是实验教学目标的达成不一定必须要先进的仪器设备。植物生理学实验课程中所涉及的仪器设备种类繁多，除了实验室常规的仪器设备外，还会使用到显微设备、生化分析类设备和本学科领域专用设备。其中，常规设备和生化分析类设备的完好率高、台件数充足就可以满足绝大多数独立实验和综合实验的需求。如果可以添置丰富的学科专用设备，就可以组织、设计综合性强的教学内容。此外，功能简单、价格不高的监测设备（监测照度、温度、湿度等）和科学软件工具（SPSS、GraphPad、ImageJ 等）的配备对学生现代科研意识和动手能力都能起到启发和促进作用。但是，在学校可提供的仪器条件下，无论价值高低，教学中务必要给予学生仪器有局限性的意识。这种意识的培养可以从仪器原理方面的深入介绍入手，即学习基于原理决定了仪器的适用范围，学会选择仪器及其有关的最佳条件。

（2）对实验技术的要求

实验技术是实验课程教学的核心，但是受教材和课堂的时空限制，很多对实验技术的详细解读不能在教材中完全呈现，不能在课堂上保证全体学生受益。因此，实验技术的保障除了充分利用课堂时间，总结、提炼教材使用过程中学生常犯的错误，还可以根据技术或操作问题，制作简单、明确的实验教学资源，形式可以是录像、照片、视频、慕课的形式，小而精地把问题及其出现原因、解决方法和背后的原理呈现出来，辅助绝大部分学生达成教学目标。

（3）对安全环境的要求

植物生理学实验不仅会涉及很多危险试剂、有毒有害试剂，也会产生很多实验室废弃物。因此，试剂的存放、实验室废弃物的处置都要有安全、良好的环境作保障。首先，要充分发挥通风设备的作用，要保持实验室通风。其次，要根据国家、地方和学校的规定，结合每一次实验所涉及的试剂药品，建立实验室废弃物的分类和处置方法。方法要通俗易懂，流程清晰，实验室要有对应的垃圾箱、废液桶、回收盒，且位于显著的、统一的位置。实验室废弃物的处理要及时，至少要当周处理完成。教师可将实验习惯的养成作为过程性评价的重要指标，通过制度促进学生形成良好、科学的实验室废弃物处置习惯。

植物生理学实验所涉及的实验试剂种类繁多，有些试剂的配制流程很复杂，例如Folin-酚试剂的配制；有些试剂对纯度有不同的要求；有些试剂的危险性很大，例如配制蒽酮试剂的浓硫酸、配制考马斯亮蓝试剂的高氯酸。教学中应该充分要求学生能理解并解读试剂中存在的危险，增强他们的自我安全意识。

（华东师范大学　张伟　李小方）

附　录

附录 1　常用酸碱的浓度

化合物	分子量	相对密度	质量分数 /%	物质的量浓度 /（$mol \cdot L^{-1}$）	配制 1 mol/L 所需体积 /mL
HCl	36.46	1.19	36.0	11.7	85.5
HNO_3	63.02	1.42	69.5	15.6	64.0
H_2SO_4	98.08	1.84	96.0	17.95	55.7
H_3PO_4	98.00	1.69	85.0	14.7	68.0
$HClO_4$	100.50	1.67	70.0	11.65	85.7
CH_3COOH	60.03	1.06	99.5	17.6	56.9
NH_4OH	35.04	0.90	58.6	15.1	66.5

附录 2　常用缓冲溶液的配制

1. 甘氨酸－盐酸缓冲溶液

贮备液 A：0.2 mol/L 甘氨酸溶液（15.01 g 配成 1 000 mL）。

贮备液 B：0.2 mol/L 盐酸（浓盐酸 17.1 mL 稀释至 1 000 mL）。

甘氨酸分子量：75.07。

50 mL A + x mL B，稀释至 200 mL

pH	x	pH	x
2.2	44.0	3.0	11.4
2.4	32.4	3.2	8.2
2.6	24.2	3.4	6.4
2.8	16.8	3.6	5.0

2. 盐酸－氯化钾缓冲溶液

贮备液 A：0.2 mol/L 氯化钾溶液（KCl 14.91 g 配成 1 000 mL）。

贮备液 B：0.2 mol/L 盐酸（浓盐酸 17.1 mL 稀释至 1 000 mL）。

氯化钾分子量：74.56。

50 mL A + x mL B，稀释至 200 mL

pH	x	pH	x
1.0	97.0	1.7	20.6
1.1	78.0	1.8	16.6
1.2	64.5	1.9	13.2
1.3	51.0	2.0	10.6
1.4	41.5	2.1	8.4
1.5	33.3	2.2	6.7
1.6	26.3		

3. 酞酸氢钾 – 盐酸缓冲溶液

贮备液 A：0.2 mol/L 酞酸氢钾（$KHC_8H_4O_4$ 40.84 g 配成 1 000 mL）。

贮备液 B：0.2 mol/L 盐酸（浓盐酸 17.1 mL 稀释至 1 000 mL）。

酞酸氢钾分子量：204.22。

50 mL A + x mL B，稀释至 200 mL

pH	x	pH	x
2.2	46.7	3.2	14.7
2.4	39.6	3.4	9.9
2.6	33.0	3.6	6.0
2.8	26.4	3.8	2.63
3.0	20.3		

4. 乌头酸 – 氢氧化钠缓冲溶液

贮备液 A：0.5 mol/L 乌头酸［$C_3H_3(COOH)_3$ 87.05 g 配成 1 000 mL］。

贮备液 B：0.2 mol/L 氢氧化钠（NaOH 8.0 g 配成 1 000 mL）。

乌头酸分子量：174.11，氢氧化钠分子量：40.00。

20 mL A + x mL B，稀释至 200 mL

pH	x	pH	x
2.5	15.0	4.3	83.0
2.7	21.0	4.5	90.0
2.9	28.0	4.7	97.0
3.1	36.0	4.9	103.0

续表

pH	x	pH	x
3.3	44.0	5.1	108.0
3.5	52.0	5.3	113.0
3.7	60.0	5.5	119.0
3.9	68.0	5.7	126.0
4.1	76.0		

5. 琥珀酸缓冲溶液

贮备液 A：0.2 mol/L 琥珀酸（$C_4H_6O_4$ 23.6 g 配成 1 000 mL）。

贮备液 B：0.2 mol/L 氢氧化钠（NaOH 8.0 g 配成 1 000 mL）。

琥珀酸分子量：118.09，氢氧化钠分子量：40.00。

25 mL A + x mL B，稀释至 100 mL

pH	x	pH	x
3.8	7.5	5.0	26.7
4.0	10.0	5.2	30.3
4.2	13.3	5.4	34.2
4.4	16.7	5.6	37.5
4.6	20.0	5.8	40.7
4.8	23.5	6.0	43.5

6. 酞酸氢钾 – 氢氧化钠缓冲溶液

贮备液 A：0.2 mol/L 酞酸氢钾（$KHC_8H_4O_4$ 40.84 g 配成 1 000 mL）。

贮备液 B：0.2 mol/L 氢氧化钠（NaOH 8.0 g 配成 1 000 mL）。

酞酸氢钾分子量：204.22，氢氧化钠分子量：40.00。

50 mL A + x mL B，稀释至 200 mL

pH	x	pH	x
4.2	3.7	5.2	30.0
4.4	7.5	5.4	35.5
4.6	12.2	5.6	39.8
4.8	17.7	5.8	43.0
5.0	23.9	6.0	45.5

7. 硼砂－氢氧化钠缓冲溶液

贮备液 A：0.05 mol/L 硼砂（$Na_2B_4O_7 \cdot 10H_2O$ 19.05 g 配成 1 000 mL）。

贮备液 B：0.2 mol/L 氢氧化钠（NaOH 8.0 g 配成 1 000 mL）。

硼砂 · $10H_2O$ 分子量：381.37，氢氧化钠分子量：40.00。

50 mL A + x mL B，稀释至 200 mL

pH	x	pH	x
9.28	0.0	9.7	29.0
9.35	7.0	9.8	34.0
9.4	11.0	9.9	38.6
9.5	17.6	10.0	43.0
9.6	23.0	10.1	46.0

8. 甘氨酰－甘氨酸缓冲溶液

配制 0.2 mol/L 甘氨酰－甘氨酸（H_2NCH_2–$CONHCH_2COOH$，分子量 132.12）溶液：称取 26.42 g 甘氨酰－甘氨酸，先用蒸馏水 600 mL 溶解，再用 1 mol/L NaOH 调节至所需 pH，然后定容至 1 000 mL。

【注意事项】

1. 缓冲溶液的有效 pH 范围，大约在其 pK_a 左右 1 个 pH 单位，即 $pH=pK_a \pm 1$。所以缓冲溶液一般选用 pK_a 在 6 ~ 8 之间（见附录 3），这是大多数生物化学反应合适的 pH 范围。
2. 缓冲溶液的 pH 要不易受其本身的浓度以及介质温度、离子成分等的影响。
3. 缓冲溶质要易溶于水，在其他溶剂中的溶解度要小，不能透过生物膜。
4. 缓冲溶质不水解，不被酶作用，不吸收可见光与紫外线。

附录 3 几种常用缓冲剂的 pK_a

缓冲剂	pK_a			
酞酸氢钾	$pK_{a1}=2.9$	$pK_{a2}=4.93$		
乌头酸	$pK_{a1}=2.8$	$pK_{a2}=4.46$		
醋酸	$pK_a=4.75$			
柠檬酸	$pK_{a1}=3.06$	$pK_{a2}=4.74$	$pK_{a3}=5.40$	
琥珀酸	$pK_{a1}=4.19$	$pK_{a2}=5.57$		
磷酸	$pK_{a1}=2.12$	$pK_{a2}=7.21$	$pK_{a3}=12.32$	
咪唑	$pK_a=7.00$			
巴比妥	$pK_a=7.43$			
HEPES	$pK_a=7.55$			

续表

缓冲剂	pK_a			
Tricine	pK_a=8.15			
Tris	pK_a=8.3			
甘氨酰－甘氨酸	pK_a=8.4			
硼酸	pK_a=9.24			
甘氨酸	pK_{a1}=2.34	pK_{a2}=9.60		
碳酸	pK_{a1}=6.10	pK_{a2}=10.40		
EDTA	pK_{a1}=1.95	pK_{a2}=2.68	pK_{a3}=6.11	pK_{a4}=10.17

附录 4 常用酸碱指示剂

中文名	英文名	变色 pH 范围	酸性色	碱性色	质量百分浓度	溶剂	100 mL 指示剂需 0.1 mol/L NaOH 量 /mL
间甲酚紫	m-cresol purple	1.2 ~ 2.8	红	黄	0.04%	稀碱	1.05
麝香草酚蓝	thymol blue	1.2 ~ 2.8	红	黄	0.04%	稀碱	0.86
溴酚蓝	bromophenol blue	3.0 ~ 4.6	黄	紫	0.04%	稀碱	0.6
甲基橙	methyl orange	3.1 ~ 4.4	红	黄	0.02%	水	—
溴甲酚绿	bromocresol green	3.8 ~ 5.4	黄	蓝	0.04%	稀碱	0.58
甲基红	methyl red	4.2 ~ 6.2	粉红	黄	0.10%	50% 乙醇	—
氯酚红	chlorophenol red	4.8 ~ 6.4	黄	红	0.04%	稀碱	0.94
溴酚红	bromophenol red	5.2 ~ 6.8	黄	红	0.04%	稀碱	0.78
溴甲酚紫	bromocresol purple	5.2 ~ 6.8	黄	紫	0.04%	稀碱	0.74
溴麝香草酚蓝	bromothymol blue	6.0 ~ 7.6	黄	蓝	0.04%	稀碱	0.64
酚红	phenol red	6.4 ~ 8.2	黄	红	0.02%	稀碱	1.13
中性红	neutral red	6.8 ~ 8.0	红	黄	0.01%	50% 乙醇	—
甲酚红	cresol red	7.2 ~ 8.8	黄	红	0.04%	稀碱	1.05
间甲酚紫	m-cresol purple	7.4 ~ 9.0	黄	紫	0.04%	稀碱	1.05
麝香草酚蓝	thymol blue	8.0 ~ 9.2	黄	蓝	0.04%	稀碱	0.86
酚酞	phenolphthalein	8.2 ~ 10.0	无色	红	0.10%	50% 乙醇	—
麝香草酚酞	thymolphthalein	8.8 ~ 10.5	无色	蓝	0.10%	50% 乙醇	—
茜素黄 R	alizarin yellow R	10.0 ~ 12.1	淡黄	棕红	0.10%	50% 乙醇	—
金莲橙 O	tropaeolin Q	11.1 ~ 12.7	黄	红棕	0.10%	水	—

附录 5 泛用酸碱指示剂

变色 pH 范围	颜色变化	配制方法
3 ~ 11.5	红→蓝	0.1 g 甲基橙 0.04 g 甲基红 0.4 g 溴麝香草酚蓝 0.32 g 2- 萘酚酞、0.5 g 酚酞、1.6 g 甲基酚酞 将上述染料先溶于 70 mL 95% 乙醇中，再用蒸馏水稀释至 100 mL
3 ~ 13	红→棕绿	40 mg 麝香草酚蓝 50 mg 甲基红 60 mg 溴麝香草酚蓝 60 mg 酚酞 100 mg 茜素 GG 将上述染料溶于 100 mL 80% 乙醇中，加入 0.1 mol/L NaOH 使变成绿色（pH7.0）
4 ~ 10	红→紫	5 mg 麝香草酚蓝 25 mg 甲基红 60 mg 溴麝香草酚蓝 60 mg 酚酞 将上述染料溶于 75% 乙醇中并稀释至 100 mL，加入 0.1 mol/L NaOH 中和至产生绿色

附录 6 离心机转速与相对离心力的换算

$$RCF(g)=1.119\times10^{-5}\times r\times(R)^2$$

式中：*RCF*（relative centrifugal force）为相对离心力（*g*）；

r 为半径（离心管与转轴的距离），单位是 cm；

R 为旋转速度，单位是 r/min。

利用上式即可进行 *RCF* 与 *R* 之间的换算，从式中可以看出，如果 *r* 不同，虽然 *R* 相同，则 *RCF* 亦不等。一般固定角度的离心机，离心管上端与底部的 *r* 是不同的，所以 *RCF* 亦不同。下页图为离心机剖面图，离心管与转轴的距离分别为 4.8 cm（上端，最小距离）、6.4 cm（中部，平均距离）、8.0 cm（底部，最大距离），当转速为 12 000 r/min 时，从上式计算得到 RCF 分别为：7 734 *g*（上端）、10 312 *g*（中部）、12 890 *g*（底部），离心管上端与底部所受 RCF 相差近 1 倍，因此以管中部平均距离处的 RCF 表示之。

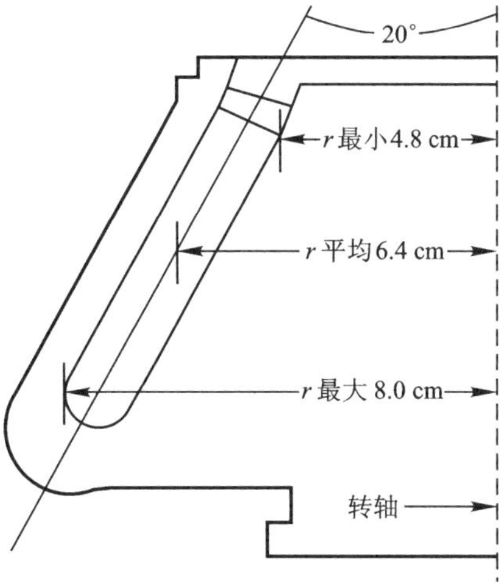

离心机剖面图

附录 7 提高溶液饱和度时应加入硫酸铵质量的对应关系

		硫酸铵最后质量浓度 / 饱和度 %																
		10	20	25	30	33	35	40	45	50	55	60	65	70	75	80	90	100
		1 L 溶液中需加入的固体硫酸铵质量 /g																
硫	0	56	114	114	176	196	209	243	277	313	351	390	430	472	516	561	662	767
酸	10		57	86	118	137	150	183	216	251	288	326	365	406	449	494	592	694
铵	20			29	59	78	91	123	155	189	225	262	300	340	382	424	520	619
初	25				30	49	61	93	125	158	193	230	267	307	348	390	485	583
始	30					19	30	62	94	127	162	198	235	273	314	356	449	546
的	33						12	43	74	107	142	177	214	252	292	333	426	522
质	35							31	63	94	129	164	200	238	278	319	411	506
量	40								31	63	97	132	168	205	245	285	375	469
浓	45									32	65	99	134	171	210	250	339	431
度	50										33	66	101	137	176	214	302	392
/	55											33	67	103	141	179	264	353
饱	60												34	69	105	143	227	314
和	65													34	70	107	190	275
度	70														35	72	153	237
%	75															36	115	198
	80																77	157
	95																	79

注：表中硫酸铵饱和溶液以 25℃，4.1 mol/L 计算。由于温度降低时对硫酸铵溶解度影响不显著（0℃时为 3.9 mol/L），故应用表中数值时可以不考虑温度因素

附录 8 不同温度下以空气饱和的水中的氧含量

温度 /℃	每毫升水中氧含量		温度 /℃	每毫升水中氧含量	
	/ μL	/nmol		/μL	/nmol
0	10.19	455	17	6.75	301
1	9.91	442	18	6.61	295
2	9.64	430	19	6.48	289
3	9.39	419	20	6.36	284
4	9.14	408	21	6.23	278
5	8.91	398	22	6.11	273
6	8.89	397	23	6.00	268

续表

温度 /℃	每毫升水中氧含量		温度 /℃	每毫升水中氧含量	
	/ μL	/nmol		/μL	/nmol
7	8.47	378	24	5.88	263
8	8.26	369	25	5.78	258
9	8.06	360	26	5.67	253
10	7.87	351	27	5.57	248
11	7.69	343	28	5.46	244
12	7.52	336	29	5.36	239
13	7.35	328	30	5.26	235
14	7.19	321	35	4.97	222
15	7.04	314	37	4.86	217
16	6.89	308			

附录 9 常用植物激素的一些化学特性

名称	简称	分子量	溶剂	贮存
脱落酸	ABA	264.32	NaOH	0℃以下
6- 苄基氨基嘌呤	6-BA	225.26	NaOH/HCl	室温
2,4- 二氯苯氧乙酸	2,4-D	221.04	NaOH/ 乙醇	室温
赤霉酸（素）	GA，GB	346.38	乙醇	0℃
吲哚乙酸	IAA	175.19	NaOH/ 乙醇	0 ~ 5℃
吲哚丁酸	IBA	203.24	NaOH/ 乙醇	0 ~ 5℃
激动素	KT	215.22	NaOH/HCl	0℃以下
萘乙酸	NAA	186.21	NaOH	0℃

注：激动素亦称细胞分裂素。表列激素都可以高压灭菌

附录 10 植物组织和细胞培养常用培养基成分

单位：mg/L

培养基成分	培养基类型								
	MS	ER	HE	SH	B_5	N_6	NT	BE	HU
大量元素									
NH_4NO_3	1 650	1 200				463	825		20
KNO_3	1 900	1 900		2 500	2 500	2 830	950	5 055.5	
$CaCl_2 \cdot 2H_2O$	440	440	75	200	150	166	220	441.1	
$Ca(NO_3)_2 \cdot 4H_2O$									35.7
$MgSO_4 \cdot 7H_2O$	370	370	250	400	250	185	1 233	493	50
KH_2PO_4	170	340				400	680	272.18	40
$(NH_4)_2SO_4$					134				
$NaNO_3$			600						
$NaH_2PO_4 \cdot H_2O$			125	345	150				
KCl			750						
微量元素									
KI	0.83		0.01	1.0	0.75	0.8	0.83	0.83	
H_3BO_3	6.2	0.63	1.0	5.0	3.0	1.6	6.2	6.183	5.71
$MnSO_4 \cdot 4H_2O$	22.3	2.23	0.1	10.0	10.0	4.4	22.3	22.3	2.03
$ZnSO_4 \cdot 7H_2O$	10.6		1.0	1.0	2.0	1.5	8.6	8.627	6.585
Zn（螯合的）		15							
$Na_2MoO_4 \cdot 2H_2O$	0.25	0.025		0.1	0.25		0.25	0.242	2.52
$CuSO_4 \cdot 5H_2O$	0.025	0.002 5	0.03	0.2	0.04		0.025	0.025	0.394
$CoCl_2 \cdot 6H_2O$	0.025	0.002 5		0.1	0.025		0.025	0.024	0.162
$AlCl_3$			0.03						
$NiCl_2 \cdot 6H_2O$			0.03						
$FeCl_3 \cdot 6H_2O$			1.0						
Na_2-EDTA	37.3	37.3		20	37.3	37.3	37.3	11.167	56.7
$FeSO_4 \cdot 7H_2O$	27.8	27.8		15	27.8	27.8	27.8	8.341	2.49
蔗糖 /（$g \cdot L^{-1}$）	30	40	20	30	20	50	10		10
葡萄糖 /（$g \cdot L^{-1}$）								21.62	
pH	5.7	5.8	5.8	5.8	5.5	5.8	5.6	5.0	

注：MS：Murashige 和 Skoog，1962；ER：Eriksson，1965；HE：Heller，1953；SH：Schenk 和 Hildebrandt，1972；B_5：Gamborg，1970；N_6：朱至清等，1975；NT：Nagata 和 Takebe，1971；BE：Beasley，1977；HU：Hutner，1953

附录 11 常用培养基附加成分

单位：mg/L

附加成分	培养基类型							
	MS	ER	HE	SH	B_5	N_6	NT	BE
肌醇	100		100	1000	100		100	180.16
甘露醇							0.5 ~ 0.7*	
烟酸	0.5	0.5		5.0	1.0	0.5		0.492
盐酸吡哆醇	0.5	0.5		0.5	1.0	0.5		0.822
盐酸硫胺素	0.1	0.5	1.0	5.0	10.0	1.0	1.0	1.349
甘氨素	2.0	2.0				2.0		
D- 泛酸			2.5					
半胱氨酸			10					
尿素			200					
氯化胆碱			0.5					
吲哚乙酸	1 ~ 30					0.2		
萘乙酸		1.0					3.0	
6- 苄基氨基腺嘌呤	0.04 ~ 10	0.02	0.25		1.0	1.0	1.0	
2,4-D			1.0	0.50	0.1 ~ 1.0	2.0		
p- 氯苯氧乙酸				0.2				

* 甘露醇浓度单位为 mol/L

（华东师范大学　张志良）